中共福建省委党校　福建行政学院社会学省级重点学科　编

福建区域社会发展研究

中共福建省委党校、福建行政学院社会学省级重点学科
优秀论文集（2009—2019）

RESEARCH ON
FUJIAN REGIONAL SOCIAL
DEVELOPMENT

社会科学文献出版社
SOCIAL SCIENCES ACADEMIC PRESS (CHINA)

目 录

【村落社会与民间信仰】

传统客家村落宗族的形成与发展述略
　　——以闽西武北客家村落为例 …………………………… 刘大可 / 1

现代化进程中闽南宗族的变迁
　　——以晋江市庄氏宗族为例 ……………………………… 林　星 / 31

改革开放初期（1979~1989年）闽南地区民间信仰的
　　复兴 ………………………………………………………… 徐文彬 / 43

廊桥中的民间信仰
　　——基于福建省屏南县的田野调查 ……………………… 吴燕霞 / 57

女性闲暇生活中的宗教信仰活动
　　——基于福建农村的田野调查研究 ……………………… 陈晓宏 / 73

【闽台社会与文化】

闽粤台客家惭愧祖师信仰的互动发展与文化认同
　　——田野调查与文献记载的比较 ………………………… 刘大可 / 83

台湾地区长期照顾服务体系转型发展面临的焦点议题 …… 沈君彬 / 118

文化社会学视野下的近代沿海城市社会风俗变迁
　　——以福州为例 …………………………………………… 林　星 / 147

【特殊地域人群研究】

跨界流动、认同与社会关系网络：大陆台商社会适应中的策略性
　　——基于福建台商的田野调查 ·················· 严志兰 / 162
大陆配偶的自我诠释与身份认同 ················· 祖群英 / 189
大陆女性配偶在台湾的生活适应及其影响因素分析 ······· 祖群英 / 201
近代开埠与地域精英群体兴起
　　——以福州为分析中心 ····················· 徐文彬 / 212

【社会分层与社会群体】

东南沿海县域居民收入差异及内在关联：福建例证 ······· 程丽香 / 225
东南沿海县域居民财产分布差距比较分析
　　——基于福建省福清市和龙海市的调查 ·········· 程丽香 / 239
乡村振兴背景下农民工回流的决策与效应研究 ········· 沈君彬 / 255
多维视角下的农民工贫困问题研究 ················ 林　娜 / 266
老年群体与社区公共空间的建构
　　——以单位住宅小区为例 ··················· 陈晓宏 / 276

【城乡基层治理】

嵌入治理机制：一个初步的分析框架 ··············· 张义祯 / 285
城市社区治理创新的探索与启示
　　——基于福州市鼓楼区的实践分析 ············· 孙秀艳 / 295
新时代推进农村基层社会有效治理的创新探索
　　——福建省大田县住村特派员制度研究 ·········· 张义祯 / 310
村落公共空间与乡村文化建设
　　——以屏南廊桥为例 ······················· 吴燕霞 / 322

【社会性别与女性发展】

变迁中的女性政治参与
　　——基于"福建省第三期中国妇女地位调查"数据的
　　　研究 ··· 周　玉 / 336
社会性别视野中的参政政策过程研究
　　——以福建省为研究样本 ····························· 周　玉 / 348
浅谈我国的传统性别文化对妇女教育多元化的影响 ········ 陈祖英 / 365
守望乡愁：社会性别视野下的美丽乡村建设
　　——闽北广贤村为例 ································· 林丽琴 / 373

【社会体制与改革创新】

当代中国社会体制改革的研究脉络与实践路径 ············ 孙秀艳 / 380
公共行政精神与社会保障管理体制的完善 ················ 蓝剑平 / 388

【村落社会与民间信仰】

传统客家村落宗族的形成与发展述略
——以闽西武北客家村落为例

刘大可

前人关于村落宗族的形成与发展有过不少论述，但多偏重于单一姓氏宗族个案的讨论或县以上大范围史料联缀的考察，缺乏对相邻村落宗族群的相互参照与比较以及鲜活的田野实证。有鉴于此，本文试图在田野调查的基础上，结合相关文献，以闽西武北村落为例，就传统客家村落宗族的形成发展作一比较系统全面的论述。

所谓"武北"，是指位于福建省西部山区武平县的北部。由于受武夷山脉走向的影响，在武平县城以北约10千米的地方有一座名叫当风岭的高山。这座高山使得武平县南北交通困难，声息不畅，也使得武平县北部地区长期处于与外界相对隔绝的状态。在武平县北部地区内部，不仅自然—生态条件大体相同，而且同属于汀江支流桃澜河流域，而长期的历史发展又使该地区内部社会经济联系紧密，经济水平接近，社会风俗相似，具有高度的认同感与凝聚力，因而该地区被人们视为一个与其毗邻地区有显著差异的特定社区——武北。武北近50个行政村，分别隶属于4个乡镇——永平乡、桃溪镇、湘店乡、大禾乡。其中属于永平乡的有：帽村、昭信、中湍、唐屋、恬下、龙归磜、瑞湖、沟坑、杭背、田背、岗背、孔下、梁山、塔里、朝阳；属于桃溪镇的有：桃溪、亭头、兴磜（含定坊、磜下自然村）、田雁、新田、鲁溪、新贡、湘溪、湘坑（含罗坑自然村）、洋畲、湘里、小澜、新华、新兰；属于湘店乡的有：尧山（含尧里、郑屋坝自然村）、三和（含山背、白竹陂自然村）、湘湖、湘洋、七里、店厦（含大化、牛湖下、浪下、河口、罗屋、吴潭自然村）；属于大禾乡的有：大禾、湘村、大磻（含大禾坝、磻迳自然村）、源头、龙坑、邓坑、上梧、上湖、贤坑、帽布、坪坑（含小坪坑自然村）、山头、大沛。

一　村落宗族的形成过程

　　与后世武北地域社会关系比较密切的宗族姓氏，大多是在宋末至明初这段时间迁移而来的，历经明清而后来居上。从这些宗族的发展历程看，大致可分为四个阶段，即隐而不显、形成、兴起、扩张以及结成网络。兹举数例，以见大概。

　　宗族发展的早期大都处于隐而不显的阶段，表现为人丁稀少、生活贫困、科举人才缺乏。这段历史在族谱上记载比较简略，有的甚至一笔带过，但都有筚路蓝缕、创建家园的艰辛传说。如湘村刘氏，据湘村一位刘姓报告人说，千十四郎公到龙坑开基伊始仅为母子2人，因贫困只好给郑姓人做长工。他养了一伙母鸡，这伙母鸡每天都会到现今刘姓蛇形祠地点觅食，便认为这是一块风水宝地。于是借口无处安身，央求郑姓东家准其在该处搭一茅寮居住。郑姓东家怜其赤贫，就同意了他这一请求。自此，刘氏开始了开基拓业的历史，但直到第9世文珊公时家业才开始兴旺。《刘氏家谱》载："先世自荣祖公而下寖以衰矣，至9世文珊公乃渐复兴，及乔迁于大园，我公家道遂隆隆起矣。"① 文珊公生四子：正道、正通、正遂、正达。其中正道公（号筠谷）又生4子：华筠、培吾、如石、吉所。由于在龙坑的生存空间受到限制，华筠、培吾兄弟大约于明万历年间从龙坑迁居湘村上村老屋。

　　M村F氏早期的历史也与此类似。F氏迁到M村后，最早居住在现住地东南方的一个叫"刘公坑"的山坑里，至三、四祖以后才逐渐迁往山外居住。杨彦杰在永平"三背"调查时曾听当地报告人说："相传F氏刚到M村开基时，有一段时期人口很少，男的几乎灭绝，只剩下一个女的，而且长得很丑。当时刘公坑有一个刘姓男子，年岁已大，尚未成亲，只好到F家与这个女的结婚，以后生下的孩子都姓F。此后，F氏人口慢慢多了起

---

① 《刘氏富基公家谱》（手抄本）。

来,但他们每年祭祖时都要先祭刘氏,而且还要念上'刘公堂上印出F氏子孙'一句,以表示不忘根本。这种祭祖仪式在每年农历除夕之夜进行。"同时,杨彦杰还听F氏报告人介绍说:"F氏到刘公坑开基后,至3、4世祖迁到坊坑里居住,5世祖又迁往下坊湾,至7世祖才从下坊湾最后迁到湖丘里——现今F氏聚居的中心地带定居。"关于7世祖迁到湖丘里居住,还有一个传说:相传7世祖原是一名医生,他经常到湖丘里给人看病,以后就在那里建起了一间草房。有一回他放养鸭子,发现鸭子经常到现在的祠堂那个地方玩,便认为该地风水很好,所以改在这里建了房屋。后来他的房屋被改建成祠堂。①

以上湘村刘氏、M村F氏两个宗族的早期经历颇为雷同,他们故事传说的异文,我们在武北其他宗族调查时也经常听到(见表1)。这些故事传说未必可信,但故事传说背后反映的社会历史背景——开基祖在当地开基的艰辛历程和宗族早期的社会地位及其经济状况,却大抵是可信的。

表1 武北部分宗族早期情况与传说简表

村落姓氏	职业	人口情况	传说的基本情节	与先来者关系
湘湖刘氏	务农	1~6代人口稀少,6世分房	放养母猪,发现风水宝地	与尚姓租佃关系
大禾蓝氏	长工	1~6代在大禾人口少	母猪觅食,发现风水宝地	替刘姓东家做长工
亭头李氏	务农	1~4代在当地单传	放养母鸭,发现风水宝地	不详
昭信钟氏	务农	12世以前不详	放养母鸭,发现风水宝地	与李姓翁婿关系

经过几代人的努力,这些姓氏的人口不断增长,经济实力逐渐增强,科举人物开始出现。这三个方面的因素为他们在当地的发展提供了重要的基础,同时也成为宗族形成的重要过程。尽管这些姓氏形成宗族的时间有先有后,但基本规律却大体一致。如湘湖刘氏,三郎公元末由长汀刘屋坑迁到湘湖后,历经千八郎公、百十郎公、文贵公、德川公5代,人口开始大量增长,德川公生有5子:伯初、伯盛、伯聪、伯达、伯英,除伯聪只生1子桢外,其余4子又各生有4子。即伯初生有溥、渊、源、通;伯盛生有恭、宽、信、敏;伯达生有维远、纲远、继远、清远;伯英生有忠、

---

① 杨彦杰:《闽西客家宗族社会研究》,国际客家学会、海外华人研究社、法国远东学院,1996,第87页。

厚、永安、哲。接着，溥又生1子，渊生5子，源生4子，通生4子，信生5子，敏生4子，维远生3子，继远生3子，清远生2子，忠生2子，厚生3子，永安生1子，哲生3子。一时间，祖孙3代人丁达六七十众。①

随着人口的逐渐增长，湘湖刘氏的经济实力也不断增强。由于年代久远，我们已无法找到直接的经济史统计资料。但可以从一些零星的材料中估计出当时经济发展的状况，如《湘湖刘氏族谱》载："伯英公……德川公之五子也，其兄四人凭阄各居吉宅，惟我祖伯英守其旧居。"可见在德川公父子时就已拥有较大的家业，除旧居外，还能建造四座新居让兄弟四人凭阄选择，其家业非一般可比。此外，上谱还记载刘隆"致仕荣归爰置义仓优恤族人"等，都可说明他们有了较大的财富积累。

与此同时，科举人物和知识分子开始涌现。五世祖德川公次子伯盛（即刘隆）登甲申科曾荣榜进士，历任江西南昌府推官、广西太平府推官、河南道监察御史、浙江巡按御史及山西金事等。此后，科举人物和各种类型的知识分子相继涌现。据《湘湖刘氏族谱》载，刘隆三子刘信"蚤游泮水冠军食气，三十拔贡，授广原州知州，升任交趾仓副使"，四子刘敏"府庠岁贡生候选通判"；伯达公次子纲远"随伯莅任，运筹帷幄"，四子清远"才迈群英，智居卓越，负英敏之姿，抱凌云之志"。刘信和五子廷坷"负性刚介，守正不阿，蜚声黉序，诗书贻谋"；刘纲远的次子宗道"发奋自励，博览书史"。

由于人丁的兴旺、经济实力的增强和科举人物的涌现，湘湖刘氏在当地的社会地位日益增强，宗族组织也逐渐形成与完善。撰于康熙四十七年（1708）的《刘氏族谱祠堂记》云："自建祠以来盖三百余年于此矣。"由此可见大约在明永乐年间刘氏就已建起了自己的祠堂。而到了明万历八年（1580）又编修了族谱，即刘光第所谓"族谱自明末五修之"②。祠堂的修建和族谱的编修，以及建祠、修谱时所必须制定的族规、族令、祭祀仪式等，是强化宗族组织，增强内部团结的重要措施，也是宗族形成的重要标志。

---

① 刘大可：《武北湘湖的刘氏宗族》，台湾《民俗曲艺》第117期，财团法人施合郑民俗文化基金会，1999年第1期。
② 刘光第：《湘坑湖记》，《武平县文史资料》第九辑，第30页。

湘湖刘氏的形成规律也大致适用于帽村方氏。方氏到帽村开基初期，从1世祖到7世祖一直是处在动荡的阶段，至7世祖以后才逐渐稳定下来。方氏人口的较快发展是在10世以后，由于10世祖双溪公生有3个儿子，次子仁甫和三子祥甫又分别生有4个和6个儿子，因此族内人口的增长速度明显加快。除人口增长因素外，宗族实力也有较大增强。据《方氏族谱》记载，10世祖双溪公和他的两个儿子都是"乡饮大宾"。至明末，仁甫公的儿子元臣公"壮年贸易吴楚，置业巨万"，足见这时方氏的富有。由于这两方面的原因，方氏从12世开始科举人物也相继涌现出来。方氏最早一名庠生是仁甫的三子元化，同时或稍后元春、圣元、暗生等人也成为明末的游泮学子。以上几个因素既提高了方氏在当地的地位，同时也为方氏宗族的形成提供了重要条件。也就在明末以后，方氏先后建起了"秉德公祠"和"光裕祠"，从而宣告了宗族的形成。①

湘湖刘氏、帽村方氏的宗族形成过程是武北村落宗族形成的典型代表。实际上，其他一些宗族的形成也经历了大致相似的过程，如湘村刘氏、大禾蓝氏、贤坑钟氏等（见表2），反映了武北村落宗族形成的共同规律。

表2 武北部分村落姓氏宗族形成对照表

村落姓氏	宗族形成世系	宗族形成时间	人口发展简况	经济发展简况	科举发展简况
湘村刘氏	10世至12世	明万历年间	1至9世多代单传，人口发展慢，10世以后发展迅速。	"自荣祖公而下寖以衰矣，至九世文珊公乃渐复兴"，9世文珊公为"乡饮大宾"，10世正道公为"筵举正宾"，11世华筠（延龄）公为"尚义乡饮大宾"、"乐善好施"，12世可仕公"创业昌炽"、"富甲邻乡"。	1至8世未见科举功名，11世华筠公"五子十三孙俱列黉宫"，11世吉所公"明万历戊子科督学道取进邑庠，壬辰科补廪"，11世观进"明太学生"。

---

① 杨彦杰：《永平帽村的方氏宗族》，《闽西客家宗族社会研究》，国际客家学会、海外华人研究社、法国远东学院，1996，第87、91页。

续表

村落姓氏	宗族形成世系	宗族形成时间	人口发展简况	经济发展简况	科举发展简况
大禾蓝氏	6世	明成化年间	1至4世单传或外迁。4世宗六公生有2子：必玉、必宁，必宁生有2子：均仁、均义；必玉则生有6子：均富、均政、均用、均贵、均智、均佐。而均富、均政又分别各生有3子，均用、均贵、均智各生2子。三代之内发展到20余丁。	1至4世处于经济的积累阶段。1世祖晚年拥有自耕田，3世祖拥有祭田18.2亩。6世均政公"润屋润身大廓基业"，"将基业均配闽分三子，尚存附宅田塘九十八秤为祭田"。	千七郎"和悦学问"，3世宗六公"勤学不辍，方收选入县学"；4世必宁公"洪武乙亥方十二即选入府学，三十二乙卯登乡试十一名，至永乐丙戌附林环登进士第授内阁中书选礼科给事中"（此时必玉公已迁居长汀县）。①
贤坑钟氏	5世	明中叶	1至4世人口较少。5世时分"荣、华、富、贵、全、受、宏、镐、高、鼎"十房。至8世时男丁达67人。	1至7世不详。8世钟满时"善坑四至山岗先年有刘姓相争赖，公与之力讼，由县府而省几经数载，始蒙上宪结案办价买就"。	8世停公，"爱因创书室以延师"，11世以祥公"始祖及公十余世矣，读书者颇少，公则建书室于桥边，又建书室于社背"，"故当日人文蔚起，廪生监生环绕膝下"。

明末清初，这些宗族都相继走向兴盛，至康雍乾时期达到鼎盛阶段，表现在：

1. 宗族人口急骤增长

如湘湖刘氏宗族"自正统迄庆历，载生载育载蕃载盈"，人口呈几何级数向上增长。至清康熙年间，人口增长更是达到前所未有的高峰，《湘湖刘氏族谱》载："本朝茂育，以生以长以养以教，其蕃蕃衍衍日新日盛，

---

① 关于蓝必宁登乡试、进士第一事，历代《武平县志》均未见记载，故笔者曾表示怀疑。但查《闽书》英旧志·长汀县皇朝科第、《八闽通志》选举志永乐四年林环榜，均记有蓝必宁登科一事，其籍贯为长汀。奇怪的是《太平寰宇志》载永乐四年林环榜又无蓝必宁其人。

视明代之莘处已加十倍,而视康熙戊子已丑年间修谱时亦十增三四矣。"大禾蓝氏宗族的人口增长也十分明显,从镌刻于乾隆四十八年的"茶缸碑"看,这时蓝氏宗族在大禾的人口已不下于800人。① 而湘村刘氏宗族、帽村方氏宗族等亦不例外,前述明末湘村刘氏华筠公生有5子13孙,13孙中有7孙在湘村继续发展,其中天植公生有2子7孙,贲植公生有5子11孙,御举公生有2子6孙,汉举公生有2子7孙,篁举公生有4子4孙,允举公生有1子3孙,可见其人口增长之快。② 至于帽村方氏,其人口增长在这一时期更是进入前所未有的大发展时期。

2. 宗族经济大幅度提高

如湘村刘氏,13世天植公在其父可仕公家业的基础上"产业日增大丰盈,捐赀御寇一方,平赈饥活众邑志名";14世两照公更是远近闻名的双万户,也是上杭城知名的富绅,其墓佃后裔至今仍还与湘村刘氏保持联系。帽村方氏曾在天灾与人祸面前使元臣公创下的产业"废弃将半",但到康熙三十四年已基本恢复,并有能力抽出800秤作为尝田,余下又作8股均分,其田产足见丰盈。湘湖刘氏宗族的经济也有了进一步的增长,仅从镟公一脉就可见一斑,镟公不但"自创室于坎下园",而且还拥有较大的蒸尝,《湘湖刘氏族谱》"附记第五房坎下园屋图"中多次提到镟公蒸尝曰:"将祖蒸二十余金授之居于前后左右者空前基址";"其照墙背横过一带的小屋当用祖蒸买矮";"坪基左右沟洫檐路委系祖蒸买出"。大量的经费开支从镟公蒸尝中支出,可见其蒸尝实力之雄厚。另外的一些材料也可说明湘湖刘氏在这一阶段的经济实力有了较大的发展,如《湘湖刘氏族谱》载:时相公"留意建祠捐赀不恤,设义仓";有周公"白手创业,富甲一方"等等。

3. 科举人物大量涌现

入清以后,这些宗族科举大盛,进士、举人、廪生、贡生、监生前后相望,络绎不绝。如帽村方氏,在仁甫房,定生公的8个儿子均有功名:长子子容为康熙乙未科拔贡,次子子增是一名增生,而其他几个也都是生

---

① 刘大可:《武北蓝氏的宗族社会与神明信仰》,徐正光主编《宗教、语言与音乐》(第四届国际客家学研讨会论文集),台湾中研院民族学研究所,2000,第93页。

② 刘大可:《武北湘村的宗族社会与文化》,杨彦杰主编《闽西的城乡庙会与村落文化》,国际客家学会、海外华人研究社、法国远东学院,1997,第260页。

员。在祥甫房，13世端生、昆生、跃予、价予等人都是庠生。15世后，方氏科举更为兴盛，首先是15世方连涧于乾隆元年（1736）考中举人，乾隆四年（1739）中进士。接着17世逢圣又于乾隆五十二年（1787）考中举人，16世国勋亦于乾隆六十年（1795）乡试中举。① 再如湘村刘氏，13世天植、贲植均为文武庠生；汉举不但是文武庠生，而且还考取了增生。14世刘丽中（两照）于康熙庚申科取进邑庠，辛酉科乡试中试举人；同为14世的会侯、觐侯、维坦、上珩、藜照、琢章都是庠生，而15世达起、学圣、声先、兼五、淳五、彩五、翔五、鹏翻、鹏升、鹏飞、鹏振、鹏作、公佐、朝佐、辉詹、定元等也都各有功名。② 帽村方氏、湘村刘氏在这时的科举情况是武北巨姓大族宗族兴盛的一个缩影，具有较大的普遍性。

  这些宗族在走向兴盛的同时，也伴随着宗族的扩张。实际上，这些宗族的发展过程也是其对外扩张的过程。如湘湖刘氏在6世伯初、伯盛、伯达、伯英时开始形成宗族，分别肇基于田屋、下廖、夏屋、尚屋。此后，他们便逐渐向村内和周边地区扩张。刘光第《湘坑湖记》云："湖之东：八里岗子下，十里湖洋背、太阳前，二十五里大坝，三十里店厦。湖之东北：三里丘地，十里泉坑。湖之南：五里洋畲、七里凹上，十里大湘坑，二十里罗坑。湖之西：二里白竹壁下，三里丘坑，五里彭屋冈，七里石井，八里高畲燕上，十五里黄屋堂，二十里雁鹅塘，五十里赤高坑。湖西南：五里荷树坑，三十里桃季段。湖西北：五里石坑。湖之北：四里少芬，五里高原地，十里长坑角，十二里林禾地，二十里湖岭，二十五里上段，四十里灌田，皆五族人居之。或数家，或数十家，或百数十家，惟湖内多至四百余家。"③ 可见在明清二代他们向外扩张的成绩是巨大的，民国《武平县志》甚至还说："凡北区七里而外，纵横数十乡，及在城、六甲、黄心畲、岩前等处刘氏，均为此派。"④

---

① 杨彦杰：《永平帽村的方氏宗族》，载氏著《闽西客家宗族社会研究》，国际客家学会、海外华人研究社、法国远东学院，1996。
② 刘大可：《武北湘村的宗族社会与文化》，杨彦杰主编《闽西的城乡庙会与村落文化》，国际客家学会、海外华人研究社、法国远东学院，1997。
③ 刘光第：《湘坑湖记》，《武平县文史资料》第九辑，第30页。
④ 丘复：《武平县志》（民国三十年编修），福建省武平县志编纂委员会1986年整理，第130页。

湘村刘氏与湘湖刘氏在历史上没有渊源关系，但宗族扩张的经历却极为相似。湘村刘氏11、12世华筠公父子时开始形成宗族，接着12世可纯公留居上村，可仕、可献二公则迁居下村土围祠开基。上村可纯公后裔除老屋外，又分别迁往邱屋子、土楼子下等地。下村可献公一脉后迁移四川，可仕公一脉则迅速向周边地区拓展，其长子天植公留居土围祠附近，并往花厅底发展。天植公长子化成公又迁往石子楼，次子两照公后裔一部分留居花厅底，另一支彩五公则迁往溪东自然条件更好的下墟坪定居。可仕公的次子赍植公迁往回栏馆居住，其后裔中又有人分别迁往坑子背、歧山下、鹏升屋等地。可仕公的三子御举公的后裔则先后迁居下神坛、神背屋等地，从而奠定了湘村刘氏居住空间的基本格局。

大禾蓝氏、帽村方氏的宗族扩张也不例外。大禾蓝氏6世均富、均政、均用、均贵、均智、均佐开始分房后，便进入宗族的大发展时期，各房分别在湾角里、圳背屋、新屋下、天灯下等地建起均富公祠、均政公祠、均用公祠、均智公祠。此后相当长一段时期，各房又分别迁往上寨、湾子上、塘背屋、新屋下、沙兰坝、刘屋坝、田墩里、旧寨脚下、新寨脚下、胡背田、上背屋子、凉亭下、井下塘、鹅背屋、溪背屋等地。至10世全山公后还先后迁往贡厦、湘坑坝等地开基。帽村方氏则在11世仁甫、祥甫分房后，祥甫房后裔迁往田塅里、集云山、圆竹坑等地。而仁甫房则迅速向坝里、天灯下、石头屋下、断下屋、下坊湾、沙塘里、烟角塘、岭岸下、唐光坪、打水潭、刘公坑门口、上塘、德茂屋下、湖丘里、雷打石、南坑、大坑尾等地扩展。

这些宗族的扩张既有宗族经济发展的和平开发，也有对内、对外的"巧取豪夺"。前者毋庸多论，后者则是武北村落宗族社会研究的一个重要话题，即巨姓大族是如何在当地村落迅速崛起的？关于这些方面，现在已无法找到直接的文字记载，但是通过一些故事传说，我们仍可看见当年宗族扩张的史影。如湘湖刘氏的扩张就与刘隆的科举成名密切相关。湘湖刘氏宗族内部流传着这样的一个传说：

> 刘隆做官告老还乡时，两袖清风，随行人感到很不体面。经反复考虑，特地赶制了几十只木箱，里装砖块、石头，佯装是刘隆的行李，以示皇恩浩荡。但刘隆行至半途，却有人告发他满载黄金、白银

回乡，一定是个贪官，而被皇帝召回京城检查。但撬开行李一看，里面全是砖块、石头，使皇上非常诧异，便召刘隆详陈实情。皇上听后十分感动，特赐予金银布帛，让他荣归故里，接待乡亲。刘隆谢恩拒收，皇上再三征求有何要求，刘隆才上奏要求赐予十处好风水。刘隆的死对头认为时机又到了，偷偷把刘隆奏章上的"十"字改为"千"，一撇之差，嫁祸刘隆贪得无厌。但这次皇上没有轻信，反而诏示汀江两岸"上至鸡冠峰，下至白头礤"20多华里的范围内任意堪舆。所以至今人们还谈论着吴潭、河口一带的好风水大都是湘坑湖刘姓的祖坟。

但是，同样的故事母题在相邻的地区却有不同的说法。据河口一位梁姓报告人说："相传刘隆曾任高官，告老还乡时，为了择一风水宝地，曾上奏朝廷御批。后经恩准，同意在其家乡附近的汀江沿岸任选十处（穴）风水，其界址为'上至鸡冠峰，下至白头礤'约二十华里的范围。圣旨下达后，刘隆把十处的'十'加了一撇，变为'千'处，然后到处圈地插标，强占他人山林祖坟，引起当地百姓的极大愤慨。后经告发，皇帝以欺君之罪将刘隆'五马分尸'。"

不难发现，这两则具有同一母题而又有不同异文的传说，都从一个侧面说明了湘湖刘氏的"风水"是与刘隆的"官"联系在一起的。换句话说，湘湖刘氏的"风水"是靠他们的特权获得的。类似的传说，还有刘隆墓的故事：

刘隆墓葬在店厦村吴潭自然村的东坑尾赤土岗，地形似猴，故称"猴狲地"，刘光第回祖籍祭祖时曾写下"逢人竞说猴狲地，勖我承家獬豸冠"的诗句。相传，刘隆病重期间，刚好吴潭人丘某病死，就埋在此处。三朝家人去烧香上供时，发现棺材被人挖起来了，其子把它在原处掩埋下去。第二天特地去看看，发现棺材又被人挖起来，便再次埋下去，一边四处调查，一边派人守坟抓贼，一定要弄个水落石出。一天晚上子夜时分，守坟人发现不远处有人来，自言自语地说："咳！挖起来又埋下去，贱骨头哪坐得这把金交椅！这是刘大人的福地。若今晚挖起来，还要再葬下去，我就把它丢到河里去"。越走越近，一看是一位白须老大（山神土地）。他边挖边说："我为刘大人守候整整三年了，明天店厦墟劝你还是托人卖给刘大人得点钱为好。"说完人也不见了，棺材也被挖起来了。守坟人看到这个场面，马上回家向长辈汇报此事。从此以后，吴潭丘家多方探听那个"刘大人"，经人介绍，刘隆把它买下。

在这则传说中，挖墓的白须老大（山神土地），显然就是刘氏宗族势力的化身，"白须老大"仰仗的实即刘氏宗族的人多势众。与上则传说一样，刘隆墓的"风水"也是靠特权获得。这种地域社会的特权可以来自官方，也可以是来自民间—宗族的综合实力。

围绕"风水"而展开的宗族较量，也见于湘村刘氏的传说中。据一位刘姓报告人说，湘村刘氏献仕二公祠基址中的一部分原系本村温祝庭的一块苎麻地，温祝庭之女匹配刘姓可献公之后，可献公之父华筠公企图将这块地占为己有，用以建祠，故指示尚未归门的媳妇（即可献公之妻）以建学堂的名义向其父母索要。当可献妻归门之际，一直啼哭，不肯上轿，其父一再追问何故？最后温氏才将问题提出，说她要那儿的一块苎麻地作陪嫁物。温祝庭也略知风水，知道这块苎麻地可做祠堂，一旦刘姓人用以做祠堂，必然危及自己的风水。但在这种情况下，只好勉强答应，于是祷告说："此地若用以建学堂，子孙就入学中举，若用以建祠堂，则只能有一桌人吃饭。"后来，祠堂建成后，可献公一脉景况不佳，最后迁移到四川去了。而可仕公一脉却极大地发展起来，从而影响了温姓人的风水，使温姓逐渐衰落，直至最后在湘村消失。

另外一则传说也寓有宗族斗争的内容。据湘村一位朱姓报告人说，朱姓人在湘村曾经有很大的势力，17世华清公有7个儿子7个媳妇，全家100多人口，建有7座厅堂。鼎盛时还在本村贡头岭一带建造大量房屋，拥有900多担谷田，长工数十名。据说这是因为朱姓进富公墓系牛形，故能使后代兴旺发达，此事应在华清公身上。但后来不知什么原因得罪了下墟坪刘姓人，刘姓人延请了一位高明的风水先生，假装好意向朱华清建议，如能在牛形墓的左上角竖一个石墩象征牛角，在墓前小涧上横架一石拱桥象征牛鼻孔，既通气又生角，气势将更加雄伟，必将财丁两旺。朱华清采纳了这一建议。不料，墓左上角的石墩在风水学上恰恰象征着牛墩，而墓前的小涧则象征牛绳。这样，该墓的风水变成了"用牛绳穿通牛鼻孔将牛系在牛墩上——动弹不得了。朱华清从此一败如灰，刘姓人遂逐渐占有了朱姓人的田地、山林。

风水是传统村落社会自然资源和社会资源的象征。这两则围绕"风水"之争的传说，实际上隐含了姓氏斗争的内容，亦即湘村刘氏宗族扩张的内容。透过这两则传说，我们集中看到了湘村刘氏宗族对外扩张，一方面通过通婚等和平的手段谋取相邻宗族的自然资源和社会资源，另一方面则通过武力夺取异姓人的财富。

宗族扩张的另一种形式是宗族的扩散外迁。从上述武北村落宗族形成与发展的情况看，清代康雍乾时期，武北村落社会相对稳定，经济比较繁荣，人口增长以前所未有的势态发展。人口的迅速增长，一方面逐渐超过了当地的生态承载能力，社会竞争日趋激烈；另一方面则加速了宗族的内部膨胀与扩散外迁。检索各姓《族谱》，这一时期大多数宗族都有族人外迁的记载。尤其值得注意的是，南中国大规模移民四川的浪潮也波及到群山围困的武北村落。杨彦杰在考察帽村方氏宗族时发现，方氏从15世开始就不断有人迁往四川，如15世"文翰公，往四川"；"永郎公，往四川"；"酉麟公，往四川"。自此以后，16、17世迁往四川的人数便日益增加，有的甚至兄弟数人一同前往。如16世联元、薛德、标元三兄弟"俱往四川"，17世上应、文应、魁应、必应、成应、恩应兄弟6人于"乾隆五十六年俱往四川"。① 这一现象在武北村落大量存在，如《龙湘刘氏族谱》载，15世"衍庆公，迁往四川"；"三奇公，生男二俱迁往四川"；"伟佐公，生男四俱迁往四川"。湘湖刘氏也不乏这样的实例，刘光第在《湘坑湖记》中说："光第，伯盛公十七世孙也，入蜀之世盖六"。② 按刘光第此文作于清光绪年间，以一代25年论，六代为150年，以此上溯刘光第入蜀始祖伯盛公11世孙由湘湖迁往四川富顺也当在康雍乾时期。

关于这一时期武北村落人群大量移民四川的原因，杨彦杰在考察帽村方氏族人移民四川时认为与15世方连涧在四川任职有很大的关系。我们认

---

① 杨彦杰：《闽西客家宗族社会研究》，国际客家学会、海外华人研究社、法国远东学院，1996，第98页。
② 刘光第：《湘坑湖记》，《武平县文史资料》第九辑，第32页。

为这固然是一个原因，但更重要的是这一时期武北村落的人口膨胀和清初的政策导引所致。一方面这一时期武北村落人口大量增长，逐渐超过了当地的生态承载量，内在地要求宗族人口大量迁移与向外扩散。另一方面由于明末清初的战乱，导致四川地区地广人稀，清政府遂采取"移湖广、填四川"政策导引，从而吸引了大批的移民。武北村落人群正是在这些综合因素的影响下，形成了一波又一波的移民浪潮。

这些宗族人口的外迁对当地村落产生了一定的影响。宗族人口的外迁不但在一定程度上缓解了当地的人口压力，对优化当地生存环境起到不可忽视的作用，而且为当地人了解外部世界打开了一条便利的通道，此后武北与四川等地交往的事例逐渐增多，如刘光第祖籍之行、①"三两鸡与三伯公"② 回乡探亲的传说等等就是突出的事例。此外，宗族人口外迁又使一些宗族内部不同房派形成了不同的区域人文特点，如湘湖刘氏宗族伯盛公一房人口大量外迁，使留在当地发展的族人成为弱势群体，在当地房族斗争中处于劣势，从而形成"尚屋讲打，夏屋讲写，田心、下廖冇话"的村落宗族势力格局。

二 村落宗族制度的建立与完善

武北村落宗族的形成与发展反映在宗族组织上，是各种宗族制度的建立与完善。主要体现在祠堂的建立、族谱的编修、祠规与族规的制定、蒸尝的设立等方面。

1. 祠堂的建立

在宗族形成之初，由于人口较少、经济实力较弱，一般先建立一座规模较小的始祖祠堂。随着宗族的发展，始祖祠的规模也相应地扩大，同时支祠也明显增多。以湘湖刘氏为例，据当地90多岁的刘祥林先生说，在现今总祠背后最先建有一座小祠堂，刘隆中进士并荣任高官回来后，刘氏族人认为祠堂太小，有碍于宗族声誉，便将小祠堂改建成一座规模巨大的祠堂。关于湘湖刘氏的祠堂，刘光第《湘坑湖记》云："湖之内为祠五，总

---

① 德泉：《刘光第返武平湘湖祭祖探亲前后》，《武平县文史资料》第九辑，第1~10页。
② 李兴汉：《"三两鸡"与"三伯公"》，《武平县文史资料》第九辑，第60至63页。

祠一，支祠四。总祠祀三郎公，为元始迁祖。支祠祀六世兄弟四人，为各房分支之祖：曰伯初、伯盛、伯达、伯英。"实际上湘湖刘氏的祠堂还不止这五座，刘光第在同文中还记："鏼公祠亦在此地，实为伯英公之曾孙。名英用公祠所以池屋，池氏之所居也，实为伯盛公七世孙，其又支祠之小焉者也。"① 只不过，这两座是更小支脉的分祠而已。

湘村刘氏、帽村方氏等宗族的情况也是如此。湘村刘氏祠堂的兴建情况，据湘村刘文波先生报告说，刘屋祠堂（又称老屋祠堂）初建于万历年间，是11世祖华筠公以其父筠谷公的名义建造的，仅为一座小的木质结构祠堂，后屡经翻修方成一座上、下二厅的木质结构祠堂。至清康雍乾时期，湘村刘氏又先后建起了四座分祠，即：12世献仕二公祠、可纯公祠、15世云祥公祠、16世四和堂。据杨彦杰调查，帽村方氏的始祖祠（秉德公祠）初建于明末，入清以后，随着方氏宗族的发展，各支祠也逐渐增多，如祥甫房13世最早在田墘里建造光裕祠，接着仁甫房14世也在下坊湾建起了臣定公祠。15世方连涧考中进士后，他们又在坝里建造了燕翼祠（即进士第）以纪念方连涧之父子。②

2. 族谱的编修

这些宗族除建立祠堂外，还编修族谱。刘光第《湘坑湖记》记湘湖刘氏族谱时说"族谱自明末五修之"。③ 其实，在刘氏宗族的历史上至少有过7次修谱。除刘光第所说的五修外，明末之前至少有过一次，还有一次则是在民国年间。现有文字可考的最早修谱时间始于明末万历八年（1580），但撰于万历八年的"刘氏族谱原引"开篇即云："汉祖起自彭城远不可述，惟查旧谱故老相传，先世由沛至蜀，本蜀人也。"可见此前已有旧谱。明万历八年的《湘湖刘氏族谱》是在11世忠勋公主持下编修的。万历年间是明代由盛到衰的转折时期，但却是湘湖刘氏宗族走向强盛的时期。正如该谱所载"载生载育载蕃载盈，烟火连乡，止旅密矣""弦诵不辍横经众矣，印累累绶若若润色""室家溱溱一门鼎盛"。此时由庠生出面主持修谱，当可看做刘氏宗族走向强盛的一次宗族整合行动。在这次修谱之后，

---

① 刘光第：《湘坑湖记》，《武平县文史资料》第九辑，第31页。
② 杨彦杰：《闽西客家宗族社会研究》，国际客家学会、海外华人研究社、法国远东学院，1996，第95页。
③ 刘光第：《湘坑湖记》，《武平县文史资料》第九辑，第31页。

历经清康熙四十七年（1708）、乾隆八年（1743）、嘉庆十三年（1808）、光绪丙子年（1876）、民国年间6次修谱。

湘村刘氏在历史上也多次编修过族谱，但这些族谱基本上都已散失，只剩下一部修于嘉庆辛未年的《龙溪刘氏族谱》残缺本。该谱序称作"五修族谱序"，可见此前曾有过4次修谱的历史。该谱序还记载："昔文珊公、如石公遗图，而后有尊孔公等效苏氏之式推而广之以为谱，详其生卒配葬，志其德业行诣，十三世以前记载亦明备矣。自十四世以下亦有修者，而未修者较多，则有恩昌公续而修之。然十五世尚未修完又不过缮写而未尝镌板，不觉今又七十余载矣。"从中可见，在刘氏宗族的早期，文珊公、如石公分别编有简谱（可能还是简单的吊线谱，故称遗图），而大规模的修谱则始于尊孔公时，15世恩昌公则在此基础上进行续修但未予刊刻。到嘉庆辛未年16世刘绍禹时又再一次进行修谱活动。

帽村方氏的修谱历史虽没有湘湖刘氏、湘村刘氏那么漫长，但也早在清代逢圣公时就已首次修谱，后来因"屡经兵燹，所遗谱据尽付焚矣"，到民国二十八年又再次进行重修。族谱的编修是强化宗族、增强内部团结的重要举措。仔细检索现存族谱，不难发现，这些族谱记载的主要是全族的世系源流、支派辈分、族众的生卒婚配、生育情况、祠堂、祖坟、族产公田的数量与方位以及族规、祠规等。所有这些都是宗族制度化的文字表现。

3. 祠规与族规的制定

建立祠堂、编修族谱的同时，必然制定相应的祠规和族规、家规，这也是宗族内部管理更加制度化的表现。湘湖刘氏在康熙六年（1667）重建总祠时"复规前制之高下，广狭构造"，并将尺寸、范围结构形成制度详载族谱，同样建于康熙年间的镛公祠和稍后建的池屋祠（英用公祠）也都有严格的规制。帽村方氏光裕祠的祠规比湘湖刘氏的祠规更加详尽，这些祠规共有14条，都镌刻在左右两边厢房的墙面石碑上，内容包括该祠堂的用途、日常管理以及尺寸、范围、结构等等。除祠规外，还有族规和家规，如源头蓝氏宗族的族规有19条之多，[①] 湘村刘氏宗族的族规也多达16

---

① 原载明万历四十二年甲寅（公元1614年）《蓝氏族谱》。本人在武平县大禾乡源头村田野调查时，录自当地村民的手抄本，个别地方疑有出入。

条,① 内容包括诸如孝顺父母、友恭兄弟、亲睦宗族、和好夫妇等等，严格规定了族众的行为规范。这些祠规和族规内容详细、涉及面广、要求严格，是宗族日常生活的准则，从而成为强化宗族组织，增强内部团结的重要措施。

4. 蒸尝的设立

宗族的形成与发展过程，也是蒸尝的设立与扩大的过程。如果说修祠堂，编族谱，订祠规、族规是强化宗族意识的举措，那么蒸尝的设立则是强化宗族的经济保证。这些宗族几乎每代祖先都有多少不等的蒸尝。

在宗族的早期，蒸尝一般较小，随着宗族的形成与发展，蒸尝便逐渐扩大。如大禾蓝氏在大一郎公、念五郎公时只有"像村大员塘祭墓墩等处共计田塘一十三亩七分，命近居次子念二郎合同念五郎二房共耕共祭，……念五公自遗田四亩五分……以备常祭"，到均政公时则扩大至"尚存附宅田塘九十八秤为祭田"，而至清末大一郎公蒸尝扩大到巨额田产，以至于到民国时期为争蒸尝而掀起了一场以源（头）、江（坑）、中（湍）三村为一方与湘（坑坝）、贡（厦）、大（禾）三村为另一方的包括六个村落的大械斗。

蒸尝的来源一般有两种，一种是从自身的遗产中抽出，另一种则是后代子孙富有者、热心者或无嗣者捐献。前者如帽村方氏13世定生公《遗训》说："不得已将现在之产，抽四百秤以供先严慈每年春秋祭祀之资，又抽四百秤以为予夫妇后日祭扫之资。……余所存具均匀品搭，作八股阄分。"后者则如湘湖刘氏14世有周公"白手创业，富甲一方"，其妻王氏"遵遗命遣男捐田赠祠办祭颁胙"。《湘湖刘氏族谱》还详细刊载了其命捐字据：

> 立赠尝田嗣孙瑞文兄弟任，缘前祠内谱载春秋祭仪、绅衿颁胙等项，凿载明晰。近值祠用繁耗，不能依谱办发。兹承母命瑞等，身轻力薄，祠中大费不能稍补万一，只量力情愿将到罗坑员垄田三秤、细溪垅田一十五秤、枫树塘田一十秤零五分、墩上田三秤、牛牯塘上下山门口田四秤、小片田四秤、石壁下田三秤七分五厘、坢窟塘田一秤

---

① 《龙溪刘氏族谱》，清嘉庆辛未年五修。

五分、山凹里圣窖田一十秤,共田五十四秤七分五厘赠归祠尝内。其租谷共七大石二桶四升,永作帮赠历年春秋在祠祭仪,以及绅衿颁胙等费。其余津贴绅士大喜庆等费,祠中原有尝田给应,无庸此项田扯补。自赠以后,付与绅衿春秋二祀向佃众收公,平照原规办发销讫,永以为例。有瑞等嗣孙不得藉端侵渔,族众亦不得因别项事务典卖济急,致负瑞母今日微悃。其田米原载二斗八升六合正,任凭族众另立花户割出当粮。今欲有凭,立赠字一样四纸存四房永远为照。乾隆二十九年四月初五日立赠尝田嗣孙瑞文、龙观承卿。在场伯敏史,代笔焕溪字。

至于无嗣者捐赠产业作祖先蒸尝的例子,《湘湖刘氏族谱》也有记载,如14世与升公早亡,其子又早夭,"所存夫阄田二十秤,值桑榆逼迫之时,自书遗嘱归作玄铸公蒸尝,与升公夫妇等春秋祀礼与玄铸公祭日同举"。经过后代子孙的不断捐赠,有的蒸尝到后来成为一份巨大的产业。

蒸尝按其功用,有祭田、义田、儒资田之分。祭田的收入专用于祭祀;义田的收入用于救济族中的鳏、寡、孤、独等贫疾者,及赈荒和修祠建庙、造桥铺路等公益事业的摊派或捐献;儒资田则用于兴学和资助族人参加科举。如湘村刘氏十世祖筼谷公"所创田业近万,内抽尝田二百,为春秋两祀之资,又抽儒资四百,以励后贤,又有义田百余,为赈贫之需"。[①] 蒸尝由各房派轮流经管,其租金用于宗族的各项开支,从而保证了宗族活动的正常进行。

宗族的形成、发展及制度化,使蒸尝成为武北传统村落社会的一个结构性因素,长期决定、影响着当地村落的社会发展。

三 村落宗族的结构

宗族作为传统村落的一个重要结构,其自身在长期的形成、发展及制度化过程中又存在着多重结构,规定或影响着宗族社会的发展。王沪宁曾

---

① 《龙溪刘氏族谱》,清嘉庆辛未年五修。

从族居、宗姓、辈分、房族、族老、亲属等方面作过精彩论述,① 对于我们深入认识村落宗族结构很有启发。本文以武北村落鲜活的例证,做进一步的考察。

1. 聚族而居

聚族而居是村落宗族的空间结构,也是村落宗族最基本的结构,决定和区分了不同宗族之间的地理界限。聚族而居的基本含义是同一姓氏的村落宗族生活在特定的地域范围之内,在特定的空间形成特定的地缘关系。这种鸡犬之声相闻、守望相助的地缘关系成为一个宗族生存发展的基础。

在武北村落宗族中,几乎每个宗族都有自己特定的聚居区,而这种聚居区的形成大都可追溯到宗族的早期,甚至追溯到开基祖。前述各个姓氏关于母猪或母鸡、母鸭发现祠堂风水的传说,就是生动的例子。传说未必可信,但它有力地强化了宗族共居地的神圣性和认同感,从而也揭示出空间地域在宗族形成发展中的重要作用。

从武北村落宗族形成的历史看,大多数村落宗族都是宋元以后由一家一户从外地迁移而来,筚路蓝缕,繁衍后代,逐渐壮大。与此同时,逐渐排挤了原先的宗族,后来居上。所以,这些村落至今还存在大量带有先民姓氏痕迹的地名、与先民姓氏竞争风水的传说以及与先民土神斗法的故事。在这种排挤斗争中,先民姓氏或外迁他乡,或退居当地村落的边缘,或在当地灭绝。而现在的这些村落宗族却逐渐占据了他们的居住地,再进一步垦殖开发,遂成今日的村落宗族。因此,武北村落宗族的族居区域也有一个发展的过程。

一般而言,这些宗族的开基祖最先居住在当地村落的边缘或依附于先民。接着在肇基地开始建有房屋居住,随着宗族人口的增长和经济的发展,就在该地建起了中心屋(祠堂、厅堂等),也就是后世所称的老屋。围绕中心屋在左右两边配建横屋,遂成聚落。随着宗族的发展,宗族产生裂变,开始分房。一部分房系留居老屋,另一部分则迁居老屋周边或有较大发展空间之地,通常是新发现的"风水宝地",同时或稍后又建起新的房屋(或祠堂、厅堂),被称为新屋下,后来便逐渐成为房系的中心屋,

---

① 王沪宁:《当代中国村落家族文化——对中国社会现代化的一项探索》,上海人民出版社,1991,第69~100页。

亦即分祠。随着宗族的进一步发展,房下又分支,又另择他处建立支祠或厅堂,成为分支的中心屋。沿着这一规律,村落宗族形成自己的特定聚居区。在武北村落田野调查时,我们发现当地人在表述家庭住址时会说:"住在某屋。"人们在相互打听住址时也会问:"你住在哪只屋?"这里的"屋"就是指村落某姓宗族的聚居地或某一房系的居住地,也是用聚居地指代某一宗族或房系。若再细加区别则是,以姓氏称的"某屋"多指宗族聚居区,以小地名称的"某屋"多指房系聚居区。

当然,这只是武北村落宗族聚居区形成的通例,通例之外则有无数多的变异和特例。如几乎每个村落宗族都有一些分支,自始至终都居住在开基祖祠或开房祖祠旁,从未迁新居等。因系特例,不多赘述。

2. 宗姓群体

以血缘关系为基础的宗姓群体,在文化上的一个重要表现就是姓氏。因而姓氏成为理解复杂血缘关系的象征符号和不同宗族的认同符号。所以,宗姓依父系单向传递,女子出生后虽被冠以宗姓,但其出嫁后则须跟从夫姓,子女亦随夫而姓,以此表明血亲关系。

由于长期的历史演变,武北村落宗族结构中,不同的村落其宗姓结构又有所不同。这种不同在很大程度上决定着宗族的关系和力量对比,它对于我们理解武北村落社会结构具有重要的意义。

关于村落的姓氏构成问题。英国人类学家弗里德曼(Maurice Freedman)曾将以家族为中心组织的中国村落分成"单姓的家族村落"和"杂姓聚居的村落"两种类型,同时指出在"单姓"与"杂姓"村落的两极之间,还有很多可能的变异。[1] 林美容对弗里德曼的分类法进行补充,主张把家族村落类型分为一姓村、主姓村、多姓村、杂姓村四项。[2] 郑振满、王沪宁又将家族分成单姓村、主姓村、杂姓村三种类型。[3]

王铭铭则对上述分类作了进一步的补充,他说:"单姓村又可分为纯姓村与单主姓村,主姓村也包括了单主姓、双主姓、复主姓三类,不可以主姓村一类代之。"因此,他将家族与村落组合的类型分为6种(以户主

---

[1] Maurice Freedman, Chinese Lineage and Society: Fukien and Kwangtung. London: Athlone. 1966. p168.
[2] 林美容:《台湾人的社会与信仰》,台湾自立晚报文化出版部,1993,第35~64页。
[3] 郑振满:《明清福建家族组织与社会变迁》,湖南教育出版社,1992,第151~153页。

男性姓名为准，不计嫁入姓氏）：纯姓村、强单主姓村、单主姓村、双主姓村、复主姓村、杂姓村。① 这种分类有助于我们观察村落姓氏构成的基本面貌。但就武北村落而言，王铭铭所说的纯姓村，还需要细分为同源一姓村和双源或多源一姓村。因为在一些纯姓村落里，由于姓氏来源不同，他们之间的亲密程度和社会风俗的差别如同异姓，甚至有过之而无不及。所以，这种纯姓村与同源纯姓村有很大的不同，需要加以区别。② 因此，我们将村落姓氏的组合类型分成7种，而这7种类型除最后一种外，都可以在武北村落中找到实例。

同源一姓村，全村的全部人口完全出自同一家族姓氏。如亭头（含湖寮下）、贤坑、田雁、江坑、湘溪（湘坑坝）、洋畲、湘里、新华（火夹域）、唐屋、恬下、中湍、沟坑、田背、杭背、塔里、朝阳、瑞湖、牛姆窝、老斗坑、流芳、山背、白竹、尧山、大洋泉。

多源一姓村，全村的全部人口虽是同一姓氏，但出自两个以上不同家族。如小坪坑、社上、冷水。

强单主姓村，全村80%以上的人口出于同一姓氏，但有3个以上外姓居于同村，因村中有一姓占绝对支配地位，故称"强单主姓村"。如湘村、大禾、源头、山头、大沛、新田（田里）、新贡、湘坑、湘洋（含龙归磜）、帽村、昭信、孔厦、龙归磜、岗背、罗坑、郑屋坝。③

单主姓村，全村50%至79%的人口出于同一家族姓氏。如大磜（磜迳，含节坑、罗坑）、邓坑、帽布（含湍下峰）、坪坑、桃溪、鲁溪。

双主姓村，全村中有两个主要家族各占人口20%至60%之间。如龙坑村、上梧、上湖、新磜（定坊）、新兰（大兰园）、七里。

复主姓村，全村中有两个以上家族姓氏在村落居民人口中处于突出地位，其余处于次要地位，即50%人口由两个以上的大家族占据。如小澜、店厦、梁山。

杂姓村，全村中家族姓氏繁多，所有家族姓氏均不占支配地位，而处于"和平共处"的关系中。

---

① 王铭铭：《村落姓氏与权力——威海资料偶得》，《民俗研究》1991年第1期。
② 此外，多姓村中的某一姓氏也可能是多源的，在具体的生活中表现不一，有的保持着松散的联盟（如联宗），有的则视若异姓，故在分析中也应加以区别。
③ 武北有二处"龙归磜"地名，一为湘店乡湘洋村的龙归磜，另一为永平的龙归磜村。

为了更好地了解武北村落的姓氏构成，我们再对这些村落类型作进一步的量化分析，见表3。

表3 村落类型分析表

类型	数量	约占武北村落的比例（%）
同源一姓村	24	41.4
多源一姓村	3	5.2
强单主姓村	16	27.6
单主姓村	6	10.3
双主姓村	6	10.3
复主姓村	3	5.2
杂姓村	无	0
总数	58	100

从表3可见，在武北58个村中，以同源一姓村为最多，有24个，占总数41.4%；强单主姓村其次，有16个，占总数27.6%；单主姓村和双主姓村居第三，分别有6个，各占10.3%；多源一姓村和复主姓村居第四，分别有3个，各占5.2%。如果按照弗里德曼的界定，村落家族类（包括同源一姓村、多源一姓村、强单主姓村、单主姓村）共有49个，占总数84.5%；某一或数个家族在全村人口中占主流的村落（包括双主姓村和复主姓村）共有9个，占总数15.5%。按照林美容的分类法，则一姓村（同源一姓村、多源一姓村、强单主姓村）有43个，占总数74.2%；主姓村（单主姓村和双主姓村）有12个，占总数20.6%；多姓村（复主姓村）有3个，占总数5.2%。换言之，在武北村落社会中，同族共居的现象极为普遍。

在比较武北村落姓氏构成与王铭铭、林美容分别提供的威海、台湾的资料时，我们发现有较大的不同，如表4。

表4

类型	威海	台湾	武北
一姓村	33%	33.3%	74.2%
主姓村	31%	41.3%	20.6%

续表

类型	威海	台湾	武北
多姓村	27%	17.2%	5.2%
杂姓村	9%	4.2%	0%
总数	100%（183）	96.1%（165）	100%（58）

由此可见，武北的一姓村所占的比例明显高于威海与台湾，并在全部村落中高居榜首，多姓村和杂姓村所占的比例远低于威海与台湾。关于威海与台湾村落类型的比较，王铭铭对弗里德曼的核心——边陲理论提出了质疑，即东南地区的家族村落并不比华北地区盛行。[1] 但是，如果将武北的资料与威海的资料相比，则恰恰印证了弗里德曼的核心——边陲理论，即在传统中国社会中，离中央集权较远的"边陲地区"更多地存在家族村落，而接近中央集权核心地带的区域家族村落则较少。其原因是在中国的核心区域，社会组织深受中央权力机构的控制，所以民间对家族组织的需要较小，从而家族村落也较少；而中国东南地区的村落，远离于中央集权的控制，社会组织需要自主地安排，因而家族才得以大幅度发展。[2]

那么，威海与台湾的村落类型又为什么会趋同呢？这种现象是否可以动摇弗里德曼的核心——边陲理论呢？我们认为，王铭铭将台湾村落当作东南地区村落的典型或许可以再进一步斟酌，因为台湾是一个比较特殊的地方，在很长一段时间里属于移民社会，由移民社会过渡到定居社会还是清中后期的事，因此其社会组织受移民因素的影响很大。移民社会的典型特征是五方杂处，之所以台湾还会出现有明显的家族村落特征是因为台湾的移民大多来源于闽粤地区，且移民时有一定的规模（一批一批的），否则其家族村落还会更少。因此，将台湾村落作为东南地区村落的典型不一定很适合，而将其与威海村落相比较得出华北的家族村落比东南地区要盛行的结论也需要进一步论证。

3. 辈分排行

辈分排行是村落宗族内部按血缘关系确立的一种严格等级制度，以人

---

[1] 王铭铭：《村落姓氏与权力》，《民俗研究》1991年第1期。
[2] Maurice Freedman, Chinese Lineage and Society: Fukien and Kwangtung. London: Athlone. 1966. p168

伦关系为依据划分了宗族内部的权力和尊卑上下等级。辈分关系通常通过一套符号来确定，如村落宗族成员姓名中的某一个字（第二个字或第三个字）用来当作辈分象征，故称作排行字。辈分的确定有助于维持正常的宗族秩序，而排行字的确定则有助于辨识辈分。在族内人际交往中，人们通过姓名可确定各自在宗族秩序中的位置，以及采取相应的态度。因此，辈分排行是一种人化的宗族秩序。

从族谱看，武北村落大多数宗族在宗族早期就开始实行以排行字确定辈分，如湘村刘氏、帽村方氏、湘湖刘氏、大禾蓝氏等都是如此，但分房后一般都各自规定自己的排行字。随着宗族的发展，族下分房，房下分支，支下分派（支、派在当地村落都称作"房"，有大房、小房之别），排行字开始出现混乱，越往后越不统一。针对这种现象，有的村落宗族后世干脆就以数字明确世系，称作第几世。如湘村刘氏，13世以后，就不再实行全村统一的排行字，而只在各房内部实行，房下分支后，也同样如此。而有的村落宗族则在宗族制度化以后开始确定长远的排行字。如磜迳高氏，"今联新谱集五言成句，十四世以上仍按老谱编次，十四世起悉以德字同列新派，其称谓已彰者仍著原名于旁，以从其新不失其旧，后起者一字一派世代相承，由是行次归于尽一"。① 另有一些村落宗族很迟，甚至直到近年才予以确定，如我们在小澜下余屋调查时得知他们的排行句为"人间富贵千年盛，世上荣华万福春；为学升朝光国道，庆仁步殿振家声。"但在查阅其吊线谱时，发现其从1世到18世都不按排行字实行，故可推知其排行字的实行当在18世以后。又如源头蓝氏，在其1987年新修的族谱中说："自我祖青公太开基以来，各房子孙命名取号殊不统一，爰特选三十字，依次排行以明代派顺序""各房自二十九世起统一依字次命名"，可见其全村的排行字是最近才开始实施的。

不管武北各个村落宗族排行世系的确定属于哪一种情况，其宗族内部的辈分是十分明确的，支派内部也都有各自的排行字。辈分的确定使武北村落宗族最终"问名知派""昭穆可以遵分，亲爱之心不油然而生乎"，有效地维持血缘等级秩序，从而也有效地维护了宗族秩序。

---

① 《磜迳高氏族谱》，清光绪四年修。

4. 房系支派

"房"是宗族内部的一种纵向组织结构，与辈分世系相结合构成宗族内部严密的组织结构。房串联宗族内部的有关家庭，构成一种小于族、大于家的血缘组织。在一般的村落宗族中，宗族的组织结构分为族、房、家三级。所以，房是宗族结构下的亚结构，家则是房下面的亚结构。陈其南《房与传统中国家族制度——兼论西方人类学的中国家族研究》一文，曾从房与家族的含义及关系、分房的原则与系谱知识、Family—Lineage 和汉人家族、家族与房的土地所有制、财产关系与家庭生活团体、父系原则与招赘婚、过房收养与宗祧继承、宗族的形成与分房等方面，对宗族房系进行了比较系统全面的探讨。[①]

"房"的问题在学术上虽然复杂，但具体到一时一地，又清晰明了。由于房是儿子相对于父亲而言的一个概念，房的存在首先就是祖先要有几个儿子，有几个儿子就分成几房，每代均是如此。所以，后世称祖先的分房在当时实则是兄弟分家，现世的分家则是后代的分房。宗族的发展过程就是每一代不断分房的过程，宗族的裂变实际上就是分房。所以，房又有大房与小房之分。大房是指上代分的房，每房人数多、经济实力强、科举人物多；小房则指较后面分的房，人数相对较少、经济实力相对较弱。由于房的出现，村落宗族内部的关系趋于复杂，存在着族与房、房与房、大房与小房、房与家错综复杂的关系。房的存在与房的观念，有一个相对峙的"他者"，并因相对峙的"他者"而不断变换、伸缩。

在武北村落宗族中，房的作用不亚于族。在一些较大的宗族，房在日常生活中的作用还强于宗族。在这种情况下，房实际上是没有发育起来的宗族，如果房与宗族分离，并迁移到一个较远的地域，房就可能发展成一个宗族。因此，房是武北村落宗族一个最基本的社会活动单位，同时也是一个最基层的管理单位。

历史发展是不平衡的，宗族发展史也是如此，每一代的房与房之间在人口、经济、科举等方面的发展都会产生很大的差异性。因此，每个村落宗族居民心目中"房"的观念是不一样的。兹举二例，以见大概。

---

① 陈其南：《房与传统中国家族制度——兼论西方人类学的中国家族研究》，《汉学研究》第三卷第一期，汉学研究资料及服务中心，1985，第127~183页。

其一，湘村刘氏宗族。11世华筠公在迁到湘村之前，在相邻的龙坑村就与兄弟培吾、如石、吉所分成4房。华筠公迁到湘村后，生了5个儿子：可珍、可献、可仕、可纯、可启，也就是分成5房，除可启公一房回迁龙坑发展，可献公一房迁移四川外，其余3房留在湘村繁衍。其中，可珍公一房发展缓慢，到1949年前，只剩下1户人；可仕公一房后来迁居下村，可纯公一房则留居上村，这2房成为开发湘村的主力。其中，又以可仕公一房发展最快。可仕公开基于下村土围祠，生有3个儿子天植、贲植、御举。其长房天植公留居土围祠附近，并往花厅底拓展。天植公长子化成公又往石子楼发展，次子两照公子孙一支留居花厅底，另一支彩五公则迁往溪东自然条件更好的下墟坪定居。可仕公的第2房贲植公迁往回栏馆居住，其后裔又分别迁往坑子背、歧山下、鹏升屋等地。可仕公的第3房御举公子孙则分布在下神坛、神背屋等地。①

由此可见，在湘村刘氏宗族世系里每代都存在着分房的现象，房的概念是十分混杂的。在田野调查中，我们发现当问及上村可珍公、可纯公后裔他们属于哪一房时，在他们的观念里，房是指华筠公儿子可字辈分的房，他们分别属于第1房、第3房人。而在下村访问可仕公后裔时，他们所谓的第1房、第2房、第3房，则是指可仕公儿子天植、贲植、御举时分的房，即第1房天植公，第2房贲植公，第3房御举公。但在谈到厅堂、祖坟等风水的"亏房份""偏好某房"时，又指每一代的"分房"。

其二，湘湖刘氏宗族。刘光第《湘坑湖记》曾说："支祠祀六世兄弟四人，为各房分支之祖：伯初、伯盛、伯达、伯英。"这里的"房"显然是指6世时分的房。而在下文中说："镟公祠亦在此地，实为伯英之曾孙。名英用公祠所以池屋，池氏之所居也，实为伯盛公七世孙，其又支祠之小焉者也。"则表明镟公祠是6世伯英公曾孙9世时分房后建的祠堂，而英用公祠则是6世伯盛公7世孙13世时分房后所建。这里房的概念与上文所说的房的概念是不同的。

同样的情况也见于《湘湖刘氏族谱》"附记第五房坎下园屋图"一文，其中涉及房的内容除标题中的"第五房"外，还有："余九世祖镟公，沼

---

① 刘大可：《武北湘村的宗族社会与神明信仰》，杨彦杰主编《闽西的城乡庙会与村落文化》，国际客家学会、海外华人研究社、法国远东学院，1997，第259页。

公之长子也……自创室于坎下园，……康熙戊子秋九月之十有八日遇火灾，……众议始决而修创之谋举，……其间犹有狃于前后左右房分风水之说以相摇惑，……而于后之基址属在他房。"该文三处提到"房"的问题，其含义亦不尽相同。文中"第五房"系指6世分的房，"前后左右房分风水"的房则指镶公儿子时分的房，而"基址属在他房"的房又可以有多种解释，既可能指6世时分的房，亦可能是指同属于大房，而不同的小房，如沼公儿子镶公兄弟时分的房。诸如此类，在武北村落宗族中十分普遍。

武北村落宗族的房一般有自己的领袖，称为房长或房长叔公，一般由房内辈分最高、年龄最长者充当。房长与房内士绅构成房内的领导层，负责对房内事务进行协调、处理。同时又与其他房长、族长、士绅构成村落宗族的领导层，对宗族事务进行有效管理。

5. 宗族领袖

宗族领袖包括以血缘辈分为依据产生的族长、房长和以科举功名为依据产生的士绅两部分人。族长、房长可以说是辈分结构中最高的群体或个人，在宗族社会生活中具有特殊地位和权威，所以他们成为村落宗族领袖中的一类。而士绅是宗族荣誉和宗族对外活动的代表，在现实生活中同样享有特殊地位和权力，因而成为宗族领袖的另一类。

从宗族权威看，武北村落宗族的族长、房长和士绅在对内、对外事务中具有很大的权力。磜迳高氏在《族谱》中记载族中长老的权力时说："宗族以和睦为主，拟择各房公正练达者数人以为族中长老，倘有两家争兢之端，只许报知长老向前平心公断，不得依势恃强故违公论，不许具席、投人，亦不许生端具控，违者长老秉公出首与究。"湘湖村《刘氏族谱》在记载一位族长的权威时说："遇有争端必极力排解，据公道以言，人亦心服，虽分构片时立开，故族中和睦多藉厥力焉。……一族教诲，族人恳切周至，不论子侄亲疏，秀者、朴者、壮者、幼者咸遵奉格言，敬畏如神，无敢相导以为非。……寿高尊为族长，春秋祭祀子弟咸矜式焉。"从中不难看出族长在宗族事务中的权力。

与族长相比，士绅的权力则有过之而无不及。从田野调查的资料看，武北村落宗族的合同、字据、诉状无一不是出自士绅之手，每一件重大事件都有大量士绅参与决策。如湘村刘氏与源头蓝氏长达22年的械斗案中，就是靠源头蓝氏的士绅蓝道应采取"伍奢召子"的办法,才使械斗不再升级。① 又如一位贤坑钟姓报告人说,在清末,贤坑钟氏曾被人诬陷说有族人到江西官丰抢劫,江西官丰的刘副哨便率人前来捉拿。在捉拿过程中,刘副哨被钟姓人不慎打死。官丰当局恼羞成怒,决定血洗贤坑村。在这大祸临头之际,全村族众都准备远走他乡,但族中士绅决定,一面准备武力抵抗,另一方面则准备上诉本县。最后,由族中秀才钟凤城、钟联发师生以刘副哨越境捉拿系属误杀为由,共同撰写了《武平县移转会昌文》向本县申诉,② 并获得了本县当局的支持,一场大祸很快就避免了。这两例典型地反映了士绅在宗族事务中的权力与作用。

这些族长、房长和士绅不但有很大的权力,而且享有较高的名誉。祭祠堂、祭墓以及婚丧仪式都要由他们主持。每年宗族祭祀之后的消蒸尝,他们均有额外的猪肉分配。我们在武北村落调查时发现,几乎所有的宗族都有这样的规定:消蒸尝时,功名、老大(60 岁以上者)除按丁分肉外,还依等级另外再多分一份;几乎所有的族谱都有"绅衿颁胙"的提法和仕进题名录。如湘村刘氏、湘湖刘氏都规定每年消蒸尝和年终分配时,每个男丁可分发猪肉 1 斤,此外功名、老大依等级增加,即监生 1 斤,秀才 2 斤,举人 3 斤等;60 岁以上者 1 斤,70 岁以上者 2 斤,80 岁以上者可得 3 斤。既是老大又有功名者可得双份。这里虽未明确族、房长的分配等级,但他们是宗族中理所当然的"老大",毋庸多加说明。

以上种种,说明这种由血缘关系决定的族长、房长和以科举功名决定的士绅,在村落宗族秩序中处于上层,享有特殊的权力和荣誉。他们在宗族的对内、对外事务中具有举足轻重的作用,因而是宗族结构的重要组成部分。

6. 亲属构成

亲属关系是一个庞大的社会网络,将关联整个村落宗族的成员有机地结合起来。中国汉人社会的亲属体系向来十分复杂,不易掌握。对此,林耀华于 1935 年在牛津大学社会人类学大师拉得克利夫—布朗

---

① 刘大可:《武北湘村的宗族社会与文化》,杨彦杰主编《闽西的城乡庙会与村落文化》,国际客家学会、海外华人研究社、法国远东学院,1994,第 263~264 页。
② 该件手稿现存贤坑村钟世明处。

（A. R. Radcliffe—Brown）的指导下，曾绘制出中国汉族自古以来跨9代的"父系家族亲属称谓表"共5幅，① 这些图表体现了各种亲属关系的特色，至今仍有很大的参考价值。具体到武北村落社会而言，其亲属构成与林耀华5幅图表所反映的内容是一致的，但在具体运作过程中又相对比较简单。我们在武北村落调查时发现，他们的亲属关系虽然和其他汉人社会一样大别为两类，即血亲和姻亲，但有两个基本原则，一是血亲通常掌握在"五服"以内，尤其是三服以内，姻亲则一般掌握在"三服"以内；二是以婚丧节庆的"来往"为认同原则。

所谓"五服"与"三服"实际上就是五代和三代。这里的"服"可能是一种与丧葬仪式中的"孝服"联系在一起的称谓。这些人是葬礼中的主要成员，需要视亲疏程度而穿戴不同类型的孝服（通常是五种孝服），故三代之内视为至亲，五代之内为旁亲。

血亲的"五服"是根据己身上推至四世高祖和下推至四代的男性及其配偶（"来归之妇"）、在室之姑、姊妹等，旁系则从己身横推至族兄弟，即兄弟、堂兄弟、从兄弟、再从兄弟、族兄弟。这种界限与通常所说的九族是相一致的。而"三服"则是指己身上推二代至祖父派下，下推二代至孙子一辈的男性及其配偶，这些亲属通常被称为"自家人"。

姻亲一般只掌握在"三服"以内，即三代以内。姻亲主要包括娶入的和嫁出的两种类型，娶入的三代是指祖母、母亲、妻子、儿媳、孙媳，嫁出的三代则指祖姑、姑、姐妹、女儿、孙女。这两种类型的姻亲关系也一般掌握在三代以内，即我们在武北村落调查时经常听到的口头语："一代舅，二代表，三代、四代冇人晓"，意即在通婚的第一代称作舅舅（指关系亲密），第二代称作表兄弟（指关系开始疏远），而到了第三代、第四代以后就不再往来，沦落到无人知晓有这门姻亲的地步。

除血缘的关系外，亲属关系还可以通过其他方式构建，如过继与结拜等。由于过继是一种模拟的血缘关系，所以其形成的亲属关系与血缘形成的亲属关系完全一致。至于结拜，一般维持在两代以内，有的宗族甚至明令禁止结拜，结拜关系不为宗族所认可。

当然，在实际生活中，武北村落宗族的亲属关系远远超出以上的记

---

① 林耀华主编《民族学通论》（修订本），中央民族大学出版社，1997。

述。不过，除上述外的亲属，大多被列入远亲的范围，其认同就是以前述婚丧节庆等活动的"来往"为原则。这种来往在一定程度上取决于当地宗族或房系的人口规模，一般而言，如果人丁兴旺，来往的亲属多，这种亲属关系将不再继续。反之，如果人丁稀少，来往亲属少，则大多保持。这种亲属关系如果在婚丧节庆等各种活动中还互有"来往"，那将继续维持。否则，就将被排除在亲属关系之外。

需要指出的是，和汉族其他村落社区一样，在武北村落宗族的亲属观念里，也存在着单（男）系偏重的现象。除上述维持亲属关系的代数有偏重外，血亲的亲情也比姻亲的亲情要浓重得多，即所谓"只有千年的梓叔，没有千年的亲戚"。在武北村落调查中，据多位报告人说，在1949年以前，他们在人际交往中如遇见陌生人时一般都互称"表兄"以示亲热。我们认为，这种称陌生人为"表兄"的做法，一方面反映了把对方"叫得亲热一点"以减少陌生感的心理动机，另一方面则说明了"表兄"这种关系是姻亲关系中，开始走向疏远的一种关系，也是一种可以泛化的关系。

还需进一步指出的是，武北村落宗族的这种亲属关系处于不断的变动之中，每一代都将超出五服的血亲和超出三服的姻亲排除在亲属关系之外。这种排除是自然的，也是友好的，它以逐渐减少直至停止婚丧节庆等各种社会活动的来往为标志，又以停止参加对方直系亲属的葬礼为显著标志。当然，具体的情况还视各自的情形而定。如高门大户，攀附的人自然就多，姻亲关系也就维持得比较长远，正如民谚所说"贫居闹市无人问，富在深山有远亲"。

总之，亲属构成和前述几种结构一样都是武北村落宗族的重要结构，它以血缘的生物学关系和建构的社会学关系相结合，成为武北村落宗族结构的经络，将前面几种结构连成一体，从而形成完整的宗族系统。

以上，我们逐一论述了武北村落宗族内部的6种基本结构。这6种基本结构是武北村落宗族内部互相联系、不可分割的有机组成部分。聚族而居提供了村落宗族生存繁衍的基地，从而也使村落宗族获得了空间整体。这种空间关系与血缘关系相契合而浑然一体。宗姓是这种整体的标识与认同符号，辈分排行则是这种整体的等级与权力。其中，由辈分决定的族长、房长与科举功名决定的士绅共同构成了这种等级与权力的顶层。然而，这种整体又并非铁板一块，而是由长期历史发展过程中形成的房系支派组合而成。这种房系支派依相对峙的他者而变换、伸缩，又以亲属制度而区分亲疏远近，因而在血缘、人伦、道德等方面串联了村落宗族，使之成为一个有机的整体。

（本文摘自《传统客家村落社会研究》，广东人民出版社，2018）

现代化进程中闽南宗族的变迁

——以晋江市庄氏宗族为例

林　星

宗族制度是闽南文化的重要组成部分，近年来闽南宗族复兴的现象比较普遍。晋江市的庄氏宗族历史上出现明代状元庄际昌等名人，在当地影响较大。在现代化进程中，其宗族组织的功能和活动发生了较大的变化。

一　调查区域的基本情况

晋江市地处福建沿海，是著名侨乡，经济发达，为全国百强县之一。庄氏宗族主要分布在市区的青阳和梅岭两个街道。

1. 庄氏宗族的移民历史

传统社会的闽南人多是聚族而居，家族发展到一定阶段，就开始修族谱、建祠堂、设祭祀、立族长，形成血缘与地缘结合的宗族。田野调查时，可以发现一个有趣的现象，当地民居的门匾上大多题有"某某衍派"或"某某传芳"，由此可知这家的姓氏以及从何处迁徙而来。如庄氏"锦绣传芳"、蔡氏"青阳衍派"、陈氏"颖川衍派"、李氏"陇西衍派"、林氏"九牧传芳"等等，这种强调宗族渊源的形式体现了闽南文化的慎终追远精神和族源意识。

宗族渊源的后面往往隐藏着移民的历史，移民们来到新的地方，聚族而居，依靠群体力量来争取生存的空间。和福建许多姓氏一样，庄氏也称始祖是唐代从中原迁来福建为官者。庄氏先祖为庄森，唐末随王审知从河南光州固始县入闽,卜居永春桃源里蓬莱山。第八世庄元吉,有翼、果、晦、夏四子。庄夏为南宋淳熙八年(1181)进士,朝廷赐第府城,他就从永春迁徙,宅第在今泉州庄府巷。相传当时皇帝将其故乡永春的鬼岫山赐名锦绣山,从此庄氏以"锦绣"为堂号。庄翼之后的十二世庄佑孙,迁居青阳,号古山,为青阳庄氏肇基始祖。① 庄氏繁衍日众,现晋江市就有多个衍支,有思齐、裕斋、希信、震福、未庵诸小宗,各立宗祠,以示家族兴旺发达。庄氏裔孙多徙居外地,主要在同安、惠安、南安、漳州、龙海、长泰以及广东潮州一带,以及台湾、香港、澳门等地区。旅居海外族亲主要分布在马来西亚、印尼、菲律宾、新加坡、美国、加拿大等国。②

2. 庄氏宗族的祠堂

祠堂又称宗祠、家庙或公堂。祠堂是一个家族组织的中心,它既是供设祖先的神主牌位,举行祭祖活动的场所,又是家族宣传、执行族规家法、议事宴饮的地点。③ 一般的家族不但有一族合祀的族祠、宗祠,或称总祠,而且族内的各房、各支房,也往往有各自的支祠、房祠,以奉祀各自直系的祖先。④ 因此,祠堂的修建及设施的完善,成为宗族发展的重要标志,也是家族活动的主要内容。

庄氏祠堂主要有:庄氏家庙,位于梅岭街道梅山北面山坡,2013年成为省级文保单位。明嘉靖庚寅至辛卯年(1530~1531年)由十世祖庄科倡议首建,历代迭有扩建、重建,1980年又进行修缮。现为坐南朝北七开间二进深,单檐歇山顶穿斗式砖木结构,体系完整,规制崇宏,堂皇壮观。家庙的正厅挂满状元、榜眼、会元、进士等题匾。庄氏科举人物众多,还有楹联"一榜三龙齐奋,五科十凤联飞",横批"金马玉堂"。"一榜三龙",指的是在明嘉靖八年己丑科进士榜,青阳庄氏宗族有庄用宾、庄一俊和庄壬春三人同榜高中进士;"五科十凤",指的是明代弘治到崇祯年间五科中有庄晋阳等10人高中举人;庄安世为明万历三十五年丁未科武状元,庄际昌连中明万历四十七年己未科会元、状元。⑤ 这些匾额和对联展

---

① 政协泉州市委员会:《泉州与台湾关系文物史迹》,厦门大学出版社,2005,第324页。
② 许在全、林中和主编《泉州姓氏堂号》,福建人民出版社,2006,第67页。
③ 陈支平:《近500年来福建的家族社会与文化》,上海三联书店,1991,第35页。
④ 陈支平:《近500年来福建的家族社会与文化》,上海三联书店,1991,第37页。
⑤ 许在全、林中和主编《泉州姓氏堂号》,福建人民出版社,2006,第67页。

示了家族衣冠盈宇的局面，也为研究闽南传统宗祠格局提供难得的实物资料。1999年庄氏家庙被列为泉州市文物保护单位，现在也是晋江市庄氏宗亲总会所在地。门口挂有3个牌子："晋江市锦绣庄文物修复理事会""晋江市青阳锦绣庄氏宗亲总会""晋江市青阳锦绣庄氏宗亲董事会"。

从庄氏家庙向右400米，是十一世庄用宾及其弟庄用晦的故居，俗称"庄宅"，又称"一门忠孝"。庄宅坐南朝北，主要建筑有门楼、厅堂、后堂，系五开间单檐硬山式，木构架为抬梁式、穿斗式混合结构，属明代建筑风格。门楼和厅堂上分别悬挂"一门忠孝""忠孝一门""万古纲常""乡会魁选""会元"等匾额。① 庄宅隔街对门是被当地人称为"状元衙"的"庄际昌故居"，十四世庄际昌是庄用宾曾孙。衙堂建于前院，坐东朝西，面宽五间，进深七间，单檐硬山式，2007年2月在城市改造中重新修缮。紧挨着状元衙的南面是关帝亭。庄氏家庙向左西行约1000米有座石鼓庙。这几座建筑物分布很集中，当地人称为状元街。围绕着山头，还集中分布着庄氏的钳龙房、震福房等几个小宗祠。据老人回忆，这一带原来的地名是晋江县青阳乡凤巷尾三村。2015年，随着城市更新，晋江市建成五店市历史文化街区，这些建筑连同其他宗祠、宫庙或保留或迁建，成为其中的一部分。

二 现代化进程中宗族的变化

20世纪80年代以来，闽南宗族活动开始恢复和活跃，出现修复祠堂、重建祖厝、恢复祭祀、重修族谱等热潮，通过这些活动，增强了宗族的凝聚力。地方政府为了吸引海外华侨回来投资，也承认乡族观念，允许宗族的一些活动。在政府与民间的共同作用下，宗族在闽南社会经济与生活中重新发挥着作用。

1. 宗族功能的变化

传统时期大的宗族一般都设有家塾，接收族中贫寒子弟免费入学，并奖励学有所成的宗族子弟。近代以来，祠堂往往成为地方兴办公共事业如学校、医院、救济院、图书馆的场所。2008年调查时，据庄氏家庙理事会

---

① 晋江市地方志编纂委员会编《晋江市志》，上海三联书店，1994，第1269页。

副理事长、晋江市锦绣庄文物修复理事会第五届总会秘书长、时年 88 岁的庄杰士老先生介绍,抗战前他在菲律宾的堂伯父庄材笔出资在家庙创办小学,招生范围并不限于庄氏子弟。庄材笔女儿,88 岁的庄剑华在 2017 年介绍,小学创办时间是 1927 年,庄材笔以祖父庄耀南名字为校名,称"耀南学校"。这所小学收费低廉,免费收贫困子弟入学,提倡本乡女童上学,十年间培育出不少人才,分布于商界、政界和侨界。抗战爆发前,由于财力不济,庄材笔主动将学校交给政府接办。政府接办后改名为阳市小学。1953 年,晋江文化馆和新成立的图书馆移到庄厝祖庙,面积 200 多平方米,设有 80 个座位的阅览室,1956 年迁出。[①] 1957 年"青阳华侨初等文化学校"也一度迁址于庄氏、蔡氏两祠堂。祠堂兴办新式中小学和图书馆,也是对宗族设立家塾这一传统功能的传承。

如今祠堂大多兼作当地老年人的活动中心,平时有族人在此泡茶聊天,看报看电视。如庄氏震福宗祠的门口就挂有"青阳镇梅青村文体活动中心""梅青村老年人俱乐部"的牌子。2008 年,状元衙墙上的《活动中心文明公约》写道:

> 创办本活动中心的宗旨,要维护党和国家的政策法令,维护社会治安,保护宗祠文化和公共财物,丰富老年人的文体生活。为使老年同志有个舒适祥和安定的活动场所,希望在本中心活动的老年同志能自觉严格遵守本会制定的如下规章制度。一、本会活动中心仅供男(60 岁)女(55 岁)的老年同志娱乐活动。凡未及此年龄的年轻同志请自觉退让,否则出问题必须自负全部责任。二、希望老年同志们活动中要讲文明礼貌,互敬互爱,互相退让,和睦相处,构建和谐社会,提倡健康娱乐,不能因小事失大局。(梅青社区居民委员会,梅青社区老年人俱乐部。)

宗族扶贫济困和助学的功能仍然在延续,近年都有奖励族中大学生的举措。如庄氏震福房,2007 年扶贫济困开支有 5 笔,共 7000 元;奖学助学金支出 30261 元。2008 年 7 月 5 日,以"菲律宾震福公会、香港震福同

---

① 晋江市地方志编纂委员会编《晋江市志》,上海三联书店,1994,第 1111 页。

乡会、青阳震福公会"的名义通知:"兹有吾海内外震福宗亲会共同关爱家乡教育事业,祈盼学子将来成为国家栋梁之才,服务于社会",对被录取的大学生予以"励志奖学"。

2. 祭祀的变化

家族祭祀是家族祖先崇拜的反映,含有追悼死者,勉励生者,慎终追远,不忘其本的意思。通过家族祭祀,巩固家族势力,加强家族团结。① 20世纪80年代以来,闽南宗族开始复兴,宗族仪式回到人们生活中。宗族制度在地方社会经济和人际网络中重新发挥作用。庆典的复兴,是改革开放以后民间传统逐步找到社会定位的一个重要表现。它代表村落社会与文化的传统,与家族认同、村落认同、内部合作与外部联系有密切的关系。② 现在祭祀仪式基本保留早前习俗,但也有简化。在传统社会时期,冬至时,祠堂都要开大门祭祖,与清明节的祭祀统称"春冬二祭",这一时间安排适应了农业社会的需要。现在祭祀仍然在进行,但时间安排更为灵活。2007年,庄氏祖庙的春冬祭礼花费29677元,震福房的春冬祭礼支出43981元。除了在个体家庭里举行的家祭外,每年还有祠祭和墓祭。庄氏宗亲会每年清明节都组织去永春扫墓,为了方便学生和上班族,一般是清明节过后的第一个星期六,星期日则在本地扫墓。2007年清明,震福房去永春扫墓支出15724.5元,状元衔一房支出8044元。冬祭有时安排在冬至后的周末。宗族在延续传统的同时,也进行了祭祀时间等一些改革,以吸引更多的人参加。通过祭祀活动,加强成员对本宗族情感上的归属与认同感。

3. 宗族的管理和经费来源

宋明以来的宗族制度包括祠堂、族长、族谱、族田等内容。但闽南宗族早已没有族长,取而代之的是具有现代意义的会长、理事长、董事长等。担任宗亲会理事长等职的多是有经济实力,热心宗亲事务的人士。和其他宗族不同的是,由于庄氏的许多遗迹被列为各级文物保护单位,他们还积极争取了"文物修复保护委员会"的名义,更有利于对外联系和开展活动。1999年8月,泉州市文管会批准成立"泉州锦绣庄文物修复保护委员会",9月在晋江青阳举行成立庆典大会。此后几次以文保会的名义申请

---

① 林其锬、吕良弼主编《五缘文化概论》,福建人民出版社,2003,第224页。
② 王铭铭:《溪村家族——社区史、仪式与地方政治》,贵州人民出版社,2004,第144页。

将一些祖祠、墓地、故居列为文物保护单位,如庄厝祠堂、古山公墓、思齐公墓、凤展翼墓、璧立公墓、状元衙等均被列为晋江市文物保护单位。2006年6月25日,经晋江市文物保护委员会批准,晋江市锦绣庄文物修复理事会正式成立。该理事会是一个民间机构,宗旨是发掘、研究、修复和保护庄氏族群先贤留下来的文化遗产。①

庄氏祖庙平时有族人值班,2008年调查时了解到,庄杰士老先生长年住在祠堂里,还有一位71岁的庄文良先生负责平时管理和打扫卫生。有的祠堂也聘请族外人员看管。状元衙由来自四川的小李和小邓夫妻负责管理。妻子小邓在白天管理,晚上小李值班,小李白天还可以到附近自来水厂上班。小李一家住在状元衙对面的庄用宾故居,这栋建筑比较陈旧,租给七八户外来务工人员居住。双方订立的聘用合同书,写明了管理员的职责和待遇。

一、管理员要负责内外环境卫生、财务安全,室内要天天打扫,擦桌椅,经常清洗地板,室外大埕及周边要经常打扫,保持整洁,洒水浇花。二、要礼貌待人,族人平时烧香点烛后要整理检查,注意用火安全,以防后患,白天上午夜间要有人值班看护,注意防火防盗,出事要追究个人责任。三、管理人员不可纠集外面无关人员在"思敬厅"聚会、玩耍。四、水、照明办公用电由甲方负责,乙方不得用电烧水煮饭,用耗电大电器。五、金纸灰由乙方管理收入,每月补贴500元。六、聘用期间乙方如有严重违规或失职,甲方随时有权解聘,并追究个人责任。七、遇事,如乙方及时报警,通知甲方,不追究乙方的责任。

宗族经常以文保会的名义召开理事大会,共同商讨族内各项事务,还陆续出版各种族谱和其他出版物。如1999年11月,出版《泉州桃源庄氏族谱汇编》;2005年9月,编修《状元公际昌庄公家谱》;2006年12月,黑龙江人民出版社出版《桃源锦绣山腰庄氏族谱》。1999年12月编辑"特刊",作为参加菲律宾"第三届庄严恳亲大会暨旅菲锦绣庄氏宗亲总会成

---

① 《晋江锦绣庄文物修复理事会成立》,《海峡都市报》2006年6月27日。

立七十周年"的祝贺礼品；2002 年创刊《锦绣简讯》；2003 年 4 月编印《锦绣庄氏宗亲通讯录》；2004 年编印"特刊"，作为参加第四届"世界庄严宗亲恳亲大会"的献礼，均分送海内外宗亲。

传统宗族一般都有族产，包括土地、耕牛、山场、桥渡、沿海滩涂及水利工程、水碓、碾房等生产和生活设施，是宗族的公有财产，维持家族制度的经济支柱。明朝中叶后，随着工商业活动的增多，族产中又增添了诸如店屋、生息银两和墟集等项目。① 现在庄氏宗族平时的经费主要靠捐款，包括海外和港台乡亲的捐款。如庄氏祖庙 2006 年收入合计 1952518 元，其中历年基金结存人民币 5 单 502727 元，美元兑现人民币 2 单 1603 元，港币兑现人民币 2 单 45927 元，族裔捐资 282 单 1384284 元。2007 年收入 1513213 元，其中历年基金结存 1317791 元，租金收入 9000 元，族裔捐资 177420 元，利息收入 2902 元，台湾族裔捐资 6000 美元。有的宗族还有店面的租金收入。如庄氏祖庙 2007 年有租金 9000 元。再如震福房，解放以后还有一个市场，前几年城市改造拆迁后，部分补偿现金 89627 元；部分补偿给十几间店面，仅 2007 年该项租金收入就有 104400 元。这一房的公共经费比较充足。宗族有租金等固定收入，在助学和济困方面就有资金的保障。

4. 宗族之间的关系

晋江庄氏和海外、台湾等地的宗亲互有来往。在庄氏祖庙挂有各地宗亲会赠送的匾额，如菲律宾锦绣庄氏宗亲总会的"锦绣传芳"，台湾彰化庄氏宗亲会的"两岸同根"，金门庄氏宗亲会的"源远流长"。晋江庄氏宗族和族源地永春庄氏宗族的联系十分密切。1985 年，迁居晋江青阳、惠安山腰的庄氏裔孙集资在永春湖洋翻建家庙。2003 年 4 月，泉州锦绣庄文物修复保护委员会在永春县湖洋镇举行庆典，包括庄氏祖祠（开基始祖庄森和庄夏故居）、庄观墓（七世祖）和丛桂庵（庄际昌少年读书处）3 处县级文物保护单位揭牌剪彩，锦绣山门、锦绣路、庄府广场、庄府路等配套工程落成典礼，以及在庄府广场举行庆典大会，海内外有 1400 余名庄氏宗

---

① 福建省地方志编纂委员会编，林国平主编《福建省志·民俗志》，方志出版社，1997，第 123 页。

亲参加。① 各地宗亲为此系列工程捐资154万元。在祖祠旁,由晋江青阳宗亲出资修建了祖居蓬莱堂和垂宋亭。② 在2006年梅岭庄氏总祠支出中,有赠送永春县乌洋镇政府商务车1辆,价值14万元;永春祖庙管委会修缮款5万元;永春广场及厕所7462元。每年清明节,庄氏各房都会组织人去永春扫墓。晋江庄氏和惠安山腰、三明庄氏等都有来往。海外宗亲和台湾宗亲也经常回来寻根谒祖。如2007年9月,台南庄氏后裔庄国明一行18人到晋江市青阳街道拜谒庄氏家庙。

同在一村的不同姓氏宗族之间来往也很频繁。庄氏和蔡氏祠堂相连,被誉为"敦睦共生聚、家庙若毗连",彼此联姻密切。但在宗族发展和社区整合的过程中,也伴随着宗族之间力量的比较和消长,遇到利益争夺,仍然有冲突。在田野调查中,听到不少关于宗族械斗、争风水、宗族内部强房欺负弱房,乃至近年城市拆迁改造中利益纠纷等故事。在蔡氏祠堂和庄氏祖庙之间的空地就曾被两个宗族争夺。2007年,据蔡氏祠堂对面食杂店的蔡姓店主说,1989年蔡氏祠堂建成做庆典活动,向庄氏借操场,庄氏的村民组长开始还不肯,但也被庄氏人讲,说都是亲戚,后来庆典还是在操场进行。上世纪90年代,有一年下雨,泥石流滑坡到操场空地,淹没戏台,庄氏想重新修操场为自己所用,很快让庄氏海外华人从海外汇款回来准备修建,庄蔡两宗族之间引起纠纷。后来镇政府出面调解,用庄氏华侨的钱建操场,算是政府的球场,操场入口上方写着"晋江青阳球场,旅菲华侨庄材途先生眷属捐建",庄、蔡两个宗族可以共同使用操场,和平共处。

宗族有修建祠堂等大事,本村以及外地宗亲和其他宗族也都会参加庆贺。如震福房祠堂大厅挂着1993年落成时的几块匾:"庄氏震福宗祠落成庆典,敦亲睦邻,孙厝头孙氏董事会贺","青阳震福宗祠落成庆典,同根情深,仙游庄严宗亲联谊会贺","青阳庄氏震福公宗祠落成志庆,流芳百世,青阳蔡氏敬贺","震福宗祠落成庆典,派溯桃源,锦绣,同安翔霭宗亲敬贺"。

---

① 泉州锦绣庄文物修复保护委员会:《祝贺特刊》(内部印刷),2004年8月,第21页。
② 泉州锦绣庄文物修复保护委员会:《祝贺特刊》(内部印刷),2004年8月,第33页。

5. 女性参与宗族事务

在闽南传统社会，出嫁的女儿和宗族关系疏远，也没有入谱。但现在所见的泉州庄氏几本新族谱都收录女儿名字，记录她们的婚姻家庭情况，还注明大学以上的学历，有的还有事迹介绍。如《桃源锦绣山腰庄氏族谱》在编辑凡例即说明："本族谱突破唯男不入女的观念，凡海内外女性宗子成才者、成才媳妇与男性宗子分别收入传、录、表及名榜中"。女性在不同程度上开始参与宗族事务。近年来重新修建宗祠都有女性捐资。震福房宗祠墙上的功德碑写着："震福宗祠重建落成庆典，诸裔孙女归宁谒祖捐资芳名"，她们来自晋江以及石狮、澳门、泉州、漳州、广东、广西、浙江等地。状元衙右墙上的碑刻也记录"明万历状元会元际昌庄公府衙'思敬厅'修缮落成庆典暨迎姘进主各姑、姐妹、女归宁谒祖捐资芳名录"。2007年状元衙收支情况表有一栏："思敬厅"竣工谢土进主，姑姐妹女捐资154000元。在宗族扫墓、聚餐等活动中都可以看到族中女性的身影。

三　宗族与晋江社会经济的发展

宗族不仅是一个社会系统，还是一个经济组织系统，其经济功能具有非常强大的历史适应性，可以随不同社会经济状况变化而作出调适，因而富有强大的生命力。[①] 在晋江经济发展的初期，由于家族管理具有管理成本低、凝聚力强，机制灵活等优势，民营企业往往采取家族企业的形式。宗族对地方招商引资和经济建设发挥了很大作用。晋江庄氏的产业在海内外也有相当规模，出现不少企业家。

宗族原本具有社会互助、公益事业等正面功能，在不同的时期都具有强大的生命力，并可能适应新时代、以新面目出现在社会中。[②] 庄氏族人对宗亲事业和当地慈善事业都有捐献。如庄氏总祠锦绣庄氏宗亲总会名誉会长庄铭约积极参与永春庄森公"庄府祖庙"的修缮以及宗亲总会、

---

① 王铭铭：《宗族、社会与国家——对弗里德曼理论的再思考》，《中国社会科学季刊》（香港），1996年夏季卷。
② 王铭铭：《宗族、社会与国家——对弗里德曼理论的再思考》，《中国社会科学季刊》（香港），1996年夏季卷。

青阳壁立公益事业会筹集的慈善福利基金、教育基金等。

  海外宗亲是晋江经济和社会发展的重要力量。他们通过各种渠道，办厂经商、兴办学校、修建医院，修桥筑路，捐助公益事业。他们还多次组团回乡参加晋江的各种庆典活动，为晋江与海外的经贸合作做出了重要贡献。晋江当地许多新修建的宗祠和宗族活动，都得到海外乡亲的捐助。庄氏祖庙墙上有碑刻"庄氏宗亲海内外热心捐资芳名"，其中分列着捐助美元、港币、台币、人民币等情况。庄氏震福房祠堂有碑"重建震福庄公宗祠海内外诸裔孙捐资芳名"，其中菲律宾有6位捐菲币80万元，有9位捐45万元；另外一块碑"乐捐震福基金会芳名"中的海外宗亲捐助也占很大比重。碑刻"重建震福公宗祠记"，记述了1993年在海外乡亲的支持下重建宗祠的经过。

> 震福公宗祠建于万历癸酉年，数百载历经修葺，民国三十七年间复修，距今50余年，风雨侵蚀，破损不堪。即由裔孙云鹏等人倡议重建，海内外宗亲一致赞同。承旅菲第二十四届震福理事会，议定祠号，派员归梓勘查，乡人各尽职责，共勉而为，则祠宇轮奂聿新，共观厥成。乃群力之功也，立祠祭祀，以旌其所。

  海外庄氏宗亲热心于家乡各项社会公益事业，这方面例子很多。20世纪40年代，旅菲青阳壁立公益社发起创办了"壁立小学"，即晋江市实验小学的前身。旅菲青阳壁立公益社与晋江市青阳壁立公益事业会同出一脉，现在这两个海内外公益团体仍保持着密切的联系。1997年，福建省人民政府、泉州市人民政府授予捐建晋江机场的海外乡贤捐资办公益事业的奖章、奖匾和荣誉证书，其中有旅菲晋江同乡总会庄杰文、庄文才等。[①]庄菊生曾任福建省政协委员、香港晋江同乡会会长等社团职务，曾发动捐资兴建晋江市中医院门诊医技楼和购置晋江市侨乡体育馆电子显示设备，还参与创办华侨中学。[②] 1999年，庄菊生等人捐款168万元，在梅岭街道

---

① 晋江市地方志编纂委员会编《晋江年鉴（1998）》，中国社会科学出版社，1999，第441页。
② 晋江市地方志编纂委员会编《晋江年鉴（1998）》，中国社会科学出版社，1999，第568~569页。

兴建桂华中心幼儿园。庄长泰曾任菲华商联总会副理事长、菲律宾交通银行董事长等职。1989年秋，他主持的"三己基金会"和庄杰文联合倡议创办平山中学，并捐资兴建教学楼和体育场等，颁发奖教金。创办16年来，共培养毕业生5000余名。2005年3月22日，在晋江市平山中学举行树碑表彰的揭碑仪式，福建省人民政府、泉州市人民政府对旅菲侨亲授予"福建省捐赠公益事业突出贡献奖"金质奖章、奖匾和荣誉证书。菲律宾锦绣庄氏宗亲基金总会组织以87岁的庄长泰为指导员、庄天补为团长的中国观光团一行74人参加了揭碑仪式，之后又分别到永春县乌洋、青阳街道的庄氏祠堂谒祖祭拜。①

近年来，宗族的复兴问题成为学术界关注的一个热点。有的学者引用弗里德曼的观点，认为华南社会结构的主体是一姓一村的单位，强调宗族与地方社会的结合。宗族的层次越高，越脱离与地方社会的关系。在大城市（例如广州）建立的祠堂（例如陈家祠），变成小部分人的联系机构，而不是乡村的管理组织。② 有研究者认为，都市生活的浸染，致使宗族权力再度萎缩，宗族意识日趋消解。随着"城中村"的改造、"村庄的终结"，都市村民的宗族生活必将转化为远离其传统载体的文化躯壳，并在跨越边界的社区网络中逐渐延续下去。③ 还有人认为，宗族的影响力极其有限。所谓的宗族的"复兴"应该只是物质层面的宗族即宗族形式的复兴，"衰落"却是精神层面的宗族即宗族内核的衰落。④ 也有学者根据文献资料和田野调查，对20世纪80年代初至90年代中期的宗族重建状况作过分析，认为近十余年来农村宗族的重建较为普遍，尤以南方地区最为突出。⑤

在传统时期，宗族制度加强宗亲血缘关系，以家规家法和共同祭祀作

---

① 《福建省政府立碑表彰庄材允、庄万里、庄材美三昆仲》，《福建侨报》2005年3月25日。
② 科大卫：《告别华南研究》，《学步与超越：华南研究会论文集》，香港文化创造出版社，2004。
③ 孙庆忠：《乡村都市化与都市村民的宗族生活——广州城中三村研究》，《当代中国史研究》2003年第3期。
④ 钟广宏：《村治变迁中的宗族命运——以普宁南阳山区的四个村庄为例》，《韩山师范学院学报》2005年第1期。
⑤ 肖唐镖：《当前中国农村宗族及其与乡村治理的关系——对新近研究的评论和分析》，《文史哲》2006年第4期。

为宗族的行为规范和情感纽带。同时宗族组织是官府管理小农家庭的中间环节，宗族成为维护自然经济强有力的纽带。但从本文考察的晋江庄氏宗族个案看，随着时代变迁，在闽南，宗族虽然已经失去地方自治职能，但它并没有脱离与地方社会的关系。宗族的几大要素在现代化进程中有了新的变化，家族制度在当地社会仍然扮演着重要的角色。闽南传统宗族观念具有强大的生命力，宗族在凝聚族人，吸引海外投资，捐助教育和慈善救济等公益事业等方面仍然起到很大的作用。甚至在前几年的"城中村"改造中，有的宗族还以此为契机，凝聚族人，活动更加活跃。闽南宗族根据时代的变化，不断调整内容、发挥作用，努力争取自身的延续，以适应社会变迁的需要。宗族不是传统的简单的延续，其已融入当地人民的精神和生活世界里，形成一种生活方式。因此，宗族这一传统组织与现代化并不矛盾，是可以吸收利用的文化资源，通过调整和引导，克服自身的一些局限，能够与现代化相适应并发挥其作用。

（原载《福建论坛》2010年第7期）

改革开放初期（1979~1989年）闽南地区民间信仰的复兴

徐文彬

民间信仰是指"流行于一般民众，特别是农民中间的神、祖先、鬼的信仰、庙祭、家祭、墓祭、岁时节庆、人生礼仪和象征等"。[①] 它是传统区域文化的构成要素。改革开放后，许多地方出现民间信仰复兴的现象，已有多位学者从不同角度对此加以论述，或选择村庄为个案分析，描述了民间信仰复兴的过程，认为文字、教育的普及，商业活动以及大众传媒这些现代化的形式是民间信仰复兴的动力。[②] 或视其为乡土的再造，认为乡土传统在新时期特定的状况下可以被民间加以再创造。或恢复他们原来的意义，使之扮演新的角色。[③] 或系统分析民间信仰的当代社会转型，指出其所具有的时代特征。或将其视为政治意识形态控制放松使其获得恢复空间，而改革开放后集体福利制度的解体，社会保障的缺失，使农民重新寻求神灵与祖先的庇佑。[④] 或认为不是纯粹的文化复兴，而是中国传统在马克思主义国家权力影响下的新诠释。[⑤]

---

① 周大鸣：《传统的断裂和复兴——凤凰村信仰与仪式的个案研究》，郭于华主编《仪式与社会变迁》，社会科学文献出版社，2000，第219页。
② 周大鸣：《传统的断裂和复兴——凤凰村信仰与仪式的个案研究》，郭于华主编《仪式与社会变迁》，社会科学文献出版社，2000，第251页。
③ 王铭铭：《村落视野中的文化与权力：闽台三村五论》，读书·生活·新知三联书店，1997，第76页。
④ 苗月霞：《中国乡村治理模式变迁的社会资本分析：人民公社与"乡政村治"体制的比较研究》，黑龙江人民出版社，2008，第126页。
⑤ Helen F. Siu, Agents and Victims in South China: Accomplices in Rural Revolution, Haven & London: Yale University Press, 1989, p11.

总体而言，现有研究成果侧重分析改革开放40年来民间信仰复兴与现代化之间的关系，主要通过田野调查，注重中国社会变迁的因素，较少分析在此过程中官方政策的调适，以及改革开放以来的相关情况。笔者拟从区域外部视角，对改革开放初期（1979~1989年）闽南地区民间信仰复兴现象加以论述，分析其根源所在，把握其地域特殊性。改革开放前十年，是新旧思维碰撞的关键时期，民众对政治运动仍心存余悸，市场经济改革尚未启动，百废待兴。闽南地区地处开放前沿，民间信仰却在短短十年间复兴，其速度之快、范围之广、影响之大，在全国具有典型性。

一　中华人民共和国成立初期闽南民间信仰的生存实态

闽南地处福建东南沿海，主要指泉州、厦门、漳州三地。明清时期，闽南地区人多地少，自然灾害频发，民众以海为田，赴海外开展贸易，这里成为海上丝绸之路的重要枢纽。步入近代，闽南民众大量迁徙东南亚地区，达到数千万之多，涌现陈嘉庚等工商巨子，闽南成为著名的侨乡。[①]由于多元交汇，加之自然环境等原因，传统闽南地区宗族势力庞大，民间信仰兴盛，民俗活动众多。中华人民共和国成立之后，闽南民间信仰仍有所存续。据侨务部门调查，1957年春节期间，泉州涂门街关帝庙香客约有5000人左右，比上年增加2000多人，平均每日收入香烛钱100元左右，比上年同时间增加将近一倍。[②] 1965年，厦门海滨居委会514户，做普渡的有452户，占总数87.9%。参与人员中，不乏党员、团员干部。[③]

闽南民间信仰得以延续，与其侨乡特点相关。[④] 中华人民共和国成立

[①] 根据20世纪80年代调查，仅在新加坡，泉州籍乡亲就有86万人，占新加坡华人总数的42%。参见泉州华侨志编纂委员会编《泉州市华侨志》，中国社会出版社，1996，第55页。

[②] 《晋江县泉州市侨眷迷信开支等情况的一些材料》，1957年，福建省档案馆馆藏，政府档案0148—001—0122—0049。

[③] 《鹭江公社道本居委会反对封建迷信》，1965年，福建省档案馆馆藏，政府档案0134—001—0485—00031。

[④] 以晋江县为例，1951年6月，该县有131568户人家，人口665006人，华侨户数达到33348户，占总户数25.34%，华侨人数74104人，占总人数11.14%，侨眷人数132418人，占总人数19.91%，两者合计占总人数31.05%。参见：《晋江县华侨人口情况表》，1951年，福建省档案馆资料馆馆藏，政府档案0148—007—0010—0059。

初期，国家开展建设有赖于海外华侨的鼎力支持。以晋江为例，中华人民共和国成立十年来华侨用于办学兴医、修桥造路等方面的公益事业达到7061850元。① 因此政府对侨眷的民间信仰予以特殊照顾，以利于扩大爱国统一战线。福建省工商行政管理局曾发电指示："华侨若特殊需要的神香、锡箔等迷信焚化品，可到当地侨联出具证明，到指定经营单位购买。"② 侨眷享受特殊政策，成为寺庙烧香的主要参与者，进而影响非侨眷，他们认为，"有钱人可以闹迷信，政府照顾华侨，竟连闹迷信也照顾"，以致"有的跑到华侨公司门口向侨眷讨侨汇票，购买金银纸祭拜鬼神，为孩子治病"。③

中华人民共和国成立后，海外侨汇仍然是维系闽南社会稳定的重要命脉。每年闽南华侨向家人所寄款项，有相当部分用于民间信仰活动。根据1957年晋江侨务工作人员估计："春节前后一个半月中，每个有迷信旧习俗的上层侨户大约要买迷信品20多元，个别买到30多元，中层的要花10多元，一般的几元。"由于花费不菲，以致有的侨眷抱怨"愈信愈穷，不信至多也不过如此"。④ 华侨还直接捐款建寺、修墓。1956年，晋江县接到菲律宾华侨修建寺庙款人民币37万余元。⑤ 侨汇除成为民间信仰活动经费来源外，亦成为闽南民众向神灵祈佑的重要内容。1963年，厦门鹭江公社侨属曾说："我们全家都是靠海外侨汇维持生活，求神拜佛庇佑亲人生意兴旺，才能月月汇钱来。有的建筑工人家属认为亲人出海冒风险，要敬拜'好兄弟'才能保平安。"⑥

随着政治气氛的紧张，民间信仰一度受到重点批判。1965年政府颁

---

① 《十年来华侨举办公益事业统计表》，1959年，福建省档案馆藏，政府档案0149—001—0040—0012。
② 《关于神香锡箔等迷信焚化品对华侨的特殊需要问题的请示报告》，1965年，福建省档案馆资料馆馆藏，政府档案134—001—0352—0049。
③ 《关于宣传破除迷信的情况简报》，1965年，福建省档案馆资料馆馆藏，政府档案0134—001—0495—0001。
④ 《晋江县泉州市侨眷迷信开支等情况的一些材料》，1957年，福建省档案馆藏，政府档案0148—001—0122—0049。
⑤ 《晋江县泉州市侨眷迷信开支等情况的一些材料》，1957年，福建省档案馆藏，政府档案0148—001—0122—0049。
⑥ 《关于"七月迷信活动"情况调查报告》，1963年，福建省档案馆藏，政府档案0134—001—0352—0049。

文,"神香、锡箔等迷信焚化品在市场上的流行,是资本主义势力、封建势力同社会主义斗争的一种反映,是过渡阶段阶级斗争的一个不可忽视的方面",认为这个问题如果不很好地解决,"对于破除迷信,提高群众的阶级觉悟,巩固社会主义教育的效果,都是十分不利的"。① 因此采取更为严厉的杜绝措施。1966年6月15日,福建省商业厅电告各地区有关机构:"各地停止纸箔、钱纸、香、烛(不包括照明蜡烛)等迷信品供应,也不再进货,并马上向当地人委汇报执行以及联系工商行政部门,加强市场管理,防止私商投机倒把。"② 彻底禁止迷信用品在市场的销售。"文化大革命"爆发后,随着"破四旧"运动的开展,许多寺庙受到破坏或被挪作他用,诸多相关的社会习俗亦未能举行,闽南民间信仰难以延续。

总之,中华人民共和国成立后,闽南地区由于华侨数量众多,被赋予特殊的宗教政策,使民间信仰得以延续。凭借与东南亚等地的密切联系,源源不断的侨汇,闽南民间信仰获得强有力的物质支撑。而亲人海外谋生的风险、对侨汇的高度依赖,亦成为闽南民间信仰存续的重要基础。随着政治气氛的紧张,"文化大革命"的爆发,闽南民间信仰难以公开进行。

二 改革开放初期闽南民间信仰的复兴

改革开放后,闽南民间信仰迅速复兴,较之其他地方,其时间更早,③涉及社会领域更广,呈现显著的区域特色。闽南民间信仰的复兴,不仅表现为宫庙的兴修,相关社会习俗的恢复,更与家族组织重建等因素密切相关,是一种社会现象的综合反映。

明清时期,闽南地区家族势力兴盛,每个家族设有祠堂,除祭祀祖先外,还常常供奉神,使家族、祠堂、宫庙呈现复杂的关系。改革开放之

---

① 《关于严格管理神香、锡箔等迷信焚化品的联合通知》,1965年,福建省档案馆馆藏,政府档案0186—003—1029—0023。
② 《福建省手工业管理局关于停止迷信品生产的几个问题的通知》,1966年,福建省档案馆馆藏,政府档案0186—003—1059—0034。
③ 笔者梳理相关资料,并结合田野调查,发现福建非侨乡民间信仰多从20世纪八九十年代开始大规模复兴,如福州著名的五帝庙,于1989年由群众集资兴修,较闽南地区约晚了十年。

后，大批海外华侨回到家乡，族庙作为家族重要的公共场所，成为海外族亲重点修复目标。泉州洛江区马甲镇，华侨约占全镇总人口的三分之一，吴氏为当地大族，其开基祖于明代建玉泉康济庙，奉兴福尊王为吴氏族人的境神，① 康济庙遂成为其宗族重要祭祀的场所。近代以来，吴氏族人虽移民海外，亦不忘祖庙。1889年、1936年，在海外宗亲的资助下，康济庙两度修葺。此后，"世事风雨，庙遭侵蚀冷落，貌彦颓损"。1981年，吴氏旅居缅甸、印尼、香港等华侨宗亲"又输成敬捐金修庙以长昌矣"，② 该镇著名侨领吴庆星亦于1986年修建祖厝，为宗亲"举行会议，学习交流科学技术，开展文娱活动提供方便"。③ 修族庙、捐族谱、造祖厝，华侨的目的是帮助家族复兴，提升其地域支配力。

明清时期，闽南地区民间信仰兴盛，宫庙数量众多。随着民众大规模迁徙海外，闽南寺庙向台湾及东南亚地区分灵、分香，成为侨乡与海外联系的重要纽带。"文化大革命"结束后，此类祖庙绝大多数得到华侨的资助，陆续恢复，如通淮关岳庙历史悠久，分灵遍及台、港、澳和东南亚，仅在台湾，与其有神缘关系的关帝庙即达到300多座，堪称泉州寺庙的典范。"文化大革命"期间，该庙神像被毁，庙产挪作他用。1983年2月，"泉州保护通淮关岳庙古迹董事会"宣告成立，着手修复寝室、天井罩、铁大门等设施，首期重修费用达40760元，主要为旅外侨胞捐款，其中港商施振东、施振南兄弟捐款即达到24350元。④ 东山关帝庙、白礁慈济祖宫、平和三平寺亦陆续着手修复。

随着闽南民间信仰的恢复，相关的社会习俗亦广泛开展。水仙尊王是闽南地区重要的民间信仰，泉州、漳州等地划龙舟必先祭拜水仙尊王。⑤

---

① 福建民间信仰兴盛，为举行迎神赛会，社区民众或出力，或捐资、承担相应的义务和责任，频繁互动，形成以"共同信仰和祭祀为特征的地方乡里组织"，即境社。境庙成为社区议事中心，形成"集庙议事"的传统，成为地域认同的标志。
② 《重兴建康济祖庙记》，吴禾生、林德明、林胜利等编《泉州古城历代碑文录》，中国文史出版社，2009，第219页。
③ 《祖厝重建记》，吴禾生、林德明、林胜利等编《泉州古城历代碑文录》，中国文史出版社，2009，第220页。
④ 参见《泉州通淮关岳庙首期重修碑记》，载吴禾生、林德明、林胜利等编《泉州古城历代碑文录》，中国文史出版社，2009，第220页。
⑤ 水仙尊王并不是指单一神灵，而是包括大禹、伍子胥、李白等，在漳州不少地区，亦将屈原列为水仙尊王。

"文化大革命"期间,"划龙舟"被视为四旧,一度中止,改革开放后蓬勃开展。1987年,仅龙溪地区①有1600条龙舟分别在99个竞渡点竞渡,而该年度福建全省龙舟数量仅有3000条。②"普渡"活动也频繁举行,其规模之大,被地方官员视为严重的社会问题。1986年8月"普渡"期间,晋江全县仅啤酒销售量达10.5万箱,比往年同期增加7万多箱。③当地报纸作如是批判:"一些地方的迎神赛会奢华已极。"次年,该县东石镇白沙村计划在镇江宫六姓府举办"亡魂超度"和"海上迎神",发动晋江、南安两县10多个乡镇、100多个村庄,计划举办七天。听闻该消息后,晋江县长亲自到该村,加以制止。④ 不久,该县政府颁布《关于制止封建迷信活动的通告》,召开动员大会,号召全县干部和群众狠刹封建迷信活动。

总之,改革开放后,伴随着家族的重建,闽南民间信仰迅速复兴,族庙、宫庙大量重修,"划龙舟""普渡"等传统习俗蓬勃开展。其发展势头之猛、规模之大,引起政府的高度重视,政府遂采取较为严厉的措施,加以制止。

三 地方政府应对策略的调适

近代以来,随着西方科学思潮的传入,民间信仰在话语体系处于弱势地位。新文化运动发生后,民间信仰受到重点批判,被视为封建迷信。1949年后,民间信仰亦被视为"封建迷信",官方多次发起群众性运动,试图彻底将其铲除,尤其在"文化大革命"期间,反对封建迷信运动臻于顶峰。改革开放后,对于民间信仰,地方政府采取较为务实的策略。

1981年,中共十一届六中全会《关于建国以来若干历史问题的决议》指出,"要继续贯彻执行宗教信仰自由的政策,坚持'四项基本原则'并不要求宗教信徒放弃他们的宗教信仰,只是要求他们不得进行反对马列主义、毛泽东思想的宣传,要求宗教不得干预政治和干预教育""团结广大

---

① 1985年7月推行"地改市、市管县"区划改革,原来的龙溪地区改为漳州市。
② 《八闽江流"扒龙船"》,《厦门日报》1987年6月19日。
③ 《晋江颁布〈通告〉〈暂行规定〉并设立专门办事机构制止迷信活动实行殡葬改革》,《厦门日报》1987年6月20日。
④ 《晋江及时制止一起大型封建迷信活动》,《厦门日报》1987年6月20日。

信教群众和宗教职业者，为建设团结、富裕、文明的社会主义新西藏努力作贡献"，"尊重和保护宗教信仰自由，是党对宗教问题的基本政策。"① 福建地方政府积极落实宗教政策，归还庙产，提升宗教人员的社会地位。

尽管政府落实相关宗教政策，保护道教、佛教、基督教等宗教，但民间信仰由于界定较为模糊，仍然未被政府完全承认。泉州关帝庙，历史悠久，分灵遍布中国台湾、东南亚，是闽南最负盛名的宫庙。改革开放后，多位侨胞致信政府，要求重修关帝庙。时任泉州市委书记遂交由统战部门办理，由于"当时这类宫庙，仍被视为封建迷信活动场所，要解决却没有政策依据，不可能按落实宗教政策、开放宗教活动场所规定办理"。② 于是按"恢复"的设想，以"保护文物古迹"的名义进行，委托当地知名人士组成"泉州保护通淮庙古迹董事会"，筹备相关事务。尽管得到市委主要领导的支持，但在筹建过程中，面临着重重困难，社会知名人士认为有风险，不愿出任董事，相关政府部门不愿办理，不少人担心该庙恢复，会刺激封建迷信活动的兴起，其重建过程颇为艰辛。东山岛关帝庙恢复亦与此类似，1979年，风动石园林管理处成立，③ 随后在侨胞和当地群众的要求下，政府以保护文物的名义着手恢复，短短数年，该庙陆续被列为县、省文物保护单位，受到法律的保护，得以复兴。

著名宫庙重建尚且如此艰辛，而对于民间信仰所衍生的社会习俗与相关仪式，仍视为"封建迷信"，受到政府的高度警觉。1986年12月，中共福建省委第四届委员会第四次全体会议通过《中共福建省委委员会关于"七五"期间加强社会主义精神文明建设的若干措施》，要求"在全省，特别是在农村广泛开展以改变陋习、树立新风为主要内容的'五提倡、五反对'活动：提倡崇尚科学，反对封建迷信。"并特别要求："要划清允许'三胞'寻根问祖与群众滥建宗祠、坟墓的界限，国家修复具有传统文化价值的寺庙与民间滥建封建迷信庙宇的界限，合法的正常宗教活动与利用

---

① 中共中央文献研究室编《中国共产党中央委员会关于建国以来党的若干历史问题的决议》（注释本），人民出版社，1983，第615页。
② 郑国栋：《泉州通淮关岳庙恢复过程记述》，载吴幼雄、李少园主编《通淮关岳庙志》，中国社会科学出版社，2008，第11页。
③ 东山风动石在全国颇有名气，关帝庙在园林风景区内。

宗教进行非法活动的界限。"① 地方报纸亦专门刊文，强调："我们在尊重群众的宗教自由的同时，也要提倡科学，宣传无神论，教育群众自己搬掉愚弄人的泥菩萨。"② 1987年，福建省在泉州召开专门经验交流会，指出"这些年来，闽南厦、漳、泉一带'普渡'之风盛行，严重浪费社会财富，扰乱社会秩序，冲击市场物价，影响人民生活，危害群众身心健康，坚决制止这种习俗，符合广大群众的根本利益。"③ 厦门、泉州、漳州等地政府也召开各种类似的会议。

从整体来看，改革开放初期，闽南地方政府开展"反迷信"运动。一方面从政府部门抽调人员，组织劝导队，发动街道、居委会等基层组织，深入群众进行宣传，教育他们树立科学理念，摆脱"迷信"的危害。另一方面则组织公安、司法等部门的干部，在基层干部的配合下，对巫婆、神汉进行法纪教育，责成他们作检讨，退回所收款项，甚至依法处罚，追究刑事责任。同时号召党员干部以身示范。每当听闻所辖乡镇将举办"普渡""迎神赛会"等活动，主要领导常亲赴基层坐镇，加以制止，防患于未然。

从上述举措来看，地方政府将反对封建迷信作为重要的工作任务。主政官员亲力亲为，协调诸多部门，调动基层力量，以教育劝导为主，辅之以政法举措，可谓是态度坚决，举全社会之力而为之。尤其在1987年，闽南反迷信运动更是臻于顶峰，当地党报连篇累牍宣传"迷信"之危害，报道各地"反迷信"运动的进展，可谓声势浩大。可是此后数年，相关报道大幅减少，仅有寥寥数篇，政府亦较少开展相关活动。时至今日，政府文件虽多次提倡"反对封建迷信"，以加强社会主义精神文明建设，但多流于文字，极少动用政法力量予以强力制止，其应对举措以引导为主，对于"普渡""迎神赛会"虽有所劝阻，但更强调组织者必须备案，以免发生意外事故。

综上所述，改革开放后，政府部门虽落实宗教自由政策，但民间信仰由于其性质模糊性，未被政府完全接纳，仍在相当程度被视为"封建迷

---

① 福建省档案馆编《改革开放三十年重要档案文献（福建）》，中国档案出版社，2008，第27页。
② 剑凌：《停产搞迷信，四邻不安宁》，《厦门日报》1987年3月31日。
③ 《全省召开五提倡、五反对活动经验交流会》，《厦门日报》1987年7月28日。

信"。随着"普渡"等活动的高涨，1986年，福建省委将"破除封建迷信"作为全省精神文明建设的重要目标。次年，闽南各地政府将"破除迷信"作为工作重点，声势颇大。但1988年之后，政府对民间信仰活动主要运用劝导方式。

四 侨乡网络与民间信仰的发展

改革开放后，政府对民间信仰的管制举措渐趋宽松，很大程度是由于闽南地区与东南亚、中国台湾地区联系紧密，是侨胞、台胞的重要祖籍地。"文化大革命"结束后，百废待兴，华侨、台胞不仅是建立爱国统一战线的重要对象，而且是推动地方经济发展的重要支撑。福建民间信仰的复兴，与台胞、侨胞的积极参与有密切的关系。

改革开放初期，海外华侨大规模归乡，仅在1985年6月，厦门市就接待外宾、华侨、港澳台胞40713人，比上年同期增长85%。[①] 当时福建所修建的庙宇，绝大多数是海外侨胞所捐助的。根据相关统计，改革开放初期，华侨除捐助文教卫生、资助工农业外，宗教方面亦捐助颇巨，1989年达1093万元，较1979年增长近27倍。[②] 在他们的资助下，许多祠堂得以重建，举行隆重的祭祖活动，家族组织逐渐复兴。华侨还捐资组织"普渡""绕境"等民俗活动，扮演"会首"等重要角色。除捐资外，华侨还向政府发挥其影响力，推动民间信仰复兴。1980年，海外信众纷纷投书泉州市有关部门，要求重兴关帝庙，泉州市委统战部为此选派社会知名人士，组建筹委会，着手修复。

海外华侨热衷于民间信仰，在很大程度是由于他们的乡族情结。泉州流行谚语"番邦钱，唐山福"，反映华侨赴海外谋生的旅居心态，所谓"番邦"指外国，"唐山"代指故乡，闽南华侨虽在海外谋生，却以"荣旋于乡梓"为念，力图为乡族造福。近代以来，他们已是闽南区域社会发展的主要动力，通过倡办各种公益慈善事业，造福乡梓，提升声望。民间

---

① 《外宾华侨港澳台胞来厦人数骤增》，《厦门日报》1985年7月21日。
② 此处所言宗教，包括佛教、道教，但亦包括关帝庙、妈祖庙，泉州民间信仰颇盛，占相当比重。参见泉州市华侨志编纂委员会编《泉州市华侨志》，中国社会科学出版社，1996，第225~226页。

信仰在闽南区域社会扮演重要角色，宫庙的修建、仪式的举行、捐资者的多寡，在相当程度折射其家族的地方控制力，故明清以来，华侨成为闽南地区宫庙的重要捐助者。

闽南华侨虽移民海外，仍然笃信家乡神祇，视其为精神寄托，祈求庇佑，并以其为纽带，联络同乡，增强异域谋生能力。新加坡最早的闽南同乡社团为恒山亭，后为天福宫取代，成为漳泉籍华侨的总机构和聚会场所。当时的亭庙组织还有凤山寺、金兰庙、清源真君庙，凤山寺为南安同乡组建；其他两庙庙众则包括南安、安溪、晋江三县人及其他闽南乡亲，而以南安人居多。① 因此有学者指出："就迁民过程来看，东南亚华人的帮派及宗乡社会的构成，似乎从神庙入手，从而形成地缘、业缘及洪门帮会组织，从而有血缘的组织，进而有综合性跨地域超同业的组织。"② 由于此种关系，宫庙、会馆、公所常常"三位一体"，成为华人社区主要聚议场所，发挥慈善、赈灾等重要功能。民间信仰作为整合海外华人社群的主要途径，对维系海外华人的身份认同和文化认同，发挥不可替代的作用。新加坡华人群体即"利用妈祖信仰不断强化着先辈们同船共渡睦邻相亲的历史记忆，从而避开了社群内部的分化和疏离"。③

民间信仰亦是海外华人与家乡的重要连接纽带，寄托其故土情结，故对家乡神事活动的开展、寺庙的兴修，给予鼎力支持。"文化大革命"期间，有"海外关系"者意味着是有可能与境外敌对势力发生联系的复杂可疑的人，"海外关系"成为人们避之唯恐不及的"污名"。④ 闽南侨乡与海外的联系几近断绝。改革开放后，中央政府改变政策"将侨务工作与促进四化建设，实现统一祖国，扩大海外影响的目标联系起来"。⑤ 吸引华侨参与地方建设，推动经济发展，成为各级政府的工作重心。民间信仰对华侨

---

① 泉州市华侨志编纂委员会编《泉州市华侨志》，中国社会出版社，1996，第65页。
② 邱新民：《东南亚文化交通史》，新加坡亚洲研究学会、文学书屋，1984，第586页。
③ 徐李颖：《新加坡妈祖信仰的"社群化"与"一体多面性"——对地缘、血缘和业缘性社群的个案考察》，载陈徽志主编《妈祖研究学报》第2期，雪隆海南会馆（天后宫）妈祖文化研究中心，2006，第23页。
④ 范可：《"海外关系"和闽南侨乡的民间传统复兴》，杨学溧主编《改革开放与福建华侨华人》，厦门大学出版社，1999，第156~157页。
⑤ 庄国土：《1978年以来中国政府对华侨华人态度和政策的变化》，《南洋问题研究》2000年第3期。

群体的影响极大，若极力劝阻，势必不利于团结侨胞。故地方主政领导以务实的态度，权衡利弊，推进侨务工作。泉州关帝庙得以恢复，得益于该庙在"三胞"的影响力，正如主持修庙的人士所指出的："它过去是三胞在海外的凝聚力和精神支柱，现在仍然是吸引他们向往故土、参拜祖庙巨大的磁力。这是通淮庙的特色和价值。"① 因此其重建得到泉州市委领导的支持。

除拥有广大华侨外，闽南地区亦是台胞重要祖籍地，明清时期，闽南民众迁徙台湾，常携带家乡神灵，在台湾岛内建立寺庙，祭祀神灵，并以此为据点，通过乡缘组成开垦集团，使台湾的民间信仰具有较强的乡土观念。正因如此，神庙在台湾地域社会中扮演关键角色，发挥政治、经济、文化等诸多功能，堪称社区的中心。民间信仰仍然在台湾有极其强大的影响力，呈现寺庙多、信徒广等特点。20世纪70年代，根据刘枝万先生调查，台湾地区的寺庙数量约在3834座，"而有庙超过100座者仅有9种。其中共有王爷庙717座、妈祖庙317座、土地公327座、玄天上帝226座、关公192座、保生大帝140座、三山国王124座"。② 而到了1978年，根据台湾学者林衡道估计："台湾地区（寺庙）的数量约在9000座以上。"③

台湾民间信仰多从福建传承而来，福建湄洲岛妈祖、漳州保生大帝等祖庙均在台湾有数百座分灵、分香（见表1）。由于台湾宫庙崇尚道统，若通过迎神、敬香等活动，承接大陆祖庙法脉，权威性将显著增强，香火更为鼎盛，此种信仰层面的交流，非政治势力所能阻扰。20世纪80年代，两岸尚处于隔绝阶段，台湾民众通过各种渠道到湄洲朝圣，形成"官不同民通，民通以妈祖为先"的局面，进而引起一系列连锁反应，推动了两岸经济文化关系的发展。④ 1987年，台湾大甲镇澜宫的董监事们冒着巨大政

---

① 郑国栋：《泉州通淮庙的恢复与关帝崇拜现状》，吴幼雄、李少园主编《通淮关岳庙志》，中国社会科学出版社，2008，第626页。郑国栋为"泉州保护通淮关岳庙古迹董事会"常务副董事长。
② 李亦园：《宗教与神话论集》，（台湾）立绪文化事业有限公司，1998，第30页。
③ 李亦园：《宗教与神话论集》，（台湾）立绪文化事业有限公司，1998，第29页。
④ 林国平：《妈祖信仰与两岸关系的互动》，载福建省炎黄文化研究会、中国人民政治协商会议厦门市委员会编《守望与传承——第四届海峡两岸闽南文化学术研讨会论文集》，鹭江出版社，2010，第15页。

治风险,到湄洲妈祖庙参加妈祖千年祭典,被视为两岸关系史的破冰之旅。① 该年底,蒋经国宣布开放大陆探亲,大量台胞前往闽南朝圣。1988年3月,国内外有18万人前往湄洲纪念妈祖诞辰,其中台胞1.3万人。

表1　台湾地区拥有分灵数量最多的福建神灵一览表

神灵	福建祖庙	在台分庙数量	在台开基或影响最大的宫庙
王爷	泉州富美宫等	677	台南鲲鯓王爷庙
妈祖	湄洲妈祖庙	800	北港朝天宫
观音	晋江安海龙山寺	441	台北艋舺龙山寺
关帝	泉州通淮关帝庙 东山铜陵关帝庙	193	台北行天宫 宜兰协天庙
保生大帝	龙海白礁慈济宫 同安青礁慈济宫	140	台南学甲慈济宫
清水祖师	安溪清水岩	83	台北艋舺清水岩

资料来源:林国平《闽台民间信仰源流》,人民出版社,2013,第171页。

　　侨胞、台胞的大批到来,使闽南地区获得大量外资,民营经济迅速发展。1986年,来厦旅游的"三胞"、华侨和外国友人达8.83万人次,比1980年增长2.45倍。厦门市工农业总产值从1980年的11.34亿元增加到27.07亿元,增长1.37倍。产品出口总值3.56亿元,比1980年增产两倍多。② 1987年,中央颁布政策:"厦门经济特区扩大到全岛,逐步实行自由港的某些政策,是为了发展我国东南地区经济,加强对台工作,完成祖国统一大业作出的重要部署。"③

　　20世纪80年代,福建省政府将经济建设、对台工作、华侨工作列为地方工作的三大重点。而民间信仰是连接侨胞、台胞的重要纽带,对其投资热情有直接的影响。在20世纪80年代初期,面对闽南民间信仰迅速复兴,地方政府虽对此颇为重视,于20世纪80年代中期发动大规

---

① 大甲镇澜宫通过此次谒祖敬香,在台湾知名度大幅提升,影响力逐渐超过北港朝天宫,成为全台妈祖信仰的中心之一。
② 《关于加快厦门经济特区建设的报告》,1987年,厦门市档案馆资料馆馆藏,市政府档案:B036—001—1327—001。
③ 《关于加快厦门经济特区建设的报告》,1987年,厦门市档案馆资料馆馆藏,市政府档案:B036—001—1327—001。

模的"反封建迷信运动",并特别要求"划清允许'三胞'寻根问祖与群众滥建宗祠、坟墓的界限",但由于三胞积极参与其中,如何划分才不伤害彼此感情,其执行存在极大难度。1987年底,台湾当局开放大陆探亲,大批台胞前往福建朝圣迎香,民间信仰的积极意义得以彰显。而闽南民众则能够把握政策模糊之处,以"三胞"之名,开展民间信仰活动,因此20世纪80年代末期,地方政府注重对民间信仰的正面引导。而侨胞、台胞的大量投资,推动地方经济的发展,使闽南民间力量崛起,有助于民间信仰复兴。

五 余论

中华人民共和国成立之后,闽南地方政府实行特殊的政策,允许侨眷购买祭祀用品,使民间信仰有其存在的政治空间,而对侨汇的依赖性、对海外亲人的牵挂,使民间信仰有其存在的社会需求,巨额的侨汇,使民间信仰有其存在的经济基础。"文化大革命"爆发后,大规模政治运动的开展、侨眷与海外联系的减弱、政治身份的改变,闽南民间信仰暂时受到压制。

改革开放后,闽南民间信仰迅速复兴,表现为宫庙的重修、祭祀活动的开展、参与信徒的日益增多。政府虽落实宗教自由政策,但对民间信仰的态度并未根本改变,仍试图强制将其消除,但随着民间信仰对外功能的凸显,政策界定的模糊性,地方政府基于发展地方经济、推动两岸关系、团结海外侨胞的考量,以务实的态度,调适应对举措,引导民间信仰为社会经济建设服务。

改革开放后,闽南地区民间信仰的复兴,是一种外驱型行为。明清以来,闽南成为海上丝绸之路的重要枢纽,对外交流频繁,民众大量迁徙台湾、东南亚,使闽南与海外的联系日益密切,民间信仰成为重要的连接纽带。改革开放后,"三胞"的鼎力支持,使闽南民间信仰迅速复兴。他们捐资兴办宫庙,参与神事活动,并向政府建言献策,群众借此获得开展活动的空间。"三胞"的大量投资,使闽南经济发展迅速,民间力量不断壮大,为民间信仰复兴提供有力支撑,亦使其社会功能得以凸显。

海外华人社会是"一个移植的汉人社会",① 是"唐山"在"番邦"的"延伸",两地社会模式有诸多的相似性,民间信仰在其中扮演了重要角色,成为连接彼此的关键纽带。华侨对他乡的"侨居"心态,对荣归故里、造福乡梓的渴望,不仅构成两地特殊的互动模式,亦是决定侨乡变迁的重要驱动力。改革开放后,华侨重返故乡,长期压抑的思乡心理、对乡族职责的恪守,使其力图恢复心目中的"唐山",以海外情景弥补家乡因浩劫而造成的文化缺失,故文化反哺效应得以发挥。

(原载《世界宗教文化》2017年第10期)

---

① 叶春荣:《人类学的海外华人研究:兼论一个新的方向》,《中央研究院"民族学研究所集刊"》(第75期),中央研究院"民族学研究所",1993,第174页。

廊桥中的民间信仰

——基于福建省屏南县的田野调查

吴燕霞

一 屏南基本情况和屏南廊桥

屏南县位于福建省东北部的鹫峰山脉中段,总面积1471平方千米,其中山地占县境面积81%,属中亚热带湿润气候,年平均降水量达1842.3毫米。屏南下辖古峰镇、双溪镇、代溪镇、长桥镇、屏城乡、棠口乡、甘棠乡、熙岭乡、路下乡、寿山乡、岭下乡等11个乡镇。历史上,屏南最早属侯官县,唐开元二十九年(公元741年),古田建县后划归古田管辖。据《屏南县志》记载,清雍正十三年(公元1735年),析古田县境东北部移风里、新俗里和横溪里的13个都之地建县。因县治双溪位于翠屏山之南,故雍正皇帝给取名"屏南"。屏南建县后,一直隶属福州府管辖,为"福州十邑"之一。

屏南境内山峦叠嶂,群峰耸峙,山谷盆地交错,涧溪纵横。在公路普及之前,屏南的交通主要依靠块石砌成的山间古道(主干道称为"官道")。古道又被流经屏南境内的长桥溪、金造溪、黛溪等溪流的干流与无数支流切断。因此,屏南民众便在涧溪之上,因地制宜地建造了一座座廊桥,如飞虹贯空,使"天堑变通途"。历史上,屏南廊桥数量众多。清乾隆五年(1740年)沈钟编修的《屏南县志》卷四"桥梁路亭"中记载桥梁总数为111座,其中明确记录桥上建亭者75座。[①] 清光绪卅四年江若

---

① 沈钟:《屏南县志》(卷之四:桥梁路亭附),清乾隆五年,屏南地方志编纂委员会1989年翻印。

干修《屏南县志》卷四"建置志,关隘、桥亭"则收录桥梁总数达140座,其中记载有亭者82座。① 1998年屏南方志委编著的《屏南县志》中记载:"在宋、明时期建的有47座、清代62座、民国7座。1990年,全县共有木质结构桥132座(其中木排桥78座、折线型木拱廊桥54座)、石木结构桥45座(其中石台石墩木屋桥24座、石墩木平桥21座)、石桥103座。"② 根据屏南县开展的第三次全国文物普查得出,目前屏南尚存各类廊桥61座,其中木拱廊桥15座、平梁廊桥28座、石拱廊桥18座。

在屏南民众的心目中,廊桥不仅是一种交通设施,也是当地村落人们歇息乘凉、躲风避雨、祭祀神祇、议事交流的场所。因此,本文试图在田野调查的基础上,结合相关文献,对廊桥中民间信仰的神明类型与特点、活动状况和社会功能进行初步探讨。

二 廊桥民间信仰中的神明

屏南廊桥的桥屋内大都设有神龛供村民祭祀。神龛一般设在桥屋当中,也有的偏居在桥屋的一旁,还有的将神龛设在廊桥的阁楼上,有的则在桥头路冲独立建立宫庙。陆则起先生曾对屏南廊桥祀奉的神明进行详细的调查和整理,③ 在此基础上,笔者结合实地调查及相关资料,勾勒出屏南廊桥民间信仰的特点。

1. 神明信仰与民众生活息息相关

屏南廊桥的民间信仰并非像佛教、基督教等制度化宗教,将修行的希望寄托于"来世",而是与现世生活密切相关。因而廊桥所供奉的大多是贴近一般民众心理需求的神明,其中以观音、临水夫人、真武大帝、五显大帝为最多。这主要是与四位神灵的神职及其在民众中的信仰普及程度密切相关。在此,我们将四位神明信仰与民众生活的关系略作分析。

(1)观音。又称观世音,蕴含了大慈大悲的济世功德思想,所以在中

---

① (清)江若干修,黄学波纂《屏南县志》(卷之四:建置志·桥亭),屏南县地方志编纂委员会据光绪三十四年版整理版。
② 屏南地方志编纂委员会编《屏南县志》,方志出版社,1998,第231页。
③ 陆则起:《屏南廊桥文化空间调查分析》,《第三届中国廊桥国际学术(屏南)研讨会论文集》,文化艺术出版社,2012,第318页。

国民间的信徒最多，不仅寺院广为供奉，而且深入一般寻常百姓家。其发挥的作用是大慈大悲、救苦救难、普渡众生。因此，屏南廊桥中祀奉最多的是观世音菩萨，现存的61座廊桥中，神龛或周边宫庙中祀奉观音的达27座，占总数的44.3%，① 有的甚至直接冠名为"观音桥"。

（2）临水夫人。传说中的临水夫人因为善于"医病、除妖、扶危、解厄、救产、保胎、送子、决疑"，不仅在古田，而且在闽江流域、福州地区乃至浙江、江西、广东、广西、台湾和东南亚等许多地方，都广为崇拜。《福建通志》载："（临水夫人）生于唐大历二年，神异通幻，嫁刘杞，孕数月，会大旱，脱胎往祈雨，果如注，因秘泄以产殒，诀云：'吾死后，不救世人产难，不神也。'卒年二十有四，自后灵迹显著。临水有白蛇洞，吐气为疫，一日，有朱衣人执剑索蛇斩之。乡人诘其姓名，曰：'我江南下渡陈昌女也。'忽不见，亟往下渡询之，乃知其为神。"《三教搜神大全》云："夫人祖居福州府罗源县下渡，年十七，往闾山学法。后唐王皇后分娩危殆，乃到宫，以法催下太子，敕封都天镇国显应崇福顺意大奶夫人。建庙于古田，专保童男童女，催生护幼。"② 在民间信仰中，临水夫人的主要职能是"救产"和"庇幼"。在科学技术落后的传统社会，生产往往成为一件性命攸关的事，而临水夫人则给妇女们带来希望。同样，养育幼小的生命也是一个艰难的过程，而临水夫人作为儿童的保护神，其最重要的涵义是帮助幼弱的生命度过一次次的难关，使其健康成长。因此，作为妇幼的保护神，临水夫人信仰在屏南廊桥中广受祀奉。屏南现存的61座廊桥中，神龛或周围宫庙中祀奉临水夫人的共有15座，占总数的24.6%。③

（3）真武大帝。真武大帝又称玄天上帝、玄武大帝。据说，古代东西南北的神分别是青龙、白虎、朱雀、玄武。玄武的形象是龟蛇，象征长寿。宋朝皇帝尊财神赵玄朗（赵公明）为"圣祖"，故避"玄武"为"真武"。真武大帝有北方之神、水神、司命之神等职能，因此受到屏南民众的喜爱就不难理解了。屏南现存的61座廊桥中，神龛或宫庙中祀奉真武大

---

① 根据陆则起《屏南廊桥文化空间调查分析》和笔者实地调查整理得出。
② 沈瑜庆、陈衍：《福建通志》（第15册：坛庙志），线装书，1938年刊，第6页。
③ 根据陆则起《屏南廊桥文化空间调查分析》和笔者实地调查整理得出。

帝的也有14座，占总数的23%。① 又由于屏南属于山区，经常发生洪水，廊桥常为洪水所毁，在桥中祀奉真武大帝，也有祈祷水神保佑之意。

（4）五显大帝。五显大帝又叫五圣大帝、五通大帝，全称五显华光大帝，为道家巫觋所祀之神，道教护法四圣之一。传说玉皇大帝封其为"玉封佛中上善王显头官大帝"，并永镇中界，从此万民景仰，求男生男，求女得女，经商者外出获利，读书者金榜题名，农耕者五谷丰登，有求必应。② 这样的职能自然也受到一般百姓的爱戴，屏南现存的61座廊桥中，神龛或宫庙中祀奉五显大帝的有7座，占总数的11.5%。③ 又传说华光大帝是火神，有三只眼，故又称"三眼华光"。廊桥多为木质结构，其中供奉火神五显，也是当地百姓希望能借助神的力量以求廊桥不被火患所毁。

颇为有趣的是，屏南现存61座廊桥中无一座祀奉闽南、闽西廊桥普遍供奉的妈祖。这可能是临水夫人被闽东民众赋予与妈祖相同的功能所致，其在屏南廊桥祀神中取代了妈祖的地位。

2. 廊桥的民间信仰具有多元包容的特征

屏南廊桥中的各类神明是多神并存的民间信仰，其中以道教成分最重，儒释道各路神仙聚于同一空间。例如，我们在田野调查中发现，广福桥将佛教的观音与道教的五显大帝供奉在一起，忠洋花桥让佛教的观音与道教的真武大帝并肩而坐，而凤溪桥则同让佛教的观世音和道教的陈靖姑作伴。最为典型的是，我们在棠口村调研时看到，千乘桥神龛中主祀五显大帝，而周边建有祥峰寺、齐天大圣殿、夫人宫、三圣夫人宫、林公大王殿、土主殿以及八角亭等，各路神仙济济一堂，各显神通，和平共处，统一战线。这种多神并存的现象有一定的原因和背景。在民间信仰中，每位神明都有其特殊的功能与特长。比如，观音大士"大慈大悲、救苦救难"，临水夫人可以"救产、庇幼"，真武大帝可制水患，五显华光大帝为火神可旺一方，林公大王有伏虎之威力，等等。也即每位神明并不万能，而一般只有一至两项功能，因此，廊桥及周边宫庙祀奉多位神明，是当地百姓

---

① 根据陆则起《屏南廊桥文化空间调查分析》和笔者实地调查整理得出。
② 吴麒、吴平祥：《屏南廊桥：科学技术与人文精神有机结合的典范》，《第三届中国廊桥国际学术（屏南）研讨会论文集》，文化艺术出版社，2012，第304页。
③ 根据陆则起《屏南廊桥文化空间调查分析》和笔者实地调查整理得出。

希冀祀神能各施所长，相互配合，共护一方水土，安一方百姓。

3. 桥与庙紧密结合

桥与庙的紧密结合是屏南廊桥民间信仰的又一特色。由于桥是从此岸跨越到彼岸，与佛教教义中的"此岸世界"和"彼岸世界"有某些类同，因此常常被应用到佛教建筑中而成为一种宗教文化。屏南百姓建桥后在桥中设立神龛供奉神明，以桥代庙，以桥为庙，以桥祠祀代庙祀。这种"庙在桥中，桥在庙中"的奇特现象有其深刻的内在原因。第一，在传统社会，屏南属于贫困之地，除大姓大村之外，多数村落没有足够财力修建庙宇，以桥代庙，既方便了交通，又满足了百姓祭祀祈福的需要，可谓一举两得。第二，对于庙神的供奉，一般较为隆重，而供奉桥神，则相对比较容易，即便是贫穷的家庭，也可以方便地前往祭拜、祷告、祈福，因而屏南廊桥的寺庙功能也非常突出。如古厦花桥建于明成化年间，清乾隆四十四年（1779年）二月重修，据说"桥上雕梁画栋，斗拱精美。桥面中间部分以细卵石砌成花型，故名花桥"。[1] 桥中神龛坐东南朝西北，主祀临水夫人。《屏南县志》记载："古下花桥，在古下村。有亭，乾隆四十四年，庠生陈仁（偕）阖族重建。中祀临水夫人。"[2] 龙潭村的回村桥也是典型的一例，据当地报告人说，该村陈姓开基祖陈善、陈财父子，刚来时为当地人做长工，父子曾在回村桥临水夫人神位前许愿：若陈氏父子日后在龙潭安家落户，子孙兴旺发达，陈家将世世代代供奉大奶神。后来，陈家果然人丁大发，成为当地的巨姓大族，临水夫人遂成为陈姓人的宗族保护神，亲切地称之为"姑婆妈"，数百年来从未间断回村桥临水夫人的祭祀。直至1978年，因建公路的需要，此桥移于下游300多米处，而村人于上游建造"元君殿"，将桥面中临水夫人香炉移于元君殿中。同时，也把原桥中香火移于回村桥上供奉，可见桥庙的紧密结合。[3]

综观廊桥中的神明信仰，可以看出在屏南民众心中，廊桥的功能不仅

---

[1] 郑道居主编《屏南文史资料》（第18辑：屏南古代桥梁），屏南政协文史资料委员会编印，2002年内部版。

[2] （清）江若干修，黄学波纂《屏南县志》（卷之四：建置志·桥亭），屏南县地方志编纂委员会据光绪三十四年版整理版。

[3] 叶明生：《临水夫人信仰与桥祀事象之探讨》，《第三届中国廊桥国际学术（屏南）研讨会论文集》，文化艺术出版社，2012，第285页。

局限于生活、生产、交通等物质方面的需求,还有精神方面的需求,因此廊桥成为屏南民众信仰与民俗文化的载体。

三 廊桥中的民间信仰活动

屏南廊桥的神明祭祀活动形式多样,内容丰富,有日常进行的烧香、掷筊、求签、还愿,也有在节日或神明生日期间进行的唱戏、庙会。

1. 烧香。烧香是廊桥民间信仰的一项重要活动。许多离村落较近的廊桥,香火都很旺盛。如广福桥位于岭下、开源两村之间,每逢初一、十五,前往烧香的善男信女很多。烧香祀神,甚至还给廊桥带来严重的安全隐患。历史上,屏南有不少廊桥即毁于火灾。以致至今廊桥内多有"钱纸请到钱炉焚化、祈保平安、祝君好运"和"焚香点烛要谨慎小心,以防不测"的告示。村民们在烧香的同时,往往伴随着许愿活动,向神明祈求升学、发财、平安等。香火旺盛,一方面缘于神明灵验的传说,另一方面则缘于急剧的社会变迁。当前,社会流动性加快,事业风险加大,各种突发性和偶然性事件增多。许多人感到不能适应如此急剧的社会变迁,而民间信仰中各种祈福避祸的做法,自然也成为人们的一种心理慰藉。因此,人们希望通过朝拜神明,并在神明面前许愿,以达成内心的愿望。而在神明面前许过愿而又达成愿望的人,很容易联想到自己的成功或许是由于得到了神明的保佑,就会到神明前还愿。即使有些许愿者并不认为自己的成功与神明有关,但由于经济状况的改善,并不吝啬于花些钱财向神明还愿,同时也可以完成心中一个未了的心愿。这些举动又为周边的人所效仿,以致神明的香火日益兴旺。

2. 掷筊。掷筊是神明信仰的一种重要活动形式。所谓"筊"是用两块形似蚌壳的竹片或木片制作而成,有凹凸两面,凸面为阳,凹面为阴。掷筊过程中,筊片落地后,会产生三种情况:如果一俯一仰,为圣卦,表示神明同意所求;如果两片皆仰,为阳卦,表示神明不同意所求;如果两片皆俯,表示神灵认为求者心不诚,对所求之事不置可否。掷筊的过程实际上可以视为是与神灵对话的过程。屏南民众遇到疑难问题或是有求于神明指点迷津之时,常到廊桥上祈求神明的告示。掷筊者先向神明进香,然后跪在神像前,虔诚地磕头,向神明陈述自己的情况和疑难问题,祈求神明给予指点。接着,掷玟者拿起玟将凹面相对,合在一起,在神像前的香烟上环绕几下,最后将玟轻轻抛起,玟就落在人与神像之间的空地上,掷玟者就能根据玟的仰俯情况判断神明的指示。掷玟一般只能进行一次,但往往掷玟的结果并不如求者所愿,所以掷玟者常常心有不甘,所以总还会再进行一两次,但最多不能超过三次。

3. 求签。求签也是廊桥民间信仰活动的常见形式。签一般用竹片制成,上面写有号码,并附有"签诗",分上中下三类。签条一般放在签筒中,并置于神龛前的供桌上。求签时,求者先在神明前点香掷玟,如遇圣玟(即两片玟一俯一仰),表示神明同意求签。求签者跪在神像前虔诚地磕头,轻声向神明报上姓名住址,并向神明说明所求事项,以及是自己诉求还是代他人所求。接着从供桌上的签筒里任意取出一支签条,或者双手用力摇晃签筒,使签条从签筒中掉出一支。求签者求到签条后,拿着相对应的签诗请解签人解释,并付给其相应的报酬。签诗不一定是完全按照字面含义进行解释,同样的签诗会因为不同的求者、不同的时间、不同的地点有不同的解释。屏南廊桥的神位前多有签筒和配有签诗,我们在广福桥调查时见有《五显灵官大帝签诗三十六条》,在庵前桥调研时看到《灵感观世音菩萨灵签三十签》,在古厦花桥调查时发现《顺天圣母陈夫人灵签一百条》。为论述的方便,我们将岭下村广福桥的《五显灵光大帝仟诗卅六条》抄录如下。

第一仟:无灾无难真是福,平平坦道任驱驰。逢凶化吉□□□,始信人有得运时。

第二仟:菩萨坐前作功德,非是炉中插香烛。有求必应佛原灵,只恐君心未有诚。

第三仟:劳碌终身晓夜忙,功名利禄自芬芳。广行阴德无休歇,福禄骈臻寿也康。

第四仟:世上荣华总是虚,眼前快乐莫自居。原来诈事皆成幻,八字宪浅庆有余。

第五仟:日色光明甲第高,江山万里见英豪。功名路上青云客,脱去青衫换锦袍。

第六仟:干打乱扰各西东,半夜凄凉惊晓鸡。君自他乡来作客,原来世事有高低。

第七仟：弧江一叶渡江东，浩茫波涛满目中。巧遇渔翁来引路，桃花源里喜相逢。

第八仟：搬唆口舌恼人肠，休听旁人说短长。寸步珊行知免咎，乾乾惕惕自无殃。

第九仟：独步高岗望前山，清风明月乌云关。徒劳心血无余力，何事奔驰不自闲。

第十仟：日月分明圆缺呈，人生何处不亏盈。劝君闲乐须安命，福自天申祸不侵。

第十一仟：风霜雨雪困春眠，寄跡他乡已有年。莫道逍遥恣安乐，江山何日返林泉。

第十二仟：春梦迷离意惨然，心神何日得安宁。梅花映月明如雪，照我萧娘自发鲜。

第十三仟：赤绳缠足意绵绵，白发齐眉乐善缘。开到桂花秋已半，倚门看山眼都穿。

第十四仟：刚强惹事起萧墙，草木皆兵须谨防。诚可格天祈保吉，前途方可遇安康。

第十五仟：巨浪波横驾扁舟，中流稳坐意悠悠。顺风相送安然定，船到滩头浪自收。

第十六仟：诸葛生平唯谨慎，空城计退司马氏。忠心护主老臣心，留得芳名永世传。

第十七仟：渴得琼浆雨遇时，梦中有缘报君知。生财进喜兴家业，必得仁人遇所期。

第十八仟：雁寄音书家道远，春光无限正当时。踏无旧跡事难为，隔别多年遇故知。

第十九仟：疾病缠绵何日愈，勤劳井里得谁知。幸遇贵人来扶助，可逢妙药采丹砂。

第二十仟：少年记得古人言，摘自文章理义通。初学入门心术正，功名富贵在后头。

第二十一仟：百行当知孝为先，神仙庇佑不须言。平生积善功德见，自有天助福寿延。

第二十二仟：采得丹砂味寻常，心头忽地有阻挡。不必更作贪多想，坎离交媾定阴阳。

第二十三仟：心在南来身在北，三思两意如何得。好把忠肠细细磨，好高怎能比好德。

第二十四仟：悠悠世事如春草，夏末秋水又怕冬。直到明年梅萼定，愁容依旧吹东风。

第二十五仟：手持钓竿守渭旁，太公八十遇文王。勤劳自古多丰收，任你谋为大吉昌。

第二十六仟：廿年奋志未精通，栽培小心自有功。读得楞严经必进，吉人天相福禄崇。

第二十七仟：一粒金丹为霎时，莫将心病苦求医。蓬宫贝阙筵用处，成仙有日漫扬眉。

第二十八仟：自从修炼精变迁，世间无事不由天。旧业劝告莫思索，且向人间顺自然。

第二十九仟：曾向江头读寒窗，一日成名远近扬。壮年颠倒晚着力，知君建树鼎能扛。

第三十仟：彼此身居夹一山，如何似隔千重山。日月如梭人易老，功名劳禄不如闲。

第三十一仟：改换门庭福禄添，财丁叠叠两相兴。紫燕檐前来报喜，百事如意自开怀。

第三十二仟：小小鱼儿意扬波，滔滔大水满江河。本欲凌云冲霄汉，龙门独占喜高歌。

第三十三仟：暗里祥看怍尔曹，舟中敌国笑中刀。藩篱剖破岂无事，春种天生惜羽毛。

第三十四仟：五十功名心已灰，那知富贵遇人来。更行好事有分寸，寿必关陵位鼎台。

第三十五仟：太阳普照暖人心，万紫千红野色新。勤俭一生多富裕，安宁有日慰今君。

第三十六仟：鸡唱之时晓将明，日出东升喜气盈。霭霭祥云迎瑞色，花开上苑到春荣。

从以上列举的签诗来看，求签固然是一种特殊的民间信仰，但签诗的内容却反映着中国传统文化的内涵，凝聚着中国传统文化的基本精神，折射出民众传统而朴素的价值观，直接影响民众的思维方式和日常生活。

4. 还愿。一般百姓向神明祈祷，获得应验后，往往要向神明还愿，以答谢神明的帮助和庇佑。向神明还愿，一般要置办相应的供品，上香并向神明说明前来答谢的缘由，稍为隆重一些的则要向神明送上写着"有求必应""答谢鸿恩"之类词句的牌匾和幡幛，更为隆重的则要请来神职人员念经、做道场，为神明重塑金身，甚至请来戏班，演戏酬神等。我们在岭下村广福桥调查时，就发现廊桥的神龛边上挂有14幅写着"有求必应""答谢鸿恩"的牌匾；在庵前桥调查时见有"有求必应""答谢鸿恩"的牌匾19块、锦旗与横幅7面、宫灯6盏。而长桥村万安桥头的齐天大圣殿内，设有一座装修精美的戏台。古厦花桥旁亦有规模不小的戏台，于神诞庙会时连日演戏。

5. 唱戏。在传统的民间信仰中，为答谢神恩，求得神灵欢心和庇护，除了给神献上丰盛的祭品外，"演戏酬神""演戏娱神"也是重要的途径。戏剧起源于古代祭祀性歌舞。"鼓乐歌舞"一直是沟通人神两界的重要手段。唐代白居易已有"黄昏林下路，鼓笛赛神归"的诗句。酬神演戏的剧目大多是传统的古装戏，从内容上来说主要有五类，即说忠孝节义的伦理戏，道精忠报国的忠良戏，叙解民倒悬的清官戏，讲因果报应的宗教戏，唱男欢女爱的爱情戏。宫庙酬神演戏要求对神明敬重，一般以前四种戏为主，具有一定的伦理道德教育意义。古典戏曲多以喜剧为结尾，表达一种邪不胜正，好人终究平安的观点，同时还将佛教的因果报应、善有善报、恶有恶报的思想融入其中，寓教于乐。屏南廊桥演戏酬神亦为盛行，如龙潭村的回村桥，祀临水夫人，该村陈姓族人自明末起自学四平戏以酬神，至今流传不绝。廊桥演戏的时间一般集中在节日以及各路神明诞辰期间。

6. 神诞庙会。无论是廊桥中的哪路神明，逢其节日如诞辰日、成道日、升天日，都要开展活动。好事者常出面主持，民众办筵祭敬，宴请宾客，雇戏班唱戏酬神。例如，古厦花桥于每年正月十五日之"陈靖姑大奶生日"之期，于"前一日，村民组团抬香亭、调八音往古田临水迎请大奶香火"。① 据当地报告人说，其一切迎请仪式，都在花桥举行，而在迎神巡境及请神到祠堂看戏后，仍奉神香炉回花桥安座。② 由此可见，其桥祀完全代替了庙祀功能。

此外，还有不少与民间信仰相关的民俗活动也在廊桥中举行，如一年一度赴临水祖庙请香接火往往从廊桥出发和回銮，而元宵节的舞龙狮、赏花灯亦在廊桥中举行，还通过桥祀活动举行请花祈嗣、义子契名、过关禳灾、成年放阉等。

四 廊桥民间信仰的社会功能

廊桥的民间信仰作为传统文化的重要组成部分，在传统社会以及当代社会都发挥着一定的社会功能，主要表现在以下几个方面。

1. 心理调适的功能

传统社会科学技术不发达，人们常常无法应对来自大自然和人类社会的困难和阻碍，因此，便将种种无奈诉求于超自然的神灵，希冀借助神的力量战胜困难，并获得继续生活的信心。而民间信仰的一个重要功能是它可以提供一种清晰的程序化的方法以应付可怕的意外事件。例如，旧时屏南地处偏僻山区，缺医少药，人们对付疾病的主要手段是依靠神明。从科学的角度来说，神明并不能真正解除病患。但在一定程度上，神明信仰会给病人进行心理治疗和精神安慰，从而给病人带来心理上的鼓舞，增强其战胜病痛的信心，增强其求生的欲望。现代医学理论和实践也证明，在某种程度上，心理治疗和精神安慰有时会起到意想不到的效果。

日常生活中，民众通过烧香、求签、掷筊等方式，向神明表达恐惧、疑惑、愤懑，甚至忏悔，同时也向神明祈求健康、平安、升官、发财。我们从前述《顺天圣母陈夫人灵签一百条》《五显灵光大帝仟诗卅六条》中不难发现，其涉及面虽然广泛，但最集中的话题，亦即最基本的心理需求却是财丁两旺、婚姻美满、健康长寿、功名顺遂、官司得胜。在这里，廊

---

① 郑福顶、陈俊孙主编《古厦陈氏族谱》，古厦陈氏族谱编纂委员会编印，2008年4月内部版，第59页。
② 报告人张京绫，男，63岁，屏南县古厦社区居民。

桥中的神明成为当地百姓日常生活的守护神，为一般百姓提供了心理支撑。

2. 人群聚会的功能

人群的整合，除了需要法律和道德给予规范之外，还需要精神和思想上的统一。民间信仰作为一个姓氏、一个宗族、一个社区、一个族群的象征与标志，具有团结整合人群的功能。民间信仰通过庙会、普渡等群体性的祭祀活动，将人群聚集起来，使人们产生共同的心理体验和情感，并升华为共同的信仰和意识。这一功能也见于屏南廊桥的民间信仰中，如屏南古厦花桥祀奉临水夫人，每年正月十五神诞庙会期间，不同姓氏、不同宗族的村民分工合作，前往古田临水祖庙迎请临水夫人香火，迎神巡境并演戏酬神，体现了不同宗族相互竞争又相互合作的精神，促进了宗族间的交往。活动期间，亲戚朋友相互往来、相互沟通，既密切了联系，又互通了信息，还有利于不同宗族之间的通婚。庙会戏剧演出期间，更是吸引了四面八方的男女老少前往观看，不同身份、不同阶层的人们通过观看戏剧表演聚合在一起。小商小贩也纷纷在戏台和廊桥周边摆摊设点，而人力车师傅更是忙得不亦乐乎。这些以庙会为媒介的商业行为，也促进了不同人群的交往。由于对某一神明的共同信仰，不同阶层、不同身份的人聚合在一起，神明信仰发挥了族群和谐和人群聚会的功能。

3. 参与社会管理功能

民间信仰虽然没有系统的宗教理论和严密的组织，但其却有着融合儒释道三教的宗教道德、宗教伦理，可以制约民众的言行举止，调解民间纠纷，参与社会控制与社会管理。纪晓岚《阅微草堂笔记》记载："闽有人深山夜行，仓卒失路。恐愈迷愈远，遂坐厓下，待天晓。忽闻有人语，时缺月微升，略辨形色，似二三十人坐厓上，又十馀人出没丛薄间。顾视左右皆乱冢，心知为鬼物，伏不敢动。俄闻互语社公来，窃睨之，衣冠文雅，年约三十馀，颇类书生，殊不作剧场白须布袍状。先至厓上，不知作何事，次至丛薄，对十馀鬼太息曰：'汝辈何故自取横亡，使众鬼不以为伍？饥寒可念，今有少物哺汝。'遂撮饭撒草间。十馀鬼争取，或笑或泣。社公又太息曰：'此邦之俗，大抵胜负之念太盛，恩怨之见太明。其弱者力不能敌,则思自戕以累人。不知自尽之案,律无抵法,徒自陨其生也。其强者妄意两家各杀一命,即足相抵,则械斗以泄愤。不知律凡杀二命,各别以生者抵,不以死者抵。死者方知,悔之已晚,生者不,知为之弥甚,不亦悲乎!'十馀鬼皆哭。俄远寺钟动,一时俱寂。此人尝以告陈生,陈生曰:'社公言之,不如令长言之也。'"纪晓岚随后说:"然神道设教,或挽回一二,亦未可知耳。"① 一定程度上说明了民间信仰的社会管理作用。

这种民间信仰的社会管理功能也见于廊桥民间信仰。在屏南村落社会中,小到夫妻拌嘴、邻里争吵,大到宗族姓氏械斗这样的事情,都可以到廊桥神明前由众人评说。如果出现有违道德和乡规民约的行为,当事人很难承受众口一词的舆论谴责。而在"举头三尺有神明"因果报应思想的影响下,人们在神明面前自然就不敢胡言乱语、胡作非为。在这里,民间信仰客观上就起到了扬善惩恶、民众自律的作用。

同时,廊桥民间信仰也是维护乡村治安的重要工具。传统村落一般都有许多村规民约,而这些村规民约在民间信仰的支持下得到较好的执行。如我们在古厦花桥调查时,看到桥上写的一则禁令。

> 严禁在桥内赌卜(博),违者处罚猪首一个、纸钱伍拾捆、香烛炮以及供果向陈夫人赔礼叩拜。
>
> 古厦董事会

又如,屏南陆地村的廊桥上张贴有一份写于 2006 年的检讨书,内容如下。

保证书

> 屏城乡陆地村村民×××,保证今后不会开挖陆地村任何人的祖墓,如果再有挖掘祖墓行为,愿受任何处罚。
>
> 保证人:×××
2006 年 4 月 12 日

---

① 纪昀:《阅微草堂笔记》(第十四卷),上海古籍出版社,1980,第 513~514 页。

由此可见，廊桥民间信仰既调节了人们的心理压力，化解了人们的矛盾，又参与了社会控制与管理，在一定程度上也促进了社会的和谐。

4. 道德教化功能

民间信仰与道德作为上层建筑的两个不同部分共存于社会体系之中，体现了共同的社会本质。与其他宗教道德一样，民间信仰宣扬伦理道德的方式主要是通过树立正面的榜样来教化人们。首先，民间信仰中的神明大多是传统道德的楷模，信众往往对神明的美德进行夸大和提高，甚至编造许多关于神明的美德故事，使神明凝聚了耀眼的光环。这些传说故事大都与地域社会文化相结合，其中折射出了传统的伦理观、道德观和价值观，发挥着法律、宗法族规以及乡规民约无法延及的社会教化功能。其次，民间信仰中的各种仪式和活动都教导人们要安分守己、行善积德、行仁孝义。再次，与民间信仰相关的签诗、楹联、壁画，甚至演出的戏剧等大都有忠义节孝的情节和内容，更为直观地教导人们扬善惩恶。还有的是从反面利用民众对鬼神的恐惧心理，规劝民众明辨是非。民间信仰吸纳世俗道德中的善恶观，注重因果轮回，给人们带来心灵的震慑力，从而起到道德教化的积极作用。

民间信仰的道德功效，前人已有不少认识，纪晓岚《阅微草堂笔记》载有一则有趣的故事。

闽中多雨，皆于桥上覆以屋，以庇行人。邱二田言，有人夜中遇雨，趋桥屋坐。有一吏携案牍，与军役押数人避屋下，枷锁琅然，知为官府录囚，惧不敢近，但畏缩于一隅中。一囚号哭不止，吏叱曰：此时知惧，何如当日勿作耶？囚曰：吾为吾师所误也，吾师日讲学，凡鬼神报应之说，皆斥为佛氏之妄语，吾信其言，窃以为机械能深，弥缝能巧，则种种惟所欲为，可以终身不败露，百年之后气反太虚，冥冥漠漠，并毁誉不闻，何惮而不恣吾意乎，不虞地狱非诬，冥王果有，始知为其所卖，故悔而自悲也。一囚曰：尔之堕落由信儒，我则以信佛误也。佛家之说，谓虽造恶业，功德即可以消灭。虽堕地狱，经忏即可以超度，吾以为生前焚香布施，殁后延僧持诵，皆非吾力所不能，既有佛法护持，则无所不为，亦非地府所能治。不虞所谓罪福，乃论作事之善恶，非论舍财之多少，金钱虚耗，舂煮难逃，向非恃佛之故，又安敢纵恣至此耶？语讫长号，诸囚亦皆痛哭，乃知其非人也。①

廊桥中的民间信仰故事既说明神明、天堂、地狱是道德控制的一个重要部分，同时也说明民间信仰道德教化功效有限的另一面。

5. 娱乐休闲功能

旧时屏南属于贫困地区，一般百姓为衣食生计奔波不停，难得有时间精力顾及娱乐休闲活动。桥庙合一的廊桥及其相关民间信仰为百姓的休闲娱乐提供了场所和机会。这种功能一直延续到现在。一般民众到廊桥神位前烧香、求签、掷珓之余，往往驻足廊桥，休闲片刻。我们在长桥、千乘桥、花桥等处进行调查时，都发现有不少休闲的各类人群。田野调查中，长桥村村民告诉我们，"长桥"又称作"懒桥"，也就是"偷懒"歇息的意思。② 而在古厦花桥，我们还见到一位老者在烧完香后，随即坐在廊桥凳上，翘着二郎腿，嘴里吸着水烟筒，一副悠然自得的神态。

廊桥中的民间信仰活动更是为当地民众提供了休闲娱乐的机会。我们在调查中还得知，从前，在每年农历八月十五的中秋节，万安桥都举办"射箭盘诗会"，由位于桥两端的长桥村与长新村组成盘诗队，隔河互射带有火球的芦苇箭，用接唱山歌的形式即兴互盘诗歌，引来四邻八乡的乡民观看。人们坐在长长的万安桥上观看，不时传来阵阵喝彩声与欢笑声，真可谓人声鼎沸、热闹非凡。而千乘桥则每年在桥下举办"送王船、放河灯"祈愿活动，同样也引来四邻八乡的乡民观看。这些基于民间信仰的民俗活动，给民众提供了快乐的氛围，使人们感到难得的轻松。不仅如此，廊桥民间信仰活动中的演戏往往成为神诞庙会中不可或缺的内容，廊桥民间信仰通过戏剧烘托热闹气氛，亦发挥了娱乐的功能。桥庙合一的廊桥也充分体现了"娱神娱人""人神共乐"的特征，一扫正规佛道寺观的神秘感，增加了世俗的气氛，也使得廊桥成为村落社区文化活动的中心。

当然，廊桥中民间信仰的负面作用也是显而易见的。例如，近年来，

---

① 纪昀：《阅微草堂笔记》（第十四卷），上海古籍出版社，1980，第357页。
② 报告人张自瑞，男，50岁，屏南县长桥村医生。

屏南不少村落地下"六合彩"盛行，"六合彩"特码虚无缥缈、不可捉摸，彩民们希望有人能帮他们指点迷津，很容易将自己无从把握的扑朔迷离的猜码事宜拜托给各路神明。由于廊桥的群聚性，而使廊桥上的神明一时成为众人博彩的赌博之神，廊桥中的烧香、许愿、还愿等民间信仰活动亦围绕六合彩而展开，这是当年建桥祀神者所始料未及的。

（原载《东南学术》2012年第5期）

女性闲暇生活中的宗教信仰活动

——基于福建农村的田野调查研究

陈晓宏

综观宗教与妇女的历史,可以发现两者的关系是如此密切,妇女始终是宗教的积极支持者和虔诚信奉者,在当今的各大宗教中,妇女仍是宗教信徒中举足轻重的一部分。因此宗教活动必然成为众多女性闲暇生活里的重要内容。近年来,国内对女性闲暇生活的研究已经有了较大的进展,但是专门对女性闲暇生活中的某一项行为进行研究的比较少见,而就女性闲暇生活中的宗教信仰行为进行探讨的更是凤毛麟角。因此,本文试图在福建农村田野调查的基础上,从传统与变迁的角度,就农村女性闲暇生活中的宗教信仰行为进行探索。

由于福建地处东南沿海,历史上大海和高山阻隔了福建的对外联系,使得福建长期处于与外界相对隔绝的状态。这种独特的自然环境,又使得福建成为全国宗教信仰最为兴盛发达的地方,其寺院宫庙之多、信众之广、活动之盛为全国少有之例。因此,选择福建农村为考察对象具有一定的典型性和代表性。

一 女性闲暇生活中的宗教行为

所谓"闲暇时间",根据《中国大百科全书·社会学卷》中的定义,是指"人们在劳动时间之外,除去满足生理需要和家务劳动等生活时间支出后,剩余下的为个人可自由支配的时间"。而闲暇生活是指人们在闲暇时间里是怎样生活的,即在闲暇时间内从事了哪些闲暇活动和参与了多少闲暇活动，只有这样才能对人们的闲暇生活有一个全面、立体的了解。①

由古及今，福建的宗教信仰活动始终有女性参与。明代谢肇淛说："大凡吾郡人尚鬼而好巫，章醮无虚日，至于妇女祈嗣保胎，及子长成，祈赛以百数""妇女之钱财，不用之结亲友，而用之媚鬼神者，多矣。"②时至今日，福建女性参与宗教信仰活动依然盛行，如2002年福建省民族与宗教事务厅调研组的调查发现，仅以闽清为例，在调查抽样的500名信众中，女性占了60%～70%，女性数量多于男性。③归纳福建女性闲暇生活中的宗教活动主要有如下几种。

1. 朝拜菩萨求签

求签是信众到宫庙中朝拜、祈求神明的重要活动形式之一。求签者将期望和解答寄托在求得的签文上。宫庙一般都有求签活动，但是在以灵验而著名的宫庙，慕名而来的求签者更多。如我们到仙游九鲤湖、福清石竹山、晋江石鼓庙、安海镇龙山寺调查时，见到了一批又一批的烧香求签、问卜者，这些人中又以女性居多。

2. 做会

福建不少地区妇女闲暇宗教信仰活动中还有一种重要的组织形式叫"做会"。所谓"会"，是自愿结合，人数有多有少，少的只有二十余人，多的有六七十人。每个"会"组织都确定一座庙宇为崇拜活动的地点，每月一次。"会"的成员在活动日都自发带一些油、米、面、水果之类的到庙里。上午在庙里念经拜佛，中午吃一餐素餐，下午就结束回家。费用大多为每人每次交纳5元左右。由于每个会活动时间不同，所以有的妇女就参加了好几个会，每个月要参加好几次活动。

3. 捐款

为所祈求的愿望，向寺院宫庙及神诞庙会活动捐款也是福建女性闲暇生活中的一项宗教活动。如从宁化县水南古庙的碑文中可看出不少女子参与了捐款修建伊公庙的活动。乾隆二年（1737）《水南庙碑记》中，参与

---

① 夏怡然：《女性闲暇生活状况——以福建省为例》，《南京人口管理干部学院学报》2004年第1期。
② 谢肇淛：《五杂俎》卷十五、卷六，上海古籍出版社，2001，第122页。
③ 福建省民族与宗教事务厅课题组：《福建民间信仰活动管理的调查与思考》2002年8月20日。

捐款的女子有 5 人；乾隆二十三年（1758）《各乡重修碑记》中，有 7 位妇女参与捐款；乾隆三十三年（1768）的《执事碑记》中，有 2 位妇女参与了捐款；嘉庆二十三年（1818）的《重修神庙捐题》碑中，有 5 位妇女参与捐款；《重修水南庙碑》中，有 7 位妇女参与捐款。① 从武平县小澜村上天后宫（即澜溪天后宫）的《敬塑圣像各信妇捐助启列》的碑刻中，亦可看到当年 119 名妇女捐款的记载。不仅如此，我们在上杭县东门的夫人宫、闽东的临水夫人庙都发现了大量女性捐款的事实。

4. 祈梦

祈梦是指向神明祈求托梦启示，从梦境中预知祸福，这是人们在遇到重大事情时常做的宗教活动。祈梦是福建各地众多农村女性闲暇时节的又一项宗教活动。我们在调查中发现，仙游的九鲤湖、泉州的马甲仙公庙、南安诗山圣王公庙、福清石竹山等地，无论是旧时，还是在现今，都有大量女性参与这种活动。女性祈梦最典型的是清流县金莲寺的罗汉庙会祈梦，参加者均为女性。庙会定在每年的农历六月十八，信女们在前一天就结伴上山朝拜，主要活动是烧金楼、烧宝塔和祈梦。到夜晚有的女性则寄宿寺庙里，以便睡梦床祈梦和第二天能够抢先烧头炷香。

5. 求医问药

旧时，医疗水平低下，尤其在乡村和偏僻的地方，更是缺医少药，百姓生病时，除了富贵人家请医生诊治外，大部分人都是到寺庙求医问药，祈求神明的救治。女性作为家庭中操持家务的角色，为老人、丈夫、子女的健康操心自然成为本能。而女性自身罹患的妇科疾病，旧时属于疑难杂症，妇女往往羞于问诊，于是到寺庙中求医问药成为常事。一些宫庙内的药签设置门类也比较齐全，分为内、外、妇、儿、眼科等，如泉州的花桥慈济宫的药签就有 157 签，涵盖了上述的分类。②

6. 听香

福建各地妇女为卜求某事是否有利，常在元宵或中秋夜到宫庙"听香"。在闽南地区，"妇人拈香墙壁间，窃谛人语以占休咎，俗谓之听

---

① 钟晋兰：《客家妇女与神明崇拜》，《客家研究辑刊》2012 年第 1 期。
② 刘大可：《传统与变迁：福建民众的信仰世界》，社会科学文献出版社，2010，第 81 页。

香"。① 在福州地区，这一习俗被称作"听灶卦"。在闽西地区也有类似的习俗。大致都是听香者拿着一炷香在神明面前点燃后，到处听人讲话，以听到的第一句话到神明面前卜卦，允准是否所求之事。

如果说上述宗教活动是以女性为主体的信仰活动，那么，下面几种活动则完全是由女性参与的活动。

1. "问仙"与"问事情"

问仙的参与者都是女性，施行者也是女性。参加者年龄跨度很大，从二十多岁到五六十岁者均有，有所祈求的女性，通过女性神媒"仙姑"的中间作用，希望神灵指示解决之道。"问仙"时，问者将生辰八字报给仙姑后，仙姑通过一系列的仪式将被问者的"魂魄"引来问答。在闽南，这种宗教活动被称为"问事情"，过程大致相同。我们在三明地区调查时，曾亲眼目睹这一活动，发现前往"问仙"的大多是刚失去亲人的女性，特别想知道死去的亲人在阴间的状况，整个过程看似充满了神秘感和刺激感，而对于问者，则是疏解了对亲人的思念之情。

2. 伏花

这是福建民间中秋节很特别的一项活动，都是青年女性参加，目的是求问姻缘，仅限于农历八月十四、十五、十六三天晚饭后的八九点钟时间。参加者为普通女性，等"神灵"附身后，周围的人向她询问所见的桃花是否旺盛，以此来判定问者的桃花运的好坏，反映了女性对美满婚姻的渴望和向往。

3. 祈子

旧时，女性婚后是否生育儿子，关系到女性在家庭和社会中的地位。由于缺乏科学知识，女性往往将不能孕育子女归咎于自身，只能向神明祈求庇佑。因此，求子的宗教活动在民间社会一直十分盛行。一是所谓的"拉花树""看花""请花""盘花""驳花"等习俗；"拉花树"指的是请花木之神赐子。而"看花""请花""盘花""驳花"中的花均是象征意义上的花，代表想要的子嗣。二是向观音和吉祥菩萨求子。信女们希望通过虔诚的祈求与供奉得到子嗣。

---

① 《厦门志》，厦门市地方志编纂委员会办公室整理，1996，第511页。

4. 朝拜妇幼保护神

福建女神多有助产保育的功能。临水夫人、妈祖、注生娘娘、马氏夫人等都有这一功能,因而充当了妇女、儿童保护神的角色。福建各地都广泛传说妇女在生育难产时祈求妈祖、临水夫人,则妈祖、临水夫人就会显灵,婴儿就能平安降生。承担看护幼儿职责的母亲、祖母等女性往往在闲暇时参与朝拜这些女神的各种活动,为孩子的健康而祈祷。

宗教活动成为女性闲暇生活的一部分,不但持久千年,而且延续到当代。正如西蒙·波娃所说:"如果妇女非常愿意接受宗教,归根到底是因为宗教满足了一种深深的需要。"[①] 经济的变迁和现代化并没有完全解决女性的各种需求,因而女性闲暇生活中的宗教活动也持续存在。不过,由于女性在新时期的各种需求发生了一定程度的变化,其信仰群体、信仰行为、信仰方式也相应地发生了变化。

其一,信仰群体从旧时的家庭妇女扩大到了从事商业、娱乐业、服务业等行业的女性经营者。她们祈求的内容不再仅局限于求偶、求子。经商办企业的女性,要承受比男性更大的精神压力和经济压力,她们对神明的信仰,有的是缘于家庭的传承,有的是缘于行业的分类,更多的是缘于亲身经历了神明所带来的巧合的应验,而祈望对其商业利益的长远保护。如晋江有位女企业家,经常到泉州通淮庙求签,她说凡与企业有关的要事,如投资、选择厂房、采购设备、聘用人员以及产销等问题,都先求关帝作决策。由于事业顺利,她感到很灵验,关帝爷成了她的精神寄托。

其二,在中青年留守女性的闲暇生活中,宗教活动占据了重要地位。尽管近年来福建宗教信仰的信众结构发生了一些变化,但是中青年女性在其中所占的比例仍然较大。我们在田野调查中发现,在不同县域、不同宫庙中,"前往宫庙烧香、求签的仍以中青年女性为主"。进一步调查得知,"这些中青年妇女中有相当部分是留守妇女"。[②] 留守妇女在丈夫外出打工经商的状况下,留在家中既要操持家务、经营生产、管教子女,又要挂念在外的亲人,因而常常感到心力交瘁,缺乏安全感、稳定感,而以她们现有的社会资源条件又无力改变这种无奈和无助的生活状况,只能转而向神

---

① 西蒙·波娃:《女人是什么》,中国文联出版社,1988,第427页。
② 刘大可:《传统与变迁:福建民众的信仰世界》,社会科学文献出版社,2010,第259页。

秘力量寻求安慰和寄托。

二 女性闲暇生活中参与宗教活动的特点与功能

从上述女性闲暇生活中参与的种种宗教活动看,具有以下几个明显的特点。

1. 信奉的对象以女神居多,具有性别亲近的特点。信仰祈求的神明主要有妈祖林默娘、临水夫人陈靖姑、观音、莆田的钱四娘、马仙姑、紫姑、注生娘娘、何仙姑、惠利夫人等。由于独特的地理环境和特殊的人文环境,在传统的福建社会生活中,女性在各个领域都发挥了重要的作用,也拥有一定的权力,其社会地位亦略高于北方女性。这种情况客观而真实地反映在福建的神明信仰世界中。福建民间信仰中女神的作用是非凡的,女神的数量也是惊人的,人神世界某种程度上存在着同构现象。[①] 众多的女神为女性信众提供了多样性的选择可能。

从性别与宗教的角度来看,女性神明的产生和塑造,本身就是为了吸收大批女性信仰者。乡村社会中,最受欢迎和影响最大的都是那些与现实生活息息相关而通常又被认为是比较灵验的神祇,[②] 因而她们的受众也大多是女性,她们更多关注所崇拜的对象对自己和家人的生活与人生会有怎样的功用,女性神明的存在迎合了她们的需要,而女性信众的崇拜又促进了女性神明的传播。

2. 女性的宗教活动表现出强烈的女性社会分工特色,反映了现实生活中的性别角色差异。与男性相比,女性相对更多地立足于世俗生活来参与宗教活动,这与女性的性别角色、文化水平、社会地位及处境等许多因素有关。传统的男性角色被认为是主外,要在公共领域显亲扬名、封妻荫子,因而在宗教活动时,男子所祈求的是读书做官、经商致富。而传统的女性则被认为主内,扮演贤妻良母的角色,她们的社会地位低下,从属于男权之下。从女性参加宗教活动的动机看,女性的诉求偏重于日常生活,

---

[①] 刘大可:《传统与变迁:福建民众的信仰世界》,社会科学文献出版社,2010,第64页。
[②] 刘中一:《华北村落民俗宗教活动中的女性参与——L村的社会人类学研究》,《中华女子学院学报》2008年第2期。

她们拜神大多出于现实生活的需要,如祛病驱灾、除祟禳邪、求偶祈子、家庭幸福、婚姻美满、出入平安等;所求神明亦偏重于女神。由此不难发现,就女性而言,即使是超越家庭之外的精神领域,也无不与其自身的社会角色和传统、社会、家庭赋予她们的职责紧密相连。换言之,女性的宗教信仰活动成为其家庭职责的外在延伸。

此外,社会性别角色对女性的影响还表现在对现实的妥协,即认为自身的不幸是命中注定的,将希望寄托在来世。如信女抢烧头炷香和祈梦的目的,都是不求今生但求来世,希望来世能够有个美满的婚姻家庭生活,不少信女参与宗教修行的目的则是希望后世转生为男子或富贵人家。

3. 女性闲暇空间伴随着宗教活动范围的扩大而延展。女性的宗教活动融合在日常生活中,有很多的活动是在家里就可以进行的,如日常的烧香供奉。在家信教是父权制时代女性为了取得宗教信仰权力的迂回策略。只有女性的宗教活动不影响其所必须操持的家务,她们的宗教活动才被允许迈出第一步,为她们进一步走出家庭参加户外的宗教活动提供了前提条件。随着信众的增加,进香、烧香、念佛等活动的活跃,就有了达到大规模集体活动的可能,而宫庙和庙会等场所也成为女性闲暇活动的空间,同时也扩大了她们的社会交往圈。

无论在传统时期,还是在当代社会,女性闲暇生活中的宗教活动都产生了一定的积极作用。

第一,心理调适的作用。女性在生育、婚姻、家庭平安等方面承担了比男性更多的精神压力,需要有宣泄的出口。对于女性而言,与日常生活混合在一起的宗教活动,在日常生活发生变化,产生各种需求和压力时,就能够为其提供应付或疏解的办法,减轻其所承受的压力和痛苦。在与"神灵"共通的同时,她们也可能会体验到某种精神上的愉悦。这类活动使参加的女性获得了一种进行"社会"交流和感受群体归属的平台。正是由于群体烧香念佛对于妇女来说具有宗教安抚与世俗生活的双重意义,进香和赶庙会成为女性生活的重要内容,所以其参与热情往往如痴如狂。[1]

第二,娱乐消遣、丰富女性的文化生活。宗教信仰活动是社会文化的

---

[1] 李媛:《16至18世纪中国社会下层女性宗教活动探析》,《求是学刊》2006年第2期。

一环，已经日益渗透到人们的社会文化生活中，信仰活动中也以各种艺术手段作为表现形式，吸引了众多的女性参与，为女性闲暇生活增添了娱乐休闲内容，尤其是在文化生活并不丰富的农村地区，在一定程度上丰富了人们的文化生活。

第三，产生了特定的闲暇时间和闲暇空间。参加宗教活动，是许多女性尤其是农村女性闲暇时间里重要的活动，她们甚至因为宗教活动的需要而产生了闲暇时间。参与宗教信仰活动还为女性提供了一个摆脱家务、忙里偷闲、放松自我的借口，调剂了日常枯燥单调甚至苦闷的生活。宗教活动中的进香、朝拜、赶庙会等，形成了宗教旅游的机会，闲暇空间也因此而扩大到宫庙和旅途之中。

第四，扩大交往，信友互助。宗教活动为女性提供了一种接触社会、参与社会群体生活的机会。参加宗教活动，对于旧时的妇女来说，除去满足减轻压力、求得福祉之外，也给了她们走出家门与外界接触的机会。女性或是单独，或是与邻里相伴，或是夫妻相随，共同进行一段相对于日常单调生活来说更具丰富色彩的出游，是闲暇生活中的重大活动。

第五，女性的宗教活动对民俗文化的传承起了推动作用。在她们所热衷的宗教活动过程中，一些民间故事传说、民俗礼仪、道德规范和符号经过她们的口口相传和言传身教，而得到传承、补充和丰富。因此，我们也可以认为女性一定程度上也是宗教活动中有关民俗文化的主要传承者。

另外，女性在闲暇生活里参加的宗教活动，又存在着许多消极落后的因素，对女性的思想和行动有一定的麻醉作用，不少女性沉迷在今生的修行，企盼来世的改变。信仰活动中的"求医问药"及"药签"危害性较大，常有误服医神所开"神药"后，病情更为严重甚至死亡的例子。更有甚者，不少女性在参与宗教活动过程中，受人蛊惑和蒙蔽，从事非法活动，危害社会，破坏安定团结，产生恶劣的影响。

三　女性闲暇生活中宗教活动的疏导与引导

"强调传统力量与新的力量具有同等的重要性是必要的，因为中国经济生活变迁的真正过程，既不是从西方社会直接转渡的过程，也不仅是传统的平衡受到干扰而已。"① 因此，对于女性闲暇生活中的宗教活动，如何进行引导和疏导，是现阶段应该考虑的重要问题。

1. 提高女性的社会地位，转变传统的性别观念

当代社会中，不少女性在工作中作出成绩，其聪明才智和意志能力得到社会肯定。但由于传统观念的影响，男女不平等的现象并未完全消除，女性在升学、就业等方面受到的限制比男性多，女性成才的道路比男性更艰巨，而女性在困难和挫折面前也容易丧失自信、放弃追求，进而寻求宗教信仰的帮助。因此，提高女性就业率，消除就业中的性别歧视，消除行业和职业中的性别隔离，给女性提供更多发展和上升的空间是十分必要的。

2. 扩大女性的社会支持网络，提升妇女的社会资本，丰富其精神生活

社会支持能够帮助女性解决日常生活中的困难和危机，从而缓解个人心理压力，消除个体心理障碍，激发人们的积极情绪，增进主观幸福感，从而有利于社会稳定，增强社会和谐。另一方面在社区形成一个较为强大的社会支持网络，提供丰富多彩的各种活动，特别是丰富其精神生活，帮助女性融入社会。

3. 加强女性文化补习、就业技能培训，提升其人力资本

许多中年妇女受教育程度低，可依托当地的职业中学、中专技术学校或当地企业，进行知识和专业技术培训，鼓励其依靠自身的技能增加收入，摆脱对男性的依赖，从而增加婚姻家庭的稳定性。

4. 提高女性的健康意识，增强妇女的身体素质

针对妇女不同时期生理和心理特点提供生殖保健服务和精神健康服务，提高妇科常见病的普查、普治率，加强计划生育服务，普及生殖健康知识。

5. 建立留守妇女互助制

现今我国有4700万留守妇女，在福建就达208万人。这些留守妇女一方面要操持繁琐的家务，被迫成为农业生产的主力，另一方面与丈夫分居两地，承受着婚姻生活的不稳定，容易受到人身与财产的侵害。因而这些

---

① 费孝通：《江村经济》，内蒙古人民出版社，2010，第1页。

留守妇女往往将现实的苦难寄托于宗教活动，成为新时期女性参与宗教活动的重要群体。因此，有关方面必须加大对农村留守妇女的帮扶力度，使她们的生产生活困难有人帮、精神困惑有人诉说、人身权益有人维护、孩子教育有人辅助，引导她们理性地对待宗教信仰活动。

（原载《福建论坛·人文社会科学版》2012 年第 10 期）

【闽台社会与文化】

闽粤台客家惭愧祖师信仰的互动发展与文化认同

——田野调查与文献记载的比较

刘大可

惭愧祖师信仰是闽粤台客家民间信仰研究中相对比较薄弱的领域,以往的研究多偏重于惭愧祖师信仰的由来、造型及社会功能等,而对其在两岸交流中产生的变迁、互动发展以及相关的文化认同问题探讨不多。本文试图在田野调查的基础上,结合相关历史文献,就此略作论述。

一 闽粤客家地区惭愧祖师的身世辨析

惭愧祖师又叫荫林祖师,对于其身世来历,目前占主流的说法是福建省沙县人,在粤东游历,阴那山修道。康熙《程乡县志》载:"唐惭愧祖师,名了拳。福建沙县人。自托胎以至坐化。"① 该志《艺文志·本师传》又载明末清初程乡县(今梅县)人李士淳的《惭愧祖师传》:

> 惭愧为阴那开山第一祖,俗姓潘,名了拳,别号惭愧,闽之连平县人。父名德彰,母丘氏,家世好善,夫妇并喜施,师托生焉。生之夕,有祥云盖其家,时唐宪宗元和十二年三月二十五日也。初生,左手拳曲父因名拳。越三日,一僧至家,父抱儿出示僧,僧问父:"儿

---

① 程远、王洁玉、林子雄、谢维怀整理《程乡县志》,广东省中山图书馆,1993,第246页。

取名否?"父曰:"已名拳矣。"僧以笔书"了"字于拳,指忽自伸,因名了拳。僧摩儿顶曰:"是儿不凡,他日当成佛作祖,后十七年,当复相见,幸善视之。"幼即断荤,颖悟异人。及七八岁,常从众牧,辄居石上,闭目趺(跌)坐,寂如老僧。以杖画地,牛竟不出,众异之。年十二,连失父母,依叔德明,婶不能容。十七岁,至潮之大埔浒梓村,佣黄姓者牧牛。主母食以淡菜,师终不言。主人无嗣,一日师与主人诣一神僧求嗣,师见僧宛如旧识,僧语主人曰:"佛在尔家,可归问之。"其人有省,归召师与众同食。食菜皆淡,怒而骂其妇,妇终不改。师因辞去,往阴那坑乘石渡河,石开莲花,合存江浒,其形宛然。至刘家,其子与师同庚,因以母事之。一日,师欲浣衣,母言水远,师卓锡一井,中有石龟,至今存焉。虽极旱亢,其泉不涸。母晒谷,命师守之。适骤雨至,点水不濡,人以为神。师于地结茅为庵,口口有静。时或登览,遇佳水,竟日忘还,望阴那五指山,壁立摩天,知为胜地,策杖从之,因卜筑焉。师至阴那山,诣昔神僧作别,问僧所往,僧曰:"子若渴时逢梅熟。"程乡原名梅州,阴那山隶梅州地界,而五指峰森列如拳,应生曲之光,故决计居之。手植三柏,以识其地,今各大数围许,苍翠参天,神所护之也。方师来时,刘母携茶追之,至飞帘壁,峻不能下,倾茶于坑,至今坑泉尚赤。常以抄化至蓬辣坑,洗鞋于池,池水忽清,游鱼鳞甲,濯濯可数,今因名为洗鞋泉。路经南福村,会人春社,道渴求茶。有戏之者曰:"若斋人也,能去荤则得茶。"师遂以苇隔锅,烹茶饮之,故其乡今有隔鼎社。因建庵其地,名"灵山亭",师像存焉。师出入,常行雨露中,未尝张盖,雨不沾雨。住山三十载,日与乡人及其徒说法,众多不解。所著录偈颇多,皆已遗轶,今仅存一二云。师一日告其众曰:"从前佛祖,皆弘演法乘,自渡渡人,了此弘愿。予未能也,心甚愧之。吾今当寂,尔等可守吾清远见。七日后,藏骸于塔号惭愧,示现此地众僧。"因偈云:"四十九年无系无牵,如今撒手归空去,万里云开月正圆。"语毕,端坐而逝。因众铸铁塔以藏其骸,复刻像于庵祀之,今灵光寺大殿佛像其遗也。师寂四十九年,其岁为唐懿宗咸通辛巳二年。又三年,师化身至江西抄化,与王府匠人立卷造寺。匠如期至,问守庵者,云:"师已坐化三年矣。"匠谒师,见师遗像,宛如前僧，遂祷于师。因寝座下，是夜梦师语："已券在此，可起取之。"匠觉，见师衣襟微露一纸，取而视之，则前立合同也。众异其事，因共捐金建寺。寺成，额曰"圣寿庵"，县志改"灵光寺"。自是，师灵日著，四方祈禳者，叩之随应。或岁旱魃，邑令率众祷之，其应如响。前后令公，椁楔旌焉，远近闻风皆至。每遇诞辰，是日常有雷雨，俗传以为洗殿。善男女肩摩进香，岁不下数千人，寺不足容众，因于寺后山脊，复建一寺，今因名圣寿寺。成化间，又于左山一里许建一寺，名西竺寺，俗称其地为仙遇湖。今三寺并存，而灵光寺规制弘厂奇伟，视二寺倍之，田产僧徒称，是岂佛灵固属之耶？迨明高皇帝建元十八年，寺僧德坚募金重修，功费浩繁，不能竣役。适侍御梅出巡于潮，至蓬辣滩，滩水汹涌，舟沉者半矣。师现身舟中，舟立卢，侍御神之。访之人，知为师灵，因命官督造焉。嘉靖元年，督学魏命学博张尽毁岭南诸寺，张登山至伽蓝庵，有大蛇长丈许盘旋于道，张心异之，祝蛇："吾今往彼礼佛，誓不毁寺。"蛇遂蜿蜒而去。张至寺，遽忘前语，取诸佛像，用刑讯治。忽狂风拔木，檐瓦飘击张所，须臾，水深数尺。张心动，礼忏而去，寺得不毁。又嘉靖四十一年，时三饶寇发，上命兵部侍郎张臬等督兵征之。道经山下，居民入山避兵。蹑之至山雾露四集，咫尺不辨旌旗，兵迷入路，众赖以活。师前后灵异，寺僧言之亹亹，未易一二举，撮其著者以传言云。噫！师之道能信于四方之人，而不必信于其乡；能现示于数百年之的，而不必愿于当时；能显灵于一郡，而不幸不大显于天下。岂山川实限之，抑宗门肩荷，未得其人，莫为之后，虽美不彰耶？虽然，有所閟惜于前，必有所发泄于后，意山灵亦有待焉。废极而兴，斯其时乎？请书以俟诸后之君子。①

由于此文记载惭愧祖师事迹较详，刊行时间较早，传播范围甚广，其后诸多记载多以之为本，相关记述亦渐趋固定。因此，今日所见关于惭愧祖师身世来历、名号的解释及其相关故事传说，大多渊源于此，

---

① 程远、王洁玉、林子雄、谢维怀整理《程乡县志》，广东省中山图书馆，1993，第225至227页。

并在此基础上不断添枝加叶、增益附会、渐次放大。兹举二例,以见大概。

其一,清乾隆《嘉应州志》载:"惭愧姓潘,名了拳。福建沙县人。生于唐宪宗时,初生,左手拳曲,有僧至,抚之,书'了'字于拳,指忽伸,因名。八岁牧牛,枯坐石上如老僧,以杖画地,牛不逸去。稍长,往阴那山,乘石渡河,石开莲花,随结茅山中,闭关习静,自号'惭愧'。或饷以枯鱼,投涧中复活。住山三十年,一日谓众曰:'吾今当寂,尔等可守吾清规'。端坐而逝。今藏骸塔存圣寿寺。"①

其二,乾隆《潮州府志》也涉及惭愧祖师的介绍,如卷十六《山川志》说:"阴那山距县西九十里,约高数百丈,绵亘百余里,五峰连峙状如火焰,崔嵬高耸,名五指峰,陟巅四望无际,山中时有云气笼罩,上属嘉应,下属大埔,为三河大麻昆仑祖山,山下即阴那坑,有祖师寺,即了拳僧道场处也。"卷三十《人物志》云:"了拳,阴那开山祖,俗姓潘,别号惭愧,闽之沙县人,元和十二年丁酉(817)三月二十五日生,初生,左曲拳,因名'拳'。弥月,一游僧至,父抱儿示之,僧书'了'字于拳,指立伸,更名曰'了拳'。……住阴那三十余年,一日语其徒曰:'从前佛祖皆宏演法乘,自度与度人,我未能也,心甚愧之,圆寂后,藏我骸于塔,当颜其额曰惭愧。'因偈云:'四十九年无系无牵,如今撒手归空去,万里云开月在天。'语毕,端坐而逝,时懿宗咸通二年辛巳(861)九月二十五日也。"②

从田野调查看,民间传说与此大同小异,但细节更为具体。据福建省沙县报告人说,荫林祖师是唐代大德高僧潘了拳,沙县夏茂镇洋元村粉干曲自然村人,生于唐元和十二年(817)农历三月二十五日,幼年父母双亡,婶母不容,12岁时在夏茂镇崇圣庵出家当了和尚,法号了拳,后到沙县淘金山佛光洞苦修悟道,17岁离闽赴粤弘法,是广东梅县和大埔县交界处阴那山万福寺、灵光寺的开山祖师,唐咸通六年(865)农历九月二十五日圆寂,神迹众多,名播闽粤。③

---

① 程远、王洁玉、林子雄、谢维怀整理《乾隆嘉应州志》,广东省中山图书馆古籍部出版,第397页。
② (清)周硕勋:《潮州府志》(乾隆二十七年),台湾成文出版社,1967。
③ 报告人潘水生,沙县夏茂镇粉干曲村人,67岁,退休前为夏茂镇干部。

沙县报告人还说，潘了拳在阴那山中住了30年，每当讲经说法，大家都听不明白，潘了拳叹气吟诗道："行脚腰包廿载游，一天花坠雨成秋。指禅未觉羞拳了，顽石因何不点头。"他想到从前佛祖都能弘演法经，自度度人，我无法度人，心中实为惭愧。一天，他召集徒众说："我今天圆寂归西，你们要恪守清规戒律，七日后，将吾骸骨葬于塔中，并号为惭愧。"说完端坐而逝。圆寂后，人们以檀香木雕其法像，作为纪念，称"惭愧"祖师。明朝梅县人熊端蒙在灵光寺题了一副楹联，总结了惭愧祖师一生功绩，联云："生闽地，化粤地，金身从万劫中，离色色空，入慧慧定，惭愧实不惭愧；溯唐朝，迄明朝，佛法经千载后，禳灾灾息，祈福福临，祖师真是祖师。"① 现今，有人据此还撰写了潘了拳传奇。

据广东大埔县报告人萧学法田野调查报告说，惭愧祖师俗姓潘，名了拳，福建沙县人，生于唐元和十二年（817）。初生时，左手拳曲，故名为"拳"。相传弥月时，一游僧至其家化缘，父抱出让僧看，僧在其拳上写一"了"字，其拳指立即伸开，故又名"了拳"。潘了拳自幼聪颖，不吃荤。12岁时，父母先后去世，靠叔母抚养。17岁离家流落到今广东省大埔县西河镇上黄砂村（车上），被寡妇游氏收养为子。了拳行动与众迥异，每天与数牧童放牛于赤蕨岭山麓，登岭巅默然遥望，若有所得。岭左溪泽有大石，了拳常闭目趺坐于石上。了拳喜爱赤蕨岭山水清幽，有意结茅舍卜居，卒未竟。后人遂建成"灵觉寺"（在此"始悟"之意，又名"赤蕨寺"）于赤蕨岭。及后养母去世，了拳治丧完毕后，便往茶阳。他渡河登黄龙献爪山，循山顶西行抵今青溪镇上坪沙楠树坑，依一袁姓人家暂住，而常坐禅于高漈。三年后，又离袁家南行，往三河登芒洲岗。在山顶远眺，见西南远方阴那山五峰蝉联，耸峙入云，即心驰神往。于是朝阴那山方向而行，经洴梓村至梓里村口，渡河西行抵阴那坑（英雅坑），止步于坑尾，择一高处结庵住下（后人将此庵改为"万福寺"）。次年，攀山而上，至五指峰顶，见五指峰并列如掌，悟为正应生时拳曲之兆，遂下至山西更择佳地，拆石砍树，建一寮为道场（此即"灵光寺"前身，后人于寺中供奉了拳雕像）。了拳居大埔、阴那三十多年，经常聚众说法，但众人

---

① 胡赛标：《乐真寺：闽台佛教交融的历史见证》，《永定文史资料》第三十辑，第215~216页。

多不能领悟。一日，他忽对众徒说：昔佛祖广释佛法，自度（超度）而且度人，我却不能做到，心中极感惭愧，我圆寂后，骨骸可藏塔内，匾额当题"惭愧"。继而念偈："四十九年，无系无牵，如今撒手归空去，万里云开月在天。"念毕端坐而逝，时在唐咸通七年（866）九月二十五日。了拳死后，被祀奉为阴那山灵光寺开山祖师——惭愧祖师。今灵光寺前有古柏树二株，均高数丈，大可合抱，一生一死，但生者不长，死者树干不朽，人称"生死树"，传为了拳当年手植，至今1100余年。灵光寺、灵觉寺、龙安寺、万福寺等同为有名的古迹，惭愧祖师向来为民祀奉。①

但是，我们在阅读文献的过程中，发现无论是惭愧祖师的身世，还是惭愧祖师名号的由来都还有不同的说法。如康熙《永定县志》载："了拳，唐时金丰东洋人。初生左手拳曲，有僧抚之，书'了'字于掌中，指忽伸，因名'了拳'。八岁牧牛，枯坐石上，如老僧。以杖画地，牛不逸去。年十二，往广东阴哪坑，乘石渡河，开莲花，随驻阴哪山，称为惭愧祖师。见《潮州志》。"②"乐真山，在金丰里太平寨。初为道观，至崇祯年间，僧洞是改立禅宗。仍名。""阳岩，在丰田里，潘祖师成道处"③；"莲花嶂，在金丰里东洋村。唐惭愧祖师诞生处"；"掷鱼潭，惭愧祖师幼牧牛，其嫂饷以焦鱼，师不食，放之潭中，鱼遂活。至今产鱼，一体而半焦半润"；④乾隆《汀州府志》载："了拳，永定人。初生，左手拳曲，有僧抚之，书'了'字于掌中，指遂伸，因名'了拳'。八岁牧牛牯，坐石上，如老僧，以杖画地，牛不逸去。年十二，往广东阴哪坑乘石渡，河开莲花，随往阴哪山，称为'惭愧祖师'"。⑤民国《福建通志》载："了拳，永定人。初生，左手拳曲，有僧抚之，书'了'字于掌中，指遂伸，因名'了拳'。八岁牧牛，枯坐石上如老僧，以杖画地，牛不逸去。咸通间，修行广东阴哪坑，乘石渡河，开莲花，悟道。行雨露间不濡，随住阴哪山，

---

① 萧学法：《粤东大埔县民间部分神明崇拜述略》，房学嘉主编《梅州地区的庙会与宗族》，国际客家学会、海外华人研究社、法国远东学院，1996，第151~152页。
② （清）赵良生、李基益修纂《永定县志》，厦门大学出版社，2012，第168页。
③ （清）赵良生、李基益修纂《永定县志》，厦门大学出版社，2012，第25页。
④ （清）赵良生、李基益修纂《永定县志》，厦门大学出版社，2012，第27页。
⑤ （清）曾曰瑛修、李绂纂《汀州府志》，方志出版社，2004，第682页。

称为'惭愧祖师'。《闽书》《雍正通志》。"① 民国《永定县志》载:"潘了拳者,唐时人也(按唐作明),生于永定天德乡山羊窠,幼随母居于天德水口外大埔车上村,稍长结茅庵于所居之山顶赤蕨岭,晚更结庵于嘉应州之阴那山,清修得道自号惭愧,手植柏树二株,至今犹存,今三处寺所奉为惭愧祖师者是也。凡祈晴祷雨禳灾求福亦见应验(此事见旧省志、县志驳去具见有识,按永定大埔嘉应皆明时所置,此僧必明时人也,今姑存之,以待博考之士)。"② 明代《闽书》有"圣教石"记:"在胜运里新村山腰。其石并大,一阴一阳,有仙人掌足迹"。③ 清康熙《永定县志》记:"圣窖石,在胜运里大新村。二石,一阴一阳。传有仙驭至,掌迹尚在。"④ 而乾隆《汀州府志》卷三《山川》记永定县的阳岩、阴岩条曰:"俱在丰田里,潘道人修真处。"⑤ 在广东省大埔县的田野调查报告中,也有关于惭愧祖师为永定县人一说。⑥

这些关于惭愧祖师潘了拳的记载与传说,一方面反映了清初以来惭愧祖师信仰传至永定县的事实,说明了惭愧祖师信仰在永定民间广泛流布的情况;另一方面则对惭愧祖师潘了拳的出生地与生活年代提出了不同的说法。

而关于惭愧祖师的名号,前人和今人也曾对流行的说法提出过质疑。明末大埔县人饶燈所撰《重建赤蕨岭灵觉寺记》曰:"师号惭愧,意义深远,世鲜其解,自海觉详阅诸经,而揭惭藏、愧藏之旨,今始觉立号之有据也。"⑦ 他发现"惭愧"之号典出佛经《大般涅槃经圣行品》:"有七圣财,所谓信、戒、多闻、惭、愧、智慧、舍离,故名圣人。"又见《大宝积经》:"所谓圣财,云何圣财,谓信、戒、闻、惭、愧、舍、慧,如是等法是谓圣财""若善自在柔和者,于师教诲无倒轨。自然最胜为开示,本

---

① 沈瑜庆、陈衍等:《福建通志·高僧传》,福建省地方志编纂委员会整理,方志出版社,2016,第8853~8854页。
② 民国《永定县志》,台北市永定县同乡会永定会刊1982年秋重刊,第1230页。
③ (明)何乔远:《闽书》,福建人民出版社,1994,第540页。
④ (清)赵良生、李基益修纂《永定县志》,厦门大学出版社,2012,第27页。
⑤ (清)曾日瑛修、李绂纂《汀州府志》,方志出版社,2004,第62页。
⑥ 萧学法:《粤东大埔县民间部分神明崇拜述略》,房学嘉主编《梅州地区的庙会与宗族》,国际客家学会、海外华人研究社、法国远东学院,1996,第151页。
⑦ 谢重光:《惭愧祖师身世、法号、塔号、信仰性质诸问题及其在台湾传播的特点试析》,《世界宗教研究》2012年第4期。

境所学解脱门。净信尸罗与惭愧,正闻舍施般罗若。为彼分别广敷显,无尽七财之法藏"。① 正如佛教史家所说:"惭者,惭天。愧者,愧人。谓既能惭愧,则不造诸恶业,以为成佛之资。"②

"了拳"之名亦源自佛经。《大智度论》曰:"我坐道场时,智慧不可得。空拳诳小儿,以度于一切。"③《大宝积经》云:"如以空拳诱小儿,是言有物令欢喜,开手拳空无所见,小儿于此复号啼。如是诸佛难思议,善巧调伏众生类,了知无法无所有,假名安立示世间。"④ 据此,学界已有比较一致的认识,即"了拳"取义于佛经,意为明了"空拳止啼"之教。"惭愧"与"了拳"之义均见于《大宝积经》。

由上可见,从惭愧祖师灵验的传说看,多为生前神异和死后显化之类,如枯鱼复生、石开莲花、乘石渡河、卓锡井泉和江西立券塑像、蓬辣滩救难、避寇捍患、消除疾疫、降雨救旱等;而从其名号看,又有一定的佛经典据。明清以来,惭愧祖师信仰的发展,主要有赖官绅民众对祖师灵验传说的口耳相传和诗文吟颂。因此,在惭愧祖师信仰中,民间信仰的成分大而佛教的成分少,是一种佛教外衣下,杂以巫术、道法和密宗法术的民间信仰。⑤

二 闽粤客家地区惭愧祖师寺庙的典型形态

闽粤客家地区主祀惭愧祖师的寺庙亦有不少。就目前所知,比较著名的有福建省沙县的报恩寺,永定县的乐真寺、双水庙、圣福堂,南靖县的罗山寺和广东省梅州市境内的灵光寺、灵觉寺、翠竹庵、清泉庵、宁迹宫、高漈寺、龙安寺、洪宝寺、万福寺、清泉寺、东龙寺、清水寺、灵岩寺、宝月寺等10多处。就寺庙的地位、性质而言,大致可分为三种类型。

---

① 菩提流志译:《大宝积经》,大正藏第11册,第248~249页。
② 丁福保:《佛学大辞典》"七法财"条,文物出版社,2002,第58页。
③ 龙树菩萨著,鸠摩罗什译:《大智度论》卷20,大正藏第25册,第211页。
④ 菩提流志译:《大宝积经》,大正藏第11册,第519页。
⑤ 张志相:《惭愧祖师生卒年、名号与本籍考论》,《逢甲人文社会学报》第16期,2008年6月;《闽粤志书所见惭愧祖师寺庙与信仰探考》,《逢甲人文社会学报》第18期,2009年6月。谢重光:《惭愧祖师身世、法号、塔号、信仰性质诸问题及其在台湾传播的特点试析》,《世界宗教研究》2012年第4期。

第一种类型是惭愧祖师信仰缘起的祖庙，以福建省沙县报恩寺和广东省梅州阴那山灵光寺为代表。报恩寺位于福建省沙县夏茂镇洋元村粉干曲自然村。据当地报告人说，广东的圆彻法师根据相关记载，从1990年开始在沙县到处寻访惭愧祖师潘了拳的出生地。但由于他的普通话南腔北调，极为难懂，说要找一千多年前广东阴那山的开山祖师潘姓高僧的出生地，沙县当地人不知他说是找姓"彭"还是姓"范"的高僧，所以一直未能如愿。直到1993年，圆彻法师再次到沙县时，用笔写下了"潘"字，当地人才在夏茂镇洋元村粉干曲自然村找到潘姓聚居地。[①] 于是，圆彻法师参谒了洋元村粉干曲自然村的"客厅坪""孩儿庙"以及崇圣寺，遂认定惭愧祖师诞生地就是在沙县洋元村粉干曲自然村。所以，他与广东梅县阴那山灵光寺潘了拳的第十八世传人、现住持释瑞基法师资助人民币100万元，在当地建筑硬化水泥公路1.2千米，建起寺院，塑造释迦牟尼佛、弥勒佛等佛像及潘了拳（惭愧祖师）像。占地面积3000平方米、建筑面积300平方米。[②]

圆彻法师参谒的崇圣寺据说始建于唐代，现在的建筑为1990年所翻修，全寺占地约1200平方米，我们在田野调查时还发现旧梁上尚存有"清嘉庆十五年重建"字样，可见该寺几经重建、翻修。据当地报告人说，崇圣寺观音像前有一位站着敲木鱼的小孩，本地人叫"老佛"，就是小时候的惭愧祖师。而"孩儿庙"的建立，据说是由于潘了拳小时候被一位大师带走，下落不明，其父母便日夜跑到水口哭泣，后来村里人为了纪念这位失踪的小孩，便在村口建起了"孩儿庙"。每年的十月初十日，在报恩寺都会举行念经活动，大约有来自四面八方的五六十人参加，同时还要举行惭愧祖师的换衣服活动，换下的"旧衣服"往往成为企业老板的"传家宝"。[③]

但是，我们在沙县县城田野调查时却听到了不同的说法。据一位长期追踪惭愧祖师信仰的退休官员说，历代的沙县县志和相关文献从未有关于惭愧祖师的记载，即使1992年版的《沙县志》也都还没有出现这方面的内容，直到广东高僧圆彻法师前来考察后，当地人才知道有惭愧祖师一

---

① 报告人潘水生，男，67岁，沙县夏茂镇洋元村粉干曲自然村人。
② 中共沙县夏茂镇委员会、沙县夏茂镇人民政府：《夏茂镇志》（内部资料），第238页。
③ 报告人林秀春，女，45岁，沙县夏茂镇洋元村主任。

说。① 所以，他们在编修《夏茂镇志》时曾犹豫是否写上惭愧祖师，但考虑到最近新修的县志已出现惭愧祖师，且在夏茂镇也开始出现惭愧祖师的信仰活动，如果夏茂镇志不写入，恐遭人诘难。于是，他们就采用客观描述的办法，并以注释的方式谨慎地用"圆彻法师认为"进行表述。② 时至今日，沙县人士对惭愧祖师信仰仍有许多模糊的认识。如在一份介绍沙县历史与文化的宣传材料中说："沙县历史文化凸显，唐代著名高僧惭愧法师发明的'潘了拳'名扬天下。"③ 便错把惭愧祖师的名号当成拳术的一种，从一个侧面说明了惭愧祖师在沙县一地影响并不大。因此，从某种程度上说，关于惭愧祖师潘了拳在沙县的经历，是往事已越千年后通过寻根反向传播而来的。

灵光寺据说始建于唐代懿宗咸通年间，在大殿正中供奉着惭愧祖师的木雕坐像，因惭愧祖师潘了拳在此开山驻锡而被认为开山祖庙。清康熙年间曾勘定寺庙地界："阴那五指峰下，即灵光院，其曲折而南，迂回而西，叠嶂层峦，皆官山也。山下稻田，系寺田者十有八九。"④ 到清代中叶，灵光寺开始逐渐衰落，大量土地被流转到当地的巨姓大族。改革开放后，灵光寺得以修复扩建，前往捐献、朝拜的善男信女和海内外游客源源不断，年接待量达20万人次。

据当地报告人说，在灵光寺所在地灵村，每到春节前后，家户都会前往灵光寺朝拜，供奉祭品、烧香跪拜，感谢过往的神恩和祈求来年的保佑。特别是在景区里卖香烛的村民，即使生意再忙，也会抽空前往烧香，祈求惭愧祖师保佑其生意兴隆。尤其是除夕之夜，村民们早早地前往"守岁"，有的甚至男女老少全家出动。一俟凌晨庙门打开，便争先恐后地抢烧新年的头炷香。近几年，随着旅游开发，抢烧头炷香之风更是盛行，要抢到头炷香谈何容易。所以，村民也变得更加务实，说："就算你争到了头炷香，那也不能保证这就是庙里新年的第一炷香。因为在凌晨前早有高官、富商进了庙里，庙门是等他们烧完了才开的。所以，我们不去凑这个热闹，烧上自己在新年的第一炷香，向祖师菩萨报个到、求个平安就好

---

① 报告人李泽曾，男，78岁，沙县人大常委会原副主任。
② 中共沙县夏茂镇委员会、沙县夏茂镇人民政府：《夏茂镇志》（内部资料），第240页。
③ 林建棋：《宋代陶瓷俑：器微工艺精》，《时代三明》2014年第4期，第72页。
④ 李士淳：《阴那山志》，中华书局，2006，第130页。

了。总之，那也是'头炷香'啊。"

除了新年烧头炷香外，农历三月二十五日的惭愧祖师诞辰，其仪式也隆重热烈。三月二十四晚上，庙里举行"换袍"仪式，由僧人恭请神像下位，将其衣袍、鞋袜脱下，然后替其沐浴更衣。由于涉及祖师裸身，所以不许有外人在场，更不准有女性出现。但此时，各地善信及村中老人早已等候多时。等大门一开，他们便鱼贯而入，在神像面前顶礼膜拜，并乞求"圣水"（即洗神像的水）。次日，村里的老人还再次赶到庙里参加庆生法会。他们焚香点烛，虔诚祭拜，有的擦洗神坛，有的焚烧纸衣、纸钱。他们深信惭愧祖师对本村具有特别的保佑与偏爱。①

第二种类型是台湾惭愧祖师信仰的福建祖庙，以福建省永定县乐真寺和南靖县罗山寺为代表。乐真寺坐落在永定县下洋镇太平村乐真山上，是一座以惭愧祖师为主神的寺庙。乐真山四周层峦叠嶂，林箐密深，康熙《永定县志》载："乐真山，在金丰里太平寨。初为道观，至崇祯年间，僧洞明改立禅宗。仍名。"② 相传，惭愧祖师潘了拳的徒孙起初在此建起了简朴的"禅圣寺"，青灯黄卷，晨钟暮鼓，过着清寂宁静的生活。香火虽然寥落，却也淡泊优游。明代万历三十六年（1608），太平村曾氏十世祖曾宏鼎与堂叔名元，僧人福从、佩真等人各出家财，在破败崩圮的"禅圣寺"原址上兴建佛寺，更名为"乐真寺"，寺里的两扇寺门仍留刻"禅关圣域"四字。寺内安奉惭愧祖师雕像。因惭愧祖师的灵验，使得万民敬仰，享誉一方。

时至今日，乐真寺不但香火极旺，而且有专门的理事会参与管理。我们在乐真寺田野调查时，曾在多个地方发现不同时期的理事会名单，其一是张贴于寺内的"第四届乐真寺理事会理事名单"。

第四届乐真寺理事会理事名单

经民主推荐，公开选举本届理事，任期五年自 2011 年 11 月 9 日至 2016 年 11 月 9 日止。

---

① 黄平芳：《旅游语境下的客家民间信仰重构——以粤东灵村的惭愧祖师信仰为例》，《赣南师范大学学报》2016 年第 5 期，第 53 页。
② （清）赵良生、李基益修纂《永定县志》，厦门大学出版社，2012，第 25 页。

全体理事本着同心同德，公正廉洁，真诚无偿的义务精神为乐真寺发展服务。

顾问：曾品材、曾传放、曾昌源、曾清华、曾太生、曾启就、曾昭询、曾景星、曾志坚

主任：曾昭良

副主任：曾宪乐、曾永源、曾广斌、曾应红

会计：曾石平

财务：曾应欣

文书：曾带纳

联络：曾茂好

委员：曾鹰、曾宪来、曾仁皆、曾开旦、曾广英、曾裕真、曾俊敏、曾祥丰、曾国才、曾昭园

另一份则是新建三层楼墙上"碑志"中的落款。

本届理事会成员

主任：曾昭良

副主任：曾鹰、曾广斌

会计：曾昭焰

财务：曾应欣

文书：曾带纳

联络：曾茂好

委员：曾清华、曾启就、曾锦盛、曾宪照、曾宪来、曾宪礼、曾裕真、曾仁皆、曾永源、曾志坚、曾宪乐、曾应源、曾兆勇、曾应红、曾国才、曾祥丰、曾昭园

由此可见，乐真寺在日常生活中已有相对比较规范的管理。不仅如此，今日的乐真寺由于香客云集、游人纷至，还修建起从太平村至溪山庵宽3.5米、长2.5千米的水泥路和筑成从土楼角至乐真亭宽1.5米、全长1.6千米的水泥路；建成了面积近350平方米的二层三混结构房及配套设施。

罗山寺坐落于南靖县南坑镇新罗村大坪顶"罗山"上,海拔高约 500 米,占地面积将近 3000 平方米,重建于 2006 年,寺内供奉着惭愧祖师公、广应圣王和伽蓝大王。据说该寺惭愧祖师公香火起源于广东梅县阴那山灵光寺,一般每隔三年或五年进香一次。惭愧祖师公俗名"潘觉",是阴那山惭愧祖师爷潘了拳的养子。

关于罗山寺的香火来历,当地还有一段传说。据当地报告人说,公元 899 年广东省大溪李氏出门经商,为保平安带着惭愧祖师金身法像出门。路过今福建省漳州市南靖县南坑镇新罗村境内之宰牛湾石盘坑时,因天降暴雨,李氏在过河时,不慎将装有惭愧祖师金身法像的包袱掉落水中。惭愧祖师金身法像随后漂流到今南坑镇新罗村大磜,被一村民捡起在家中供奉参拜。后来惭愧祖师金身法像来到新罗上洋参加"作醮",因佛缘玄机,不再回大磜,自此在新罗上洋(今新罗下济社)安座居下,受百姓敬拜,之后又迁至新罗大坪顶受百姓朝拜。据说,这是南靖县也是福建省"惭愧祖师"来自广东梅县阴那山最早的香火。由于佛法灵验,有求必应,自此"惭愧祖师"的名号在百姓中口口相传,越来越被人们信奉崇拜。之后又分香南靖各地,邻县平和、永定及其他地区,传播范围越来越广。后来逐渐形成了"惭愧祖师"进香之地的区域分工:南靖罗山寺为惭愧祖师公(潘觉)、梅县阴那山灵光寺为惭愧祖师爷(潘了拳)。①

而关于惭愧祖师公潘觉亦有一段传说。据当地报告人说,潘了拳 17 岁离开家乡后,云游四方。路过广东省大埔县黄河乡车上村时,认村里游姓寡妇为义母,游氏病逝后,潘了拳决定于农历二月初六日再度出游。但一出家门,就见一个小孩因双手攥拳不张被父母抛弃,坐在地上啼哭不止,十分可怜,便心发慈悲,连声念"阿弥陀佛",小孩双手竟慢慢舒展。潘了拳顿悟幼时圣僧启迪"了拳"之兆意,便收其为养子,取名为"觉",就把农历二月初六日定为潘觉的生日。

潘觉从此随养父潘了拳云游四方,修行悟道,同时参悟佛学、天文、地理及医学。后来云游经过大埔县茶阳镇坪沙楠树村时,村中一户姓袁人家诚心向佛,便安排一个清闲之处,让他们父子静心修行。潘觉一边跟养父修行,一边随袁家习武。父子两人为当地百姓祈福禳灾。袁家见潘觉小

---

① 报告人曾顺昌,男,48 岁,南靖县南坑镇新罗村罗山寺管委会主任。

小年纪,颇富佛性,长大后必定有所作为,便央求潘了拳让其收潘觉为袁家义子。三年后,潘了拳决定前往阴那山结茅修行,担心潘觉跟在身边受苦,便留其在袁家,独自一人前往。自从潘了拳离开袁家,潘觉更加刻苦修行悟道,如有不解之处便前往阴那山请教养父。有一年,村中出现瘟疫,潘觉在灶旁细读医书,寻求破解瘟疫之方。义母过来做饭,见没柴可烧,要潘觉上山捡柴,此时潘觉对瘟疫的治疗,刚研究出一点头绪,心想村里很多人危在旦夕,情急之中他不愿半途停下。义母只好自己前去捡柴,出门前随口留下一语:"你若不去,把自己脚放进灶中当柴烧。"不料,潘觉真按义母所言,把自己的脚放进灶里当柴火烧,把饭煮熟了。等义母从山上回来,发现潘觉的脚已烧掉少许。此时,他已顿悟破解瘟疫之方,为了百姓的安危,不顾脚伤仍出家门为大家解除瘟疫,但等潘觉回家后发现双脚又完好如初,一个伤疤也没有。

随后,潘觉离开袁家,开始举着养父法号"惭愧祖师",云游四方,为百姓祈福禳灾。潘觉离开袁家后,云游路过广东大溪时,天普降大雨,突然山洪暴发,百姓房屋瞬间被冲毁。潘觉在大水中救出几个伙伴,最后因体力不支被卷入滔滔洪水之中;此时突然祥云盖顶,他的身体在汹涌澎湃的洪水中变成一道金光升腾直上,冲上云霄。这一天时值农历十一月初六日,当地百姓都说潘觉是佛祖降世、祖师化身。为纪念他的功德和恩泽,当地百姓便用檀木雕成一尊高一尺八、头戎王冠、身穿战袍、双手攥拳、光着脚的金身法像,并尊称为"惭愧祖师",置于村中庙里来供奉参拜。每逢农历二月初六日和十一月初六日,村中百姓便会举行大型庆典进行祭拜祈福。[①]

随着时间的推移,人们即在现今罗山寺之地建造惭愧祖师公庙来供奉参拜。罗山寺初建时间现已难以稽考,但平整庙基时殿内呈现状似禅台的"天然灵光宝石"台座一处,至今仍然立于寺庙殿内,应验了之前"从平地上浮出一座寺庙的传说"。后来,寺庙重修时,惭愧祖师公上轿以"轿角"命名为"罗山寺"。2014年,惭愧祖师公上轿书写要求:在罗山寺后山的最高峰处——蝴蝶峰尖顶,塑造一尊"惭愧祖师公"之金身法像。

当地报告人说,南靖罗山寺自落成以来,因为惭愧祖师公有"上轿

---

① 报告人曾万全,男,81岁,曾为南靖县南坑镇新罗村罗山寺管理人员。

写"这一特殊神迹，又由于惭愧祖师公之灵验和有求必应，霎时声名四播。各方信士感恩于惭愧祖师公之惠泽，纷纷前往朝拜祈福，遂香火更加兴旺，同时香火也加剧分灵各地。2008年农历十一月初六日，南靖罗山寺举行了首届新罗惭愧祖师公民俗文化节，以弘扬惭愧祖师公文化，传播惭愧祖师公"上轿写字"这一特殊信俗。其时，有成千上万的信士、香客前往朝拜，祈求平安。①

第三种类型是多个村落共建的中心村庙。以永定县的双水庙、圣福堂和广东省大埔县的龙安寺为代表。双水庙位于永定县湖坑镇双溪村两溪汇合处，始建于民国十年（1921），供奉惭愧祖师。据当地报告人说，之所以称作"惭愧祖师"，有多种说法，其中一种说法是惭愧祖师49岁去世前，觉得生前没做什么好事，心里感到惭愧，所以口中经常说："惭愧！惭愧！"后人便称其为惭愧祖师。另一种说法是，惭愧祖师17岁时认游姓寡妇为义母，义母想吃鲜鱼，他就到溪里抓鱼，用石头筑起一道堤坝，把溪里的水拦住，然后便下水抓鱼，鱼抓到后就顺手将堤坝撤了。不料，这时他的义母还在下游洗衣服，遭遇突然大水，被水冲走了。惭愧祖师内心感到很惭愧，便被称为"惭愧祖师"。②

关于这座庙的来历，当地亦有多种说法，据当地报告人说，隔壁的平和县芦溪镇联峰村老百姓求神拜佛很灵验，有一人外出做工路过这里，正好遇到狂风大雨，他就在此避雨。这时，他看到了惭愧祖师显灵，于是就手拿香火，许愿说如果发财了，他一定报答神恩。后来，他果真发财了，便根据惭愧祖师的样子花钱雕了一尊菩萨，刚开始放在老楼（东月楼），村里老人感到很灵验，有求必应。民国十年（1921），一位地理先生路过此地，认为现在双水庙这个地方风水很好，村民们就在这里建起了庙。村里有个叫江衍荣的，原来家里很穷，他想过番，走到村口还恋恋不舍，于是来到庙里烧香许愿，祈求惭愧祖师保佑他此去南洋发财、添丁。他历尽千辛万苦到南洋后，真的就发财了，并且生了三个儿子。所以，他回来后就积极参与做学校、建医院、盖寺庙。

双水庙在"文革"期间被毁坏，变成荒郊野外，杂草丛生。"文革"

---

① 报告人曾顺昌，男，48岁，南靖县南坑镇新罗村罗山寺管委会主任。
② 报告人江洪禧，56岁，永定县湖坑镇双溪村村民。

后，有一年村民江林恩梦见一位白须老大对他说："这里的庙要建回去，大家才会平平安安。"于是，他和好几个热心人士，如江生喜、江衍河、江万象、江瑞汉、江鸿义、江定荣等人集资，于 1982 年进行重修。由于白蚁蛀食，1990 年再重修一次。① 现在，平时由江生喜负责日常管理，他每天都会前往庙里扫地、添油等。

关于惭愧祖师的祭祀活动，双溪村每年至少有两次，一次是三月二十五日的惭愧祖师生日，另一次是十月秋收后选一个日子举行演剧、打醮等。据当地报告人江生占说，活动的经费一般按每个人丁出 10 元和自由捐款 1000、500、100 元不等，每次活动都还会盈余一点。此外，还有每隔三年举行一次为期三天的大规模"集福"。第一天要吃斋，此后两天则要供奉全牛、全羊、全猪，从 2019 年开始还要改为为期五天。该村现有江姓 1000 多人，有 20 多座土楼，与南江、高头村属同一祖先。江姓开基祖生有 10 个儿子，故旧时村落名为"十家"，后来村里读书人觉得这个名称太俗才改成"实佳"。"集福"那年，一开春就开始筹备，根据跌筊选一个福首，到三月二十五日还要组织队伍到广东梅州阴那山进香。进香的队伍浩浩荡荡，扎有狮、龙彩车、装故事等。每逢初一、十五都有人前往庙里烧香，谁家出门、结婚、嫁女、生孩子、开工等也都会前往烧香、供奉，甚至有的人外出前忘了烧香而人已到相邻的湖坑镇，也还会倒回来烧香。

圣福堂位于永定县湖山乡桂坪村村头三岔路口。据当地报告人说，这里原来有一座老庙叫"上坪庵"，供奉惭愧祖师，其右侧还有两间平房，如果有人离婚，要到这两间房子里写离婚证、立字据，签字的中人必须是上一代比较年长的，写名字代笔人不能用手写，而应用脚趾夹着毛笔写，以示慎重和逐出此地。"破四旧"时，工作队把这座庙砸烂、夷为平地。我们现在见到的这座庙建于 2009 年，那是村中打工者赚钱回来了，在老人家的倡议下，通过集资 20 多万元建起来的。庙殿正中供奉弥勒佛、惭愧祖师、吉祥哥等，但主要是惭愧祖师。惭愧祖师像有一大一小两尊，大的坐台，小的可以抬出去巡游。每年的四月初五至初八是做醮的日期，此外还有三年一次的"做大福"。②

---

① 报告人江生占，73 岁，永定县湖坑镇双溪村村民，原为当地民办教师。
② 报告人李上炮，男，54 岁，永定县湖山乡桂坪村村民。

四月初五至初八各村会将惭愧祖师抬出去巡游，分别在万安、坑头（元东）、上坪（石下、山下、圳背）等村一天巡游一个自然村，最后一天回到庙里举行仪式。每年的总理通过跌三次筊产生，要出最多的钱。每个自然村落都有人作为理事，而几乎每家每户都有人参与活动。据说，以前的惭愧祖师生性十分活泼，四月初八出巡时，扛着彩旗、敲锣打鼓、放鞭炮，抬着他还要左右摇摆，不时翻身打圆圈。每到一座楼房前巡游，主人都会放鞭炮迎接，然后烧香、供奉。有新生小儿的，还会抱着小孩烧香，而后将惭愧祖师的轿子抬高一点，好让抱着小孩钻过去，据说如此可以让惭愧祖师保佑小孩不生病。当地报告人说，旧时湖山乡这些地方缺医少药，但由于供奉了惭愧祖师，这些地方的妇女无论在山上、路上、家中生小孩，很少有难产的。除了这些活动之外，平时初一、十五和龙华日也还有不少人来这里烧香。①

龙安寺位于现今广东省大埔县百侯镇武塘管理区的青子坜。据当地报告人说，相传唐代惭愧祖师潘了拳曾经过此地，后人即在该处建寺塑神像祀奉。民国十三年（1924）重修，有"香公"管理寺庙，1949年后曾停止相关活动。改革开放后，先有该村村民苏乾坤在此管理，苏乾坤病故后，大东镇富溪管理区石门岭人杨兆同接任。该寺建在深山坜里，寺址虽仅有60平方米，但每日香火不断，海内外善男信女前往烧香许愿的络绎不绝。村民每年把惭愧祖师神像抬到各村去许愿化斋三次，正月、二月叫"许福"，七月、八月称作"暖福"，而十一月、十二月则叫做"完福"，场面十分隆重热烈。去迎神酢福的有百侯、大东两个镇几十个村的村民。每年的老年底，信众要选好"福主"（主办人），先去龙安寺定好第二年迎神的日子（叫"标红"），需送红包（人民币10元不等）。到正月、二月、七月、八月、十一月、十二月预定的日子，该村的"福主"带领村民去龙安寺用神轿抬上惭愧祖师神像。动身时要烧香、敲锣打鼓、放鞭炮、放铳。一路上，抬神的、敲锣打鼓的、放铳的，好不热闹，经过各乡各村时更是热闹非凡。

将惭愧祖师迎至村中事先搭好的祭祀神坛帐篷后，把惭愧祖师像安放在事先摆置好的神位上，每家每户拿祭物前来祭拜，由礼生"喊礼"（主

---

① 报告人李遂恭，男，75岁，永定县湖山乡桂坪村村民。

持祭拜仪式)。当晚的活动,大的乡村有请"中军"吹打的,有请戏班做戏的,有请放电影的。善男信女则拿斋果酒粄祀奉神像。二月的"许福"一般以斋果酒粄祭祀,七月、八月的"暖福"和十一月、十二月的"完福"则比较隆重,一般都有三牲去祭拜。第二天,惭愧祖师神像则由另一轮值村接走或敲锣打鼓送回寺庙里。①

上述三种类型的惭愧祖师寺庙分别代表着闽粤地区惭愧祖师信仰的三种形态。第一种类型为惭愧祖师信仰缘起的祖庙;第二种类型为台湾惭愧祖师信众认同的大陆祖庙;第三种类型则是村落百姓所信仰的村庙,为单个或多个村落信众所共建。当然,这种分类也不是绝对的,如南靖县新罗寺的主神为惭愧祖师公(潘觉)是惭愧祖师信仰的一种变异形态。而无论是沙县的报恩寺,永定的乐真寺、双水庙、圣福堂,还是南靖的新罗寺,抑或是广东的灵光寺、龙安寺都带有村落宗族的色彩。如乐真寺的理事为清一色的太平村曾氏族人;而灵光寺则被认为对地灵村具有特别的护佑,用当地村民的话来说是:"祖师菩萨是保佑我们村的!"②

三 惭愧祖师信仰在台湾的传播

惭愧祖师信仰在台湾的传播,主要集中在台湾中部丘陵地带的南投县。有学者估计,台湾供奉惭愧祖师的地方公庙、部分的民宅公神及私人神坛,初步估计约85处,其中南投县一地占了67座。③ 在众多的寺庙神坛中,南投县中寮村的长安寺、鹿谷村的灵凤庙最为引人注目。

相传,清雍正年间,永定县下洋镇太平村曾姓十四世曾衍崇(愧三公)与许多乡亲一起从乐真寺迎请、携带惭愧祖师神像渡海,来到台湾南投县竹山、鹿谷乡新寮一带从事开荒垦殖。他们搭建简单的茅寮,逐渐发展成大小不等的聚落。于是,形成以"寮"命名的村落,如中寮、乡亲

---

① 萧学法:《粤东大埔县民间部分神明崇拜述略》,房学嘉主编《梅州地区的庙会与宗族》,国际客家学会、海外华人研究社、法国远东学院,1996,第152~153页。
② 黄平芳:《旅游语境下的客家民间信仰重构——以粤东灵村的惭愧祖师信仰为例》,《赣南师范大学学报》2016年第5期,第53页。
③ 林翠凤:《台湾惭愧祖师神格论》,2010年海峡两岸宗教与区域文化暨梅山宗教文化研讨会论文,湖南长沙,中国社科院世界宗教研究所。谢重光:《惭愧祖师身世、法号、塔号、信仰性质诸问题及其在台湾传播的特点试析》,《世界宗教研究》2012年第4期。

寮、后寮、分水寮、十八股寮、田寮等，而中寮就是这些聚落的中心。后愧三公因故返回永定故里，第二次返台后与同乡从彰化越过八卦山，沿樟平溪、平林溪，辗转迁到中寮村垦拓立基，先将神像安奉于草寮之中。这些地方在当时都归属于彰化县南北投管辖。这时的中寮村四周野兽出没，瘟疫时起，特别是"生蕃出草"杀人抢劫不断。他们荜路蓝缕，以启山林，共同开垦荒地，搭寮轮值，看守作物。而每当有不祥之兆时，惭愧祖师必示神迹，或托梦救人，或禁止信众入山作业以保平安。《云林县采访册》载："在大坪顶漳雅庄；祀阴林山师祖。七处居民入山工作，必带香火。凡有凶番'出草'杀人，神示先兆；或一、二日，或三、四日，谓之禁山；即不敢出入。动作有违者，恒为凶番所杀。故居民崇重之，为建祀庙。光绪十九年，庄董黄谋倡捐修建。"① 基于此，信众遂诚心筹建庙宇安奉惭愧祖师，名为长安寺。因屡屡显灵，护佑百姓，香火逐渐鼎盛，成为中寮村的信仰中心。

关于长安寺的历史沿革，其庙墙壁上刻有详细的介绍。②

长安寺沿革

本寺奉祀荫林山惭愧祖师，迄今（岁次己卯）将近200年，据考于清嘉庆元年，由本村曾姓先祖宗传公自福建省永定县恭迓来台落扎本县鹿谷乡新寮，护佑信徒拓荒斩棘，嗣因故随信徒返大陆，惟曾姓先祖二度渡海来台时，仍迎迓祖师金身全程护佑，旋即奉祀于本村祖师庙，时为坐北朝南，土角造民式建筑于1968年岁次戊申年，因小区重建，经由时任村长林玉忠暨黄火旺、汪谋利三位大德热心奔走筹募资金热心改建，为坐东朝西砖造瓦房庙宇，并易名为长安庙。

嗣于1982年，众信徒大德善心发愿，筹组重建委员会策动重建，并于1984年（岁次甲子）2月13日竣工入火升座，再次易名为长安寺。

众信徒因庙宇重建完成，易名长安寺，为图长治久安祖师庇佑神

---

① 倪赞元辑纂《云林县采访册》（二），1968年刘枝万校订排印本影印，台湾成文出版社有限公司1983年印行，第151页。
② 王志文：《客家惭愧祖师神像造型粤东闽西至台湾的转变》，第八届海峡两岸传统民居理论（青年）学术会议（2009）赣州论文。

威显赫，福祉永垂乡梓，众信徒同沾神恩，特辟本段以志之。

祖师常住本寺护境佑民，诸善信大德追本溯源，慎终追远，乃于1992年诸善信大德委由黄万进大德二度率众大德作寻根之旅，赴福建省境遍访结缘，功德圆满，确认祖师仙乡为：福建省汀州府永定县金丰里太平寨（即今之福建省永定县下洋镇太平村）乐真寺。并于1994年本寺主任委员黄万进大德且连续三年率同诸大德善信护驾二祖师返回乐真寺故里，功德再造，威灵显赫，师恩回道惭愧圆满。善哉！斯言。

谨志

岁次己卯年　月　日　吉立

这段文字简要介绍了长安寺的建庙缘起，略述了长安寺信众二度寻根谒祖并最终确认祖庙的历程。值得注意的是，据当地报告人说，该寺的惭愧祖师公是三兄弟，其生日分别是：大祖师公农历正月十六日，二祖师公农历二月十八日，三祖师公农历十月二十八日。不但人数与原乡不同，生日也与原乡迥异。此外，移民、移神的时间亦有差异。

鹿谷村的灵凤庙据说亦源于福建。相传，乾隆二十二年（1757），福建漳州南靖人邱国顺分香在鹿谷新寮建灵凤庙，供奉惭愧祖师。乾隆二十四年（1759），设南投县丞；嘉庆年间南北投辖下有65个村庄，范围广及今天的草屯、国姓、南投、中寮等地。光绪年间，沈葆桢首倡开山抚番，许多移民从南投溯平林溪经色尾公埔、倒樟、八杞仙、哖猫，越过集集大山到水里、埔里。而当时统领吴光亮派兵沿途保护垦民，间接促进了中寮的全面开发。日据时期，八杞仙、乡亲寮、龙眼林三大区域几经变化为中寮、龙眼林二大区域。1950年，调整行政区域，实施小县制，龙眼林、中寮合并为中寮乡，隶属新设立的南投县。据当地老人报告说，当年眺望中寮村周边大地，都是曾氏宗亲所有。曾氏十八世曾泰山，曾率村民回大陆参加曾国藩湘军讨伐太平天国，其间盛传惭愧祖师显灵助曾氏抵抗太平军，台湾《曾氏族谱》载："盖闻先世之人口传，咸丰癸亥年红绣全造反……世贤并妻……乃将家资充入贼首之军饷……甲子春，贼到张教书洋搭营。我社恐惶贼到，列械往鸭母岭以贼交战。未知，贼又到乌石山各处四方搭营。斯时，我祖陈圣王、惭愧祖师显赫出居放兵焉。贼到此，缺见我社兵马满洋，尽是黄头兵。恐惧时，我社男女具惊逃走。石烛崇山中有人逃走，下溪风天磜头二位避乱。我社书洋人居之，我社勇健男人竭力到梨仔垵、长林垵，以贼交战。我祖师甚赫暗助，见其金身，汗流如雨。未几，贼逃走出船场。"① 曾泰山回台后受清廷册封为都尉，人称泰山大老。为曾氏修筑大宅院"中寮大厝底"，人丁兴旺，家业发达。因而惭愧祖师逐渐成为南投县各姓氏百姓顶礼膜拜的神明。

据说，南投县的庆福寺也源于福建。据南靖县《新罗曾氏家谱》载：较早之前，新罗住有罗姓、曾姓、刘姓、邱姓，后来罗姓、邱姓均迁往他乡。清嘉庆、道光、咸丰年间，新罗村曾氏有一部分人迁徙台湾，如六十九派十四世"毓"字辈，世椿公，学濂公之六子，名六副往台湾，葬在台湾南投牛食水田中，妣张氏，葬在台湾南投内辘庄后枫杭。传下二房，长房名振晟；次房名振通（又名勃然）。又如，世榕公，学濂公之五子，名东海往台；妣张氏，葬在葛山洋必。传下二房，长子振略，次子振文。② 台湾《曾氏族谱》载："台湾府台中州南投郡南投街内辘社曾德兴社四十九份祖宗联对，此内辘曾姓是福建漳州府南靖县豪冈社迁居。分过至清朝民国廿三年甲戌元月日，高港葛山社曾中央往内辘探亲人抄此联对以记之。"③ 这些曾姓村民带去惭愧祖师公的香火，在台湾南投县开基立业，并修建寺庙供奉惭愧祖师公。

关于惭愧祖师信仰传播到台湾的时间，灵凤庙内张挂的《恩主邱国顺功绩事录》有云："渡台开垦恩主邱国顺于乾隆廿二年来台，并奉请惭愧祖师金像。……在小半天开垦时，亦奉请惭愧祖师金像供奉。"但鹿谷乡

---

① 《曾氏族谱》，邓文金、郑镛主编《台湾族谱汇编》，第70册，上海世纪出版股份有限公司、上海古籍出版社，2016，第464页。
② 新罗曾氏族谱编委会：《新罗曾氏族谱》，南靖闻守公房系之武城谱，2014年（甲午年）编纂，第152页。
③ 《曾氏族谱》，邓文金、郑镛主编《台湾族谱汇编》，第70册，上海世纪出版股份有限公司、上海古籍出版社2016年版，第349页。此联对为：其一，禀宗圣之姿道承一贯通古今而合德；体生知之量孝思不匮并天地以同流。其二，杏坛上弟唯师呼独得尼山崇道统；舞雩间童歌冠咏依然沂水乐春风。其三，宗功祖德具见贻谋远大；圣子贤孙是为继述渊源。其四，德业在勤修子孙贤族乃大；兴隆存爱敬兄弟睦家之肥。其五，崇实不华愿尔后昆聿修厥德；源头有本念兹先祖广运而兴。其六，宗训孝经为上策；圣功大学得全篇。其中，一至二对的横批为：道传忠恕；三至五对的横批为：继往开来。第六对则是宗圣祠的联文。

凤凰村凤凰山寺却说其庙的香火是康熙年间传来："清康熙年间，庄姓先祖率其同伙数十人，由福建渡海来台至顶城庄……故乃结草为庐，开荒垦拓，并安奉随队携带之惭愧祖师香火以为守护神，设座礼拜。"① 两寺说法并不一致，如果凤凰山寺的说法可靠，则惭愧祖师信仰清初就传到南投一带了。

上述诸庙的建庙缘起大致可归纳为两种模式，一由原乡奉请惭愧祖师金像而建，一由原乡携带惭愧祖师香火而建。奉迎金像和分香，是台湾南投等地惭愧祖师信仰传播的两种基本形式。分灵的方式虽有不同，但都是由前往拓垦的移民自原乡传来。关于原乡在何处，凤凰村凤凰山寺说是"由福建渡海来台"，鹿谷村灵凤庙的《恩主邱国顺功绩事录》则说其来台开基恩主邱国顺祖籍福建南靖。而中寮乡中寮村长安寺更直言："（本寺惭愧祖师）嘉庆元年，由本村曾姓先祖宗传公自福建省永定县恭迓来台，落扎本县鹿谷乡新寮，护佑信徒拓荒斩棘。"因此，南投县的惭愧祖师庙宇，大都是早期拓垦移民自原乡福建传来，且集中在福建西南部的南靖、平和、永定等县。②

由上可见，台湾的惭愧祖师信仰与大陆原乡的惭愧祖师信仰有以下几个方面的不同。

一是来源传说的不同。闽粤客家地区的惭愧祖师主要有诞生沙县、永定两种说法，生日为三月二十五日。而台湾惭愧祖师有诞生于福建省平和县、南靖县和永定县等说法，其中，"祖师公生于大陆福建省平和县阴林山，父姓潘名达，母葛氏，为人忠厚，被乡里所推崇；生三子，长达孔，次达德，三达明，均自幼习文练武，达明尤擅长医术，曾治愈皇太后有功"。③ 三兄弟的圣诞日为农历三月十六日（或大祖师公农历正月十六日，二祖师公农历二月十八日，三祖师公农历十月二十八日），这些说法与闽

---

① 林翠凤：《台湾惭愧祖师神格论》，2010年海峡两岸宗教与区域文化暨梅山宗教文化研讨会论文，湖南长沙，中国社科院世界宗教研究所。
② 台湾惭愧祖师庙的移民原乡不在福建的，目前所见唯有恒春祖师公庙一处，"祖师公庙在潭仔庄，正殿一，门拱亭一座，距县城南十二里，光绪元年潮州客民建"。见（清）陈文纬主修，屠继善总纂《恒春县志》卷十一《祠庙》，中国方志丛书·台湾地区第二四号据清光绪二十年修、修史庐抄本影印，成文出版社有限公司1983年印行，第408页。
③ 刘枝万：《南投县风俗志宗教篇》，转引自王志文《客家惭愧祖师神像造型粤东闽西至台湾的转变》，第八届海峡两岸传统民居理论（青年）学术会议（2009）赣州论文。

粤客家地区的记载与传说颇为不同。

二是形象之异。在外在形象上，闽粤客家地区的惭愧祖师为潘了拳一人，其造型为身披袈裟，手执拂尘或禅杖的高僧慈悲形象。而台湾的惭愧祖师父名达，母葛氏，长子达孔、次子达德、三子达明，这"三兄弟"被当地居民分别称为：大公、二公、三公，造型为黑面无须，头戴王冠，身着文武装，赤脚跣足，右手持宝剑，左手掐道指，端坐于山头之上。在内在形象上，闽粤客家地区的惭愧祖师为弘扬佛法兼具祈晴祷雨、禳灾求福的高僧。而台湾惭愧祖师三兄弟则是一生仗义疏财，淡泊功名，后来在阴林山炼丹得道。民间相信他们绝非凡人，在其生前就以"惭愧公"尊称，过世后为之立庙塑像，香火奉祀。因三兄弟得道于阴林山，故又称"阴林山惭愧祖师"。另据当地报告人说，当初曾姓先祖背着祖师公三兄弟神像到台湾，现在分散在南投县三处庙宇：大祖师公在南投市内新里的庆福宫；二祖师公在中寮村的长安宫；三祖师公则在位于渔池乡水和村的龙凤宫。这三座庙的信众都知道历史渊源，却没有互相寻找认亲，至今也没有比较密切的互动。

三是神功、神性不同。闽粤客家地区惭愧祖师的神功与神性主要体现在枯鱼复生、石莲开花渡河、卓锡泉和江西立券塑像、蓬辣滩救难、避寇，以及祈晴祷雨等。而台湾的惭愧祖师信仰流传最多的是每当"生蕃出草"有不祥之兆时，示神迹、托梦救人，禁止信众入山垦作保平安和行医问药。其中，行医问药是台湾惭愧祖师神功、神性极为重要的一个方面。相传，潘氏三兄弟自幼学文习武，精通医术，他们常年奔走于漳州平和山区，行医采药，济世救人，闻名远近。每当患者痊愈后，向他们表示谢意时，他们总是连连拱手，谦虚地说："见笑！见笑（惭愧之意）！"有一年，平和县芦溪乡瘟疫流行，潘氏赶紧采药配方，医治救活病患无数，控制了瘟疫的蔓延扩散。乡人感念其功德，联名赠送他们"华佗再世"的匾额。三兄弟一再表示受之有愧，说："为乡亲效力，本是天职，我们奉献甚少，获取太多，深感惭愧。"因而大家尊称他们为"惭愧公"。

惭愧祖师内在形象、传说、神功、神性及造型在台湾的变迁，主要源于自然环境的变化和人文环境的变迁。在自然环境方面，二百多年前的台湾南投地区榛莽未辟，瘴疠肆虐，毒蛇、猛兽横行，缺医少药，特别是"生蕃出草"杀人抢劫不断，缺乏安全保障，所以诸如"御番"、保生、降伏毒蛇猛兽和一切妖魔鬼怪，成为台湾客家移民日常生活中最紧迫的需求，也最需要神灵加以保佑。但从大陆原乡迎奉而来的惭愧祖师缺乏这些功能，便把原乡流行的三坪祖师、保生大帝、三山国王等神明的功能逐渐添加到惭愧祖师身上。①

而在人文环境方面，当时的南投地区既有闽南人，也有客家人，还有不少的少数民族，闽客之间具有相当的隔阂和差异。在这种情况下，来自永定、平和、南靖这些族群交界操双语的"客家人"或曰"福佬客"，就成为当地社会族群交往的重要力量，加之台湾的惭愧祖师庙多数由永定、平和、南靖等县的移民建立；所以，台湾的惭愧祖师信仰，很容易受到这三县原有的其他民间信仰——三坪祖师、保生大帝等的影响，因而衍生出种种特异情节，其出生地变成了平和，其形象与三坪祖师异曲同工，而其求医问药的神功则与保生大帝如出一辙。

对神明的敬畏使民间信仰产生一定的保守性。这种保守性可以将旧时社会文化背景浓缩其中，因而通过民间信仰，我们仿佛可以穿越时空，再现惭愧祖师在台湾南投传播与发展的历程，可以折射出两个历史背景。一是台湾南投山区的开发史曾经流下客家移民的血汗和留下客家先民的身影；二是台湾惭愧祖师信仰与闽粤客家原乡的差异及其在台湾的变迁。伴随着族群融合和族群记忆消失的过程，由原先的祖籍守护神逐渐演变成无分族群、不分区域的闽客族群共同的守护神。

颇为耐人寻味的是，惭愧祖师由大陆的潘了拳一人到了台湾却演变为潘达孔、潘达德、潘达明三兄弟。这种兄弟神明的现象很自然地让我们联想起闽西客家地区的定光古佛五兄弟的传说，据武平县亭头村太平寺主持石保说：

> 有五个人行梁山，同时看到一棵树上长着五个檀香苞子，五个人遂结拜成兄弟，将这五个檀香苞子雕成五个菩萨——大古佛、二古佛、三古佛、四古佛、五古佛，以他们的姓命名为徐大伯（大古佛）、郑细哥（二古佛）、林三爷（三古佛）、高四子（四古佛）、连五满

---

① 谢重光：《惭愧祖师身世、法号、塔号、信仰性质诸问题及其在台湾传播的特点试析》，《世界宗教研究》2012年第4期。

（五古佛）。这五个古佛中，每个古佛的性格脾气是不一样的，如大古佛比较忠厚，性格也较悠，反应比较慢；二古佛已脱离福建，且跌落深潭后，比较不灵验；三古佛性格较急躁，如果遇到紧急情况，诸如火烧屋、发生洪水、打仗等等就必须求助它。①

而据武平县中堡镇的林荣丛说，闽西武平县梁野山的定光古佛五兄弟，其身份据说分别是长工、医生、武将、学者和道士。②

类似的还有闽西武北高仙一郎、童念二郎、马仙三郎结拜兄弟的故事，据鲁溪村一位报告人说：

> 高仙一郎、童念二郎、马仙三郎在年少时，鉴于自己村落人单姓小，备受大姓人的欺负，便结拜为兄弟，按齿排行为一郎、二郎、三郎，相约去闾山学法。但闾山道法三千年一开，当他们一路上历尽艰辛，到达上杭时，仍无法找到去闾山的路。这时，黄倅三仙来渡他们，化装成一个身上长着大脓疮的乞丐，要他们用嘴把脓吸干了才给他们带路，高、童、马三人便先后把脓给吸干了。黄倅三仙看他们确有诚心，便用竹筒把他们渡到了闾山。高、童、马三人学法归来后，都成为了有呼风唤雨、驾雾乘云等多种法术的法师。后世为了纪念这三位法师，也为了感谢黄倅三仙，便在当地建起了庙，同时供奉黄倅三仙和各自的法师，二者都成为当地村落的保护神。③

三位法师结拜兄弟、共同学法的故事，也书之于磜迳《高氏族谱》："伯祖太承山公，明人也……公讳金，法号仙一郎……传当时闾山道法三千年一开，公适逢其会。于是结友数人，不计程途飘然长往，果得灵师秘授神术。万里归来，直能呼风唤雨，驾雾乘云。其变化神奇不可方物，都

---

① 刘大可：《闽台客家定光古佛信仰的圣迹崇拜——基于武平县的田野调查研究》，《福州大学学报》（哲学社会科学版）2009 年第 5 期。
② 劳格文（John Lagerwey）："Dingguang Gufo: Oral and written sources in the study of a saint"，未刊英文稿，第 29 页。
③ 报告人童仁亨，男，91 岁，武平县桃溪镇鲁溪村村民。

人士以仙目之，以神遇之，蒙其法获者当不乏人。"①

实际上，神的结拜反映的是人的结盟，这从三个村落三姓人每年互派代表参加打醮可以窥见。三个村落都有报告人说，每年其中一方打醮时都会到另二方的庙里去迎接他们的家族神来参加打醮，另二方也都会派代表参加。再从故事传说看，这三位法师的神能，传说最多的是他们在与大姓村落械斗中的作用。我们在碛迳、鲁溪、小坪坑调查时都听到各自村落和大姓人械斗时法师显法的故事。由此可见，三位法师结拜兄弟、共同学法的目的与姓氏斗争有着密切的关系，而这三姓人的密切往来则包含了小姓之间结盟的内容和联合对付大姓人的意识。②

这种兄弟神明的传说与王明珂的弟兄祖先传说颇有异曲同工之妙。王明珂在川西北田野调查时曾将"弟兄祖先故事"的叙事模式归纳为：如一山沟中有三个寨子，各寨居民说起本地三个寨子居民的起源时，常说："从前有三个弟兄到这儿来，分别到三个地方建立寨子，他们就是这三个寨子村的祖先……。"他认为，"三弟兄故事"的主要情境是沟中几个村寨人群共同拥有、分配及竞争沟中资源。如此"历史"，其叙事结构（三弟兄故事）是社会结构（三个村寨）的反映。其主要叙事符号，"弟兄"，也对应社会人群间的合作、区分与竞争关系——"弟兄"隐喻着人群间的合作、区分与对抗。生活在此社会中，也是生活在一个"历史"之中。③他还进一步认为，历史记忆中的主要符号，"弟兄"隐喻着各族群间的合作（兄弟如手足）、区分（亲兄弟明算账）与对抗（弟兄阋墙）。④

这种族群历史建构的方式又与"在《朗氏家族史》中，不仅藏族原人六族出于六个弟兄，朗氏各支系也无不出于一组组的弟兄……此三大支系之内部各部族都各源于该支系之始祖九弟兄。《红史》也称，在神猴菩萨与岩罗刹女结合生出人类以后，曾经是'玛桑九兄弟'统治的时代。更早的敦煌所藏吐蕃历史文书中，也有'六父神之子，六兄六弟'这样的神性

---

① 碛迳《高氏族谱》大法师承山公传并诗，光绪四年石印本。
② 刘大可：《传统村落视野下小姓弱房的生存形态——闽西武北客家村落的田野调查研究》，《东南学术》2002年第2期。
③ 王明珂：《英雄祖先与弟兄民族——根基历史的文本与情境》，中华书局，2009，第22~23页。
④ 王明珂：《父亲那场永不止息的战争》，浙江人民出版社，2012，第115页。

祖先之说",① 相映成趣。

由此不难发现,兄弟神明的故事,是地域社会人际关系的另一种建构方式。如果说王明珂所说的"弟兄祖先传说"建构的是地缘关系,笔者在闽西客家地区发现的"兄弟始祖传说"建构的是虚拟血缘关系。② 那么,闽粤台客家地区的兄弟神明故事,建构的则是神缘网络、庙际关系。借助神明的虚拟血缘关系,构建了基于共同神缘的人际交往网络和有别于相对峙他者的人群。

四　惭愧祖师信仰的闽粤台互动与文化认同

由上可知,台湾的惭愧祖师信仰系从闽粤客家分灵、分香而来,其故事传说的母题、信仰方式、组织形式直接脱胎于闽粤客家,但在形象、传说、神功、神性及造型和区分族群方面又作了某些适应性的调整。这种既传承又变迁的双重轨迹,是台湾客家民间信仰的显著特征。

闽粤台客家民间信仰的同一性可以成为两岸交流的新载体、文化认同的新符号,而其中的差异性却不构成台湾民间信仰的主体性和台湾文化的自主性,这从惭愧祖师信仰中得到鲜明的体现。

据台湾南投县中寮村报告人说,1991 年,离开故寺 260 年的惭愧祖师托梦显圣:欲驾返故寺会香。中寮村长安寺管委会查阅极少的文字资料,发现对祖寺有"禅圣"的文字记载,可是原址不明。中寮村长安寺管委会黄万进主任及曾祈祥等委员,遵祖师之命回大陆寻根,先后走访梅州阴那山万福寺、灵光寺和广州六榕寺等古寺,历时几载,踏破铁鞋无觅处,怅然而返。③ 1993 年,管委会通过查阅《曾氏族谱》,并且根据祖辈记忆祖先牌位或墓碑上冠有"永定"二字,而长安寺原立有碑"永定"(现已毁),便开始向福建省永定县方向寻找故寺。他们先在永定湖坑曾屋寨寻找未果,后转向下洋镇太平村乐真寺寻找,终于发现两扇大门刻有"禅关

---

① 王明珂:《英雄祖先与弟兄民族——根基历史的文本与情境》,中华书局,2009,第 145~146 页。
② 刘大可:《闽台客家姓氏的始祖崇拜及其当代价值》,2017 年海峡两岸客家高峰论坛论文。
③ 报告人 HWJ,男,63 岁,台湾南投县中寮村人。

圣域"文字,而《曾氏族谱》也明确记载了曾愧三来到南投中寮村的事实,① 最终确认乐真寺就是分香长安寺的故寺。"禅关圣域"四字成为破解百年谜团的神奇密码。虔诚的长安寺信众还举行扶乩仪式,神示文字曰:"故寺位于金丰里太平寨往东行十里,寺坐东向西,寺大门收有'禅圣'二字便是。"百年相思,两岸情牵。他们于1994年至1996年农历三月十六日,三度组团护驾祖师回乐真寺会香,两岸共庆大典,信众如缕,络绎不绝,热闹空前。

关于台湾惭愧祖师信众回祖地寻找祖庙的情况,我们在永定县太平镇乐真寺田野调查时,也发现了贴在寺庙墙上的《乐真寺传略》亦有描述,全文如下。

乐真寺传略

乐真寺原名"禅圣寺",相传唐代早年出家,皈依佛门的僧人潘达德、潘达明、潘达广兄弟,他们云游到仙境般佛门胜地"禅圣寺"后,拜高僧为师,勤读好学,专心致志,精通经典和医药,博学多才,修身养性,乐善好施,终于得道成佛,先圆寂于寺,为缅怀他之德泽,众信徒和乡间人士,尊称他为荫林祖师"三圣",并在寺内安奉祖师雕像,因祖师有灵,万民敬仰。

明万历三十六年,太平村曾氏十世祖太鼎真公,与其堂叔名元,弟子福松、佩真各出家财在"禅圣寺"址兴建佛寺,更名为"乐真寺",大门仍保持"禅圣"二字。

清嘉庆九年,曾氏十四代裔孙愧三公,赴台定居之日将祖师金身端往台湾,初则安奉于鹿谷乡凤凰山寺,继因徙居中寮,又将祖师金身安奉于中寮村长安寺,因祖师威灵,香火日益兴旺。

星移斗转,远别故里一百九十多年之祖师,溯木本水源,于一九九一年显圣,欲驾返故寺参拜师祖。斯时原址不明,长安寺管理委员会黄万进主任、曾祈祥委员等人,遵祖师之命回大陆寻根,历时三

---

① 笔者在永定县下洋镇太平村田野调查时,发现永定县下洋镇太平寨《武城曾氏重修族谱》载:"贞周房系六十七派口六子衍崇,字日崇,讳上贞,号愧三,生于康熙甲申年十月二十五日子时往台没;七十派炳四子传孩……传煕往台没。"

载，踏遍青山未果之后，祖师再显圣明谕：故寺位于金丰里太平寨，向东行十里，寺坐东向西，寺大门书有"禅圣"二字即是。一九九三年黄万进主任率团到乐真寺，经各方论证，回台后祖师显灵，确认乐真寺乃祖师故寺。遂于一九九四年至一九九六年，台湾南投县长安寺黄万进主任委员三度组团护圣驾回乐真寺朝拜，两岸共庆师祖诞辰，热闹空前。

乐真寺由于供奉荫林祖师的灵驾，从此驰名遐迩，享誉海内外，善男信女，中外游客，络绎不绝，香火兴旺。

乐真寺理事会
二〇〇六年丙戌岁冬月

从这则《乐真寺传略》看，现今永定县的惭愧祖师信仰明显受到台湾信众对惭愧祖师的影响，出现了一种在台湾形成的一些新的信仰特征回传到大陆原乡的现象。1994 年，长安寺管委会黄万进主任率众护驾"二祖师公""返乡探亲"，因为"文化大革命"期间，乐真寺所有神像器皿均被毁，因而乐真寺想留下"二祖师公"的神像，被长安寺随行"护驾"的善男信女们回绝，但许诺隔年送一尊祖师公神像回祖庙。次年，黄万进主任果真率众从台湾护送一尊新雕刻的祖师公神像和天公炉，赠送给乐真寺。此事还刊登在南投地方版的报纸上，传为一时之佳话。至此台湾"戴王冠，着文武装，持剑跣足"的"惭愧祖师公"形象，也传回到原乡故里，形成一种耐人寻味的文化反向传播。

据永定县下洋镇太平村报告人说，台湾长安寺护驾惭愧祖师回故寺时，扶乩神示：将红布条幅书字"曾高峰进榜堂"悬挂于曾愧三祖居龙兴楼厅堂之上。1999 年，由台胞三度返寺捐资修筑的太平村至乐真寺水泥路顺利竣工。十年后，太平村乐真寺理事会发起重修扩建水泥路基与建筑宿舍倡议，善男信女纷纷响应，总计收到捐款 85 万元，其中台胞捐款约 20 万元。不久，建成了前文所说的水泥路和二层砖混宿舍房。[1] 我们在该寺田野调查时，还见到贴在宿舍楼墙上的《碑志》和《捐款名录》。

---

[1] 报告人曾清华，男，87 岁，永定县下洋镇太平村村民。

碑 志

太平乐真寺群山环拱，翠木仁立，荫林祖师神威显赫，恩泽八方，游人纷至，香客云集，奈山陡路曲，徒步维艰，住宿简陋，饱尝风雨，为解此难，本会特发起筑路建房之倡议，藉此感神恩，便民众。荷蒙海内外侨胞，善男信女慷慨捐资，筑成了太平至溪山庵水泥路（宽三点五米，长二点五公里），建成了二层三混结构房及配套设施（面积近三百五十平方米），二项共计人民币捌拾余万元，仁风堪歌，善心可范，立碑镌铭，永志纪念。

太平乐真寺理事会
二〇一〇年庚寅春

从《捐款名录》看（具体名单因过于繁琐，这里从略），捐款者中有柯、詹、田、蔡、周、王、汪、温、林、钟、吴、粘、郑、魏、廖、张、江、简、曾、李、陈、黄等二十多个姓氏。同时，我们还见到了台湾南投长安寺赠送的匾额"情怀师恩""长安寺三度回乡""千江水动道心"，锦旗"长安成真""永怀隆谊"高悬在乐真寺内。[①]

2010年4月28日，台湾南投县中寮乡长安寺进香团一行53人，在长安寺管委会张锦川主任率领下第15次到永定下洋镇太平村乐真寺举行荫林祖师诞辰庆典，演出木偶戏。虔诚的长安寺进香团几乎都是南投中寮乡村民，他们在乐真山上安营扎寨一星期，诚心祭祀。[②]据张锦川主任介绍，现台湾南投县13个乡有供奉荫林祖师寺庙40多个。进香团员虽然未必会讲客家话，也不全是一个曾氏家族成员。但他们千里迢迢，连续不断地到乐真寺祭拜，说明惭愧祖师已经超越了时空与族群，成为闽台民众共同祭祀的神明信仰，其慈悲济世的情怀也成为闽台民众的共同文化记忆。二百多年前，曾愧三及其他乡亲怀着对美好生活的追求，渡过茫茫海峡，不经意间将惭愧祖师信仰传播到当时还是蛮荒贫瘠的台湾南投县，却在二百年后收获了闽台文化交流互动的精神馈赠。

几乎与此同时，2010年台湾南投县庆福寺曾俊雄也同南靖县罗山寺取

---

① 这些匾额与锦旗均悬挂在乐真寺内，我们在该寺田野调查时均有拍摄。
② 报告人ZQH，男，87岁，永定县下洋镇太平村村民。

得联系，并于 2012 年组团来到罗山寺朝拜惭愧祖师公。至此，两岸宗亲通过"惭愧祖师公文化"这一纽带，更加紧密地联系在一起。通过这一纽带，使台湾宗亲寻根问祖、敬宗、亲宗、睦族的心境达到一个新高度，使惭愧祖师公的香火及佑护，遍及宝岛台湾更广阔的区域，同时促进海峡两岸"惭愧祖师公"民俗文化的交流与研究。

当年农历壬辰年十月十二日（2012 年 11 月 25 日），南靖县豪岗春美洋崇本堂宗亲亦赴台参与祭祀惭愧祖师大典。据传，二百六十多年前，大约在清朝乾隆年间，南靖万八郎派下后裔从福建漳州府南靖县豪岗社春美洋（现今福建省漳州市南靖县南坑镇高港村）渡海往台，分别在现台湾南投内辘地区之祖厝角、顶厝角、头厝角、内厝角、下厝角、菁园角及尾厝角等七厝角落脚开基，而在现南投市内辘七厝角后裔开枝散叶，于当地共同兴建宗圣祠。

此次南靖豪岗春美洋崇本堂省亲团一行共 50 人，由南靖豪岗社厦门曾氏宗亲会曾庆是会长带队抵台参与秋祭大典。台湾南投宗亲特邀请曾庆是会长担任主祭官，曾清平理事、曾福生理事及大陆宗亲们担任陪祭，典礼遵行古礼祭祀。祭典之后，台湾南投宗亲与大陆豪岗春美洋崇本堂宗亲即展开曾氏宗亲联谊会。下午，参访台湾文献馆、庆福寺。其原由就是这尊 260 多年前随着南投内辘曾氏先祖迁台之时，从大陆原乡一起带来的三祖师公——惭愧祖师，台湾南投宗亲特别请出这尊 260 多年前与先祖一起渡海来台的三祖师公金尊，南靖宗亲们争先参拜，南靖新罗惭愧祖师庙（现今福建省南靖县南坑镇新罗村）曾福生主委详细确认包括辇轿、七星剑、黑令旗、宫印、签诗等法器也都与大陆新罗祖师庙一模一样，此次大陆南靖宗亲赴台省亲同时亦为台湾南投内辘庆福寺三祖师公寻得大陆根源。

随后大陆南靖宗亲分别参访下厝角、尾厝角及顶厝角等公厅，据当地报告人说，台湾南投内辘自清朝以来原有祖厝角、顶厝角、头厝角、内厝角、下厝角、菁园角及尾厝角等七座公厅，但因种种原因其他公厅在损坏倒塌之后未再重新兴建，而今仅存下厝角、尾厝角及顶厝角等三座公厅。[①]

这样的宗亲互访早已有之，台湾《曾氏族谱》载："……我房炳辉、

---

① 报告人曾顺昌，男，48 岁，南靖县南坑镇新罗村罗山寺管委会主任。

天生四人仝往台湾探亲，人从厦门种珠摄影，至廿五日十二点钟落火船，连夜行船，至廿六日十二点到打狗高雄州起水，上山搭火车二佰余里，至夜八点钟时到浊水二水旅馆宿夜，廿七日再搭火车到新街，至南投街内辘兰竹园德兴社渡台始祖四十九份祖派下。我南靖豪岗前十一二三四世渡台乃是兄弟传下，有百佰余户之左，在向平亦分新罗房二十余灶，四房三三十余灶，潮仔平七十余家，大鱼潭平佰余灶，共三百余灶。祖厝出喜贴，出大银陆拾元付我四人回家长山路费。至二月初一日，由内辘十点钟起行，五卜钟至草鞋墩上火车，到台中州由台北、台南到基隆市旅馆连宿三夜日，至初四日由基隆十点钟上火船，连夜行船至初五日八点钟回到厦门。至初六日搭自助车回家豪冈。四人来往船费车费船单共开去大银壹佰捌拾元，除去亲人贴来费陆拾元后，不孚大银壹佰贰拾元，四人均开每人大银叁拾元"。① 由此可见，基于地缘、血缘、神缘关系的"两岸一家亲"理念早已植根于两岸同胞的心灵深处。

其实，这种闽粤台客家民间信仰互动发展与文化认同的现象并非个案。如台湾定光古佛信众为寻找祖庙亦历经波折，曾先后在杭州、福州、长汀等地寻觅，最后确定为闽西武平县岩前镇的均庆寺。1991年，台北淡水镇鄞山寺为定光古佛"寻根问祖"，派出胡俊彦、徐守权两位代表，三次到武平县岩前镇均庆寺朝拜。第一次，他们在狮岩看到定光古佛来南安岩的古碑，拓好拓本带回台湾。第二次，胡、徐两位偕台湾善男信女20余人到均庆寺朝拜。第三次，他们事先在厦门雕塑定光古佛神像一座，用两部汽车运送到岩前狮岩，并将神像立于狮口，立下规矩，要求信众每隔三年在狮岩定光古佛像前包香灰回台湾。2000年，台南大竹镇派代表到岩前均庆寺举行分香仪式，将香火移植到台湾。2007年，台湾"海峡两岸合作发展基金会"董事长张世良一行20人，来到岩前均庆寺参加定光古佛庙会，朝拜定光古佛。此次参访团成员主要来自台湾彰化市，他们抚摸着先人安放的定光古佛像，虔诚地把香灰装入瓶罐带回台湾，以示自己供奉的定光古佛得到祖庙的承认，地位将更加正宗，神明将更为灵验。② 我们在

---

① 《曾氏族谱》，邓文金、郑镛主编《台湾族谱汇编》，第70册，上海世纪出版股份有限公司、上海古籍出版社，2016，第367~368页。

② 刘大可：《闽台客家定光古佛信仰的圣迹崇拜——基于武平县的田野调查研究》，《福州大学学报》（哲学社会科学版）2009年第5期。

永定县金砂镇田野调查时亦了解到，2010年，由台湾"海峡两岸合作发展基金会"理事长张世良率领的彰化定光佛宗教文化参访团一行23人，来到永定县金砂镇金谷寺进香，朝拜定光古佛。与此同时，金谷寺与彰化定光佛庙就建立长期交流合作机制、合作开展定光古佛文化学术研讨、开展佛事交流交往活动、建立资讯联络机制等方面签订了友好关系协议书。①

台湾台北三芝乡的民主公王信仰也是如此。清乾隆年间从永定县高头乡传播到台湾三芝乡的民主公王信仰，近年也迎来了回乡潮。我们在永定县高头乡调查时发现，2009年12月17日至2009年12月22日，有郑天赐、江光发、江国清、江泰福、江重光、江玉、江云、傅秋容、谢德胜、黄丹、黄吴鹤子、林明男、林胜义、卢美华、马江月、丁金港、丁清竹、杨阿治等人先后从台湾三芝乡回到高头乡朝拜民主公王。我们还在高头乡民主公王庙附近发现多处台胞捐款的名字，如《捐资建亭 功德千秋》有台湾三芝乡王耿丞等12人于2000年捐资计2100元人民币；台湾三芝乡江泰福等17人于2003年捐资计5583元人民币；台湾三芝乡公王宫理事会于2007年捐资1万元"台币"；沈钟棠、卢淑妙、江庆崇、林文章、沈正德、赖龙、郭清二、江英联、江国墙、赖水埠、江泰福、陈仁狮、杨河治、钟王辉、黄丹等十五位台胞共捐资14000元"台币"，换得5500元人民币。《修建高头圩背民主公王各方善男信女喜出芳名》有"台湾宗亲台币一万""感谢台湾三芝乡水口民主公王委员会捐建"等字样，并由台湾宗亲江秋榕于1999年出任高头民主公王委员会主任。

类似的情况，还见于台湾云林县新港乡"汀州妈"信仰。新港乡"汀州笨港天后宫"三川门的龙门上铭有一副对联："笨水长流後德配天封宋代，港庄永在慈恩遍地继汀州"，在宫内的柱子上另有一副对联，下联为"上封圣母灵分孤岛溯汀州"，所奉妈祖被称"汀州妈"。据说清康熙年间，一部分入台垦殖的汀州人聚居于笨港南街尾，一杨姓人家将渡海入台的汀州妈祖神像敬奉于家中，起初只有汀州人士到杨姓家中进香膜拜，后来据说汀州妈祖十分灵验，一传十、十传百，于是笨港其他民众也来杨姓家中

---

① 该协议为我们在永定县金砂镇金谷寺田野调查时，由永定县金砂镇西田村张学初先生提供。

进香膜拜。随着进香民众日益增多,杨家十分拥挤。于是汀州同乡们倡议,将杨姓人家中的汀州妈祖神像归公,建立寺庙,供民众祭祀。清康熙五十二年(1713),聚居在笨港南街的汀州同乡共同捐资在街尾创建了笨港天后宫,当地人称为"汀州妈庙",将汀州妈祖唤为"汀州妈",由笨港南街的汀籍人士主持管理香火。这是汀州客移民西台湾平原的历史遗迹。汀州笨港天后宫妈祖信仰,后又分灵到今新港乡南港村水仙宫(建于乾隆四年即 1739 年)、彰化县南瑶宫(建于乾隆十四年即 1749 年)、台中市龙井区龙天宫等。1996 年,水仙宫管委会牵头成立笨港天后宫重建委员会,在广大信徒的支持下,1998 年动工兴建,2002 年大殿竣工,于当年农历九月初五日举行盛大的三百年前渡台的汀州妈回宫典礼。数千台湾信徒参加了汀州妈回宫典礼。其中彰化县南瑶宫组织了旗下十个妈祖会近千人前往祝贺,并赠送庙联一副:"圣恩浩荡灵光远播祖家妈,母德崔巍香火长辉彰化城"。①

据闽西长汀县汀州天后宫报告人说,1996 年某天,有一位龙天宫信徒忽然梦见长汀天后宫有"三件宝",即雍正时期的妈祖神像、道光年间的香炉以及一枚铜印,因此就派出 4 位先生前来看个究竟。来到长汀后,发现此事果然不假,于是大为感叹,当场就认捐了人民币 5 万元(先交 1 万元),并提出要为龙天宫雕塑一尊妈祖分身,准备第二年迎回台湾。次年 3 月 18 日,龙天宫组成一个共有 32 人参加的进香团来到长汀,由上次来过的林苍发先生带队。此次不仅补足了 5 万元捐款,很多人还当场慷慨解囊,又捐助了很多款项。3 月 20 日,进香团迎奉天后宫新塑的妈祖分身,启程回台中。此后,长汀天后宫为了纪念这一盛事,便将台胞第一次捐助的 5 万元人民币用于建造一座鼓楼,并在墙上刻石立碑,其文云:

> 台湾省台中县龙井乡龙天宫管理委员会副主任委员林元水、台湾省台中县龙井乡龙天宫老四妈圣母会理事长林苍发、秘书长林坤昌、秘书童宝金四位先生捐建鼓楼壹座,人民币伍万元整。并题词:"天后普照龙天宫,神威永镇天后宫。擂鼓三声通四海,鼓音威震五大

---

① 熊梦麟:《汀州与台湾妈祖的历史渊源》,载《汀州天后宫》,汀州天后宫第八届文物古迹修复协会 2017 年 2 月编。

洲。"勒碑纪念,千古流芳。

    公元一九九七年七月一日　　汀州天后宫立①

  由此可见,改革开放后,闽粤台客家民间信仰交流频繁,庙际关系热络,台湾同胞纷纷赴大陆祖庙进香,是两岸交流中十分重要的一种文化交往。这种在民间信仰层面认同大陆,认同中华文化的倾向,是一种尊重历史的行为,同时也是台湾客家人祖国认同的一种政治倾向,应该倍加珍惜。

(原载《世界宗教研究》2018年第2期)

---

① 杨彦杰:《长汀城关妈祖信仰的变迁》,汀州天后宫文物古迹协会第三届理事会编《汀州天后宫文萃》,第26页。

台湾地区长期照顾服务体系转型发展面临的焦点议题

沈君彬

一 问题的提出与研究设计

作为台湾地区仿照日本"新黄金计划"推动台湾长期照顾制度①与服务体系转型发展的依据，2007年4月经台湾行政主管部门核定通过的台湾地区"长期照顾十年计划"是该地区除"国民年金"制度之外财政投入规模最大的社会福利计划，也是该地区"大温暖政策"的旗舰计划。然而自2007年启动推行以来，虽然在有关各方的努力推动下，在"建立长照服务输送模式、建立多元长照服务方案、建立阶梯式补助及部分负担机制、发展长照服务人力资源以及提升长照服务使用比率"②等多个服务维度上均

---

① 在海峡两岸社会保障学界，与"长期照顾"极为类似并长期混用的一个概念是"长期照护"。在台湾地区调研期间，笔者在与台湾大学、台湾阳明大学、台湾政治大学、世新大学、铭传大学的多位长期照顾研究领域的专家座谈时，就"长期照顾"与"长期照护"的名称之争，他们多数认为其实质没多大区别。但鉴于"长照双法"在台湾地区长期照顾服务体系转型发展中具有举足轻重的地位，而此"双法"的正式名称由原本的《长期照护保险法》与《长期照护服务法》修订为最终的《长期照顾保险法》与《长期照顾服务法》，这无疑是一个风向标，表明长期照顾业务愈加偏向社会政策与福利服务领域。"长期照顾"的概念将逐渐取代"长期照护"。基于这一趋势考量，本论文在涉及"长期照顾"相关概念时，一律称为"长期照顾"而非"长期照护"。应当指出的是，在本论文撰写过程中，将不可避免地提及、引用、参考一些以"长期照护"或者"长期看护"命名的台湾地区机构、计划、"法案"、文件、研究计划、论文、书籍以及其他参考文献等，为尊重既成事实，文中一律以其原名称呼为准，而不再将其修改为"长期照顾"一词。

② 参见《台湾地区长期照顾十年计划～2012至2015年中程计划》（台湾行政主管部门2012年10月23日"院台内字"第1010061581号函原则同意）。

取得了一定的突破，但在日益扩展的长期照顾服务需求压力之下，在该计划的上述预期效应中，除"建立单一窗口的照顾管理制度，提供民众快速近便服务"一项取得比较明显的效果之外，其他设计初衷总体上均未达到预期效果。关于当前台湾地区长期照顾制度框架自身发展的可持续性与长期照顾服务模式对于台湾地区民众保障程度的专家评价结果亦表明，在台湾人口快速老龄化的背景下台湾长期照顾制度与服务体系转型发展仍面临着许多现实困难，特别是该地区长期照顾服务人力资源以及长期照顾财源的匮乏问题亟待解决。在此背景下，以"长期照顾十年计划"为核心推进的台湾地区长期照顾服务体系面临着供需失衡的窘境。换言之，本论文的一个基本判断是，囿于长期照顾制度设计局限与服务网络欠缺，当前台湾地区长期照顾服务体系处于供需失衡的状态。

为印证这一判断，2014年5月至2014年8月在台湾地区调研期间，笔者采取深度访谈与焦点访谈相结合的方法，在台北市大安区、万华区、中正区与松山区展开了访谈，访谈样本共16人。如表1所示，其中深度访谈对象包括家庭照顾者（4人）、照顾服务员（1人）、长期照顾对象（1人）、外籍看护雇主（1人）、外籍看护工（1人）、大学教授（2人）以及长期照顾社会工作者（1人）在内共11个样本，其中男性5人，女性6人。因为焦点访谈的主题设定为"台北市照顾服务员工作现状与困境"，因此5个样本的职业身份皆为照顾服务员，其中男性1人，女性4人。

表1　深度访谈与焦点访谈样本基本资料暨代码表

序号	称谓代码	身份类别	性别	年龄	访谈时间
1	SYX	家庭照顾者	女	47	2014年7月21日上午
2	LMJ	家庭照顾者	女	45	2014年5月26日下午
3	ZSX	家庭照顾者	女	59	2014年6月7日中午
4	DQZ	家庭照顾者	男	51	2014年5月29日晚上
5	CJX	长期照顾对象（日间照顾）	男	69	2014年7月2日下午
6	WLH	照顾服务员	女	31	2014年7月25日上午
7	ZWT	照顾服务员	女	49	2014年7月25日上午
8	LHJ	照顾服务员	女	53	2014年7月25日上午

续表

序号	称谓代码	身份类别	性别	年龄	访谈时间
9	PXR	照顾服务员	女	41	2014年7月25日上午
10	WXY	照顾服务员	男	25	2014年7月25日上午
11	JSQ	照顾服务员	女	46	2014年7月2日晚上
12	XMH	外籍看护雇主	女	—	2014年5月23日下午
13	Melda	外籍看护工	女	36	2014年5月28日中午
14	YWG	大学教授	男	—	2014年6月27日晚上
15	YDW	大学教授	男	—	2014年8月3日上午
16	THC	长期照顾社会工作者	男	—	2014年7月13日中午

资料来源：笔者自制。

为便于分析，本文借鉴美国著名社会政策学者 Neil Gilbert 与 Paul Terrell 提出的社会福利政策的分析框架，从"分配基础、分配内容、服务输送、资金筹付"四个选择维度分析我国台湾地区长期照顾服务体系转型发展的焦点议题，以求为我国大陆地区长期照顾制度与服务体系的构建与完善特别是为长期护理保险试点工作的推动提供经验借鉴。

二 分配基础维度下台湾地区长期照顾服务体系转型发展的焦点议题

1. 台湾地区老年人对于长期照顾制度认知度与服务使用率有待提升

老年人并非是长期照顾服务体系的唯一照顾对象。然而在人口老龄化的背景下，老年人是长期照顾服务最主要的受益群体却是没有疑义的。分析历年《老人状况调查报告》中台湾地区65岁以上老人对当局各项老人福利设施认知及利用情况，可以发现台湾地区由于全民健康保险制度以及多层次老年经济安全保障制度的发展相对比较健全，"老人健康检查""'国民'年金""中低收入老人补助装置假牙"等项目类别上台湾地区65岁以上老人的认知比率均超过50%。针对知道这些服务的老人的统计数据分析，此三项老人福利设施与服务中，除了"中低收入补助装置假牙"这一项目相对特殊曾利用率比较低（6.7%）外，"老人健康检查"与"'国民'年金"的曾利用率分别高达67.1%与38.2%。就长期照顾服务体系而言，不容乐观的是，老年人对于长期照顾相关的福利设施与服务的认知度与曾利用率均明显偏低。其中，"专人到住家协助身体照顾或家务服务（居家服务）"的认知度仅为48.9%，在所有接受调查的老人中，曾利用该项服务的老人仅为2.8%，在知晓该项福利设施与服务的老人中，曾利用该项服务的也仅为5.7%。"提供失能老人交通接送服务"的认知度仅为34.6%，在所有接受调查的老人中，曾利用该项服务的老人仅为1.1%，在知晓该项福利设施与服务的老人中，曾利用该项服务的也仅为3.3%。"由专业护理师到住家提供护理服务（居家护理）"的认知度仅为29.1%，在所有接受调查的老人中，曾利用该项服务的老人仅为1.1%，在知晓该项福利设施与服务的老人中，曾利用该项服务的也仅为3.9%。"提供失能老人辅具购买、租借与居家无障碍环境改善"的认知度仅为21.3%，在所有接受调查的老人中，曾利用该项服务的老人仅为1.1%，在知晓该项福利设施与服务的老人中，曾利用该项服务的也仅为5.0%。

此外，在人口老龄化的背景下，台湾地区各界非常重视以社区为中心开展社区式与居家式养老服务体系，然而令人惊讶的是，作为社区式照顾重要举措的"设置社区照顾关怀据点"在调查对象中的认知度仅为19.7%，而知道该项服务的老人仅为8.3%。在所有接受调查的老人中，曾利用该项服务的老人仅为1.7%；在知晓该项福利设施与服务的老人中，曾利用该项服务的也仅为8.9%。正因为如此，截至2012年12月，台湾地区长期照顾十年计划实施了5年多之后，长期照顾服务量占台湾地区老年失能人口的比率为27%，较2008年增长了12倍之多，并占所有失能人口总数的17.2%。① 然而，由于台湾地区民众长期照顾需求快速增加而长期照顾服务体系的发展相对滞后，加之台湾地区民众付费试用长期照顾服务的习惯尚未养成，现有长期照顾制度与服务模式又错综复杂，民众认知度偏低等因素的综合作用，仍有许多失能老人尚未受益于现行长期照顾服务体系。

由如上统计数据可知，一方面，老人自身是否知道各项福利设施与服务对于老人最终能否获取该项福利设施与服务具有显著影响；另一方面，虽然近年来台湾地区各方面比较重视老年人长期照顾服务体系的构建与宣传，甚至于长期照顾服务相关政策已俨然成为近年来台湾地区各级别、各类型选举

---

① 《长期照护服务网计划（第一期）》（核定本）。

中"蓝绿更迭"的关键因素之一,然而台湾地区老年人对于长期照顾服务的认知度却有待进一步提升,而这也对长期照顾十年计划的受益群体覆盖率的提升造成了负面影响。换言之,如果对照顾服务与资源不熟悉,容易造成资讯不畅,不利于包括老人在内的失能者选择适合自己需求的长期照顾服务类型,因此如何解决台湾地区老人对于各项老人福利设施与服务的"信息不对称"问题可谓任重道远。可见,通过多渠道宣传提升台湾地区老人对于各项老人福利设施的认知度,从而提高各项老人福利设施的利用效率,进而增进台湾地区长期照顾服务体系的整体效率,既迫在眉睫,又意义深远。

2. 台湾地区身心障碍者的长期照顾服务需求未得到充分满足

基于长期照顾概念的界定,笔者认为,长期照顾服务需求源自于人体衰老、疾病以及身体、心理障碍等多方面的原因。因此,在台湾社会人口老龄化趋势不断加剧的背景下,台湾地区需要长期照顾服务的人口总体上以老年人为主这一判断并没有问题。但在实际生活中,不同社会阶层、不同性别、不同年龄层的民众都有失能与失智的现实风险,其长期照顾服务需求亦不容忽视。换言之,长期照顾服务是人权而非特权,并非特殊群体才能享有。为此,Halamandaris 在定义长期照顾概念时认为各年龄段的身心障碍者都应该纳入长期照顾系统。① 然而,当前台湾地区长期照顾服务体系在一定程度上回避了 50 岁以下身心障碍者的长期照顾服务需求。为此,在《长期照顾推动的关键焦点》一文中,台湾地区智障者家长总会秘书长林惠芳基于身心障碍团体的立场回溯了台湾地区长期照顾服务体系的规划历程,解读了"长期照顾十年计划"实施后台湾地区长期照顾服务体系的发展状况,探讨了台湾地区现行长期照顾服务体系因应失能者基本生活需求进程中的不足之处。基于对身心障碍者群体长期照顾服务权益的深度关切,作为智障者这一弱势群体的利益代言人,林惠芳指出,在如何有效推估日常生活当中有需要长期日常生活照顾的障碍者人数、哪些是生活必要照顾项目等问题未能达成有效解决的共识之下,为求十年长期照顾计划②

---

① Halamandaris, V. J., 1987, "Long-term Care: Filling the Gap", *Caring*, Vol. 6 (10): 18–22.
② 该计划全称为《台湾地区长期照顾十年计划——大温暖社会福利套案之旗舰计划》(核定本),台湾地区学界、"政府机构"以及民间团体在正式文件行文、学术论文发表以及一些非正式场合的致辞中对于该计划有不同的简称,如"十年长期照顾计划""长期照顾十年计划""长照十年"或"十年长照",均是指代这一计划。

能尽快提出，十年长期照顾计划仍以满足老人失能者的照顾需求为主要考虑的基础。①

正是在此政策制定的博弈中，台湾地区49岁以下身心障碍者约为10万人的长期照顾服务需求未被纳入长期照顾十年计划。在人口老龄化的背景下，老年人的长期照顾服务需求无疑应引起全社会的格外关注，对此应是毫无疑义的。然而，对于一个文明社会而言，年龄不是也不应该是决定长期照顾服务供给的唯一决定性因素。一方面，从长期照顾的定义来看国际社会公认的长期照顾的概念并不排斥低龄者对于长期照顾服务的刚性需求；另一方面，台湾地区公布的社会福利统计年报表中，身心障碍者人数按类别及年龄别分的统计数据可以很直观地显示出台湾地区1997年至2013年间49岁以下身心障碍者的具体人数，其总量与比例均十分可观。美国亦是如此，虽然2009年该国的1030万需要长期照顾服务的人口中过半数为65岁以上的老年人，但该国长期照顾对象中有42%为65岁以下的身心障碍者与长期病患。② 此外，生命周期是指生物体所经历的从"出生→成长→成熟→衰退→死亡"的全部过程。基于生命周期理论，我们可以发现，人在生命周期的不同阶段，其多样化需求是紧密联系而非机械分割的，前一阶段的经历会对其后面阶段的经历产生直接的影响。在社会政策理论中，这种关联性主要表现为一些特定阶段的问题会在后一阶段重新出现，或者会影响到后续阶段的机会。③ 由此可见，生命周期理论具有明显的"前馈控制"意蕴，而实践中台湾地区长期照顾十年计划将49岁以下身心障碍者排斥在该计划之外的做法，在损害该群体即期利益的同时也会对其迈入老年后的身心状况造成进一步的消极影响。因此，无论是从当局责任，抑或是从人道主义的视角出发，影响日常生活功能实现的失能程度才应该是决定提供长期照顾服务与否的决定性因素。正因为如此，台湾地区一些身心障碍团体认为台湾地区长期照顾十年计划以年龄来界定身心障

---

① 林惠芳：《长期照顾推动的关键焦点——充实照顾服务网络减轻全民照顾负荷》，《社区发展季刊》2009年第3期，第205页。
② Diane, R., Filling In the Long-term Care Gaps [EB/OL]. http://www.aging.senate.gov/imo/media/doc/hr210dr.pdf, 2009-06-03.
③ 徐月宾、刘凤芹、张秀兰：《中国农村反贫困政策的反思——从社会救助向社会保护转变》，《中国社会科学》2007年第3期，第42~43页。

碍者是否具备获得长期照顾服务的决策既不合情理，又不够专业。

3. 非正式照顾体系中家庭照顾者自身的"照顾需求"未被充分考量

台湾地区家庭照顾者关怀总会认为，所谓家庭照顾者，是指不论年龄大小，是男是女，只要是提供"照顾"给因年老、疾病、身心障碍或意外等而失去自理能力的家人，就是"家庭照顾者"。① 那么家庭照顾者在长期照顾服务体系中扮演着什么样的角色呢？台湾地区学者吕宝静认为，家庭照顾者在正式照顾服务体系中的角色可以大致分为如下四种类型：（1）照顾者是一种资源（resources）；（2）家庭将照顾者视为需要协助的案主之一（co-clients）；（3）照顾者是协同工作者（co-works）；（4）照顾者是被取代的照顾者（the superseded carer）。② 在人口高龄化日趋严重的台湾，作为一个日渐庞大的群体，在台湾地区家庭照顾者关怀总会编辑的《家总资源手册》中，台湾地区的家庭照顾者的通常样貌被描绘为"一天24小时，全年无休，不间断地照顾家人；缺乏喘息，连续睡个4小时都难，心理压力大，身体变差；为了照顾家人，四成得辞去工作，顿失收入来源；失去社交机会、资讯管道变得狭窄，生活封闭；其中有七成是女性，多由配偶与媳妇、女儿担任主要照顾者"。③ 该群体的弱势与无助由此可见一斑。就此衍生出的两个追问是：其一，什么是照顾？台湾地区家庭照顾者关怀总会认为，照顾就是"协助有身体或心智能力障碍的人，完成他们日常生活的活动。一般来说，为失能的人准备三餐、协助吃饭、穿脱衣服、洗脸洗澡、上厕所及一般的外出活动、打扫家务、洗衣、采买、吃药、打电话、处理财务等，都可以算是照顾的内容。这些照顾的工作几乎是一天二十四小时、日复一日必须协助的，所以照顾并非一件轻松简单的事务，更是需要爱心、耐心、体力、技巧以及充足协助资源的工作"。④ 其二，是否任何人都有可能成为家庭照顾者呢？台湾地区家庭照顾者关怀总会指出，家庭照顾者"可能是照顾失智父母/公婆的子女或媳妇，可能是照顾

---

① 台湾地区家庭照顾者关怀总会，"何谓家庭照顾者"，http：//www.familycare.org.tw/index.php/howto，2013-08-02。
② 吕宝静：《支持家庭照顾者的长期照护政策之构思》，《"国家"政策季刊》2005年第4期，第26~40页。
③ 台湾地区家庭照顾者关怀总会：《家总资源手册》，2013。
④ 台湾地区家庭照顾者关怀总会，"何谓家庭照顾者"，http：//www.familycare.org.tw/index.php/howto，2013-08-02。

中风或因工作伤害而致残先生的太太,也有可能是照顾罕见疾病孩子的父母亲,也有可能是照顾患有精神障碍的手足;甚至因隔代教养,而需要照顾年迈祖父母的孙子女们,① 因此,这样的角色我们都可称之为'家庭照顾者'"。② 身为家庭照顾者,面对着几乎是无时不在的长期照顾压力,但无论基于社会成本抑或从照顾质量考量,这一群体的照顾努力均是不可替代的。早在1998年台湾学者吴淑琼等人就曾指出该地区家庭照顾者独撑长期照顾责任,负荷至巨。换言之,台湾地区非正式照顾服务体系③具有正式照顾服务体系所不具备的独特优势,但与此同时家庭照顾者的照顾负荷偏大,家庭照顾劳务价值未得到充分肯定的问题非常突出。在台北市万华区西门町的个案访谈中,家庭照顾者 SXY 表示:"这几年,为了照顾母亲,失去工作,失去朋友,花光了积蓄,真的希望'政府'能开眼重视关爱家庭照顾者,无论是正在照顾或是毕业④的照顾者都需要关怀与支持。"

为此,在《台湾地区长期照顾十年计划——大温暖社会福利套案之旗舰计划》(核定本)中,将"支持家庭照顾能力,分担家庭照顾责任"⑤作为长期照顾十年计划的六项目标之一。在阐述其规划原则时,长期照顾十年计划亦将"支持家庭照顾责任:透过照顾服务及喘息服务方案,支持

---

① 在台湾地区长期照顾十年计划"三年全台长照个案"资料中的相关统计表明,就性别分布而言,台湾地区家庭照顾者以女性居多,占 60.46%,而男性约为 39.54%。另外,基于主要照顾者与个案的社会关系而言,以儿女照顾父母的比例为最多,占 49.32%,而配偶间互相照顾的占 34.84%,此外还有一些为老年照顾者。这一组数据转引自《台湾地区长期照顾十年计划~2012 至 2015 年中程计划》(台湾行政主管部门 2012 年 10 月 23 日"院台内字"第 1010061581 号函原则同意)。
② 由此可见,面对现实的(被)照顾风险,每个人都有可能是家庭照顾者,也可能是被照顾者,正是基于这一现实考量,在台湾地区人口快速老化的背景下,基于 NGO 自身定位抑或促进自身发展的一种策略,台湾地区家庭照顾者总会在其网页中令人感同身受且发人深省地提出了"每个人将来也都很有可能成为一个家庭照顾者,因此从现在开始关心家庭照顾者,就是关心您的未来"的号召。
③ 早在 1985 年,美国学者 Cantor 与 Little 即指出,相对于正式照顾体系,非正式照顾体系所提供的照顾支持具有如下特质:(1)提供非技术性的协助,如家务、陪同就医、购物等;(2)较能符合个别老人不可预测的需求;(3)能迅速提供协助,在时间投入和照顾项目上较具弹性;(4)协助是基于互惠关系,对于老人过去付出的照顾加以回馈;(5)情绪支持。转引自陈怡如、曾蕾薇、徐明仿等《老人福利服务》,台中:华格那企业有限公司,2013,第 1~46 页。
④ 意指因被照顾者去世,家庭照顾者结束照顾工作。
⑤ 《台湾地区长期照顾十年计划——大温暖社会福利套案之旗舰计划》(核定本)。

家庭照顾持续照顾能量,并增进照顾者之生活质量"①列为其规划七项原则之一。此外,台湾地区在制订《人口政策白皮书:少子女化、高龄化及移民》时也将"支持家庭照顾能力、分担家庭照顾责任,维护受照顾者与照顾者生活质量"列为台湾地区人口政策的重要政策目标。在论及强化家庭与社区照顾及健康体系的具体理念时,台湾地区《人口政策白皮书:少子女化、高龄化及移民》更进一步指出,一方面,应着手于因应家庭结构变迁,强化家庭照顾能量;另一方面,家庭照顾者在正式服务体系中应纳为协助的服务对象。在《台湾地区社会福利政策纲领——迈向公平、包容与正义的新社会》中,台湾行政主管部门更是旗帜鲜明地提出,当局应结合民间资源提供家庭支持服务措施,提升家庭照顾能量及亲职教育功能、减少家庭照顾及教养压力,预防并解决家庭问题。②上述社会福利服务政策与各类行动纲领的提出,表明台湾地区相关"掌理"机关与社会各界极为重视家庭照顾者的照顾负荷问题,那么长期照顾十年计划及其他计划、政策、纲领的颁布实施是否使得台湾地区家庭照顾者的身心压力顺利得到缓解了呢?现实情况并不乐观,台湾地区原"卫生署"于2012年发布的《"国民"长期照护需要第二阶段调查报告》指出,台湾地区"有25.86%主要照顾者已不堪照顾负荷"。③笔者在与家住台北市大安区龙渊里的家庭照顾者LMJ访谈时,当谈及她的日常照顾压力时,她表示:"每天照顾公公、婆婆和孩子全都是我一手包办的,真的是蜡烛两头烧,早上眼睛睁开,就要煮早餐、接送孩子、洗衣、拖地等,每天总有做不完的事,每天疲惫不堪,没有人可以诉苦,也没有人可以聊天,心酸委屈都往肚子里吞,有时候半夜常常起来偷哭。"

另依据台湾地区家庭照顾者关怀总会整理台湾各地家庭照顾者来电需求协助的服务资料统计显示,台湾地区家庭照顾者面临着十大烦恼,依序分别

---

① 《台湾地区长期照顾十年计划——大温暖社会福利套案之旗舰计划》(核定本)。
② 台湾行政主管部门,"台湾地区社会福利政策纲领——迈向公平、包容与正义的新社会",http://www.ey.gov.tw/Upload/RelFile/26/86027/%E4%B8%AD%E8%8F%AF%E6%B0%91%E5%9C%8B%E5%BB%BA%E5%9C%8B%E4%B8%80%E7%99%BE%E5%AD%BE%E7%A4%BE%E6%9C%83%E8%9B%BF%E7%A7%9D%E6%94%BF%E7%AD%96%E7%B6%B1%E9%A0%98.pdf,2012-02-07。
③ 转引自李玉春、林丽婵、吴肖琪等《台湾长期照护保险之规划与展望》,《社区发展季刊》2013年第1期,第26页。

是：（1）没有替手；（2）对资源的陌生；（3）照顾负荷；（4）经济压力；（5）看护选择问题；（6）沟通不良；（7）缺乏陪伴；（8）情绪困扰；（9）缺乏喘息服务；（10）不知道自己照顾的正不正确。① 上述烦恼分散于多个维度，涵盖许多现实需求，当前这些烦恼正构成台湾地区社会不稳定与社会风险的直接诱因。在与家住台北市信义区的家庭照顾者 ZSX 访谈时，谈及其需要三管（气切管、尿管、胃管）照护的先生，已经独自照顾先生近五年的她表示："每天都担心他的状况，每个晚上都不敢睡熟的，害怕没去抽痰，会让他无法呼吸……他受苦，我也受苦，马上五年了嗨，会好就赶紧好，为了照顾他，把我也磨垮了。"如表 2 所示，回溯 2009 年至 2014 年间台湾地区家庭照顾者源于照顾压力而爆发的系列典型极端案件，可以发现家庭照顾者变成行凶者的背后，上述十大烦恼中的某一项或者各种压力组合的风险释放均得到了印证。就此，来自憨老家庭②的家庭照顾者 DQZ 感慨地指出："我真的可以理解为什么有照顾者会带着自己的家人一起去寻短见，很多人都熬不过来，实在是因为承受不了。如果没有亲身体验，你是不会知道会有多苦，当然想要照顾好他们，但你永远不会知道下一秒会发生什么，真的是防不胜防。很多时候，光想想他们（的状况）和自己（的辛苦）都会掉眼泪。"针对当前台湾地区长期照顾服务体系的不足之处，基于家庭照顾者的切身利益诉求，台湾地区家庭照顾者关怀总会列举出了家庭照顾者对台湾地区长期照顾政策调整的十大诉求：（1）家庭照顾者的付出是选择而非义务；（2）家庭照顾者有权追求自我生命的实践；（3）照顾政策应响应家庭照顾者的需求；（4）应分担家庭照顾者的照顾负荷；（5）应建立普及式的公共照顾服务体系；（6）应提供适当的训练与支持以协助家庭照顾者；（7）就业政策应充分支持并回应受雇者的家庭照顾责任；（8）应提供充足、价格合理且质量良好的喘息服务；（9）应担任照顾体系整合及协调的角色；（10）应尽快规划"长期照护"财务制度。③

---

① 李孟芬、石泱、曾薔儿等：《长期照顾概论——社会政策与福利服务取向》，台北：洪叶文化事业有限公司，2013，第 103 页。
② 所谓憨老家庭，是指同一个家庭之中既有智障者又有高龄老年人存在，此类家庭具有长期照顾的双重需求，但现实中往往由高龄者照顾智障者，殊为不易。
③ 台湾地区家庭照顾者关怀总会，"成立宗旨"，http：//familycare. org. tw/index. php/about-familycare，2014-08-07。

综合在长期照顾十年计划引领下如上所述台湾地区老年人、身心残障人士以及家庭照顾者群体的"境遇",关于台湾地区现行长期照顾服务体系现状可以归结出的一个尴尬事实是,一方面符合现行长期照顾十年计划服务对象的失能人数成长迅速;① 另一方面,长期照顾的实际适切服务对象并未被全面纳入长期照顾服务体系当中。由此可见,当前台湾地区长期照顾服务处于供需失衡的状态之中。

表2 近年来台湾地区家庭照顾者源于照顾压力的典型极端案件列表

序号	时间	地点	具体案情	案例来源
1	2009年2月	高雄市	46岁妇人梁美足照护71岁卧病瘫痪的婆婆4个多月,身心俱疲,涉嫌以枕头闷死婆婆后自首。梁女坦承,因长久照顾卧病在床的婆婆,又无法外出工作赚钱,身心俱疲,并认为"婆婆动弹不得,活着无任何意义"。	自由时报
2	2009年4月	台北市	台北市肢障者连先生由于家庭经济困难,同时又要照顾痴呆且中风的父亲,不堪照顾压力之下企图用枕头闷死其父未遂。"法院"审酌连男父亲因中风、老年痴呆等病症,断断续续在医院就诊治疗,前后达十余年之久,平日在家生活也无法自理,均由连男照顾,无人可替换,又连男仅小学毕业,智识不丰,不知由正常管道寻求社会帮助,二审依杀直系血亲尊亲属罪,判连男12年徒刑。	台湾时报
3	2010年12月	台北市	台北一名84岁的老人,不忍年迈妻子摔断腿又饱受帕金森氏症所苦,让妻子服药昏迷,随后用铁锤将螺丝起子钉入妻头颅致死,事后自首。就此,临床心理师杨雅明说,长者面临身体老化,一旦遇病痛又乏人照料,就容易忧郁、悲观走极端。	苹果日报
4	2012年9月	宜兰县	宜兰县一名45岁林姓男子得知自己罹患肝癌末期,担心年迈父母无力照顾从小身障的弟弟,趁父母不在家时,以改造手枪杀弟弟,再朝自己头部自戕身亡;警方找到林姓男子遗书,上头除叮咛3名子女要乖乖听话,还说会带走弟弟,是因为不想成为家人的负担,并祈求家人原谅。	TVBS无线卫星电视台

---

① 关于长期照顾服务体系发展的一个经验性事实是,一个国家或地区的长期照顾服务体系逐渐健全且该国(地区)民众的长期照顾服务需求被"诱发"之后,在未开办长期照顾保险前自认为具有"刚性"长期照顾需求的人口一般占失能人口的30%。

续表

序号	时间	地点	具体案情	案例来源
5	2012年11月	嘉义市	45岁的男子疑因长期照顾久病失智的母亲,身心俱疲,加上不堪经济压力,他拿电线勒死妈妈,伴尸5小时才到警局自首。5个姐妹得知最孝顺的他,竟然亲手杀了妈妈,十分不舍,频频安慰,就怕他也想不开。其实之前家人曾经把妈妈送到赡养院,不过儿子不舍,之后干脆辞职,把妈妈带回来自己照顾,没想到发生悲剧。	TVBS无线卫星电视台
6	2013年1月	台南市	台南市一名75岁老翁,不堪长期照顾70岁罹患慢性病的太太,10日晚间跟女儿说要带妈妈出去走一走,没想到老翁竟是抱着生重病的老伴,到德元埤湖寻短见。邻居说,阿公曾多次向亲友抱怨,照顾老伴的压力很大,让他有寻短见念头;大家认为他只是发发牢骚,劝他想开一点,没想到竟真带老伴走绝路。	自由时报
7	2013年5月	台中市	61岁周姓出租车司机,因长期照顾癫痫症妻子,精神压力大,唯恐以后没人照顾妻子,掐死癫痫发作的妻子后,开车在外闲逛,3天后企图自杀不成被寻获。台中"地院"审结,以被告在负面情绪下行凶,其情可悯,减轻其刑,依杀人罪判处3年徒刑。	中时电子报
8	2014年7月	嘉义县	嘉义县台三线大埔乡段,清晨近六时路边惊见一八旬老翁在路边树上吊,妻子则倒卧车内,现场留有遗书。警方后来也在老妇人身上发现一封遗书,表示自己生病多年,都是由老伴照顾,如今老伴也罹病,两人才决定共赴黄泉。	联合晚报

资料来源:由笔者根据各案例实际发生时间为序整理而成。

三 分配内容维度下台湾地区长期照顾服务体系转型发展的焦点议题

台湾地区各类长期照顾服务资源供给结构不合理的问题比较突出。具体体现在机构式照顾资源过剩的同时,社区式、居家式服务方案却仍不够普及。依据台湾地区2010年底对全岛长期照顾资源盘点①的结果,就台湾

---

① 本次长期照顾资源盘点所获得的数据为截至2010年底盘点结果的统计数据。开展本次盘点的目的在于掌握台湾地区长期照顾服务资源的总体分布情况,并在此基础上推进台湾全岛各区域的长期照护服务网的统筹规划。

地区居家、社区、入住机构式长期照顾服务资源分布而言,长期照顾服务人力的分布仍集中于机构,约为居家式人力的2倍,约为社区式人力的15倍;长期照顾型服务资源总量也以机构最多,2010年底服务人数约为居家式的1.5~2倍,约为社区式的10倍;身障型资源总量服务人数则是机构式照顾与居家式照顾相当,各为11000人左右,均约为社区式的3倍。同期,台湾地区居民入住机构式、社区式与居家式长期照顾服务的比例为6∶3∶1,可见居家式照顾及社区式照顾仍应加强发展,而此三类服务中更以社区式长期照顾服务最需发展。此外,机构式照顾资源中,长期照顾服务占床率均超过80%,考量失能人口逐年快速增长的趋势已不可扭转,如果不增加床位等相关资源,将渐趋不足;而失智入住机构式专区(或专责),台湾地区床位数超过半数归属于荣民之家建置,每万名失能人口拥有床位数仅为15.56床,明显难以满足需求。①

由此可见,就总体而言,当前台湾地区机构式照顾的开业机构数、床位数均呈现出供过于求的现象,而台湾地区失能人口更加急需的"居家式、社区式照顾服务方案仍不够普及"。②应当指出的是,我国台湾地区长期照顾服务各类资源内部结构不合理的现象无疑与长期照顾服务发展的国际趋势背道相驰。从世界各国的长期照顾事业发展规律看,虽然早期也偏重于发展机构式照顾设施与服务,但在20世纪60年代之后,基于"在地老化"的理念,多数国家均纷纷转向于发展居家式照顾与社区式照顾,以期身心障碍者能尽量延迟进入养老机构的时间而尽量多地在社区与家中过上正常的家庭生活。其背后的驱动性因素既有经济层面的考量,也有科技发展的因素,更关键的是长期照顾理念与共识的更替。具体来说,在理念层面,对于过上正常家庭生活的强烈欲求与老人自身教育和经济水平的提升,使得"在地老化"成为各国长期照顾服务发展的指导性理念。就经济层面的考量而言,随着人口老龄化甚至是高龄化趋势的不断加剧,长期照顾服务需求快速增长,为此许多国家、地区的决策者们希望通过加大对于社区式照顾与居家式照顾的支持力度,减少对于机构式照顾设施与服务的

---

① 该比例引用自《长期照护服务网计划(第一期)——2013年至2016年》(核定本)。
② 林万亿:《台湾的社会福利:历史与制度的分析》,台北:五南图书出版股份有限公司,2012,第538页。

投入，从而达到削减整体长期照顾财政投入的目的。此外，在科技发展的层面上，随着许多辅具的问世与"居家无障碍环境改善项目"的运营，使得许多器质性、功能性障碍者与家人共同居住或者独自居住成为现实可能。

此外，就台湾地区老年人的实际需求而言，在台湾地区《2013年度老人状况调查报告》中，就"理想的居住方式"这一问题，调查对象中55～64岁者希望自己在65岁之后能"与子女同住"的比例最高，占66.2%；其次为"仅与配偶同住"占18.5%，其余选项皆不足10%。与2009年的同主题调查相比，希望"与子女同住"者增加了15.2%，而选择"仅与配偶同住"则减少9.4%。针对65岁以上老人的"理想居住方式"调查则显示，高达65.7%的老年人选择"与子女同住"，有16.0%的老人选择"仅与配偶同住"，其余选项都在一成以下。就入住长期照顾机构的意愿调查显示，55～64岁者表示未来生活可自理时，"愿意"住进老人赡养机构、老人公寓、老人住宅或社区赡养堂者占27.2%。与2009年的调查比较，表示"愿意"者减少10%。未来生活可自理的65岁以上老人仅14%表示"愿意"住进老人赡养机构、老人公寓、老人住宅或社区赡养堂。与2009年比较，表示"愿意"者减少3.6%。究其原因，55～64岁者及65岁以上老人之所以不愿意住进长期照顾机构的原因均以"无认识亲友同住"为最高，分别占22.8%及28.9%。此外，生活无法自理的65岁以上老人表示"愿意"住进老人长期照顾机构或护理之家的占43.1%，其不愿意住进机构的原因以"无认识亲友同住"为最高，占31.8%。① 在台北市松山区某老人日间照顾中心的一次访谈中，当问及CJX老人当初到该日间照顾中心的情形时，他表示："是我和牵手②一起过来看的，两个儿子不放心，说'你们又不是没有儿子，没有媳妇的，为什么要去那边？'我跟他们说，'这个是托老的，只是白天在这里。'一起过来看了以后他们才同意。"可见，通过居家式照顾与社区式照顾获得高品质的长期照顾服务，从而与家人共同居住实现"在地老化"的目标是符合多数台湾地区老年人的主观养老意愿的，同时也与台湾地区孝敬老人的风

---

① 台湾地区"卫生福利部"：《2013年度老人状况调查报告》，2014。
② 指配偶。

俗相融。① 而当前台湾地区机构式照顾存量服务资源虽然会逐渐被不断增长的老年失能人口所消化，但机构式照顾"品质参差不齐，如果不透过资讯公开、评鉴，很难汰旧增新。一旦品质参差不齐，给付就很难公平"。②

四 服务输送维度下台湾地区长期照顾服务体系转型发展的焦点议题

1. 台湾地区长期照顾服务人力不足的问题比较突出

创造长期照顾社会工作人员、护理人员、职能治疗人员、物理治疗人员、照顾管理者、照顾管理督导等相关专业人力的就业机会被列为《台湾地区长期照顾十年计划——大温暖社会福利套案之旗舰计划》所列的预期效益之一。而该计划的成败亦很大程度上取决于有无足够的长期照顾服务人力。然而，作为"台湾地区长期照顾十年计划"制订团队的领军人物，台湾大学社会工作学系林万亿教授在其2012年出版的专著《台湾的社会福利：历史与制度的分析》一书中分析台湾地区长期照顾服务体系发展面临的挑战时，指出当前"服务人力尚不足以因应所需、服务人力的劳动条件未明订……尤其一部分取得资格者转至医疗体系服务，使长期照顾人力更加短缺"。③

究其原因，造成台湾地区长期照顾服务人力缺口的因素是多方面的。在经济层面上，长期偏低的照顾服务费无疑对吸引照顾服务员进入与留任有着极为负面的作用。截至2014年5月，台湾地区虽有98918人完成了照顾服务员培训课程获得照顾服务资质，但由于台湾地区照顾服务员

---

① 除传统文化因素外，在台北市长期照顾机构与在家接受照顾者的调研、访谈中，笔者了解的有关台湾民众对于长期照顾机构心存排斥的一个特殊原因在于，由于历史上台湾地区的老人安养机构长期以来以收容孤独贫穷老人或亲属无能力抚养的老人为主，这也让台湾民众对于在机构养老的老人形成了偏贬义的刻板印象。正是受中华民族尊老爱幼的传统文化影响，许多子女害怕担负上遗弃父母的骂名，因此对于要将父母送到长期照顾服务机构常常心怀内疚。
② 林万亿：《台湾的社会福利：历史与制度的分析》，台北：五南图书出版股份有限公司，2012，第539页。
③ 林万亿：《台湾的社会福利：历史与制度的分析》，台北：五南图书出版股份有限公司，2012，第539页。

的薪资主要来自于当局补助的照顾服务费,然而十多年来照顾服务费未随物价指数调整,使得照顾服务员的整体薪资待遇偏低。低薪资一方面极大降低了获得照顾服务资质人员投入长期照顾服务领域的意愿;另一方面,过低的照顾服务费水平也对现任照顾服务员留任的稳定性造成了极为不利的负面影响。2014年7月25日在台北市大安区举行的主题为"台北市照顾服务员工作现状与困境"的焦点小组座谈中,[①] 居家照顾服务员WLH与ZWT的发言充分印证了这方面的负面影响。在座谈中,入职时间较短的WLH对于这一行业的薪酬水平很不满意,她表示:"(由于)个案时数少,我们的薪水真的不会很高啦,不像一般行业有基本底薪。我们付出跟我们的收入不成比例的。可以说是比较困难啦。一个小时才100多块,每个月大概15000到20000块,你想要拿到更多的话,嘿,那真的是要拼命了!'政府'整天喊着推动十年长照急需新血加入,但你看现在真的是有多少保障到照服员?"而入职已经5年、相对比较资深的居家照顾服务业者ZWT则表示:"像我这样做到120个小时以上,你每天都要有去做才有钱,工作蛮不稳定的。而且我们花在路上的时间是不算的。每天都要骑机车跑来跑去……我们每天做这么多,给的薪水真的是标准太低!这也是一种技术性的工作嘿,'政府'应该把它(居家照顾服务)当做一个服务业,(薪水)应该再提升!"正是在此背景下,台湾地区取得照顾服务员资质的98918人中实际从事(留在)长期照顾服务业的从业者仅2万人,这无疑影响了台湾地区长期照顾服务体系的可持续发展。为提高台湾地区照顾服务员的平均收入水平,鼓励有资质证书的照顾服务员投入长照工作领域,进而缓解台湾地区长期照顾人力短缺的现状,2014年7月1日起台湾地区"卫生福利部社会及家庭署"将台湾地区的照顾服务费(包含居家服务、日间照顾、家庭托顾)的给付标准由每小时180元新台币调高为每小时200元新台币。同时,将照顾服务员的平均时薪由每小时150元新台币调升为每小时170元新台币。但即便如此,由于外籍看护工的大量存在,台湾地区本土籍照顾服务员

---

① 作为定性调研中最常用的一种方法,焦点访谈法往往由一个在某个领域训练有素的专家扮演主持人的角色,这种定性研究方法的好处在于由于采取无结构的自然形式与焦点访谈对象进行座谈交流,且采取一对多的形式,鼓励畅所欲言、充分互动,这种方法比一对一的面谈更容易发现新问题、新见解,同时也能节省大量时间。

的实际服务时数受限,每天的服务个案数量很有限,或者其所在的服务据点没办法提供稳定、足额的长期照顾服务个案,照顾服务员实际收入水平有限。

在服务内容方面,在提供长期照顾服务时,虽然长期照顾管理中心与被照顾个案有制定服务契约,但照顾服务员在具体服务过程中,为了和照顾个案保持比较良好的互动关系,常常会自觉或不自觉地使服务内容超出契约规定的范围。而现实中有些照顾个案对于照顾服务员的照顾服务预期过高,会将家中大大小小的事情都让照顾服务员去做,加之照顾服务工作非常需要耐心,这对于相对年轻的照顾服务员而言无疑是巨大的挑战。此外,面对案主时的高压力与不被尊重的不愉快体验也是照顾服务员选择离职或者"考虑转变跑道"①的普遍原因。就此,照顾服务员 LHJ 表示:"每天这个要做、那个要做,案主真觉得我是他的台佣喔,九点多洗脸洗嘴用早餐,然后要吃药,要用点心,呷茶,包山包海为他们工作,伺候全家的人,是,照顾服务员要有爱心、细心、贴心、同理心,但即使是如此,也不该拿来滥用。"在谈及其在照顾服务过程中遇到的不愉快体验时,照顾服务员 PXR 哽咽说:"其实我也是刚加入没多久,但我想退出了……阿公讲话真的很刻薄。有一次,帮他煮饭,他就跟客人讲,'她是我们家请来煮饭的',如果(案主)这样,抱歉我没办法帮你服务,我不是菲佣喔。"不被尊重的不愉快体验并非个案,在台北市松山区的一次访谈中,照顾服务员 JSQ 谈及,有一次"正在帮老人(照顾个案)清理排泄物,正好听见他的媳妇在教训小孩,'不认真做功课,不好好念书,将来会跟她一样年纪轻轻要去清大便'。"在低薪资、低地位、高压力且"污名化"的困境下,台湾地区年轻一代很少有人愿意涉足这一行业,因此目前台湾地区照顾服务员的图像是由一群中高龄具有高中职学历的妇女们组成。②作为这一庞大群体中难得的年轻男性业者,正"考虑转变跑道"的 25 岁照顾服务员 WXY 在谈及其考虑换工作的原因时指出:"'政府'整天口头说长照要吸引台湾年轻人加入,这只是天人说梦话,你肯定要多投入些让(从事)照顾服务员有吸引人入行的动机才行。现在这样(的工作环境、

---

① 指换一份工作。
② 吴玉琴:《照顾服务人力的培育与留任》,《社区发展季刊》2013 年第 1 期。

薪资）只有年纪大又需要钱的人想做,在台湾没有百太郎。① 我蛮想去学修个社工学分转社工跑道,毕竟都进来这行业两年了,跑社工说不定会好很多!"

表3 台湾地区长期照顾服务人力缺口情况简明表②

服务人力	2010年12月盘点结果	2016年需求量	至2016年需增加量
照顾服务员	19154	57854	38700
社工人员	2932	5998	3066
护理人员	8647	16494	7847
物理治疗人员	1301	2692	1391
职能治疗人员	653	2777	2124

资料来源:邱文达:《台湾地区长期照护制度规划及政策建议》,台北:台湾行政主管部门,2013年4月14日。

正因为如此,在"台湾地区长期照顾十年计划"实施了多年之后,台湾地区长期照顾服务人力缺口问题仍然非常突出。如表3所示,依据长期照顾服务人力盘点结果可知,截至2010年12月,台湾地区在职照顾服务员19154人,2016年需求量为57854人,至2016年需增加38700人;台湾地区在职社工人员2932人,2016年需求量为5998人,至2016年需增加3066人;台湾地区在职护理人员8647人,2016年需求量为16494人,至2016年需增加7847人;台湾地区在职物理治疗人员1301人,2016年需求量为2692人,至2016年需增加1391人;台湾地区在职职能治疗人员653人,2016年需求量为2777人,至2016年需增加2124人。此外,因为台湾偏远地区一般是原住民聚集地,由于原住民语言与文化的差异性,缺乏在地人力投入长照服务领域,既有存量照顾人力的流动性也比较大,因此台湾地区长期照顾服务人力在总量不足的同时,该地区人力资源配置的城乡差距也比较明显。

---

① 百太郎是日本漫画《看护工向前冲》中的主人公,在该漫画中,作为高中生的主人公热血沸腾地去当照顾服务员,积极投入照顾老人。
② 林万亿:《台湾的社会福利:历史与制度的分析》,台北:五南图书出版股份有限公司,2012,第540页。

除长期照顾服务人力不足之外，不容忽视的是，台湾地区长期照顾服务输送系统尚不够健全，甚至扮演中间枢纽的照管中心都只是"任务性编组"，人员负担大，流动性也高。① 而这对于长期照顾服务的稳定性与品质提升无疑有着极为负面的影响。

2. 台湾地区长期照顾服务严重依赖"外劳"的症结难以扭转

台湾地区"外劳依赖"② 起源于该地区长期照顾人力资源不足的窘境。追溯其形成历史，林万亿教授指出，20 世纪八九十年代，台湾地区"失能老人与重度身心障碍者的家庭照顾负荷沉重，在人民需求长期照顾的压力下，当时，'政府'并无意积极介入长期照顾制度的规划，而以开放'外籍'看护工作为响应。于是，1992 年台湾地区通过所谓《就业服务法》，允许'外籍'劳工到台湾地区担任产业'外劳'与家庭照顾'外劳'，是为今日台湾长期照顾依赖'外劳'的源头"。③ 1992 年底，台湾地区首度引进外佣，"人数为 669 人，而至 2011 年底引进外佣人数已遽增为 187445 人"。④ 而截至 2014 年 10 月底，台湾地区外籍家庭看护工数量更已高达 21 万 5 千人，几乎成为该地区长期照顾服务的主要人力资源。⑤

在自身长期照顾人力资源不足的背景下，台湾地区采取"补充性原则"引进外籍看护工应用于家庭密集式照顾，主要目的是保护本土劳工的就业机会。由台湾地区家庭看护雇主申请聘雇外劳作业流程图，结合笔者在台湾期间的访谈与调研亦可以发现，台湾地区对于外籍看护工的招募与使用均有比较严格的规定。那么实践中"遍地外劳"的场景与台湾地区民众对于外籍看护工可谓根深蒂固的依赖是如何形成的呢？

如表 4 所示，通过外籍看护工与台湾地区本地照顾服务员围绕照顾服务展开的多项目比对，可以发现，台湾地区本地照顾服务员看似比外籍看

---

① 钟秉正：《社会保险法概论》，台北：三民书局股份有限公司，2014，第 343 页。
② "外劳"不等于但包含"外籍看护工"或者"外佣"。
③ 《社区发展季刊》编辑部：《完善照顾体系，俾利建构长照制度》，《社区发展季刊》2013 年第 1 期，第 1 页。
④ 周阳山、赵荣耀、吴丰山等：《台湾地区外佣引进及外佣人权问题之探讨项目调查研究报告》，2013。
⑤ 徐沛然："劳动部"欲放宽外籍看护申请恐扼杀长照服务体系，http://www.coolloud.org.tw/node/81014，2014-12-09.

护工拥有许多优势之处，比如在与本土文化兼容性方面，台湾地区本地照顾服务员具有语言可沟通、文化背景相同的优势；在专业训练与督导方面，台湾地区本地照顾服务员具有经过专业训练、拥有专业督导体系的优势；又如，在申请程序上，雇佣台湾地区本土照顾服务员具有"专人到府协助办理申请""审核时间短"的优势；此外，在费用负担方面，雇佣台湾地区本土照顾服务员可获得补助部分费用且不需提供服务人员吃饭及住宿费用等。最后，雇佣台湾地区本土照顾服务员所在家庭的家庭照顾者还可以申请喘息照顾服务。那么为什么台湾地区还形成严重的外劳依赖呢？表4中外劳"全天候24小时照顾"可谓"秒杀"了雇佣本地照顾服务员的如上一切优势。在台北市大安区的调研中，笔者了解到目前台湾地区失能家庭聘用外籍看护工的费用普遍在每月新台币两万元左右，而雇佣台湾本土籍家庭看护工的花费却高达4万到6万元新台币，这对于普通民众来说肯定是无法负担的。笔者在与外劳雇主XMH聊及她家不聘请台湾本土籍家庭看护工的原因时，她表示："我们家不是郭台铭。[①] 依'劳基法'规定，如果请台籍看护，我家肯定请不起啊！更不用说还有工作时数的限制，这里（指台北市）鲜少有劳工愿意长住在雇主家24小时才领22K[②]（每月）的，你知道吗？台籍看护一天24小时要价是2000元（新台币）起跳，怎么可能请得起？"换言之，"目前家庭外籍看护工属全天候工作待命状态，薪资低、工时长，对雇主来说当然好用，以至长期以来'国人'无法摆脱依赖外籍看护工的心态。"[③] 为此，台湾民众尤其是失能者及其家属强烈要求"政府"能放宽外籍看护工的相关引进政策，就此"政府"仍秉承"发展长照制度满足长照需求"的思路，坚守基于"补充性原则"引进外籍看护工。

然而，在此雇佣关系下，外籍看护工一方面面临着沉重的照顾压力，另一方面又面临着跨语言、跨文化双重适应的考验，作为台湾社会的外来弱势群体其因心理和生理出现问题而导致的有如"刘侠悲剧事件"等

---

① 郭台铭是台湾地区著名企业鸿海精密创办人，富士康科技集团是其下属企业，2010年郭台铭曾名列台湾地区首富。在这里特指有钱人。
② 22K指月薪新台币22000元，访谈当日（2014年5月27日）折合为人民币约4564元。
③ 林万亿：《台湾的社会福利：历史与制度的分析》，台北：五南图书出版股份有限公司，2012，第540页。

极端案件发生的例子并不鲜见。笔者在台北市万华区与印度尼西亚外籍看护工 Melda 访谈时,谈及"在日常工作生活中最困扰的一件事情"时,已在台北雇主家工作近 4 年、能比较熟练掌握普通话的 Melda 表示:"我这样从很远来台湾,一开始主要是不适应这里的文化和生活习惯。当然会有很多压力,主要是遇到困难不知道要跟谁去说。周边有一些印尼同胞,也在做看护的工作,有时候能聚一下,但时间很有限,阿嬷一会就电话来叫了。一天到晚这样真是太忙了。"由此可见,由于外籍看护工的工作压力普遍较大,加之缺乏社会支持系统,生活环境又相对孤立封闭,造成该弱势群体情绪困扰时欠缺沟通渠道。正因为如此,台湾地区社会各界有不少人士认为台湾地区失能家庭对于外籍看护工的使用近乎属于一种"剥削"的关系。此外,由于台湾地区居民对外劳的依赖根深蒂固,外籍照护工的巨量存在无疑在挤压台湾地区本土籍照顾服务员的生存空间,造成了该群体由于受到实际服务时数限制,日常的服务量很有限,在影响其收入的同时也造成了本土照顾人力在存量与增量层面的"双重溢出"。此外,对于台湾地区本土籍从事照顾服务行业的中高龄妇女而言,外籍劳工尤其是家庭看护工大量涌进台湾地区长期照顾市场,无疑会对她们的就业机会造成巨大的冲击。也正因为如此,减缓台湾民众对外籍看护工的依赖被列为《台湾地区长期照顾十年计划——大温暖社会福利套案之旗舰计划》所列的预期效益之一。台湾行政主管部门在其发布的《台湾地区社会福利政策纲领——迈向公平、包容与正义的新社会》中亦指出,"政府"应积极鼓励雇主雇用本地劳工,以保障"国人"就业机会,除为补充本土劳动力之不足,不得引进外籍劳工,并应积极创造多元就业机会以促进"国民"就业。然而实施数年之后,在保障台湾地区本土籍劳工就业机会的目标没能实现的同时,该地区对于外籍照护工严重依赖的情形非但没有减少,反而有进一步加剧之势。笔者在台北市某高校进行专家访谈时该校 YWG 教授的观点直接印证了这一判断。YWG 教授指出:"台湾每年培训的 7、8 千照顾者由于待遇问题,从事这一个行业的只有 5% 左右,流失量巨大,而且由于时薪低下,服务质量有待提升;另一方面,不能使用长照服务的家庭外请二、三十万外劳的年投入为 500 亿元新台币。"

表4 外籍看护工与台湾地区本地照顾服务员之比较

比较项目	台湾地区本地照顾服务员	外籍看护工
一、与本土文化兼容性		
语言可沟通	√	×
文化背景相同	√	×
二、专业训练与督导		
服务人员经过专业训练	√	×
拥有专业督导体系	√	×
三、申请程序		
专人到府协助办理申请	√	×
审核时间短	√	×
四、负担费用		
"政府"补助部分费用	√	×
不需提供服务人员吃饭及住宿费用	√	×
五、服务项目		
日常生活协助	√	√
家庭照顾者得申请喘息照顾服务	√	×
六、其他		
全天候24小时照顾	×	√

资料来源：《台湾地区长期照顾十年计划——大温暖社会福利套案之旗舰计划》（核定本）。

如表4所示，在现行外籍看护工管理制度下，可以聘雇外籍看护工的照顾对象仅限于需24小时照顾，或巴氏量表达30分且有重度照顾需求者，以及巴氏量表评估达35至60分的80岁以上老人。因台湾地区失能者及其家属对于放开外籍劳工要求的巨大舆论压力，台湾地区"劳动部"于2014年12月6日宣布将考虑放开85岁以上轻度失能老人申请聘雇外籍看护工，这实质上放开了对85岁以上老人聘雇外籍看护工的所有门槛。[①] 正是在此

---

① 徐沛然："劳动部"欲放宽外籍看护申请恐扼杀长照服务体系，http://www.coolloud.org.tw/node/81014，2014-12-09。

背景下,台湾地区"长期照顾十年计划"制订团队的领军人物林万亿教授同样承认:"长期照顾十年计划推动了4年,① 并没有让外籍看护工减量,反而继续快速地增加当中。这除了反映老人人数增加所带来的长期照顾需求增加外,也反映长期照顾服务员的训练脚步太慢。"②

3. "卫生福利部"成立后台湾长期照顾相关机构、"法令"与资源均有待整合

由于台湾各地的长期照顾服务资源隶属于不同的行政体系,依据不同的法源,台湾地区长期照顾的机构与"法令"都亟待整合。特别值得关注的是,由于台湾地区一些长期照顾服务相关政策的法源是多元且非内洽的,因此对于同一位长期照顾服务对象,如果依据不同的法源则其可以享受到的长期照顾服务会有非常明显的差异性。一个经典的例子是,一位65岁以上的老人,领有身心障碍手册,《老人福利法》与《身心障碍者权益保障法》对个案的福利措施在很多项目均不相同,如低收入户委托安置费、住宅无障碍设施设备、重病住院看护费、所得税特别扣除额、学分学杂费用减免等,以至不知"法规"的民众容易损失自己的权利。③ 也正因为如此,台湾地区现行长期照顾服务体系面临着利用率仍然偏低的问题。据台湾地区原"卫生署照护处"的统计资料显示,虽然"长期照顾十年计划"已经推行了数年,但老人失能者"长期照护"利用率仅由2008年的2.3%成长为2012年的27%,仅占台湾地区全体失能者的16%,仍然有84%的老人失能者由于对于"长期照护"服务的认知度有待提高、信息不对称、服务可及性差等各种原因而未能使用"长期照护"服务。在主管机关与"法令"亟待整合的同时,台湾地区的长期照顾资源的分布亦可谓是非常多元的,而且在现有的税收制下财源亦难以为继,随着台湾地区人口老龄化的加剧与台湾社会对于这一社会风险的关注,长期照顾服务资源亦随之不断增长,具体的照顾服务与模式也不断被创新出来。因此长期照顾

---

① 台湾地区长期照顾十年计划于2007年正式推行,林万亿的这一观点阐述于2011年,因此称为4年。
② 林万亿:《台湾的社会福利:历史与制度的分析》,台北:五南图书出版股份有限公司,2012,第540页。
③ 黄惠玑、杜敏世、陈丽华等:《长期照顾》,台北:新文京开发出版股份有限公司,2012,第37页。

服务资源的整合问题亦迫在眉睫。所谓资源整合,是指使资源的供给需求间获得充分配合,对资源间的类型、数量、目标、功能进行协调合作,一方面,透过"分工",由不同机构提供不同服务;另一方面透过"合作"来共同完成整体性的服务,借由组织间的努力建立连结的服务关系。① 此外,无论是日本、德国或是荷兰,在规划长期照顾保险制度时,均面临着长期照顾保险与全民健康保险之间的竞和问题。其中,日本采取的策略是将介乎保险与健康保险切割,德国采取的策略是将长期照顾保险建立在健康保险的基础之上,而荷兰的长期照顾保险则籍由健康保险提供许多补充性的服务。② 因此,台湾地区在规划长期照顾保险的过程中将同样存在该险种与全民健康保险竞和的问题,如何整合、理顺这两个社会保障服务项目之间的关系亦需要在《长期照顾保险法》的制定中给予明确解答。

正是源于如上多元整合的需求,台湾地区主管长期照顾业务的组织机构的调整与整合已不可避免,为此原台湾地区"经建会"于 2014 年 1 月 22 日改制为"发展委员会",原"卫生署"与"内政部社会司""内政部家庭暴力及性侵害防治委员会"及"内政部儿童局"等单位于 2013 年 7 月 23 日合并成立"卫生福利部"。就后续如何加强卫生福利服务在各主管层级的整合与管理,2014 年初,台湾地区时任亦是首任"卫生福利部部长"邱文达③在《卫生福利政策之擘画与展望》一文中指出,规划预计将分二阶段进行,第一阶段维持地方卫政及社政现行体系运作,推动方案及业务先做整合。第二阶段则推动辅导"地方政府"体系整合,即台湾行政主管部门以计划方式规划政策,"地方"则透过计划之执行,先行整合社

---

① 陈怡如、曾蔷薇、徐明仿等:《老人福利服务》,台中:华格那企业有限公司,2013,第 1~48 页。
② 李孟芬、石泱、曾蔷儿等:《长期照顾概论——社会政策与福利服务取向》,台北:洪叶文化事业有限公司,2013,第 61 页。
③ 邱文达为台湾地区原"卫生署"第 14 任"署长",台湾地区"卫生福利部"第一任"部长",在"卫生署"与"卫生福利部"合计任职三年八个月期间将长期照顾制度的制订视为其最期待推动的工作。在邱文达的直接推动下,2014 年 9 月底台湾地区"卫生福利部"完成《长期照顾保险法》(草案)。2014 年 10 月 3 日,邱文达因台湾地区馊水油事件辞去台湾地区"卫生福利部"第一任"部长"职务,在辞职声明中,其希望台湾地区长照制度"仍应尽速建立"。但此人事变更对于仍在规划中的台湾地区"长照双法"而言无疑蒙上了一层阴影。

区资源，建构社区的卫生福利网络，再向上整合乡镇区卫生所及社会课之业务服务，最后达成卫生局与社会局（处）之业务整合。① 虽然"卫生福利部"有此宏观规划，然而，令台湾地区社会福利学界担心的是，台湾地区"卫生福利部"挂牌成立之后，台湾行政主管部门如何着手与各县市"政府"合作构建出高效的再造机制，从而在包括长期照顾在内的卫生与社会福利事务上使得两个层级之间可以真正搭建起高效的互动、协作机制。这一担心并非杞人忧天，仔细审读台湾地区《卫生福利部组织法》可以发现，其重心更多放在台湾地区整体的层面上，对于台湾地区下属的"各个县市以至乡镇公所的社政体系，要如何与既有的卫政体系做相互的整并和结合，或是维持现状也都没有进一步的讨论和说明"。② 由此可见，"卫生福利部"成立后台湾长期照顾相关机构、"法令"与服务资源亟待整合。

4. 台湾地区长期照顾服务资源区域、城乡发展双重不平衡的现象比较突出

台湾地区长期照顾资源区域、城乡发展不平衡的现象比较突出。③ 一方面，长期照顾资源区域发展有失均衡。以"每1万老人可使用的居家服务"指标为例，低于台湾地区整体平均值的有新北市、台北市、台中市、宜兰县、桃园县、④ 新竹县、屏东县、台东县、基隆市、新竹市等10个县市。该项指标中，服务量最多的嘉义县（35086.4）是服务量最少的新竹市（5810.9）的近6.04倍。以"每1万老人可使用的日间照顾服务"指标为例，低于台湾地区整体平均值的有新北市、高雄市、桃源县、新竹县、苗栗县、彰化县、嘉义县、屏东县、基隆市等9个县市，而花莲县与

---

① 邱文达：《卫生福利政策之擘画与展望》，《社区发展季刊》2014年第1期，第15页。
② 郭登聪：《"卫生福利部"下"行政体制"运作的检视与调整——从"中央"到"地方""社政"及卫生体系规划与设计》，《社区发展季刊》2014年第1期，第66页。
③ 台湾地区的有些学者认为台湾地区面临着长期照顾资源城乡差距过大的问题。以"每1万老人可使用的居家服务"为例，低于台湾地区整体平均值的10个县市中包含了新北市、台北市、台中市、桃源县等台湾地区所谓的"直辖市"，而"每一万老人可使用的日间照顾服务"这一指标中，新北市、台南市、高雄市、桃园县亦低于台湾地区整体平均值。因此，笔者认为，台湾地区长期照顾资源的配置面临着区域与城乡发展双重不平衡而不仅仅是城乡发展不平衡的问题。
④ 该统计截至2011年12月，而原桃园县自2014年12月25日起"升格改制"为所谓"直辖市"，与台北市、新北市、台中市、台南市、高雄市等五市合称"六都"。特此说明。

连江县两地则未开展失智/失能日间照顾服务，因此其"每1万老人可使用的日间照顾服务"指标为0。

另一方面，台湾地区城乡间长期照顾资源的发展亦有失均衡，在台湾地区目前整体长期照顾服务资源不能满足需求的大背景下，台湾离岛与偏远地区，如原住民聚集的乡镇地区与台北等都会地区的长期照顾服务各方面资源有着相当大的差距，在服务使用方面，地区越偏僻则其服务的质与量皆呈不断下降之势。这一趋势特别突出地表现在身心障碍资源的配置上，非都市区的县市资源非常匮乏，即使是在同一个县市之内，位于偏远山区的乡镇其资源也会贫乏许多。更不容乐观的是，台湾地区一些非都市地区县市下辖的偏僻乡镇面临着长期照顾服务资源区域、城乡双重弱势的突出问题。特别是交通不便的山地离岛偏远地区，可谓"穷乡僻壤"一词的生动写照，一方面囿于其比较特殊的地理环境，交通十分不便，另一方面就总体而言这些地区经济发展水平比较低，就业状况亦不容乐观。由民间单位参与提供长期照顾服务是台湾地区长期照顾服务体系的特点之一，然而在现实运营中，台湾地区的民间单位在提供长期照顾服务时不得不考虑一些因素以确保有利可图，如当地实际长期照顾需求量、个案来源的稳定性、人力资源的充足性以及整体运营成本等因素。

由于上述长期照顾服务资源严重缺乏，地理条件又比较恶劣，山地离岛偏远地区应开展的许多长期照顾服务实际处于空置状态。综合台湾地区前"经建会"2009年开展的"全台长期照护资源供给调查"以及台湾地区"内政部"2010年开展的居家服务调查的相关数据表明，"全台30个山地乡、18个离岛及65个偏远地区（含38个山地离岛），共75个乡镇中，4%乡镇无居家式服务，22.7%乡镇无社区式服务，86.7%乡镇无机构式服务"。细察之，在台湾地区长期照顾十年计划所列的七项社区式照顾服务中，原住民乡镇仅送餐服务与关怀据点有服务量，而日间照顾、喘息服务、家庭托顾、居家复健服务皆处于空白状态，以照顾服务员的配置为例，"五十五个山地乡中，二十三个山地乡只有不到五名照顾服务员可以提供服务"。[①]

---

① 王增勇：这样的"长照法"你能放心？http://tywangster.blogspot.com/2011/05/blog-post.html，2011-05-04。

五 资金筹付维度下台湾地区长期照顾服务体系转型发展的焦点议题

当前提供长期照顾服务的国家与地区当中,在模式选择上大多采取税收制通过政府补贴的方式来推动长期照顾制度与服务模式的发展。加之,台湾地区长期照顾十年计划规划团队在日本考察长期照顾制度与服务体系发展情况,得到的结论是无论采取税收制或社会保险制的国家,均应先建构完善的长期照顾服务系统才能上路。而日本厚生劳动省也强烈建议台湾地区应该先将长照服务体系建立好,再来谈财务规划是否由社会保险来支应。① 为此,台湾地区长期照顾十年计划亦规划在 1997 年至 2016 年的十年间以税收的方式筹措、投入 817.36 亿元新台币,以建构一个符合多元化、社区化(普及化)、优质化、可负担及兼顾性别、城乡、族群、文化、职业、经济、健康条件差异的长期照顾制度。然而,早在台湾地区长期照顾十年计划开办之初,台湾学者王云东即曾提出,当前成功以税收制提供长期照顾服务的国家"多半都是高税收的欧洲福利国家,相较于税收严重偏低且加税不易的台湾(地区)现况,是否可以适用欧洲福利国家的模式? 又或是应早日采取社会保险的方式来筹措财源? 这些都是我们应该深思并及早未雨绸缪的课题"。② 一语成谶,在运行多年之后,"受经济不景气与'政府'其他'政事'的竞争,近几年长照十年计划皆预算不足,必须动用第二预备金,2012 年共使用 28.4 亿元,无法如原先规划以十年挹注 817 亿元,以建立长照基础建设。缺乏稳定而充足的财源,民间对长照体系的投资多存观望,无法如全民健保一般,大幅带动资源之成长。对家庭而言,照顾经济负担沉重,有 40.49% 主要照顾者有经济上的压力"。③ 简言之,囿于其经济发展水平,税收不足,台湾地区缺乏稳定的财源带动

---

① 林万亿:《台湾的社会福利——历史与制度的分析》,台北:五南图书出版股份有限公司,2012,第 529 页。
② 王云东:"长期照顾十年计划的挑战!!!"http://www.npf.org.tw/post/1/2144,2007 - 05 - 04。
③ 李玉春、林丽婵、吴肖琪等:《台湾长期照护保险之规划与展望》,《社区发展季刊》2013 年第 1 期,第 27 页。

该地区长期照顾服务体系的发展,同时家庭照顾负担沉重。

可见,就资金筹付的角度而言,以税收制作为财源筹措方式的长期照顾十年计划在预算上已然难以为继,这是台湾地区长期照顾制度与服务体系转型发展所面临的最大问题。在与台北市长期照顾社会工作者 THC 的访谈中,他深有感触地指出:"长照的架构是对的,但这个是小人国的长照,规模太小了,一年照顾对象才两三万,我们十年才 800 多亿(新台币)而已,我看一年需要 800 亿(新台币),现在才十分之一。"巧妇难为无米之炊。因此在台湾地区当局与学术界中再度引发了有关长期照顾制度在资金筹集上应采取税收制抑或采取社会保险制的争论。为此,台湾地区长期照护保险筹备小组总顾问李玉春与林丽婵、吴肖琪等学者联袂指出:"为长照建立一个可以永续经营的财务制度——如社会保险,与 OECD 国家一样,应列为长照体系最优先的政策。"[1] 而台湾地区"卫生福利部"在其制定的《长照保险制度规划问答集》中回答"政府"为何要以社会保险的方式来办理长照保险,而不是采取税收制这一问题时更是直截了当地表示,"采税收制,因财源稳定性及充足性会受到税收的影响,预算编列亦须与其他政事竞用资源,因此,照顾的对象及范围势必受到很大的局限,以现有公务预算显然难以支撑庞大的长照经费"。[2] 此外,笔者在与台湾地区某高校学者 YDW 教授的访谈之中问及"台湾的长期照顾模式究竟应该走税收制还是社会保险制度,您的看法是?"这一问题时,他表示:"台湾是采取选举制,而且'政府'相对来说又小又穷,想要加税发展长期照顾很难。"然而台湾地区"长期照顾十年计划"规划的实际"操盘手"、台湾大学社会工作学系林万亿教授认为,"长期照顾十年计划"之所以陷入资金不足困境之中,是因为当局不情愿推动"长期照顾十年计划"的发展。他指出,台湾行政主管部门"最直接的反应就是删减长期照顾十年计划的预算,导致服务受限。不足的经费必须仰赖第二预备金补足缺口,地方'政府'就必须疲于奔命于'议会'追加预算的行政程序与修改和民间的

---

[1] 李玉春、林丽婵、吴肖琪等:《台湾长期照护保险之规划与展望》,《社区发展季刊》,2013 年第 1 期,第 33 页。
[2] 台湾地区"卫生福利部社会保险司":"长照保险制度规划问答集",台湾地区"卫生福利部"网站,http://www.mohw.gov.tw/cht/Ministry/DM1_P.aspx?f_list_no=99&fod_list_no=839&doc_no=47482,2014-11-07。

委托服务契约。民间服务单位本就缺乏足够的周转资金,一旦经费拨补延后,必然导致服务停摆。如此的预算控制,一定会让十年长期照顾计划执行出现严重的困难"。①"长期照顾十年计划"在资金筹集上举步维艰的现状究竟源于"囊中羞涩"抑或"政治算计"?本文暂无法判断。无论如何,"'政府税收'不足,缺乏稳定财源带动长照服务发展,家庭负担沉重"②已成台湾地区社会各界的共识。此外,从台湾地区以社会保险制度推行长期照顾服务的使用意愿与民众支持率的角度看,开办长期照顾保险的民众支持度是比较高的。在此背景下,如何通过长期照顾保险制度的合理设计确保长期照顾服务体系的顺利运转无疑是当务之急,换言之能否通过长期照顾保险制度的制定、颁行确保长照事业获得足额、稳定财源已成为左右台湾地区长期照顾服务体系转型发展的关键变量之一。

(原载《江汉学术》2017年第2期)

---

① 林万亿:《台湾的社会福利——历史与制度的分析》,台北:五南图书出版股份有限公司,2012,第537页。
② 李玉春、林丽婵、吴肖琪等:《台湾长期照护保险之规划与展望》,《社区发展季刊》2013年第1期,第33页。

文化社会学视野下的近代沿海
城市社会风俗变迁
——以福州为例

林 星

社会风俗的演变是城市现代化的一个重要内容。政治变更、经济发展和社会观念与价值取向的更新，推动了传承性极强的风俗习惯发生变化。鸦片战争后，福州成为五口通商口岸之一，开始了现代化的转型。在这场巨大的社会变迁之中，自给自足的自然经济逐渐动摇，经济基础的变化导致传统习俗的嬗变，西方的生活习惯和观念大量涌入，中西文化发生碰撞，形成富有现代意味的风俗，也影响着市民的心态和生活观念，由此形成了丰富多彩的城市社会风俗。

一 衣食住行等生活习俗的变化

开埠之后，西方文明中首先被市民接受的是物质文明，福州市民的衣着、饮食等生活习俗展现西化的趋势，洋货出现在人们的日常生活中。

1. 服饰的变化

开埠后，随着中外文化交流日益增多，越来越多的居民开始选择西式服饰。闽海关每年都大量进口用来制作西服的各种布料以及帽子、洋袜、皮鞋等物品。洋布有棉织品，包括灰洋纱布、漂白洋纱布、十字布、斜纹布；有毛织品，包括英制毛羽纱、粗呢、中呢、细呢、西班牙条纹呢以及粗毛呢等。[1]

---

[1] 吴亚敏、邹尔光等编译《近代福州及闽东地区社会经济概况》，华艺出版社，1992，第121页。

洋纱、洋布虽然不如土布结实，但因其花样繁多，样式新颖受到城市居民的欢迎。

进入民国，社会的变革使等级服饰制度走向衰亡。福州男装有长衫马褂、中山装、学生装、西装、大衣、夹克、毛衣等，女子的服饰更是多姿多彩，有大衣、连衣裙、西装、围巾、手套、胸花、别针、手镯、戒指等。西服、中山装、学生装在知识分子和公务人员中颇受欢迎。台湾总督府编纂的《福州事情》称："以前长衫上罩马褂（礼服用上衣），又套无袖的背心（称甲仔），以为正装。近来此种马褂、背心被当作封建时代遗物，受人轻蔑，穿的人稀少了。近来洋服特别是中山装在公务员及知识阶级中非常流行。省政府率先提倡，强制在官界、学校、团体等推行简便的洋装，特别是中山装。"另外，"福州妇女除疍族、畲民及蛮婆的大多数仍墨守特异的古风外，一般妇女的服装和上海、厦门、台北大同小异。"① 服饰的变化是观察和把握社会生活变迁脉络的一面镜子，反映了进入近代社会后人们价值观、审美观和消费观念的重大变化。在民国时期留下的大量老照片上常可看到长袍马褂、布鞋与中山装、西装、皮鞋出现在同一场合。

2. 饮食的变化

受西方人饮食习惯的影响，福州居民的饮食结构也呈现多元化。从当时海关报告可以看出，面粉已经成为一项进口的大宗物品，还有糖、海带、海蜇、咸鱼干、干贝、胡椒、糖块及罐头果品。食品工业是福州最早产生的民营工业之一，福州引进了国外的罐头制造技术。如叶国瑞公司生产浓净牛乳、杏仁牛乳、豆精牛乳，迈罗公司生产罐头食品和饼干。② 还从日本进口海产品。

饮食的生产和消费走向社会化。福州聚集了来自四面八方的人，各种风味的菜馆都不难觅踪影。随着工商业社会不断发展，在城市就业的商贩、买办、店员、工人数量越来越多，其中许多人是单身。为了适应他们的需要，各种档次的饭店、菜馆、酒楼、摊档如雨后春笋般冒出。从民国时期福州的报刊新闻、小说、日记中都可以看到，官员的迎来送往，学生

---

① 台湾总督府外事部：《福州事情》，昭和十六年八月（1941年），第27页。
② 林传甲：《大中华福建省地理志》，1919，第91页。

的毕业聚会，亲朋聚会等大都借助营业性饭店进行。《福州便览》等城市指南书收录当时较大的饭店名称、地点及电话。福州人举行婚礼大多在大饭店如城内的三山、东亚、聚春园、南轩，南台的嘉宾、青年会、法大等进行。① 1935 年，中央政治学校地政学院的学生李奋和林传沧在福州调查的短短 1 个月内，在他们日记里出现的朋友宴请、同学聚会的场所就有青年会餐厅、河上酒家、安泰桥的朋聚酒楼、南街的聚春园、可然亭酒楼等。② 餐饮行业除了继续发挥传统时期上流社会宴客交际的传统功能，更多是为中下层社会的从业人员以及一般的贩夫走卒提供方便的就餐条件。烹调和消费的场所由家庭转向社会，这是近代饮食风俗变化的新特征。

商品经济的发展和商业活动的繁荣促使人们追求新的生活方式。居住在福州的外国人尽可能延续本国的生活方式，引来福州权贵富有人士的效仿，高级洋酒、雪茄烟之类的奢侈品，成为上层社会的生活消费品，也是社交活动所不可缺少的物品。纸烟（又称卷烟、香烟）因携带和吸食方便，取代鼻烟等传统烟，很快盛行开来。1907 年《闽海关贸易报告》载："抽香烟成为中国人的时髦风气，城里和南台香烟摊贩到处可见。"③ 日本编纂的《福建省事情》载："当地日本人吃当地的物产甘米，副食品也是土产的鱼、牛、鸡肉，用本国方法和从日本输入的酱汁、酱油等调理。日常生活物资充足，常用绍兴酒、日本酒。在华欧美人多吃土产牛肉、面包、鱼类，用本国方法调味，其他需要的酒类、果子等多从上海、香港输入。……近来外国酒三鞭酒、红葡萄酒等进口，多供给在华外国人及中国高官绅商等阶级饮用"。④ 当然，贫富阶层的饮食相差很大。福州的"贫民及渔夫常吃番薯米，又称台湾芋，切开、晒干、蒸好代替米食"，他们喝的酒也就是本地产的廉价老酒。⑤

清末，西方传教士观察到在家里宴请客人时是男女分开，"如果有陌生人或客人来，男女不在同一张桌上吃饭。在节日里，邀请朋友来吃饭

---

① 台湾总督府外事部：《福州事情》，1941，第 39 页。
② 李奋、林传沧：《闽侯实习调查日记》《福州厦门实习调查日记》，台北：成文出版社，美国中文资料中心合作印行，1977。
③ 吴亚敏、邹尔光等编译《近代福州及闽东地区社会经济概况》，华艺出版社，1992，第 263 页。
④ 日本外务省通商局监理，东京商业会议所发行：《福建省事情》，1921，第 65 页。
⑤ 日本外务省通商局监理，东京商业会议所发行：《福建省事情》，1921，第 65 页。

时，男女也分开。被邀请到同一座房子里吃饭的女士和绅士如果不认识，也没有正式的互相介绍，更没有西方那样的交谈和散步。"① 女性通常情况下不能到街上饭店在大庭广众下进食。随着近代民主平等意识的日渐增长，传统饮食文化中的等级尊卑逐渐消失，女子上餐馆不足为奇，宴客时男女不同席的现象也发生改变。到 20 世纪 20 年代，日本人注意到福州"夫妇及子与外来的男女席位混坐"。②

3. 日常用品的变化

福州市场上出现了西方舶来的各种日常用品，如玻璃器皿、火柴、煤油、洋钉、洋伞、洋皂、西药、钟表、玩具、灯泡、牙刷、牙膏、化妆品、照相机、缝纫机等。进口的煤油价格便宜，取代菜油等植物油，成为普遍的消费品。1929 年，福州的煤油公司有美孚、亚细亚、德士古、美永及海满 5 家，其中以美孚、亚细亚资本最大，福州城台的煤油商店有 200 余家。③

火柴取代了火刀和火石。清末火柴主要来自日本及欧洲，不久福州兴建了火柴厂，来自宁波、杭州、广东的火柴也逐渐进入福州。④ 从海关报表看，火柴、煤油、针、肥皂等商品的进口量大大增加。就连小小的缝衣针，"更为迅速地引起人们的爱好，需求量从 1876 年的 5500 千根上升到 1879 年的 8500 千根。"⑤ 福州纸伞享有盛誉，历来就是对外贸易的传统手工业产品。但同时，仍有大宗洋伞进口，因为"其售价既廉，且较本处出口之油纸伞经久耐用"，而且可以与西服相配。闽海关副税务司在《闽海关十年报告（1902-1911 年）》中评论说：闲步街头，商店里陈列的外国商品是如此之多，可见它们已成为中国人的不可缺少的生活用品了。无论在哪一个家庭，都不难发现有布料、煤油、钟、表和其他外国商品。⑥ 这是和近代沿海城市社会商业化、生活节奏加快直接相关的。

---

① Rew. Justus Doolittle, *Social Life of The Chinese*, p46.
② 日本外务省通商局监理，东京商业会议所发行：《福建省事情》，1921，第 65 页。
③ 铁道部财务司调查科编《京粤线福建段福州市县经济调查报告书》，1933，第 173 页。
④ 吴亚敏、邹尔光等编译《近代福州及闽东地区社会经济概况》，华艺出版社，1992，第 219 页。
⑤ 吴亚敏、邹尔光等编译《近代福州及闽东地区社会经济概况》，华艺出版社，1992，第 123 页。
⑥ 吴亚敏、邹尔光等编译《近代福州及闽东地区社会经济概况》，华艺出版社，1992，第 416 页。

4. 居住的变化

福州的外国领事馆、海关、洋行、银行、学校等采用西方建筑形式，多为外廊式砖木结构，也引起本地建筑商的效仿，西式楼房越来越多，主要分布在仓前山、南台一带。台湾总督府编纂的《福州事情》载："福州的建筑大概有洋楼厝、柴埕厝、广东厝、火墙厝四种。洋楼厝是砖瓦造的洋馆，在泛船浦到仓前山一带分布最多，南台次之，城内很少，主要是外国领事馆、外人商店、住宅、教堂、学校等。福州的官僚和巨商住宅、别墅也有一些洋馆。旅馆、茶馆、温泉、饮食店、妓院等营业场所的房屋称假洋楼（伪洋馆），样式模仿洋馆，建筑材料是炼瓦和竹木框架，也刷白墙壁。柴埕厝是最大众化的木结构家屋，主要是二三流商店及一般住宅。广东厝分布在泛船浦和广东会馆附近，开始是广东人的住宅样式，渐渐在仓前山一带及南台普及，它是洋楼和柴埕厝两种形式的折衷，适合作店铺，是砖瓦和木柱混用的二层建筑，通风采光设备得宜，有便所设备（柴埕厝大抵没有此设备）。"①福州民居、祠堂、宫庙等仍然延续明清以来的多进庭院式建筑，这在城内的三坊七巷和南台上下杭、仓前山分布最为集中。"火墙厝是福州特有的防火壁围，是以前上流阶级的房屋，城内最多，南台、仓前山次之，据说占全市建筑物三分之一。住宅、钱庄、当铺及鸦片馆、清唱堂都是这种建筑。"②《福建省事情》也记载："由于闽江上游运木材方便，当地家皆木头造的房子，上面盖瓦片。平房最多，房屋大体上是三间相连，左右尚有一间小厢房，中间是客厅，其左右是书房、卧室等，小厢房是家人居室及厨房。二层楼的房屋很少，只有富豪家才有，间数更多，还有投入巨资的庭园假山等。"室内陈设也很讲究，即使在房屋内部装修上，也能看出中西合璧的风格。"客厅装饰，大抵中央是一张条桌，左右桌子及小茶桌。墙上挂书画，正面必定是关帝画像，下面放置时钟、洋灯、茶具等。其他书房、卧室四壁皆挂书画，左右排列着椅子。上流社会家中的椅子、桌子、书架、床等用紫檀、黑檀、香樟等佳木制作，精巧美丽，雕刻一流，一张床值数百元。"③

值得一提的是，政府机构、商会、学校的公共建筑一般都采取西式风

---

① 台湾总督府外事部：《福州事情》，1941，第28~29页。
② 台湾总督府外事部：《福州事情》，1941，第30页。
③ 日本外务省通商局监理、东京商业会议所发行：《福建省事情》，1921，第66~67页。

格，如民国时期福建省政府和省参议院的大楼都是直接向公众敞开大门，一改旧式衙门高墙深院、与民隔绝的格局。传统的建筑格局被打破，新旧建筑、中外建筑并存，构成了城市多姿多彩的建筑景观。

另外，到城市经商、办事、求学的人还有各种不同层次的住宿场所，满足不同层次的需求。20世纪30年代，福州有客栈30多家，比旅馆便宜，每间房屋每月约7、8元到10元，伙食若包在栈房，每月每人约8元。岭栈约10家，提供由岭里来的农民或肩挑贩卖的商人住宿，设备非常简单，可以购米在栈内自煮。寄宿舍约十几家，专供外县人士如学生和找工作的长时间居住，一间房子连同伙食和电灯费等，每月约十一二元左右。也有英国人和日商开的外国旅舍，位于太平巷和海关巷。①

5. 出行的变化

福州传统时期最常见的交通方式是坐轿子、骑马和乘船。以往最常见的交通工具是轿子。福州的传教士写道："旅行靠步行或坐轿子。文官坐两三个人抬的轿子，一定级别的官员坐四个人抬的轿子，最高等级的可以坐八抬大轿。低级武官和高级官员的翻译及助手等，常常骑在小马上经过街道。但是普通人从来不骑马。"② 清末，人力车开始进入福州，俗称"黄包车"或"洋车"。不久近代交通工具汽车也进入福州。据外国人观察，1918年底，福州有约2000辆人力车，20辆1匹马的马车，数不清的运货两轮板车，几辆福特和其他牌子的汽车。③ 1931年，在福州及其周边地区，有74辆小汽车，4辆卡车，26辆公共汽车和8辆摩托车。所有注册的车辆中，98%是美国制造的。④ 一位协和大学的美籍教师说：新的交通方式显而易见的优点之一是节约时间。从大桥到南门这段路程步行或坐轿子要40～45分钟，坐人力车要20～30分钟，但乘公共汽车只要9分钟。⑤ 福州

---

① 郑宗楷等编《福州便览》，1933，第139～141页。
② Rew. Justus Doolittle, *Social Life of The Chinese*, New York：Harper & Brothers, 1895. Reprinted in Singapore：Grahm Brash, 1986. p28.
③ Lacey, Walter N., *Road Improvements at Foochow, China.*, Journal of Geography, 19（1920：Jan/Dec）
④ John muccio, *Growing market for automobiles in Fukien*, China Weekly Review, August 15, 1931.
⑤ Lacey, Walter N., *Road Improvements at Foochow, China.*, Journal of Geography, 19（1920：Jan/Dec）

市区内河众多，还有木帆船充当交通工具。传统与现代交通工具长期并行，但最终方便快捷的汽车、自行车等逐渐取代了轿子、马车。

洋货进入城市居民的日常生活，促进市民生活方式的改变，趋新、趋洋成为时尚。这种民俗心理固然有利于洋货在中国的倾销，同时也成为刺激近代中国民族工业发展的因素之一。如果说西方宗教的传入，只得到少数人的信仰；西学的传播，主要是打开了士大夫们的眼界；那么，西方商品的输入却打开了千家万户的大门，让普通之家也与世界发生了密切联系。①

二 政治变革与社会风俗的演变

辛亥革命对于改良社会风俗具有巨大作用。伴随着帝制的崩溃和共和政体的建立，封建等级制度、官场礼仪和称呼被废除，见面行握手、抱拳或拱手礼。清末，外国传教士首先倡议反对缠足。清政府推行新政，发布了劝戒缠足上谕。辛亥革命后，男子剪发易服，女子普遍放足。南京临时政府颁发劝禁缠足的布告，缠足陋习在福州渐渐杜绝。清末随着西人来华的增多和西方文化的影响，去辫留西式短发的人越来越多，除了归国的侨商和留学生外，还有买办、通事（翻译）、洋行职员。辛亥革命后，剪辫成为移风易俗的重要内容。1912 年，福建都督府发布公告，强制要求政府官员及其家属和商会、农会的办事人员剪辫："通饬商会、农业会办事人员，悉宜剪辫，并令移文各分会一律剪除，并谕令各商照剪；凡在官人员家属及使用之人均令剪辫，有不剪者，即行撤差。……合行通告合署书记、壮勇人等一体遵照，悉宜剪辨供公，有未剪辫者不许进入本署。"② 蓄辫者很快绝迹。根据福建省会公安局调查，1934 年，蓄辫 30 人，缠足 695 人。③ 固守这一传统的人已寥寥无几。

国民党取得全国政权以后，总理纪念周仪式被推广到所有党政军警机关、学校和民众团体，以此实现国家政权对社会的控制与意识形态传输。

---

① 严昌洪：《中国近代社会风俗史》，浙江人民出版社，1992，第 80 页。
② 《福建公报》1912 年 2 月 3 日，第 19 号。
③ 《福建省会蓄辫缠足人数统计表》，载福建省会公安局《福建省会户口统计（民国二三年）》，1934 年 12 月。

当时福州集体婚礼的一个重要环节是"全体肃立向党国旗及总理遗像行三鞠躬礼,主婚人恭读总理遗嘱"。① 民国以后,改用西方历法,在继承传统节日的同时,国家政权开始推行一些新式节日,如元旦、教师节、植树节等纪庆节日。以 1937 年为例,当年福州各行政机关举行纪念式的纪念日有:1 月 1 日中华民国成立纪念;3 月 12 日总理逝世纪念……7 月 9 日国民革命军誓师纪念;8 月 20 日先烈廖仲恺先生殉国纪念;9 月 9 日总理第一次起义纪念;10 月 10 日国庆纪念;10 月 11 日总理伦敦蒙难纪念;10 月 31 日先烈黄克强先生逝世纪念;11 月 9 日省庆纪念;11 月 12 日总理诞辰纪念;12 月 5 日肇和兵舰举义纪念;12 月 25 日云南起义纪念等,共 19 个纪念日。② 然而岁时令节仍然是中西杂糅。民国以前海关已兼用西历(阳历)。许多中国商人与洋商打交道用阳历,而与本国商人做生意和自己记账仍然是用旧历。西方历法和新的纪念日多为学校机关使用,对民间影响不大。中西历法并行不悖,体现出中西习俗的有机融合。

抗日战争爆发后,面临巨大的社会变动,国家政权继续倡导新的社会风俗,建构民众的国家认同,支持抗战。1938 年 3 月 12 日,孙中山逝世 13 周年,福州各界召开纪念大会,"效法总理奋斗不懈精神,以荡平倭寇挽救民族危亡",省党部还发表告同胞书。③ 为"纪念革命导师逝世",全市停止娱乐并下半旗致哀。上午 8 时福建省党部召集省会各机关学校团体代表,在中山路党部大礼堂举行纪念大会。下午 2 时在西湖公园紫薇厅举行种树大会。④ 1938 年 4 月 3 日的第七届儿童节,福州全市小学举行晚上火炬巡行,参加者 3000 多人,沿途呼口号、唱歌曲,极为热烈。⑤ 同年五一节在西湖举行水上化装游行。5 月 6 日,在台江举行省新运会短装运动示范游行,由省政府军乐队前导,从道山路出发,至大岭顶解散,各机关服务团员均参加。⑥ 通过这些活动,强化大众的国家认同和民族意识。

---

① 詹宣猷修,蔡振坚:《建瓯县志》,卷 19,1929,第 4 页。
② 《纪念日一览表》,载《福建省县政人员训练所一览》,福建省县政人员训练所编印,1937 年 7 月。
③ 《福建民报》1938 年 3 月 12 日,第 4 版。
④ 《福建民报》1938 年 3 月 14 日,第 4 版。
⑤ 《福建民报》1938 年 4 月 4 日,第 4 版。
⑥ 《福建民报》1938 年 5 月 9 日,第 4 版。

三 宗教信仰与社会习俗的变迁

宗教作为较高层面的文化形态，其辐射力、渗透力比其他物质文化更为深刻。鸦片战争后，在不平等条约庇护下，西方传教士进入福州传教布道，通过长期的努力，吸引的教徒逐渐增加。《中华归主》称，就基督教势力而言，福建省被认为是最兴旺之省区。① 据1928年底福州市公安局的人口调查，福州有佛教徒7667人，道教3820人，回教265人，耶稣教（基督教）3626人，天主教1755人。② 但这个数字并不完全，没有包括水上居民即疍民的天主教信徒。西方传教士经常以创办医疗事业和设立教会学校作为传教的辅助手段。大多数医生在来华之前都受过宗教训练，甚至有专聘的传道人员或牧师向病人讲道及分发布道传单等工作，劝导病人及其家属参加教会。③

西方宗教对近代福州城市社会风俗变迁产生了很大影响。教会学校传播的自然科学和社会科学知识开阔了人们的视野；教会创办的报纸开福州近代报业之先河；西医西药也改善福州市民的健康状况。西方宗教不相信星命风水之说，宣传博爱，劝人行善。教会实行严格的一夫一妻，反对纳妾蓄婢，反对妇女缠足，主张妇女受教育。教会还开设救助弱者的慈善机构，如福州盲童的灵光学校等。这些道德观念和生活习俗在客观上为国人提供了借鉴。一些追求时尚的青年人也开始过起圣诞节等节日。福州基督教青年会在城内和南台都建立分会，设智育部、体育部、会员部、交际部、职工部等。《闽海关十年报告（1912-1921年）》载：在闽江边的青年会大楼"是一座漂亮的建筑，建于1915年，费资15万元，具有美国同类建筑的所有设施，如商业室、教室、宿舍，自办的小发电厂、游泳池、娱乐室等等。"④ 1928年福州青年会体育部筹集10万元巨款为会员建筑体

---

① 中国社会科学院世界宗教研究所：《中华归主：中国基督教事业统计（1901-1920年）》，中国社会科学出版社，1987，第164页。
② 〔日〕野上英一编《福州考》，福州东瀛学校，昭和十二年八月（1937年），第100页。
③ 王治心：《中国基督教史纲》，1940年初版；上海古籍出版社2004年印刷，第288页。
④ 吴亚敏、邹尔光等编译《近代福州及闽东地区社会经济概况》，华艺出版社，1992，第426~427页。

育馆、淋浴室、手球房，开办国术团、游泳班、排球班等。除举行游泳游艺会、国术表演会、卫生浅说宣传及球术公开比赛外，又帮省教育厅筹备福州市运动会。青年会有留声机、弹子房、游艺室、电影厅，还有会员宿舍、大餐室、理发所、寄物室。"为提倡正式娱乐起见，本年更不惜重金特赁电影，如罗克、卓别林、范朋克名星主演之巨片来闽在会开映"。① 青年会餐厅还成为当地设备一流的就餐和社交场所。1935 年，中央政治学校地政学院的李奋在日记中载，朋友邀请他到青年会晚餐，"青年会居闽江之旁，风景佳丽，凉快无比。吾人畅谈其中，几不知暑气之恼人。"② 青年会经常为会员及社会人士举办各种体育、游艺培训及比赛、放映电影等活动，也为市民的休闲生活提供了方便。

四　市民休闲生活方式的变化

扑克牌、跳舞、电影等相继传入福州，丰富了人们的娱乐生活，人们的休闲方式呈多元化。20 世纪三四十年代出版的《福州便览》《福州指南》《福州要览》等都有"食宿游览"栏目，详细介绍了福州的客寓、菜馆、饭店、浴室、理发店、茶楼、戏院、戏班、讲书场以及园林名胜，这些设施给外来游客及本地居民带来了生活的便利，也提供了较为丰富的休闲选择。闲暇时间，年轻人喜欢到戏院观赏西方和上海的电影、打球、跳舞、骑自行车兜风、到市郊踏青、到公园散步。普通市民多爱听评话、喝酒谈天、打麻将、泡温泉、泡茶馆等等。

看电影成为市民重要的娱乐和休闲方式。市民多利用电影举办节日庆祝会或募捐活动。福州最早的电影是 1912 年福州基督教青年会设的电影场，每周六免费招待会员观看。1925 年夏，上海新奇影戏社在福州经营电影，从欧美购买电影放映机和影片，租售给电影院。同年，葡萄牙商人首先在福州南台福新街开办大光影戏院（后改称大光华戏院）。此后，福州开设苍霞洲广资楼戏院（又名广聚楼、广裕楼）、东街文艺剧场、南街福

---

① 福州基督教青年会编印《福州基督教青年会报告》，1928，第 19~32 页。
② 李奋、林传沧：《闽侯实习调查日记》《福州厦门实习调查日记》，台北：成文出版社、美国中文资料中心合作印行，1977。

州电影院、福新街启明电影院（后改称明星电影院）、南台田墘广声影院（后改名广星电影院）、南门兜南方电影院（原名蝴蝶电影院）、东街三星电影院、总督后中华电影院、南街友声电影院、南台大罗天剧场、台江戏院、黄巷南华戏院、贤南路南京戏院和南门兜冰云氏画室附设的家庭电影小厅等营业性影（戏）院，全盛时达到十五、六家。福州还有星月、新社、爱群等歌舞团体。①

传统休闲方式有的被废弃，有的仍在继续。泡温泉、喝茶成为福州市民特有的休闲消遣方式。福州的温泉含有硫磺，可以治疗皮肤病。清代康熙年间，出现私人经营温泉澡堂，至光绪年间最盛时发展到40多家。民国时期，随着打井引汤技术的进步，城东有温泉脉的地区纷纷凿井引泉。沿着汤门一带浴室林立，都是掘地为井，泉水涌出，用铁管引入室内。城南王庄、南台一带浴室，也埋铁管、做暗渠，引来四五里外的温泉水。② 20世纪30年代，福州澡堂业进入全盛时期。据《福州便览》记载，当时城内外的井楼门外、河尾、汤门、东门外、水部、王庄、台江汛等地有各种档次的浴堂55家。③ 温泉浴堂还起着交际场所的功能。讲究的浴堂还有理发所，餐馆等设备，普通浴堂也可以理发，吃点心、吃饭。时人评说："所以宾客、朋友远来的洗尘，诉讼调解的密议，往往在浴堂中集合。若是到了炎夏的时候，在浴堂里一榻横陈，不知朝夕，把浴堂当作纳凉场所的人们，更不知有多少。旅闽人士来福州，也以泡温泉为最爽快的一件事。"④ 福州茶楼为了旅客休息或候船，多设在闽江边一带。特别是在马路没有修筑以前，城里和南台相距较远，茶亭刚好在城台中间，所以茶亭有茶店十几家。福州的闽剧、评话，仍然很受市民欢迎。闽剧的舞台美术设计曾开近代中国戏曲舞台美术改革创新风气之先，影响广及上海、武汉、西安、台湾等省市及东南亚国家。福州大部分的戏院除了演电影还兼演闽剧。传统评话也很受市民欢迎，在福州街巷，到了晚间，商店门前常常聚集着一群人，聚精会神地听评话。尤其是在神诞、个人生日、商店新开张日，都会请人说评话。评话的内容除了传统的神怪小说、演义故事，还有

---

① 郑宗楷等编《福州便览》，1933，第146~147页。
② 郑宗楷等编《福州便览》，1933，第143页。
③ 郑宗楷等编《福州便览》，1933，第145页。
④ 郑宗楷等编《福州便览》，1933，第144页。

"一部记载地方人物风俗史实的《闽都别记》,更是福州人喜欢听的故事"。评话所说的,"不外人生的悲欢离合,主张善有善报、恶有恶报",符合一般人的道德观念,"多半能够吸引听众和迎合社会一般的心理",因而很受市民欢迎。另外在南台和城里还有15处讲书场。①

五　传统陋俗的改变

福建城市的现代化植根于传统深厚的土壤,同时又是在西风东渐的外力推动下进行的。大量传统习俗中固有的陋俗还没清理,西方社会的一些不良风俗也涌进来,中西社会风俗的糟粕汇集成现代化的沉重包袱。童养媳、纳妾、婢女、冥婚、溺婴、迷信、厚葬、娼妓、烟毒等陋俗和社会病态在福州社会中仍然存在。

在传统时期,丧葬礼俗包括送终、搬铺、报丧、小殓、大殓、吊丧、出殡、下土、探墓、做七等繁文缛节。② 风水迷信观念对葬俗影响最大,民间迷信堪舆之术,希望得到所谓能够庇荫后人的福地。各地都有停柩经年不葬或屡次迁葬,以待福地的习俗。福州"葬则用鼓乐导从,更有惑于青鸟之说者,停柩数十年不葬"。③ 这种风俗浪费钱财,为争夺风水宝地的纠纷常常发生,甚至引起械斗,成为严重的社会问题。丧葬礼俗的改革包括取缔停柩,设立公墓,反对厚葬久丧以及提倡公葬和开追悼会等。国家政权对丧葬礼俗变革起了倡导作用。1914年福建省水利局改建西湖公园时,把开化寺长期停放的棺材迁移埋葬。1928年5月12日,福州苍霞洲美打道发生火警,沧洲救火会援丁奋勇扑救,殉难火场者7人,经救火界联合会公葬于西湖墓。此后每年5月12日均举行公祭,由救火联合会会长主祭,各救火会临警员均参加,极为热闹。④ 近代以来,丧葬习俗总的趋向简化。公务人员的丧事多采取追悼会的形式,并在报上登出治丧启事。

在废除陋俗方面,政府起了重要的引导作用,一些民间陋习如停柩不

---

① 郑宗楷等编《福州便览》,1933,第148~154页。
② 林国平、彭文宇:《福建民间信仰》,福建人民出版社,1993,第325页。
③ (清)徐景熹主修,福州市地方志编纂委员会整理《福州府志》(卷24风俗),海风出版社,2001,第684页。
④ 《福建民报》1938年5月13日,第4版。

殡、溺婴、弃婴、缠足、童养媳、迎神赛会等被明令禁止,虽然其中有的习尚因令行不止而远未消除,但已大有减少。1939年10月,福建省政府发布《革除早婚、多妻及遗弃私生子陋习》,强调:"一、凡男女未满法定结婚年龄者不得结婚。二、各地保甲长应负责劝导各当地人民:凡男女订婚或结婚,须按照法定的年龄,双方力求相当,藉以健全家庭组织,繁衍优秀种族。三、凡男女结婚前,最好须向当地卫生机关(接)受身体检查,如发现有花柳、麻疯等暗疾者,不得结婚。四、各地应绝对遵守一夫一妻制,健全家庭组织。五、私生子应由其生父或生母负责抚育,不得遗弃。"这些都是为了"改进国民体格,增强民族力量"。[1] 1940年2月22日又发布《福建省各县及特种区禁革民间陋习实施办法》,主要针对停柩不殡或不葬者、溺婴、缠足、童养媳等民间陋习。而婚前体检的建议,对于保证后代的健康更具有重要意义。由于当时条件所限,这些规定很多也只能是纸上谈兵,而且对于溺婴、早婚、纳妾等行为,也没有办法进行有效制止,但对于倡导社会移风易俗,还是起了一定作用。

六 对城市社会风俗演变的文化社会学思考

1. 文化冲突与融合

在文化社会学中,不同性质文化之间的矛盾性表现被称为文化冲突。不同类型、不同模式的文化的价值观念是悬殊的,即使是同一文化类型内部,也有不同的群体文化意识。当不同性质的文化遭遇到一起的时候,发生冲突也就是不可避免的。文化冲突不仅会改变原来的文化性质,而且还会产生出新的文化。[2] 福州是第一批通商口岸,成为接受外来文明的窗口和桥梁。西方物质文明以及风俗习惯的传入,与中国传统文化互相融合,促进了社会风俗的演化。从衣食住行、岁时节令、闲暇生活等随处都可以看见中西文化的冲突和有机融合,最终形成多姿多彩的近代福州社会风俗。在传统文化与近代西方文明相互冲击、渗透中,国人多方面吸收、改

---

[1] 《革除早婚、多妻及遗弃私生子陋习》(1939年10月),《福建省志·民俗志》,林国平主编,福建省地方志编纂委员会编,方志出版社,1997,第346页。
[2] 司马云杰:《文化社会学》,中国社会科学出版社,2001,第299页。

造，使自己的生活内容不断丰富，甚至成为复合习俗，体现了中西合璧的兼容性。这个过程同时也是一个积极的自我调整和再造过程。近代福州城市社会风俗由传统向现代的转型中，呈现出新旧交替、中西杂糅、多元发展的形态。这种巨大变迁也体现了传统与现代的并存和融合，从一个侧面反映了沿海城市现代化的特点。

2. 宗教与社会风俗变迁

在经典马克思主义看来，宗教作为一种社会文化因素，总的倾向是保守现状，维系社会系统的平衡与稳定，阻挠社会变迁。[①] 但同时宗教在某些方面也会推动社会变迁。宗教思想或观念通过影响人们的行为并促进社会变迁。第一，它们可能为某一群体的求变取向提供具体的内容，也就是该群体努力想做的事情或追求的理想。第二，它们可能会形塑持有该宗教思想或观念的群体对那些是其利益之所在的事物的社会知觉。[②] 西方传教士进入福州，以热忱的宗教普世精神从事传教，创办教堂，同时也建立教会学校、医院、办报刊等。教会反对纳妾蓄婢，反对妇女缠足，主张妇女受教育，客观上为国人改造社会陋习提供了借鉴。西方宗教对市民的闲暇生活影响也很大，福州的基督教青年会就是一个明显的例子。

3. 文化变迁与社会变迁

文化变迁，是指文化内容的增加或减少及其所引起的文化系统结构、模式、风格的变化。[③] 近代福州社会风俗的演变，从一个角度反映了社会的变迁。如废除缠足，反对溺女婴，反对纳妾，提倡婚姻自主，反映了近代妇女地位的提高和男女平等的思潮被人们所接受。而服饰、称呼的改变说明了封建等级制度走向衰亡。抗战时期通过纪念大会、群众游行等活动形式凝聚了民心，体现了全民抗战的精神风貌。

4. 国家政权与社会变迁

社会风俗的变迁动因不仅仅是西方观念的影响，也来自国家权力的倡导，甚至是运用法律和制度的方式强力推动。社会控制是通过社会的力量让人们遵从社会规范、维持社会秩序的过程。美国社会学家罗斯认为，社

---

① 孙尚扬：《宗教社会学》，北京大学出版社，2003，第 156 页。
② 孙尚扬：《宗教社会学》，北京大学出版社，2003，第 160~161 页。
③ 司马云杰：《文化社会学》，中国社会科学出版社，2001，第 318 页。

会控制是社会统治的手段，它规定了社会生活的方式，并用以维持社会的秩序。政治组织的一个重要功能就是进行社会控制。[①] 在吉登斯看来，从传统国家向现代国家的转型中，国家对基层社会的控制得以大大加强。在传统社会，社区的社会、经济和教育文化基本上是以社区的自发性组织达成。在民族-国家时代，这一切成为超地方性的，全民的事务，直接由行政力量实现。[②]

移风易俗是国家加强社会控制的一种手段。清政府推行新政时发布了劝戒缠足的谕令；辛亥革命后，南京临时政府颁布废除缠足、废除跪拜等命令；南京政府颁布婚姻法，规定法定纪念日，推广总理纪念周仪式；福建都督府发布公告强制要求政府职员剪辫；福建省政府强制在政府、学校和团体推行中山装，发布革除陋习的种种办法。国家政权从上到下形成一股强大的移风易俗力量。特别是在抗战时期，通过频频召开纪念大会、集体庆祝节日、火炬游行等新风尚的推广行动，显示了国家企图以社会风俗的改良来控制社会秩序，也产生了很大的效果。近代沿海城市社会风俗的演变，反映了随着国家政权不断向基层渗入，国家对地方社会各个层面的控制日益严密。

（原载《中共福建省委党校学报》2011年第10期）

[①] 庄孔昭主编《人类学通论》，山西教育出版社，2005，第376~377页。
[②] 安东尼·吉登斯：《社会的构成》，三联书店，1998，第23页。

【特殊地域人群研究】

跨界流动、认同与社会关系网络：
大陆台商社会适应中的策略性

——基于福建台商的田野调查

严志兰

大陆台商群体是伴随两岸经贸往来成长起来的新兴的、特殊的移民群体，既不同于国际移民，又不同于国内移民。首先，与国际移民相同的是，台商在两岸间的往返也是在两个不同政治体制与社会制度间的穿梭。但是两岸间不是国与国的关系，因此大陆台商移民又有与一般的跨国移民不同的制度定位和政策待遇，而且由于两岸同文同种，游走于两岸间的台商群体不会经历巨大的文化差异所带来的文化震撼与心理冲击。其次，与国内移民不同的是，台商群体来自一个经济发达的地区，经济地位整体上高于当地社会普通民众。但是由于两岸特殊的历史渊源与政治关系，台商目前并不享有与当地百姓相同的政治与社会权利。此外，虽然大陆台商群体不似国际迁移群体那样要经历巨大的社会文化环境的落差，相比国内移民群体，大陆台商群体与当地社会在价值观念、行为方式等方面仍存在较大的差异。

基于上述认识，本文通过对在闽台商的田野调查和问卷统计分析，对大陆台商的社会适应问题进行剖析，并运用国际移民研究中的跨国主义理论[①]、社会心理学中的社会认同理论、社会学研究中的网络理论和社会资

---

① 台湾学界认为台商具有跨界移民群体的典型特征，笔者在此仅限于使用跨国主义理论来分析大陆台商作为迁移群体的若干行为和心理特征，对大陆台商的跨界流动现象进行学术上的探讨。

本理论来理解和解释大陆台商的社会适应心理和行为。

一 建构跨界的生活：跨界生活方式与跨界社会空间

（一）在闽台商两岸间跨界流动的常态化与前提条件

"工作和生活重心在大陆，定期或不定期回台湾"已经成为在闽台商普遍的生活方式，这种生活方式的鲜明特征是跨界流动成为一种常态化的行为方式。每年回台湾几次，每次呆多长时间，视个人具体需要而定。在闽台商群体中的台干群体有固定的休假，每年4~6次不等，因此大体上台干有300天左右的时间在大陆工作、生活，而每次回台湾的时间在一周至半月左右即返回。可以预见在台商的生命历程中，这种跨界流动的生活方式将分为两个阶段。第一阶段，大陆为生活重心，往返两岸间，大陆是台商长期的居留地，但长期居留并不等于定居。绝大多数台商并未放弃台湾地区居民身份。第二阶段，台湾为生活重心，往返两岸间。未来当台商可能会结束在大陆的工作，返回台湾定居也未可知。由于在大陆工作、生活期间与大陆人民建立的事业和人际关系网络仍在，因此台商仍会不定期地返回大陆访友或从事其他活动。

台商能够在两岸间频繁跨界流动的前提条件有两个：一方面是特殊关系下的两岸边界能够相互开放；二是跨界流动的时空距离越来越近，跨界流动的时间和金钱成本越来越小。在两岸相互隔绝的状态下，台商别说频繁跨界流动，就是正常往来两岸都要冒被抓的风险。1987年台湾当局开放民众赴大陆探亲，两岸交流人为的藩篱才逐步开始清除，为台商跨界的生活方式创造基本条件。

福建省是大陆距离台湾最近的省份，近年来更具建设海峡西岸经济区"先行先试"政策之便利条件，两岸人员往来便捷化政策不断出台，为台商跨界生活方式的建立创造客观条件。为方便台胞往来两岸，先后开放台湾同胞"落地签证""落地签注""多次签注"，以及签发五年期《台湾居民来往大陆通行证》。

在两岸交通条件的改善方面，福建省更是走在全国的前列。早在2001年闽台之间就开通了"小三通"客运航线，这条航线一直是大陆台商往来两岸最为经济、便捷的一条黄金水道。现在福建省已有35个台轮停泊点，沿海6个区市都实现了与台湾金马澎地区的直航。2008年11月，两岸"大三通"水到渠成，两岸的客机、轮船和信件跨越台湾海峡，不再绕经第三地而直接通往彼岸。"大三通"以后，福建省会福州到台北的距离从"三通"前的810千米的交通距离缩减为230千米，仅为原先的1/4，是大陆不同省区中到台湾交通距离改善程度最大的地区之一。相对于"大三通"，"小三通"的优势是费用低，经"小三通"走"马尾-马祖-台北"，需要4个小时，往返费用1800元人民币。不便之处是需要多次换乘，如果碰上天气不好，还有可能被困马尾、马祖。而"大三通"的优势在于交通时间大大缩减，比如"大三通"后，福州飞往台北还用不了50分钟。但是"大三通"的往返费用一般大约是"小三通"的一倍。来自福州机场边检站的统计数字显示，从2008年12月18日福州至台北首航开始，这条航线的客座率一直保持在八九成，成为两岸最热的航线之一。2010年3月15日开始，台湾长荣航空开通福州至台北的直航航班，福州长乐国际机场每周共有20个航班往返福州至台北两地。笔者的问卷调查结果也表明，两岸包机直航后有36%的受调查者返台次数增加。

"大三通"以后，闽台"小三通"航线并未因此受冷落，闽台海上直航迅猛发展。① 2010年2月19日（正月初六）是大陆春节假期的最后一天，闽台海上客运直航运送旅客人数井喷并再创新高，春运以来首次单日突破5000人次。② 这说明，便捷、省钱的"小三通"航线对不同层次消费群体有着强大的吸引力，用于交通的时间和金钱费用不断降低是台商能够在两岸间频繁往来的客观因素，同时也意味着不仅大老板，就是普通的打工一族——一般台干，也有经济条件维持这种跨界的生活方式，两岸间跨界流动的草根化趋势可想而知。

为了顺应上述两岸交流趋势，福建省也不断采取措施，使台商能更便捷、省钱、省时往返两岸。福建省台办主任在2010年两会期间提出，福建省将继续推进"大三通"、做大"小三通"，增加航班航点，两会结束后，

---

① 罗钦文：福建加快发展对台"三通"重点推动滚装运输发展，http://www.chinanews.com.cn/tw/news/2010/01-21/2083338.shtml，2010-01-21。
② 罗钦文：闽台海上直航客运"井喷"：春运首破单日5000人次，http://www.chinanews.com.cn/tw/news/2010/02-19/2126171.shtml，2010-02-19。

马上要开通福州到台东、高雄的航路，这类工作今年继续推动，并改善软硬环境的建设，特别要拓展台胞签注自助服务和办证网络服务，为台胞往来两地提供便利条件。①

总的来说，福建尽得地利之便，拥有"小三通"和"大三通"的双重优势，台商往返两岸的交通方式选择越来越宽松、便捷，不管是时间成本还是金钱成本，能负担得起的人越来越多，这是在闽台商形成在两岸间跨界流动常态化的客观条件。

（二）跨界社会空间的建构：跨界流动的动力之源

为什么台商要在两岸间持续性的往返流动？笔者的田野调查发现：在频繁的流动中，台商建构起五种类型的跨界社会空间。

第一，跨界市场空间。有些台商企业主在两岸都有事业；台湾福建"两头跑"更是一些台商个体户的"必修课"，为了保持在大陆的竞争力，他们要定期返台了解台湾的行情、市场信息、把台湾最新的经营与服务理念带到大陆来，做成"大陆人不能做的生意"。特别是经营餐饮业的台商，更需要回台湾采购生产原料，在台湾福建来回跑也就成为常态了。台干有固定的休假，虽然返台是个人的事情，但也有不少高级主管要在休假返台时先向台湾母公司汇报大陆公司经营管理情况。

> 我是95年到这边来的，那个时候父亲不在，现在母亲已经九十多岁了。我到大陆以后，有10年的时间是大陆台湾两边跑，大陆呆15天，台湾呆15天，因为台湾那边也有公司。现在呆在这边的时间要长一些了，台湾那边的工厂打算慢慢缩小规模。我现在在大陆有三个公司。（田野调查日记 WCF-20090428）

第二，跨界情感空间。台商选择到大陆长期生活，原有的社会关系不能都带到大陆来，特别是父母、子女或配偶不得不留在台湾生活的台商，经常返台探亲对家庭关系的维系、私人感情的满足尤为重要。尤其是对于那些把到大陆工作的流动留给自己，把不流动留给家庭的台干而言，定期

---

① 梁卓钧、陈庆祥：福建台办主任：将加快与台湾多层次对接，http://forum.home.news.cn/detail/74290619/1.html，2010-03-07。

往返于两岸之间就成为解决由此引起的两地分居问题的妥协性解决方案。

还有些台商虽然习惯了大陆的穿衣和饮食方式，但还是喜欢回台湾购物、逛街，重温台湾的生活细节。笔者认为这些都不能单纯的理解为消费行为，更多的是一种心灵和情感上的需要，从而使台商完成他乡—故乡在空间距离上的超越。

> 我一年大概回去两三趟，每次呆一个礼拜到十天，回去就是为了吃吃小吃，买买衣服啊，逛逛街啊，那种感觉很好（笑），买衣服很高兴，因为我这边买不到什么衣服，然后今天吃一点这个明天吃一点那个，感觉好开心，因为很久没有吃到。但是呆久了，太多了，很无聊，要回家了。（田野调查日记 CXR-20090227）

第三，跨界信仰空间。台湾是一个宗教和民间信仰比较普遍的社会，来到大陆以后台商把在台湾形成的宗教价值观念、宗教生活方式也带到大陆。据台湾"内务部"1987年1月统计，全台民间信仰的神灵共有300多种，其中80%是由祖国大陆（主要是福建）分灵过去的。[①] 这加强了台商对大陆尤其是福建的宗教文化认同，比较容易产生心理上的亲切感。笔者的问卷调查也表明，在闽台商中信仰佛教的比例高达54.9%，表示完全没有任何宗教信仰倾向的受调查者（即其他）仅占6.6%。

在台湾众多宗教团体中，佛教克难慈济功德会（简称"慈济会"）当属全台湾社会影响力最大的宗教团体之一。慈济会倡导"人间佛教"，大力倡导和推动社会公益事业，是台湾中产阶级参与最多的民间宗教团体。[②] 台商是台湾中产阶级的主体，笔者在田野调查过程中，就碰到不少慈济会的会员。"慈济人"成为台商在大陆的另一种身份，"慈济"成为他们在大陆生活的重要内容。台商"慈济人"在福建积极推展会务，把慈济的社会公益理念和生活方式带入当地社会。而通过网络连线或定期回台湾听上人"开示"及参加各种培训使台商"慈济人"与台湾保持常态而密切的联系。HJQ是福州的慈诚委员（慈济会会员类型的一种），在福州生活了20多

---

① 吕良弼主编《五缘文化力研究》，海峡文艺出版社，2002，第165页。
② 严泉、陆红梅：《台湾的中产阶级》，九州出版社，2009，第72页。

年,她把推广"慈济文化"当成了一种使命,工作以外的时间几乎全部投入到福州慈济的活动中去。过年不一定回台湾,"如果回台湾过年,就会带着女儿去跟(证严)上人拜年"(田野调查日记20091128再访HJQ),为慈济会务回台湾也比较多。

台商普遍还保留有中华民族慎终追远、饮水思源的传统。对很多台商来说,清明节、春节和中秋节是一年中最重要的三个节日,尤其是清明节扫墓表示对祖宗的孝道,春节则表示整年在外忙碌的人回家团圆,在这两个日子回台湾有很重要的意义(见表1),问卷调查中就有12.3%的受调查者将"祖先祭祀"当成一种信仰。事实上,从2001年开始在闽台商就联名呼吁允许台商在清明节通过直航金门、马祖返台扫墓,这一请求得到福建方面的积极支持,却被台湾当局拒绝。但是从2002年起,福建台商就获得台湾当局专案许可,经金门返台扫墓。此后,在清明节期间,经闽台"小三通"航线或常态包机返台的台商稳定增长,客流量比平时普遍增长20%以上。[1] 台商在春节期间返台就更普遍了,问卷调查显示,高达85.5%的受调查大多数春节是在台湾过的,春运期间,闽台"小三通"航线的客流量一度出现"井喷"。

表1　在闽台商的宗教信仰

		N	Percent	Percent of cases
宗教信仰	佛教	67	45.3%	54.9%
	道教	23	15.5%	18.9%
	基督教	9	6.1%	7.4%
	妈祖、关公、保生大帝等民间信仰	26	17.6%	21.3%
	祖先祭祀	15	10.1%	12.3%
	其他	8	5.4%	6.6%
	Total	148	100.0%	121.3%

第四,跨界日常生活空间。很多台商虽然在大陆生活,可是父母、家人和亲戚朋友还在台湾,多多少少会碰到一些日常琐事需要临时回去处

---

[1] 台胞清明节返乡祭祖人数大增,http://www.hsdcw.com/html/2009-4-4/181673.htm,2009-04-03。

理。台湾的医疗健保制度比较完善，台商对台商医生的信任度也比较高，碰到生病的时候，如果条件允许，也倾向于回台湾治疗。此外，还有一些台商认为，大陆近年来物价上涨过快，特别是着装方面，台湾服装鞋帽的价格、品质和款式都要优于大陆，因此定期回台消费购物也成为一个不错的选择。

> 我因为心脏不好，每年至少要回去两次，我妈妈70多岁的人了，身体也是超棒，但是也要每个季度回去做定期检查。（田野调查日记20091128再访HJQ）

第五，跨界的两岸交流空间。台商在大陆经营、工作过程中，会逐渐接触到一批大陆的客户、各种社会组织、民间团体，在两岸制度化、常态化沟通机制不健全的情况下，这些台商自然而然就担负起两岸沟通的中介作用。ZLQ在福州做美容美发有十多年了，有一批稳定的福州客户群。随着赴台旅游热的升温，ZLQ就主动组织这批客户去台湾旅游，为他们当导游。既同自己的客户沟通了感情，又让大陆客户对台湾有更深入的认识和了解。CBJ也有担负两岸沟通使者的经历。

> 我是07年来这边加入（台协会）的。我主管机关是保监会。台办也有一些来往，不一定是什么具体事情，因为我们跟台办的交流还蛮密切。那刚才我就接到市台办的一个电话，他们要去台湾参观我们在台湾的母公司，希望我们代为安排一下。那有的时候，台湾那边的银行或者证券业者要来拜访这边的政府机关，那我们可能起到一个中介协调的功能。我跟省台办也挺熟的，也是这类事情。（田野调查日记CBJ-20090313）

最后还需要指出的是，台商每次"返台"往往是公私兼顾。

> 我是两个月回去休假一个礼拜，回去以后固定要跟董事长见面会面，也回老家台南，彰化，我弟弟妈妈都在那里，肯定要抽两天时间跟家里人聚一聚。还有一点时间跟好朋友见个面聊聊天，一般的行程

大概就是这个样子。跟台湾的家庭和朋友也会用电脑、手机保持联系。我老婆也一两个月来一次。（田野调查日记 LXX-20090428）

就是在这种频繁的跨界流动过程中，大陆与台湾被台商常态化的流动紧密联系起来，跨界流动成为台商特有的生活方式，并在这种生活方式中建构起以台商为主体的独特的跨界社会空间。

（三）跨界流动的意义

跨国主义理论认为，移民与其家乡在非正式或正式（制度）层面保持着高密集性的跨距离联系，构成这种联系的网络和机构建构起移民跨国的社会空间，此外跨国社会空间还包括移民输出国的家乡人口。创造和维系跨国社会空间的动力在于：跨边界的实践允许移民"避开"他们在居住国所处于的次要地位，在心理上相对满足。同时，跨边界的实践也加强了家乡网络的力度，有利于资讯资源的获取，相互支持和工作推荐。[①] 那么，在闽台商在两岸间持续性的往返流动的意义是什么？

首先，在两岸间持续性的往返流动使在闽台商生活方式跨界化。生活方式跨界化的涵义是指：台商在台湾和大陆之间迁移，持续性地在两岸间转换生活地点成为一种常态。因为这种常态性的跨界流动，台商既没有完全整合或融入到大陆当地社会，同时因为主要生活地点转移到大陆而不同程度地与台湾原有的联系疏离，也就是说与大陆和台湾社会都保持一定的距离。台商虽然以大陆为主要生活空间，但并没有觉得离台湾太远，也不见得会觉得自己在台湾以外的地域生活。因为现代交通通讯技术的进步拉近了空间的距离，交通通讯条件的改善和费用的降低使得跨界流动更加频繁，进而使得台商与家人之间的团聚和情感的交流显著增加，这一切都使得台商作为现代社会的移民群体，其心理、心态都与传统移民有很大不同，故乡依然存在，但"乡愁"却在成为常态的跨界流动中消减了。

其次，在跨界的生活方式中建构跨界的社会空间。常态化的跨界生活方式使地理空间对台商的重要性不那么显著，通过联结两岸的关系建构的社会空间才对台商具有实际的意义。因为地理空间的割裂，这个群体既生

[①] 吴前进：《跨国主义的移民研究——欧美学者的观点和贡献》，《华侨华人历史研究》2007年第4期。

活在此处（大陆），又生活在彼处（台湾）。但是通过各种关系的联结，这个群体得以维持两个生活停留点，拥有双向的连结、双重的认同，从而建构起一个完整的社会空间。这样一个完整的社会空间对台商价值体现在两个层面，一方面解决因为迁移而引起的自我身份认知的模糊、混乱，使内在心理秩序有序化；另一方面，通过与两地社会同时保持联系，获得社会承认，形成和积累社会资本，进而彰显他们在两地的社会位置，实现自我价值与社会地位的相对提升。从厦门台商庄许家菱的一句话里最能体现两种认同的和谐共处："我来自台湾，不管离开多少年，始终深爱故乡且从不因其内部的族群动乱而引以为耻。我也是'新厦门人'，也从未停止过努力的打拼奉献，并希望这片土地的未来将会越来越美好！"①

台企陆干（大陆籍管理人员）SXP 从他的角度揭示了这种社会空间的存在对台商的价值。

> 总感觉他们台派的干部跟我们有一道无形的墙存在。他们的经济发展水平比我们这边高，就有点看不起这边的大陆员工，跟我们讲话的时候流露出一种优越感。其实这些台派干部在台湾的时候地位就相当于我们这边的组长、课长，派到这边来薪水拿双份，是我们的四倍，地位也比在台湾高。因为他们是台湾人，公司的关键岗位根本不会留给大陆人的，即使岗位空缺，公司也会让一个能力并不能胜任的台湾人来担任，只是因为他是台湾人。（田野调查日记 20090626 台企陆干 WXZ 与 SXP）

已经在福清工作 20 多年的 QDL 也有同样的感受。

> 台湾有些企业在台湾做得很烂，在大陆反而做得很棒。像我这个企业在台湾是小企业，在这边就成了大企业。（QDL-20090428）

随着大陆经济社会发展及国际地位的变化，台湾人看待大陆的眼光也发生了微妙的变化，岛内对祖国大陆，在原有的"通商热""投资热"以及

---

① 庄许家菱：《提升闽南文化是发展海西的首要策略》，《厦门社科学会通讯》2009 年第 4 期。

"寻根热"等多种"大陆热"的基础上,又新增"金融热""文化热""求学热""求职热""购房热"以及"高科技热"等新的"大陆热"。这些都对在大陆长期耕耘的台商在台湾的社会形象带来积极的影响,使他们在台湾故乡的社会地位也水涨船高。WHS告诉笔者一个有趣的现象,反映了两岸民间社会对对方地位的评价:"大陆的女孩子,厦门的女孩子,最近10年没有一个肯下嫁给台湾的。因为台湾的条件没有厦门好啊,现在下嫁给台湾人的都是荒郊野外的农村妹啊。"(田野调查日记20090506 WHS的厦门生活)

LXW同样也体会到了这种变化。

> 以前在台湾的时候,听到台湾人说,"嗯,隔壁的那个福州佬",现在就听到我妈说,"我女儿去大陆讨生活"。像我女儿这样的,在台湾非常吃香。①(田野调查的LXW-20090408)

二 重建心理秩序:双向认同与情境性认同

(一)移民认同研究理论回顾

认同是移民研究的重要主题。认同是移民群体所要面对的一个重要心理问题,是社会心理学研究的范畴;认同同时还具有关系属性的特征,也是社会学研究的内容之一。由于不同的社会认同,带来不同的关系紧张和建构,才有社会的多样性和丰富性。社会心理学侧重探讨认同改变、建构的心理过程和心理机制,社会学对认同的研究更偏重于社会现象的一致性(比如身份、地位、利益和归属)上的一致性、人们对此的共识及其对社会关系的影响的研究。

认同点的变化是理解当代移民错综复杂认同现象的关键。每一个人与其它任何一个人,都有潜在的认同之处,此即"认同点"。这种潜在的认同点处于不可知的隐性状态时称为"隐性认同点"。只有当外部条件具备,即由于血缘关系(包括姻亲关系)、地缘关系、业缘关系甚至心理性相通

---

① LXW的女儿在大陆读完小学、中学,访谈时在福建当地一所中医学院念大二。LXW说台湾公司非常需要像她女儿这样在大陆求学长大,对大陆和台湾都很熟悉的台湾年轻一代人。

关系等，把两者结合在一起的时候，就变成"显性认同点"。隐性认同点转向显性认同点的前提是人与人之间的交往和沟通，也即"相互作用"。①根据亨廷顿的观点，认同点有六种类型：归属性的、文化性的、疆域性的、政治性的、经济性的、社会性的。②对传统移民而言，地域性认同是最主要的认同点。当代移民比以往任何时候可流动的程度都高，移民会根据生活的需要、条件的变化和工作与事业的要求随时改变自己的生活居住地。也就是说，他们日常生活的重心（即生活归属）在发生跨边界的移动，在此过程中，跨界流动的移民群体不断建构、解构和重构新的社会认同，这种新的社会认同趋向于不受地域、民族、国家和领土的限定。有学者将这种新的社会认同称之为"外地域性认同"③，提出移民社会关系而不是地域或国家才是当代移民认同的基础。

（二）双向认同与情境性认同：在闽台商的认同特征

对自我的认同和对当地社会的认同是对在闽台商认同情况进行研究的两个主要方面。笔者通过问卷调查从在闽台商"对自身所具有的异质性的认知""地域身份认同""群体身份认同"和"文化身份认同"四个方面考察了台商的自我认同情况。问卷统计结果表明：有53.8%的受调查者感觉自己作为台湾人的行为特征比较突出，很容易被认出是台湾人；1/3左右的受调查者感觉自己常常被提醒是台湾人。85.5%的受调查者在台湾过春节，65.6%的受调查者认为台湾那边比较像家，还有54.4%的受调查者认为理想的长期生活的地点是"台湾"，33.6%的受调查者以"台湾"为理想工作地点，在所有被选性项中被选比重最高。近一半的受调查者认为"台湾过来的人""大多数可以信赖"，但是认为"大陆本地人""大多数可以信赖"的受调查者不到10%。55.8%的受调查者倾向于跟台湾人讲台湾话，75.2%的受调查者认为自己与大陆人的观念和想法存在部分差距，其中14.9%的受调查者认为这个差距非常大。由此可见，在闽台商对每一个认同点（具体表现为上述自我认同的四个方面）的认同程度并不一致。

---

① 陶庆：《福街的现代"商人部落"：走出转型期的社会重建合法性危机》，社会科学文献出版社，2007，第430页。
② 〔美〕塞缪尔·亨廷顿：《我们是谁？美国国家特性面临的挑战》，新华出版社，2005，第25页。
③ 王苍柏：《也谈华人》，《读书》2004年第10期。

其中地域性认同程度是最高的，对作为台湾人的文化价值观念的认同也是比较一致的，相比较而言在当地社会所感受到的"异质性"不那么强烈，从信任感中所体现出的群体身份认同程度也较低。这个结果表明半数以上的台商自我认同总体上倾向"台湾"，但不同的认同点，认同的程度出现分化，尤其是"异质性认知"和"群体身份"方面的"台湾"认同都不强烈。

"台湾"认同减弱意味着"两岸"或"大陆"认同的增强，其主要原因在于两岸同文同种的根缘关系，再加上台商与当地社会接触面的拓宽、拓深。问卷调查发现，62.8%的受调查者感觉大陆当地老百姓"一般都可以接受"台湾人。60%的受调查者认同两岸相同的文化根缘是发展事业的有利因素。66.1%的受调查者已经或在考虑将家人接来同住，81.8%的受调查者已经或在考虑在大陆购置房产，84%的受调查者已经或在考虑在大陆长期发展，32%的受调查者感觉台湾和福建两边都像家，65.3%的受调查者台湾和福建两边的生活都比较习惯。这一结果表明，在闽台商在中华文化认同、日常生活安排、事业发展规划及日常生活感受方面"大陆"和"两岸"兼顾的双向认同趋势明显。

在闽台商对大陆社会又有着怎样的认知呢？葛剑雄认为[①]，市场认同是当前新的认同形式，数百万台商在大陆安家落户，离不开大陆的市场，市场的认同也影响台商的政治认同，市场的力量将大陆和台湾紧紧联系在一起，起着比血统认同和文化认同更强大的作用。但是市场认同也有局限性，应该发展到利益认同。要让最大多数人得到他的利益。在这基础上更难的是观念的认同。现阶段两岸已经有了观念认同的基础。台湾很多人跟大陆有很多观念上的差异，不认同大陆的社会制度、政治制度，也不认同大陆的观念。但是不认同不等于不接近。以前两岸的观念是敌对的，现在是互相尊重对方的现状，随着改革开放带来的社会进步，在观念上的差异越来越接近，比如民主、自由、民权等普世价值。上述判断可以用来分析在闽台商对当地社会的认同。在闽台商普遍形成对大陆的市场认同，也正是基于这种市场认同，越来越的台湾人主动选择到大陆发展，在个人和企业规划上主动走在地化之路，以永续化发展作为事业的目标。在这个过程

---

① 参考葛剑雄 2009 年 12 月 4 日在华中科技大学做题为《统一与分裂：从历史看未来》的演讲。http://www.univs.cn/newweb/univs/hust/2009-12-05/935161.html。

中，必然发生各种利益和观念的碰撞。在闽台商普遍体会到两岸社会的差异和差距，但是他们即使不认同大陆的政治制度、社会制度和各种社会观念，也开始尝试去理解这种差异，而不是一味的否定、排斥。

> 对这次北京奥运我印象最深，我觉得大陆给我的感觉他是不断在进步，而且进步速度非常快。刚开始我来的时候，对很多东西，比较不习惯，或者看不惯，像卫生习惯，不过经过一段时间的沉淀之后，我能理解了，我越能理解的时候，我越能看得到说这个地方发展的速度更快。然后还有一点，这个地方跟台湾不一样的地方就是，这个地方的政府做事比较有效率，可是台湾的政府在做事的时候很没有效率。（CBJ-20090313）

> 我是台湾屏东人士，祖籍应为福建漳州。因家族多为"深绿"人士，加之自幼在学校接受反共教育，故对大陆政府成见颇深。我在商业圈打拼了十几年，一直从事水果生意。眼见周边好友皆往大陆拓展市场，且业绩不俗，又适逢大陆优惠政策出台，遂心有所动。与其坐以待毙，不如试试水深。谁曾想牛刀小试便大有斩获，大陆市场之大，出乎我的意料。厦门、台湾一水之隔，交通便捷，况且大陆政府对我们台商又极为照顾，更坚定了我的信心。回想当初，之所以能坚持下来，是因为对台湾水果有信心，对大陆市场有信心，对政府官员有信心，对国家政策有信心。①

有的台商甚至开始反思台湾社会一贯标榜的民主制度，反思大陆现行政治、社会制度的合理性。

> 我小时候在台湾，大人就跟我们讲大陆的共产党如何如何可怕。等我1997年到了大陆接触了很多共产党，觉得他们很了不起。为什么？这么大一个国家，这么多人口，几十年不乱，经济发展还这么快，非常了不起。大陆如果照台湾搞，早就分裂成不知多少个国家了。（田野调查日记20091029 率性女人ZNA）

---

① 梁章林主编《我从台湾来》，海风出版社，2008，第26页。

因此只要两岸双方有了或间接或直接、或浅或深的接触、交流、沟通，对对方的印象、看法，甚至对对方社会、文化、价值、观念的认同都会或多或少发生变化。尽管有很多台商"是为了经济考量才到中国，心态上根本不愿意接受中国主流文化的价值观与想法[①]"，两岸在价值、文化、思考方式等方面确实存在差异，但只要以开放、包容的态度进行互动、沟通、交流，不认同的心态也会被相互尊重的心态所取代。"或许，管它是什么，只要政权稳定，经济持续发展，人人有饭吃，这种体制也是有机会获得尊敬与效仿，虽然我可能会很不喜欢这样的体制。[②]"

情境性认同是在闽台商社会认同的另一特征。这里的情境性认同是指台商在对外给自己贴台湾人还是大陆人标签的时候，在一些场合宣称或彰显自己是"台湾人"，在另一些场合，则说自己是"大陆人"（具体到大陆某个省、市）。例如，在以大陆人为主要生意往来对象的情境中，台湾人身份对他们的经营、工作并没有特别的帮助，甚至会因为附着在大陆"台湾人"身上的刻板印象而影响到他们正常的社会交往，他们往往不愿彰显他们的"台湾人"身份。

> 工作上，我们的生意状态是比较单纯的，就是跟客户接触一下，没有太复杂。我跟人家都说我是泉州的，那后来我跟人家说我是台湾的，祖籍泉州，人家说ok，也没有觉得特别怎么样。（YZQ-2009 0420）

在以台湾人居多的情境中，台商就会倾向通过语言或自我介绍等方式来彰显自己的台湾人身份。对于很多初到大陆的台商来说，借助地缘关系的认同力量，先从"台商圈"入手，再逐步拓展到其他的关系网络是台商适应当地社会的基本路径。但是随着在地化程度的加深，台商对外彰显台湾人身份的积极性降低，地缘认同减弱。

> 以前刚来我会相信台湾人，因为观念比较相近，后来几年下来，

---

① 陶孟仟：《大上海地区的台湾移民对子女教育的安排》，《当代中国研究通讯》，2009年第12期。
② 谢铭元：《海的那边是什么？》，《当代中国研究通讯》，2009年第12期。

> 我会发现说很多台湾人来这边他也会不正当,他反而是台湾人欺骗台湾人,他利用你对台湾人先入为主的信任。(ZJP-20090406)

(三) 心理秩序的重建

跨界流动的生活应运而生了在闽台商"弹性"的身份认同①,这种弹性认同主要体现为双向认同和情境性认同,它使台商在个人心理层面保持了时空记忆与现实环境的无缝结合。跨界流动意味着外在生存和发展环境的改变以及由此引起的跨界流动者内在心理认知和认同结构的变化、解构、建构或重建。各种因为环境改变而带来的内在认知冲突或失衡通过这两种认同方式得以调和,重建了内在心理秩序。费孝通先生曾提出"心态秩序"观点,以解决在各种文化中塑造出来具有不同人生态度和价值观念的人们,带着思想上一直到行为上多种多样的生活样式进入了共同生活,怎样能和平共处的大问题。② 如果"心态秩序"要解决的是不同个体多样性文化共处的问题,那么笔者所提出的"心理秩序"则要解决的是同一个体面对多样性文化交汇引起的认知混乱甚至认知冲突时如何建立内在认知秩序的问题。台商在跨界流动过程中,摸索出一套可行的方法——建构跨界的认同。

这种心理秩序的重建包括两个方面。第一,寻求不同文化价值取向背后人类文化和心理的一致性的东西。第二,在不同的文化价值取向之间寻求理解、互补、共生的逻辑。台商在跨界的生活经验中,对两岸社会在政治制度、经济发展、社会人文素养、价值观念、生活方式等方面的优势和劣势有了自己的比较和体验,他们倾向于在不同项目的比较中,挑选出相对优势的项目,最后将这些挑选出来的要素有机组合,最终形成跨界的认同模式,双向认同和情境性认同就是这种跨界认同的两种表现形式。双向认同意味着台商在其认同结构中,既有大陆的因素,也有台湾的因素,既对大陆的市场和共享的中华文化的高度认同,又同时保持对台湾的地域和文化价值观念的认同。情境性认同则是一种状况性认同策略,通过对具体情况的判断,选择大陆认同或者台湾认同。

---

① 黄宗仪:《全球都会区域的弹性身分想像:以台北与上海为例》,[台]《文化研究》,2007年第4期。
② 麻国庆:《走进他者的世界》,学苑出版社,2001,第360页。

三　全面嵌入当地社会：多元社会关系网络的建构

（一）移民社会关系网络研究理论回顾

移民研究领域十分重视移民的社会关系网络在移民社会适应中的作用。许多对华裔移民的实证研究都表明，关系网络在华人社会里普遍存在且发挥着重要的作用。[①] 抵达移居地初期，移民往往通过族群内部关系，如熟人、亲戚、朋友、同事、同乡和宗亲会馆等寻找工作、安顿住所，借助社会关系的重组和培植，排除心灵的孤寂，关系网络对移民在物质和精神两方面的安定与稳定都起到了重要作用。事实上，关系文化是中华文化的重要特征，与其他民族不同，大多数华人看重"关系"，凡事都讲道义交情，着眼于营造人际关系，并以血缘、地缘为线索，形成了广泛的人际关系，每个人都处于这种关系网络之中，每个人都在不断地扩大或维持这种网络。[②] 通过与移居地社会成员和相关团体的互动，有助于移民迅速建立和培植适合个人生存与发展的关系网络，以便在新环境中实现个人价值和奋斗目标。简言之，移民在移居地重组和培植关系网络，有助于社会资本的获取与积累，进而有助于适应与融入当地社会生活。

建立跨地域的社会关系网络，并把其转化为社会资本更是当代移民的重要特征。移民群体通过社会网络的建构，实现社会网络的资本化与跨国式互动，并进而形成了移民"跨国社会空间"。[③] 王春光通过对巴黎的温州移民所做的研究发现，移民社会关系网络是移民在他乡或别国生存、发展和融入的重要法宝和社会资本，而不是社会融合的障碍。移民社会关系网络在移民社会融入中的作用表现在三个方面：第一，移民社会网络是移民传递流动信息的媒介；第二，社会关系网络是移民流动得以进行的机制；第三，社会关系网络是移民生存与发展的支撑体系。[④] 吴前进在

[①] 张继焦著：《城市的适应——迁移者的就业与创业》，商务印书馆，2004，第83页。
[②] 郑一省著：《多重网络的渗透与扩张——海外华侨华人与闽粤侨乡互动关系研究》，世界知识出版社，2006，第29页。
[③] 吴前进：《当代移民的本土性与全球化》，《现代国际关系》，2004年第8期，第18~24页。
[④] 王春光著：《巴黎的温州人：一个移民群体的跨社会建构行动》，江西人民出版社，2000，第55~82页。

对新加坡华裔新移民的研究中还发现，越来越多的新移民在融入新加坡当地社会的同时，努力把居住国和外部世界联系起来。[①] 也就是说，一种更适合当代跨界移民的发展模式正在形成，移民的社会网络不断拓展，移民群体社会资本不断增殖，人群、社会、国家乃至地区之间的各种关系经过各种有意识的人为架构而实现了旨在促进相关利益共同发展的互动。可见，移民关系网络无论是对移民适应当地社会，还是对加强以移民为中介的移民移出地和移入地社会的民间关系都有积极作用。

当代移民社会关系网络的形成具有开放性、状况性的特征，会随着流动而发生改变。从流出地到流入地，移民生活的社会和文化环境发生了改变，为了适应这种变化，流动者必须调整和修改其原有的社会网络，甚至要建构新的社会网络。许多对海外华人新移民的研究都发现，传统的亲缘关系网络在移入地的影响和作用没有国内强，甚至削弱；而在共同的重要经历中建构起来的社会关系网络（变现为友谊、缘分等）的作用变得越来越强。

移民社会关系网络是"移民系统"的重要组成部分。在阿金·马博贡耶提出的"移民系统"理论中[②]，提出作为一种空间构成的"移民系统"，包含了移民输入地与移民输出地之间相对稳定的联系，而这种联系是在一个相对固定的制度框架内，依靠各种社会关系网络而维持的，移民就是在这个制度框架和关系网络中，凭着自身的人力资本而不断地流动与互动，以此来共同构成一个相对开放和流动的移民系统。根据这一理论，有学者进一步提出可以从宏观、中观与微观三个层面分析这个移民系统。[③] 比如在当代中国城市劳动力新移民这个系统中，宏观层面主要指的是国家相关制度、政策、法规，以及城乡经济状况、社会发展关系，它几乎对劳动力新移民的产生与发展具有生杀予夺的权力。中观层面主要是指移民社会网络，是对正式制度的一种补充，发挥着巨大的作用。当国家层面上的正式

---

① 吴前进：《1990年以来中国-新加坡民间关系的发展－以中国新移民与当地华人社会的互动为例》，《社会科学》2006年第10期，第83~91页。
② 华金·阿朗戈：《移民研究的评析》，《国际社会科学杂志（中文版）》2001年第3期，第35~46页。
③ 文军：《论我国城市劳动力新移民的系统构成及其行为选择》，《南京社会科学》2005年第1期，第54~58页。

制度不能很好地在移民系统中发挥推动作用时，作为民间活动的社会网络会积极地替代各种正式关系，以非正式群体特有的方式来推动劳动力新移民的形成。这种来自民间的社会网络大多依靠血缘、地缘关系自然形成，有助于移民自身在移居地重建各种社会关系、拓展社会网络。微观层面则主要指移民的人力资本，之所以在同等制度和网络环境下，新移民的最终结果会表现出巨大的差异和分化，其中一个很重要的原因就是其人力资本的不同。移民系统实际上是由宏观层面的相关制度、中观层面的关系网络和微观的人力资本三个层面的要素相互作用、相互影响而构成的一个动态系统。

此外，日本学者广田康生提出"移民族群网络"分析轴，详细剖析了由移民个人关系网络连接起来的各类关系主体。在广田康生看来，移民族群网络的构成者主要包括四种类型[①]：首先是"局外者"，即移民本人；其次是"局内越境者"，即身处当地社会，但能够与作为"局外人"的移民进行互动的人，例如移民在当地社会生活的亲戚、朋友等；第三是"对抗者"，即持与当地社会主流价值观不同看法，倾向于移民价值观的人，由此产生与移民交流的契机；第四种是"局内人"，即持主流价值观的当地社会居民。

（二）在闽台商社会关系网络的类型与建构策略

在大陆生活的台商群体中流传着这样一句话："有关系就没关系，没关系就有关系"。不论有没有在大陆定居的打算，既然到大陆工作、生活，就必须要以某种形式同所处的大陆当地社会进行接触，要为自己安排出一个特别的生活空间，以接触工作以外的地区社会。下文以台商生产网络以外的社会关系网络的建构为侧重点，根据问卷调查和访谈资料分析在闽台商群体社会关系网络的类型和建构策略。

第一，亲缘关系和地缘关系是在闽台商最重要的关系网络类型和社会支持网。对于初到大陆的台商来说，来自家人的关心和陪伴是台商消除心理孤寂感、在当地安心工作的最大支持力量。建立在地的朋友圈子不管是对工作还是对工作以外的生活都有着十分重要的意义，而以地缘关系为纽

---

① 广田康生著：《移民和城市》，马铭译（据日本有信堂1997年版本译出），商务印书馆，2005，第198~204页。

带建立和拓展自己的社会关系网络是一个行之有效的路径。问卷调查结果显示：超过一半的受调查者日常生活中遇到问题的商量和求助对象多为家人和台湾朋友，而对于工作中遇到的问题，大部分人选择的求助对象是同事、上级、生意伙伴，其次是台湾朋友。将近 7 成的受调查者已经或正在考虑将家人接来大陆同住。同时，受调查者在对"台湾过来的人"的人信任程度远高于"大陆本地人"。将近一半的受调查者将"与朋友相聚"作为主要闲暇生活内容。这一结果表明，在闽台商十分重视以家庭为核心的亲缘关系的社会支持作用；同时，台商朋友不论是在工作中还是在生活中都占有十分重要的地位。

表 2　台商教育程度与配偶的籍贯

		教育程度					Total
		初中或以下	高中、高职	专科	大学	研究所及以上	
配偶的籍贯	台湾	1	20	24	37	10	92
	福州	1	0	0	0	0	1
	闽南地区	0	0	0	2	0	2
	福建地区地区	0	1	1	2	0	4
	大陆其他各省	0	1	5	5	1	12
	未婚	0	1	4	5	2	12
Total		2	23	34	51	13	123

第二，两岸婚姻是台商社会关系网络建构的特殊方式，也是一种策略化社会适应方式。台商建立跨界婚姻关系的行动策略并非在大陆独有，台湾学者王宏仁在对越南台商与当地女性的联姻现象的研究中就指出，有些到越南的台商群体是人力资本不高的、边缘的人，为了在当地生活，他们没有良好的政商关系来进入市场，没有像样的学历以便在跨国劳动市场中流动，唯一依靠的就是自己的劳动力，以及透过跨国婚姻而来的、新的社会网络的建立，以便在当地求取生存。这种通过跨界婚姻而来的草根交流越是活跃，跨界流动的台商就越是在地化，他们融入当地社会的程度就越高。①

---

① 王宏仁：《草根跨国组织与或跨国社区的建立：以在越南的台湾人为例》，《亚太研究论坛》（专题研究Ⅱ：台越关系专辑）》第 24 期，2004 年 6 月，第 112~130 页。

闽台之间有着相似的自然环境、饮食、语言和风俗习惯以及地方文化心理，再加上地利之便，随着台商到福建投资、工作人数的增加、常驻时间的增长，闽台之间的通婚关系更趋热络。据统计，2006 年底闽台通婚达到 87250 对，占内地涉台婚姻登记总数约 1/3，闽台通婚中又有一半来自福州。在笔者随机访谈的 32 位台商中，就有 7 位是两岸婚姻。在 125 份问卷调查中，属于两岸婚姻的个案高达 19 份，占 16%，其中配偶为福建籍的有 8 位。可见在闽台商群体中的两岸婚姻关系比较常见，那么福建台商的两岸婚姻与越南台商的草根跨界婚姻关系是否类似呢？交叉分析显示，19 位有两岸婚姻关系的在闽台商中 16 位学历在专科以上（见表 2）。笔者随机采访到的配偶是大陆籍的 7 位台商全部为自由恋爱，其中一位是台干，一位是女性，一位是二代台商，5 位婚龄在 10 年以上，他们不仅在生活中相互照顾，在事业上也互相配合，稳定的婚姻关系对台商在大陆的社会适应与融入的作用是显而易见的。

> 我们 2007 年结婚的，算是来这边最大的收获了。我跟我老婆两个个性比较互补，她个性比较活泼，嘴巴甜，讲话比较厉害，待人处世比我老道。我比较静，比较老实啦。我们两个蛮幸福的。我老婆是湖北红安人，现在没有做事，台湾生产后回到大陆，现在在家带小孩。有了老婆，小孩也刚出生，才 4 个多月，肩膀的责任又重了，以前是为了理想抱负，现在考虑比较多了一点。（田野调查日记 20090427 福清台干 ZXN）

> 我跟我先生没吵过架。我跟我先生大概认识 3 年才结婚。其实我跟你讲，我跟我先生没有轰轰烈烈的，我觉得我跟我先生很像朋友之间的感觉，因为只有你很平常化、平常心，那你的人生才会很常态。我婆婆是福建人，所以她非常能体谅我们。你如果说嫁出去的女儿怎么样，那我说那干嘛那么辛苦从台湾跑到这边来啊。我觉得是缘分，或许缘分是在这里。（在事业分工上）工商、食品卫生这些跟政府部门打交道的事情都是他在做，因为我也弄不懂，干脆让他去做，因为我先生以前在我们家公司就是在处理这些事情的。然后管理上会有去做一些沟通。（WHY-20090325）

(三)"大圈子"和"小圈子":在闽台商社会关系网络的建构过程

问卷调查显示:超过60%的受调查者更愿意参加台湾人在大陆的社团组织。而在受调查者中,有近7成加入了本地台协会,35.9%的受调查者参加了高尔夫球等类型的兴趣团体,还有接近两成的受调查者参与了台湾同乡会类型的组织。加入各类社会关系网络是在闽台商在社会适应中的普遍行为方式。下面笔者从正式的"大圈子"和非正式的"小圈子"来剖析在闽台商社会关系网络的建构过程。

第一,不同类型台商有各自的"大圈子"来扩展在当地的社会关系网络。在闽台商社会关系的"大圈子"有两个特征,一是以地缘性关系为主要脉络构建"大圈子"。二是关系网络组织比较正式,有相对固定的活动地点、活动内容和组织规范。

台湾台胞投资企业协会(以下简称"台协会")是台商在当地成立时间最早、最为正式的社会关系网络。目前福建省内共有9个台协会,台协会的会员以台商企业主为主,是台商在当地的民间社团组织。遵照大陆民间社团的管理办法,台协会登记管理机关是地方民政部门,业务主管单位是地方台办。会长由台商担任,会长聘任秘书长、副秘书长领导秘书处处理会务,秘书长、副秘书长一般由当地台办人员兼任或专任。据估计,参加台协会的会员企业约占在大陆当地投资的台企总数的1/3左右。[1] 以福州市台协会为例[2],该协会由来福州投资的台商自愿组成,1994年成立,2009年时有企业会员400家(不含福清市),以台湾中小企业为主,行业涵盖制造业、高新科技等30多个门类,投资企业平均年限达到15年以上。[3] 协会自成立以后,以"服务、团结、协调"为宗旨,围绕服务台企、加强台商会员之间、台企与政府之间、台商与当地社会之间的沟通、交流和协调开展工作。

---

[1] 许淑幸:《两岸互动制度化之研究——从大陆台商协会的功能观之》,国立台湾大学,2005年(硕士论文),第24页。
[2] 2008年10月-2009年1月,笔者在福州市台协会做了为期三个月的田野调查,田野调查结束后,笔者仍与台协会保持联系,参加台商部分相关活动。
[3] 陈奕廷(福州市台协会常务副会长):《立足海西,促进台企永续发展,引领企业再创辉煌——在为加快建设海西再展雄风企业家座谈会上的发言》,载《福州市台胞投资企业协会会刊》2009年总第五十期。

在加强会员之间的联谊、交流方面，福州市台协会已经形成了四大工作平台，开展多样化联谊交流活动以加强台商之间的凝聚力。这四大工作平台分别是：第一，片区活动。将福州划分为6个片区开展联谊活动，基本做到月月有活动，同时邀请当地部门领导参加，构建台商与政府部门的联系平台。第二，青年委员会。2007年福州市台协会正式成立台协会青年委员会，专门服务于青年台商、台干。2008年台青会举办了14场活动，活动主题包括联谊餐叙、大自然探险、知识讲座、烧烤等，还组织台青会与市青年团体举行联谊活动，加强与当地社会的联系。第三，牵手之家。牵手之家成立于1998年，是台协会下设的专门服务于女台商和台商眷属的组织。第四，高尔夫球队。台协会高尔夫球队坚持月例赛活动，以福州台协会命名的球赛"台协会杯"至今已经举办了五届，每年年底举行，是在闽台商一项重要活动，赛后颁奖仪式和晚宴吸引不少台商及家属来参加。台协会高尔夫球队与省内外台商高尔夫球队的交流也比较频繁。此外，台协会每年一次的周年庆也吸引了很多台商来参加。福州台协会还办了自己的会刊、网站，会刊由会长指导秘书处负责编辑，在周年庆前送到每个会员手中。台协会的会刊、网站都是台商了解、交流信息的重要渠道。

台商个体户也有属于自己的社团。2007年厦门市思明区成立了全省首个个体户协会台商分会，业务主管单位是厦门市思明区工商局。担任首任会长的CYL介绍说，协会现有副会长2名，理事4名，名誉会长由思明区台办主任兼任，其中一名副会长由思明区工商局某科室科长兼任。至今已有会员96人。协会成立以来，办公地点都是在他自己的办公室里，协会没有收取任何会费，经费支出都是他自掏腰包。只要是会员开店遇到困难，他都积极帮助协调解决。协会就像台湾的民意代表，在台商个体户和政府之间起到了很好的桥梁作用。（田野调查日记20090505与CYL、CQY谈大陆台商个体户）

目前以台干为主的正式社团还没有出现，但在台干比较集中的地方有一些联谊性质的定期聚会。比如在台干聚集比较多的福州青口东南汽车城，每个月都有一次台干餐叙。由汽车城的配套厂商自愿自行组织，每月一次以吃饭的形式聚会，每次由自愿报名参加东南汽车城配套厂商台派干部联谊会的配套厂中的3家轮流做东,年初排好全年的餐会计划,并通过福州市台协会传达到在闽台企,餐会地点近几年都定在闽侯青城大酒店。事实上,参加月例餐叙的人员是向所有台商及相关人员开放的,跟台干生活、工作相关的人和事都可以在聚会时统一介绍、宣传、通告。① 笔者认为,东南汽车城配套厂商台派干部联会餐会(以下简称"联谊餐会")是在闽台干社会关系网络建构与维护的重要非正式制度安排,其作用表现在以下几个方面。

联谊餐会是一个以汽车城台干为主体的台干群体社会关系网络运作的载体。青城大酒店是一个常规性的聚会场所,作为台干的社会关系网络编织和信息交流的据点而发挥作用。正是这里潜在的关系和信息的力量,将来到汽车城和福州工作、投资的台干、台商吸引来参加,聚集在这里的每一个台商之间随机地编织个人关系网络,从而形成了一个无形的汽车城台干群体关系网络。在这个网络中的人,有着相同的生活方式,聚餐成为他们建立和支撑其自身生活方式的日常关系的重要途径。

非正式组织与正式组织的连接与互动。在一次月例餐叙前几天,一家台企发生了员工打架致死事件,死者家属与这家台企就赔偿问题发生矛盾冲突。餐会上这件事被广泛关注讨论,福州市台协会秘书长与相关企业和人员不停地沟通,甚至顾不上吃一口饭,餐会结束后连夜写材料上报市台办和相关部门来处理此事。

非正式的私人关系嵌入正式的工作关系中,关系网络得到维护和扩张,社会资本增值。联谊会的会员以轮流做东的形式保持着与汽车城内兄弟厂商的联系与沟通,这些厂商的负责人之间在这种长期的人际交往中建立了相对较为信任的关系。而每个月受邀来餐会的台商也以乡音乡情为基础在一来二往中扩大着自己在大陆的社会关系网络。有意思的是,在大陆工作的台干在网络上呼吁成立类似国外工会组织的"台干协会"②,反映了大陆台干自发构建本群体内正式社会关系网络的意愿。

---

① PXJ是该餐叙活动的主要召集人和组织者之一,1999年PXJ被台湾母公司派驻福州工作,自那以后就成了每月餐叙活动的主持人。在PXJ帮助下,笔者在一次月例餐叙前完成了在闽台商社会适应的问卷调查。在另一次餐叙中,一家福州的技校向与会台商搜集企业用工信息。有些新到福州的台企或在福州开店的台商个体户也会利用这个平台做自我宣传。
② 成立台干协会的建议,http://www.twgocn.net/thread-40574-1-1.html,2009-02-25。

"小圈子"作为在闽台商社会关系网络的另一种形式使台商关系触角深入到当地社会日常生活中。与"大圈子"相比,在闽台商社会关系"小圈子"的特征是:建构方式更加灵活,更具开放性和状况性,网络规模和互动形式更加小型化、私人化、日常生活化。特别是业缘关系参与到"小圈子"的建构中,有利于在闽台商日常生活的本土化,也有利于其社会适应和融入。"小圈子"的规模一般在几个人或十来人左右,刚好够一桌到两桌人吃饭,"小圈子"内的互动内容比较生活化,比如定期吃饭、唱歌和不定期结伴出游。能结成一个"小圈子"主要是源于某一个或某些方面的共性,如都是年轻人,或都是台商的眷属,或都在当地做小买卖,或有着同样爱好等。形成"小圈子"的途径也比较多元,可能是在返台飞机上或外出活动中的一次偶遇,也可能是在台协会或台干餐叙的一次饭局中,还有可能是同在当地的台湾朋友的引介。

"小圈子"关系网络建构的一个重要渠道是沿着业缘关系将本地人纳入自己的社会关系网络。问卷调查表明,工作对象大部分为大陆人的台商其朋友圈子大部分为大陆人的比例接近40%,比工作对象部分为大陆人的台商其朋友圈子大部分为大陆人的比例高出24.8%。台商在当地生活时间越长,就越认识与当地人交往的必要性。CCR在福州生活了近20年,她非常注重拓展当地的关系网络,"很多台湾人也是这样,生活圈子跟台湾人在一起。其实这是一个错误的思考。我要在这边,我要生存下去,就要本土化。"(田野调查日记 CXR-20090227)

"小圈子"关系网络建构的另一个新兴途径是互联网络。如今互联网在台商拓展社会关系网络中的作用越来越大。青年台商都有上网的经历,很多台商在来大陆前就在网上寻找当地的台商朋友。台太LMG告诉笔者在来福州前她就通过网络联络到一位将赴东南汽车城工作的台干眷属。SKYPE、MSN、QQ都是台商与台湾、大陆和国外朋友联络的重要手段。而对厦门台商庄许家凌来说,互联网络更是给她带来意想不到的收获。

我来自台湾,是个台商太太,也是女台商。2008年3月8日我在新浪开博了。满2年后的今天,博客来访超过百万。这两年"城主夫人"便由厦门大正电脑城城主的老婆（城主就是总经理啊！）也变成了我的笔名而广为人知。我一开始是写做菜。每日做完菜后再拍照写博。结果，无意中受到厦门晚报美食版的关注及采访，称之为"民间高手"！在那之前，很多人是不知道也不相信我会做菜，上报后受到广大群众回响，于是便邀请我这个台湾人开周专栏《食尚领鲜》。（部分文章在本博博文分类厨娘2046），约半年后，又另加了《食踪》专栏。后来又和皮皮王子共同创作希米系列（ximi），再后来也在海峡导报开始了《厨娘2046》，由于我博客里经常有比较特色介绍并教做台湾小吃，因而也促成了美食大三通"厦门两岸美食展"在大正电脑城门前广场举办。①

"小圈子"的建构过程也是生活方式的形成过程。一位受访者说，"福州的台湾人形成了很多不同的区块，或者叫社群，比如爱打高尔夫球的是一个圈子，喝酒唱歌的是一个圈子，像我们慈济人也有一个活动的圈子。"（田野调查日记20090319HJQ的慈济人生）一个圈子内的人互动的频率和时间比圈子外的人更多，圈子里的互动方式就是他们建构起的惯性生活方式。比如，PXJ喜欢打高尔夫球，每周末没有其他事情都会固定用来打球。HJQ热心推动台湾慈济在福州的公益活动，她的大部分业余和周末时间都用在了会务推展上。

私底下我们组织了小小的团体，十几个人，然后自己给自己取了一个名字，叫福州圆满会，简称福满会就对了，差不多每个礼拜就会聚餐一次，然后人员比较固定，我担任联系人，周六，几号，在哪里吃饭呀，对，对。重点是大家聚会，然后看看最近发生什么事情呀，每次聚餐都100块钱这样的，差不多一桌，因为差不多有的人来来去去，返台，出差呀。大部分没有生意上的往来。在台青会成立以前，大家都是各玩各的，我就是跟着父亲去夜总会，我就坐在那里，也没事干（笑），在家也没事干。他们现在吃完饭也还是会去夜总会。参

---

① 城主夫人：《新浪开博两年赚进不只百万》，http://blog.sina.com.cn/s/blog_51119d4d0100h8au.html，2009-03-10。

加了台协会后,一群人中你总会淘到几个人比较要好,然后大家玩在一起,然后比较常联系。(田野调查日记 XXL-20090312)

正如关系网络对华裔移民适应与融入当地社会具有重要作用一样,华人社会"关系文化"对大陆台商的影响同样存在。在闽台商以亲缘关系和地缘关系为主要支撑,"大圈子"和"小圈子"共同编织起台商在当地社会的关系网络,推动台商更好、更快地适应和融入当地社会。

(四) 全面嵌入当地社会

大陆台商群体是一个特殊群体,在经济、政治、文化、心理等方面的特性使其在社会适应方面存在较大的张力,同文同种是台商能够融入当地社会的最有利因素,但这个群体在经济、文化和心理等层面的"强势外来者"特征[①]又使得该群体缺乏融入当地社会的积极性和主动性,政治层面的敏感地位更成为一道难以绕过的客观障碍,导致台商与大陆当地社会若即若离的关系。笔者认为,台商社会关系网络的建构与扩展是台商接触当地社会的主要渠道,借此从经济、社会、文化、日常生活等各层面嵌入当地社会生活。

在闽台商通过生产网络的建构与嵌入当地社会完成经济层面的适应。台商跨界流动最大的动机是追求个人生存、发展的更大空间和更多机会。要留在大陆发展,台商首先必须在经济层面获得稳定的生存和发展机会。社会关系网络在台湾企业社会普遍存在[②],大陆台企承袭了在台湾的企业经营风格,"关系网络"在台商的流动决策和流动后的生产经营中都有着重要影响。"朋友介绍"是台商到大陆投资、工作的一种常见类型,不少台企甚至在投资大陆初期也将在台湾的生产网络整体移植到大陆,以人情关系为纽带建立起了内闭式的协力生产网络。这种内闭式生产网络降低了对当地社会的依赖,但将台商隔离于当地市场体系和社会生活之外,不利于台企在大陆的长期发展。在长期的大陆社会生活实践和企业本土化经营

---

① 刘伟在对在华外籍就业人员的社会适应研究中提出"强势外来者"概念,指称相对于其他类型的外来人群乃至当地人群而言,在经济、文化、心理等方面处于优势地位的人群。参见刘伟:《在华外籍就业人员的社会适应》,《社会》,2010年第1期,第152~177页。
② 吴思华:《组织逻辑:人情与理性》,张苾云主编《网络台湾:企业的人情关系与经济理性》,台北:远流出版公司,1999。

转型过程中，这种封闭式、同质性的关系网络被打破，社会关系网络的结构、功能都在发生变化。

在闽台商以地缘和业缘关系为纽带扩张社会关系网络，全面嵌入当地社会。除了生存需要，台商还有生活信息获取、人际交往等各种社会和心理需要。在重建当地生产网络的过程中，首先是厂商之间经过多次合作的专业连带的建立；之后，在专业连带的基础上，双方经理人间有私人情谊关系的建立。因此，基于厂商之间密切经济合作的经济网络的建立在先；厂商之间多次互惠合作培养出彼此的信任，再加上双方企业员工间文化同源、人际关系等社会资源而建立的社会网络在后。同时，台资厂商在当地的互动对象并非局限于地方厂商，因为他们在大陆地区投资会面临一系列生产和生活上的问题，如生产方面的土地审批、海关、税务、劳工政策等方面都需要与当地政府发生互动，而在生活方面的治安、医疗、求学等方面也需要地方政府的协作。因此，地方政府的服务意识与效率对台资在大陆地区的社会嵌入将产生直接影响。[①] 在上述过程中，台商将包括大陆人和台湾人在内的生意往来伙伴、地方政府工作人员、大陆企业员工等互动对象纳入自己的社会关系网络中。上述功能性的社会交往成为台商建构和维系"大圈子"的主要目的。此外，台商通过"小圈子"的活动，在日常休闲、消费、婚丧嫁娶、人情往来、慈善公益等社会活动中，都把台商的形象带到当地社会，完成了与当地社会的情感性、象征性社会交往。

费瑟斯通提出全球化过程中全球文化之存在于跨界移民群体中，这是一种"第三文化"——"那些以各种方式逐渐独立于民族国家的实践、知识体系、习俗与生活方式。[②]"据此笔者认为，在常态性的跨界流动过程中，台商群体形成了独特的认同心理和社会关系网络建构模式，台商群体的这种独特生活实践和文化实践有可能创造出一种独立于台湾文化和大陆文化之外的"第三文化"。

[①] 王成超，黄民生：《台商投资大陆地区的区位选择及其空间拓展研究》，《人文地理》2008年第6期，第71~77页。

[②] 〔英〕迈克·费瑟斯通：《消解文化——全球化、后现代主义与认同》，杨渝东译，北京大学出版社，2009，第159页。

大陆配偶的自我诠释与身份认同

祖群英

人是社会性的人,不可避免的要进行社会交往。而男性与女性自然而然地从爱情走向婚姻走向家庭,无论是从人口的繁衍,从性的需求还是情感的安慰及家族的传承,都是人与社会所需要的。有这样一群人,离开了故土,离开了父母,离开了朋友,孤身一人跨越海峡来到台湾,在陌生的社会中他们要经历为人媳(婿)、为人妻(夫)、为人母(父)的多重角色适应。与一般婚姻相比,他们多了一层迁移关系,与一般婚姻移民相比,他们多了一重两岸关系,他们的婚姻生活注定来得更为复杂,更为多变。在异地他乡的生活经历里,由于个体和群体的特质在与其他人或群体复杂的互动中面临着变动、迷乱、理解,他们的身份问题不断凸显,造成他们身份认同的障碍、歧视、困惑等。

社会学家亨廷顿将人们的社会身份分成归属性、文化性、疆域性、政治性、经济性、社会性等6种类型,也就是说个人的社会身份认同是具有多维度的。① 本文的分析仅仅是从归属性身份即群体身份认同角度分析大陆配偶②社会认同的一个面向,即对于"我是谁,我属于哪个群体"这一问题的回答。

一 关于身份认同的理论架构

何谓身份?从根本上说,身份就是某人或群体标示自己为其自身的标

---

① 张文宏、雷开春:《城市新移民社会认同的结构模型》,《社会学研究》2009年第4期。
② 本文中的大陆配偶主要是指与台湾居民通婚并申请在台湾定居或居留的大陆民众。

志或某一事物独有的品质。身份是一定情景中对角色所作的区别,即在角色关系网络中所处的地位,人们常常会思考自己以何种身份出现在某种场合。身份认同作为一种心理意识,揭示的是个体与群体之间的归属问题,它产生于个体与群体交往互动之后而感觉到的彼此之间的差异或利益冲突。①

经典的身份理论认为,身份是一种常驻不变的"人格状态",是赖以确定人们权利和行为能力的基准,人们一旦从社会获得了某种身份,也就意味着他获得了与此种身份相适应的种种权利。②在稳定的、意义明确的传统社会,身份是相当稳固的,一旦获其身份,则往往终其一生不变,因此身份问题不容易为人所觉察。

但现代建构主义对静态的经典身份概念提出了质疑,认为身份是由社会所建构的,对人或群体来说,特性的确定性和统一状态不是一种固有的本质,而是通过其在社会环境中不断和他身外的或者未曾预料到的经验相遇,并把某些经验选择为属于自身的东西,因此,身份是一种建构的过程,是在演变中持续和在持续中演变的过程。③爱德华·赛义德也指出:"身份决非静止的东西,而在很大程度上是一种人为建构的历史、社会、学术和政治过程。"④而根据 Paul Giltoy 的说法,身份这个概念是"一种在我们对世界的主体性经验与这种微妙的主体性由以构成的文化历史设定之间相互作用的理解",⑤是关于"我(们)是什么,而不是什么""我(们)曾经是谁,现在是谁""别人认为我是谁""我(们)与他人有什么不同"等问题的追问,以从根本上探求个体与群体的自我特性和生存意义,并确定与身份有关的权利和义务。

建构主义认为,身份是由行为者在互动中所形成的结构所决定的,但反过来又影响着建构的进程。建构意义上的身份专指有意义行为体的属性,尤其是社会属性,它排除了无意识行为体的表面特征。另外,身份的

---

① 赵丽丽:《城市女性婚姻移民的社会适应及其影响因素研究》,《上海交通大学学报》(哲学社会科学版)2008年第3期。
② 张秀仕:《契约文化与中国现代法治建设》,《玉溪师范学院学报》2003年第7期。
③ 钱超英:《身份概念与身份意识》,《深圳大学学报》(人文社会科学版)2000年第2期。
④ 爱德华·赛义德:《东方学·后记》,三联书店,1999,第426、427页。
⑤ PaulGilroy, "Diaspora and the Detours of Identity", in I-dentity and Difference. Kathryn Woodward: Sage Publica-tions And Open University, 1997: 301.

确定是一个认同过程，它必须得到与之相反的"他者"的认可才得以解决。因此，对身份的形成和建构，要从两个方面去把握：一个是过程的互动性，在互动中，行为体将自我身份的定位和对他者身份的期望赋予对方，他者根据自身的方式做出相应的反应，这种反应又加强了自我对习得而来的身份和利益的定位。[①] 另一方面，身份是自我认同身份和他人认可身份的统一。身份必须由互动所产生的结构建构起来，而单方面的努力是不可能实现建构的，它必须依赖自我和他者在互动中的共同作用。身份的自我认同仅仅是身份磋商中的第一步，他者对自我认同身份的认可对于身份的形成更为重要，按照赛义德的看法，身份作为被建构的过程，"它取决于与其相区别、相竞争的他者的关系"，[②] 有他者认可了自我身份，自我身份最终才能得到社会承认，成为社会身份，并由此获得相应的权利和利益。

身份不但是行动体在与他者的互动中得以建构的，而且，由于行动体特性的多样性以及行动体与环境联系的复杂性，使得行动体的身份展现出多重性的特征：法律身份、文化身份、族群身份、自我认同身份和他人认可身份等。这种多重性身份使身份的建构过程复杂化了。[③]

二 大陆配偶身份认同问题的凸显

大陆配偶来台独自生活在陌生的环境里，所能接触的人群与事物也无从选择，只好默默地承受别人对其评论与观感，而这些来自他者的评价，正是他们自我形象的参考来源。在访谈的过程中，我们发现受访者显得特别在意别人是如何看待与定义自己，甚至如何称呼自己，都将展现在其自我形象和自我概念的认定之上。大陆配偶与台湾人的社会交往意味着双方在结构上的融合，而大陆配偶的社会认同是一个心理融合，这种社会认同是心理层面上的身份性融合。

从建构主义的身份理论中，我们发现，移民的身份是晃动的、流变

---

① 胡学雷：《身份建构与利益转变——明治维新后日本身份变化的建构主义分析》，《东北亚论坛》2002年第2期。
② 爱德华·赛义德：《东方学·后记》，三联书店，1999，第426、427页。
③ 覃明兴：《移民的身份建构研究》，《浙江社会科学》2005年第1期。

的，迁移者在物理空间上的迁移，不仅带来了居住环境、生活方式、社会交往的变化，最终也会带来深层次的关于"我是谁"的心理认同转变，群体和其中个体的身份建构成为被强烈意识到的问题。特别是边缘群体的身份问题显得更为突出。主要缘由在于，边缘群体处于现代话语权力体系的外围，在急剧变化的现代社会，其利益得不到足够的表达，甚至湮灭于无形之中，与主流群体相比，边缘群体与社会环境关系的联系性、变动性更为复杂、更为频繁，使其对自身的认同容易产生焦虑感和危机感，成为一种社会问题。

大陆配偶就是这样一种边缘群体，与其他群体相比，大陆配偶的身份认同与建构问题更为突出，更为复杂。

首先，从自我身份或自我认同来看，大陆配偶需要对自我身份做出新的阐释和理解。当他们通过婚姻迁移至台湾时，首先面临的就是居住环境、工作机会、生活方式和社会交往等具体的、现实的、可直接感知的变化，进而面临更深层次的比较抽象的心理层面问题，诸如"我过去是谁，现在又是谁""他人认为我是谁"等一系列有关个体和群体身份的追问。有学者指出，诸如移民的这类身份追问，其目的在于获得对身份"满意的、完整一致的意义解释，以便接受和平衡转变所带来的心理风险，使自我和变化着的环境的有效联系得以重建，以免于主体存在感的失落"。[①]

其次，大陆配偶来到台湾，他们是以"他者"的身份与台湾主流群体相互动，成为迁入地主流文化的边缘人群。由于大陆配偶多是从落后地区或是贫困群体中通过婚姻方式迁移至台湾，受意识形态化或是制度性、社会性排斥，存在着与主流社会身份相关的身份缺失，享受不到相应的权利或利益。身份问题牵涉到太多的与移民有关的利益，使移民在多数环境下努力寻求与主流群体相一致的身份。而在特定的情况下，又力图维持已有的身份，以保持一种人生意义的最终归属。移民过程不仅仅关涉时空变换，同时也是文化转换与文化坚持并存的过程。这样，一方面，移民总是追求成为主流社会的一员，以享受相应的权利和利益；另一方面其法律、

[①] 钱超英：《自我、他者与身份焦虑——论澳大利亚华人文学其文化意义》，《暨南学报》（哲学社会科学）2000年第4期。

文化、政治等方面的边缘性地位又总是使他们在达到这一目标过程中困难重重，结果，移民身份多重存在，并经常相互激荡、甚至冲突，引发身份焦虑、忧患和危机，使身份成为困扰移民群体的一大问题。

一是身份认同的阻碍。台湾地区对两岸居民的往来，包括两岸居民的通婚，制定了相应的法规。如"台湾地区与大陆地区人民关系条例""大陆地区人民进入台湾地区许可办法""大陆地区人民在台湾地区定居、居留许可办法""大陆地区配偶在台湾地区依亲居留期间工作的许可及管理办法"等政策法规，对两岸通婚从登记、申请团聚、面谈、工作、居留、定居、身份管理、财产保证等方面作了种种规定与限制，对大陆配偶赴台探亲、停留、居留、身份取得等都采取较之外籍配偶更为严格的差别性对待政策。这些规定使得大陆配偶首先在合法身份获得上举步维艰，生活受到限制和牵制，并衍生许多相关权益问题，导致婚姻家庭的不稳定，使得社会对两岸通婚的认同感差。大陆配偶公民权的议题在台湾的政策辩论中，往往被高度政治化。正如台湾学者所说，各个党派的不同立场和民众的相异看法，呈现出台湾社会对公共政策的态度分歧，可以通过台湾自身的社会分歧、族群关系、政党竞争、"国家认同"等方面来理解。① 这些漂洋过海来寻求幸福生活的大陆配偶在岛内面临的不仅仅是婚姻问题，更是政治问题。②

二是身份认同的歧视。由于两岸长期分隔，彼此之间存在误解和不信任，台湾官方、媒体与一般民众往往将这群透过婚姻移民来台的大陆配偶标志为"入侵者""资源抢夺者"以及"社会问题的制造者"等形象。由于大陆配偶承受着来自种种"社会排斥"的压力，使得大陆配偶在身份问题上无法产生认同感，更多的是感觉被社会所抛弃和边缘化。如在政治上没有投票权，也没有参与和影响决策的能力；在文化方面个人难以融入主流文化，也无法享受主流生活方式；在生活空间上形同被社会隔离，成为"二等公民"。

更为突出的是，这种身份认同问题还会在代际间"遗传"，隐含着代际间的不平等，影响到他们的下一代。所谓"代际不平等"，即如果一个

---

① 陈志柔：《台湾民众对外来配偶移民政策的态度》，《台湾社会学》2005年第10期。
② 陈蘋、叶世明：《两岸通婚研究》，海风出版社，2008，第160页。

人幼年时期生活在弱势的家庭,那么他成人后成为弱势群体的可能性就会更大,形成低抗风险能力。孩童通过母亲认同社会,还须面对来自学校社会及其他孩子的拒绝、排斥,从而影响他们成长、教育、就业。若不改变这种制度环境和社会环境,他们难以获得向上流动的机会,并可能终身陷于贫穷的循环之中,这将会影响到他们对自我的身份认同以及对台湾社会的认同。

三是身份认同的困惑。大陆配偶作为两岸通婚的当事者,经常往返于两岸之间,俨然就是穿梭两地的行动者,他们常陷于两种身份即"在台湾的大陆人""在大陆的台湾人"的困惑。

大陆配偶到台湾之后,他们情感认同的依据何在?其身份的自我认同究竟是大陆人还是台湾人?他们对原乡的亲友而言,所扮演的又是什么角色?研究发现,他们在与大陆亲友的联系关系上,大略可分为三类。首先为游牧式的转移阵地者,即来台湾取得相当的资源之后,便将重心转移回大陆或第三地;其次为两岸的交流者,即为原乡的亲友来台结婚的中介者,虽未涉及商业上的经济利益,但也是人际脉络的延伸;最后则为重新出发者,即来台后重起炉灶,展开新的人生历程,认为眼前一切以家庭为重,也不考虑再回大陆生活,认为既已来台湾,就应以台湾为生活的场域,而与大陆原乡的亲友连结也逐渐减少。

1. 在台湾的大陆人

随着大陆配偶在台湾生活时间的长久及空间的熟悉感,自然而然地认同自己是台湾媳妇或是台湾女婿。但这只不过是他们一厢情愿的自以为是。在与他人的互动过程中,从语言交流、眼神交流中,他们却又明显地感觉到自己外来者的身份,这种差异的感受普遍存在于与台湾人的生活之中,即使取得了台湾身份证,在心理层面上仍深感自己本质上是大陆人。

由于台湾社会习惯用"你们大陆那边"或"你们大陆新娘",把"你们"这种的叙述方式来当成一种指称,就很明显地区隔出"你-我"的差异,此一区隔并不仅限于他人对受访者的观感,甚至同样出现在受访者的叙述脉络中,受访者在言谈中往往会出现"他们台湾人""他们这边"一类的词,且习惯用"我们大陆"或"我们福建"这样的说法来自陈,当进行两地人民的比较时这种情形更为明显,表现出他们在台湾的认同处境并不明确。

2. 在大陆的台湾人

当大陆配偶返回大陆家乡探亲时，周边邻居则把他们当成台湾人看待，嘘寒问暖或闲话家常时，话题总是围绕着"台湾生活"打转，甚至习惯用"你们台湾那边"的口吻。这种"你们"的指称及叙述方式，让大陆配偶感受到自己在乡人的眼中，已经摇身一变为台湾人了。即使还没有拿到台湾的身份证，但在返乡探亲的那段时间，也感受自己已不再是大陆人。

影响大陆配偶群体身份认同的因素主要是制度政策、社会生活、个人因素三个层面，且前两个因素的影响更为显著。

具体看来，文化程度越高的大陆配偶其群体身份认同越低；在台湾生活时间以及和配偶共同生活时间越长，台湾身份认同程度越高；拥有台湾户口的大陆配偶、交往对象以台湾人为主的大陆配偶、日常生活中使用台湾语言的大陆配偶、做事习惯以台湾为主的大陆配偶，更加认同自己的台湾身份。

虽然制度政策的影响对于群体身份认同具有非常重要的作用，但它并不是充分条件，因为身份的认同不仅要求从制度规定上个人属于某群体，还要求个体接受、认可该群体的身份和价值、行为观念，因此受到社会生活中诸多因素的影响，是综合因素共同作用的结果。与台湾人的交往意愿和文化融合在一定程度上影响着人们的身份认同，那些回答在日常生活"无所谓"与哪里人交往的大陆配偶，其群体身份认同明显要低于那些"愿意"或"不愿意"与台湾人交往的人，这是为什么呢？首先，发现那些觉得无所谓和哪里人交往的大陆配偶，一般年纪都较轻，结婚时间大多数在 10 年以下，他们在平时的社会交往中更倾向于与自己在工作中结识的同事或朋友来往，地域观念没有那么强，他们出于"谈得来"或者"实际需要"的目的与人交往，而不那么在乎对方的地域身份；其次，那些表示"非常愿意"或"不愿意"与台湾人交往的人，多数是在当地生活年头较长的大陆配偶，有的人觉得受到当地人歧视少，愿意与台湾人交往，有的人觉得受到当地人歧视多，就不愿意与当地人交往，可见这种交往意愿一方面反映了居住时间长短对于自身身份的认同，另外一个方面更是反映了人们地域观念的一种变化，即地域观念不强的人更不容易认同自己属于某个群体，或者说其身份认同更容易具有模糊性。

那些表示"保留老家做事习惯"的人，比"说不清楚按哪里习惯做事"的人的群体身份认同程度要低，可见固守原有的习惯不利于其身份认同，也可能是因为不认同自己的台湾身份才选择了固守老家的习惯。不过与台湾人交往意愿的影响要大于文化融合的影响，这是因为文化的适应和交融随着居住时间的增加可能会自然发生，大陆配偶在当地的平均生活年限已达到14年，这种文化上的适应和融合对于大陆迁移者来说可能是被动的甚至被迫的，但交往意愿这种心理深层次的感知则更能体现出大陆配偶对于台湾身份的认同，这是一种更加主动、积极地融入。

三 大陆配偶身份认同的磋商与重构策略

从以上分析可看出，由于物理空间迁移和两岸特殊关系而带来的身份焦虑和身份阻隔时时陪伴着大陆配偶，大陆配偶在新的居住地为了生存和发展，争取主流社会的认可，获取普遍权利，始终不断地进行着身份的磋商，通过自我反思，与环境和其他人群不断互动，运用各种身份谈判策略，确立身份标识，重新界定和解释自己的身份，构建与新环境相一致的身份。

（一）身份磋商的语言策略

移民到了新环境，特别是与原生地文化相差很大的移居地，首先面临的就是语言问题。族群语言是族群身份最重要的标志之一，任何移民是否能获得与迁入地相一致的文化身份，或者还保留明显的祖籍地的身份，与其语言的掌握与运用关系极大。因为，在多数文化中，识别族群身份的标志，除了体质方面的表现型特征之外，最为重要的就是语言了，很多移民，甚至是移居地主流群体都是根据群体或个人所使用的语言而不是体质方面的特征来界定种族或者族群身份的，并以此衡量移民同化的程度以及与之相关的文化身份的变迁情况。有的学者通过访谈、对自然发生的话语分析以及对语言形式的描述等指出，在一些族群那里，语言的磋商对移民看待自己和别人看待他们的方式是至关重要的。[①]

---

① Bailey and Benjamin H，*Language，Race and Negotiation of Identity：A Study of Dominican Americans*. NewYork：LFB Scholarly Publishing LLC，2002：1.

大陆配偶虽在语言上较其他外籍配偶有便利优势，但仍然存在地方方言的障碍。为了顺畅地与当地人交流、扩大社会交往、获取当地人认同、提高个人地位，他们借由生活在本地这个环境，通过互动、交流、学习，尽快掌握当地语言。在抚养孩子以及孩子学习当地语言的同时他们也跟着学习，就像模拟一个婴儿从头开始学习说话的过程一样，逐字逐句地学会了当地语言。这一切使大陆配偶能快速和更有信心融入家庭，走入社会，扩大人际交往，从而更能善用社会上各种有利资源提升自己。

(二) 建立相关社团

建立归属于某一群体的社团组织，通过自己的社团组织来谋求自我认同和争取主流社会群体的认可是身份磋商的重要策略。移民建立在地缘关系和亲属血缘关系基础上的社团组织以及由此形成的集体意识，是他们在"他乡"维持集体的历史性延续。

大陆配偶或由地缘关系、或由业缘关系组成相关团体，但"共同或相似的生活经历"是他们彼此联结与对外宣导时最重要的缘由。相较于台湾社会中东南亚籍配偶的处境，因为语言、文化与台湾地区较为相近，大陆配偶能够直接通过文字、语言、人际往来感知社会偏见与歧视对自身权益的损害，也进而推进大陆配偶自我权利意识的发展。1999年1月，台湾第一个由婚姻移民当事人及其家庭所组成的团体——"中华两岸婚姻协调促进会"正式立案登记。该组织成立宗旨为辅导大陆配偶适应台湾生活，反映大陆配偶心声，争取大陆配偶基本生存权益，并提供两岸婚姻法律等咨询服务。从一般意义上说，移民社团在身份建构过程中，主要是代表其成员向祖籍地反映意见和要求，并代表其成员与迁入地建立联系，树立群体形象，反映群体呼声，以期得到祖籍地和迁入地社会的重视、支持和认可。

近几年大陆配偶的维权意识、生存发展意识越来越浓，相关的社团组织如雨后春笋般林立，如台湾两岸姐妹交流互助协会、中华妇女党、台湾陆配联合总会、台南新住民关怀服务协会、新北市陆配关怀促进会、台东多元移民关怀协会、台湾国际新住民关爱权益协会、新住民劳权会、台湾新住民发展协会等。这些协会多是围绕大陆配偶适应与融合于新的文化环境而展开工作，并广泛联系国际间文教、工商企业、专家群、社会团体机构、传媒，透过多元的管道，建构新住民交流平台，举办社会公益活动，教导服务观念，关怀照顾新住民生活，提供居住、经商、投资、工作、劳务、法律、交流等各项咨询。

除了正式组成非营利社团组织之外，大陆配偶及其家人亦常通过互联网或是人际网络联络互动，例如两岸公园论坛（www.lovetango.info/forum/index.php）、大陆新娘配偶论坛（www.wife.org.tw）、大陆配偶家庭论坛（www.ccff.idv.tw/forum/cmps index.php），形成非正式的互助团体或网络社群。通过网络社群的平台，他们能够追踪与了解相关政策发展与修正进展，并参与其他相关非营利组织所举办的活动，增强大陆配偶相关权益的社会关注度和媒体能见度。这一切都有助于大陆配偶文化身份的本土化。大陆配偶本土意识的形成，使他们逐步形成了与移居社会相一致的身份体系，能够面对移居地的各种社会问题，获得所在地社会的认可。

（三）利用移民社会运动诉求身份权益

移民的社会运动，是移民动员各方面资源来争取与主流社会群体相当的社会权利和利益的过程，实际上也是移民的公民身份与法律身份的磋商过程。[①] 一般来说，移民的社会运动诉求的首先是居留身份、法律身份或公民身份，因为只有在解决移民合法居留权和公民权的前提下，移民才有资格或精力寻求文化身份。

针对台湾当局的不合理政策，大陆配偶多次发动集体抗议和维权斗争，如"中华两岸婚姻协调促进会"曾因不满"陆委会"欲延长大陆配偶取得身份证期限（由8年延长至11年），于2003年9月发动大规模的上街游行活动，组织近三千人走上街头，前往凯达格兰大道陈情，并向台湾地区最高领导人递交"我们反对歧视大陆配偶人权的恶法"陈情书。2007年12月21日，"中华两岸婚姻协调促进会"在"移民署"门前集会，要求人权与平等待遇。2010年3月8日，高雄市新移民社会发展协会举行了"'三八'妇女节大陆客在台湾自立自强的分享活动"，推动修改"两岸人民关系条例"第17条，发起"反歧视、要公平、身份证6改4"的连署，希望当局能修改"两岸人民关系条例"第17条。2014年3月8日，他们

---

① 覃明兴：《移民的身份建构研究》，《浙江社会科学》2005年第1期。

在高雄又一次发起连署，得到很多团体的协助，在母亲节5月8日那天到"立法院"递交连署书。

这些社团组织的抗议与维权斗争在一定程度上改变了台湾社会的某些观念，开始逐渐影响台湾的社情民意。岛内新闻媒体不断地揭露出一桩又一桩大陆配偶受到当局歧视的事件，大陆配偶问题逐渐成为台湾社会关注的焦点问题之一，有识之士对当局政策的诟病进行了抨击，岛内舆论发出了一些正义之声。在舆论的强大压力下，台湾当局的相关规定也不得不有所松绑。

通过社会运动加强了移民社会的群体团结与传统感。迁移可以改变他们对土地的空间关系，而斗争也是改变身份过程的一部分。此外，他们在确认自己有权向台湾社会争取权益的同时，也用共同的话语将自己所属群体与政治经济体制中占主导地位的群体联系在一起。这说明，婚姻移民的社会运动不但从主观上改变了参与运动的移民群体对自己身份的理解和阐释，同时客观上在现实中也改变了"我群体"与"他群体"的相互关系，从而有利于建构新的移民身份，最终影响新的文化身份的形成。

（四）保持双重认同

还有一种情况是在大陆配偶的身份中保持"双重"性：一方面，大陆配偶逐渐融入新的地域文化。另一方面，但这并不表明他们被完全同化，虽然在群体身份归属上，更多的人认为自己是台湾人，但这并不排斥在自己的群体身份上，他们认为自己既是台湾人，又是老家人。他们通常会说"在外面认为我自己是台湾人，做事方便点，心里面嘛，自己觉得还是老家人"。这种身份的双重认同表达了大陆配偶希望台湾群体的身份能给他带来某些优越之处，但从内心深处并不认为自己就是台湾人，这里更体现了一种理性化认识，即认同是什么并不重要，重要的是哪种身份会更有利于自己的生活和发展。

四 结语

综上所述，由于空间迁移，大陆配偶身份认同的变动性、阻碍性、困惑性尤为明显。大陆配偶身份直接关联到他们在移居地的利益和权利，他们对身份问题是非常敏感的。因此，大陆配偶致力于重新建构与新环境相一致的身份。而大陆配偶磋商和建构身份的策略丰富多样，其对大陆配偶的影响也不一样。有的策略有利于他们融入主流社会，从外来者转变成为迁入地的主流成员，长久以往原有身份标识就淡化了；有的策略是短期应急，在当下形成了新的身份，有时会随时间推移而消失，但有时也会强化为永久性身份；也有的策略是保护性策略，使大陆配偶在面临不确定的环境和遭到主流社群歧视时，通过保持和维护原有身份或改变身份，维持群体和个体的生存和发展。总的来说，移民身份的磋商与重构过程，是通过探求"我是谁"这一根本性问题对自己的身份进行再定义、再构建和重新解释，以获得一种新的生存意义的方案。

大陆配偶远离家乡，来到台湾开始一段新的生活。在那里，他们经历了什么？对自我以及所处的这个社会环境形成了怎样的社会认同？最终他们是选择落地生根还是落叶归根？我们如何采取更有效方式为他们排忧解难？本文只是粗浅地进行一番整理与描述，还有待更进一步深入的研究。笔者认为面对这样一个特殊群体，相关的研究既要有科学精神，更要有人文关怀。大陆移台配偶婚姻的幸福、家庭的美满，应是我们进行学术探索的价值目标。

（原载《闽台关系研究》2017年第3期）

大陆女性配偶在台湾的生活适应及其影响因素分析

祖群英

婚姻在任何人类社会中，并不是单纯的两性结合或男女同居，其背后蕴含着一套社会组织和文化体系。从社会层面看，婚姻是一种法律上的契约，是关涉当事男女之外一群人的社会事件，是一种普遍的社会制度。而从文化层面来看，婚姻并不只是生物的交配，它还是文化的交流。[①] 两岸通婚自20世纪80年代得以恢复和发展以来，由于特殊的历史环境和时空背景，呈现出不同的社会关系与文化特征。本研究试图从社会融合的视角，在田野调查的基础上，对大陆女性配偶[②]作为"移民"和"媳妇"这样双重外来者的生活适应问题展开研究。社会融合是个体和个体之间、不同群体之间或不同文化之间互相配合、互相适应的过程，并以构筑良性和谐的社会为目标。由于两岸特殊的政治、文化背景，大陆女性配偶的婚姻移民也夹杂着特殊性，因此在研究中，笔者所要思考的是大陆女性配偶在生活适应过程中面临着哪些困境、影响这一群体生活适应的因素有哪些、我们对此需要采取哪些有效的方式和措施。

一 两岸通婚概况

根据台湾"内政部"所公布的2009年结婚登记统计，大陆（含港澳）

---

① 罗红：《人类学语境下的族际通婚与族群认同研究》，《青海民族研究》2008年第7期。
② 本文对大陆女性配偶的界定是指在大陆出生成长，嫁给台湾人并移居台湾的这部分女性。

配偶占外来配偶的绝大多数，共13294人，较前一年增加4.3%，占外配的比率则高达60.66%；截至2009年11月，大陆配偶人数为272992人。① 从通婚数量来看，两岸婚姻大致可分为三个阶段：1989—1996年，两岸通婚数量不大，但呈逐年上升趋势；1997—2003年，婚姻数量呈大幅度增长；2004年，两岸通婚开始呈下降平和趋势。据台湾有关方面统计，1988年两岸通婚人数为100对左右，1994年为5492对，1997年迅速增加至12408对，平均年增长率超过40%。② 两岸通婚趋势从1998年占全台结婚总对数的8.18%，逐年递增至2003年的最高点20.40%，自2003年12月起全面实施大陆配偶申请进入台湾地区的面谈制度，致使2004年两岸通婚遽降至9.16%。③ 之后两岸通婚总数的增幅有所趋缓，每年在1万多对左右。依"户政司"两岸婚姻的结婚登记统计数据，2005年为14258人，2006年为14721人，2007年为13964人，2008年为12274人。④

两岸通婚在不断发展过程中呈现出以下特点。性别的不对称性、年龄的不平衡性、文化程度的不匹配性、通婚的边缘性、动机的功利性、相识渠道的有限性等。⑤ 根据历年两岸通婚统计，大陆男性与台湾女性结婚仅占4%，而大陆女性与台湾男性结婚则占96%之多。近年来，随着大陆的经济和社会发展、两岸关系的改善、两岸交流的深入、人员往来的频繁等，两岸通婚出现了新的变化。具体表现为：相识渠道的多元化，从原来的亲朋介绍和中介介绍为主，转向工作经历的相互认识、求学经历的相互认识等，使通婚双方具有一定感情基础；婚姻动机的理性化，由原来的经济标准转向社会标准、文化标准，如社会政策的保障、个人职业发展的前景、双方生活方式的契合等因素；婚居方式的多元化，由原来单向的定居台湾转向在两地定居，并把工作重心移至大陆，在大陆购置房产，让子女接受大陆教育；等等。

---

① 《两岸联姻热络：交流理解递增 气氛更加融合》，中国台湾网，2010年1月20日。
② 庄渝霞：《近二十年来两岸通婚模式的演进及趋势探析》，《南方人口》2007年第2期。
③ 陈怡洁：《大陆配偶在台湾的社会困境与人权宣导分析》，《台湾研究集刊》2010年第2期。
④ "大陆配偶在台遭遇十大歧视 地位还不及外国配偶"，台海网，2010年4月14日。
⑤ 杨乐、郑启五：《两岸婚姻的特点及趋势》，载福建省区划地名研究会编《闽台地缘关系论文集》，2008，第357页。

二 大陆女性配偶面临的生活适应问题

生活适应是指个人在面对环境的变动时,能以本身的条件去顺应和创造,应付来自环境以及个人自身双方面的要求,并取得协调和谐的状态。① 大陆女性配偶在台湾的生活适应,指其个人因为环境的变迁或内在需求改变时,对个人、家庭、社会各层面种种的适应,以求达到内在外在需求的平衡或满足的结果。由于两岸的社会制度、意识形态、生活方式等方面的差异及两岸婚姻基础薄弱等因素,大陆女性配偶嫁入台湾后,其生活适应存在不理想的状况,面临诸多问题。

1. 经济层面问题

大陆女性配偶嫁入台湾后,首先在工作上遇到政策限制。台湾当局规定,大陆配偶须去台两年,并且在特殊的条件下如台籍配偶为低收入户,或年满65岁,或为身心残障者,方可在台工作。而在台湾非法打工一旦被发现,就要被遣送出境。同时,台湾当局不承认大陆学历,将大陆配偶的就业范围限定在制造业、营造业、看护、家庭帮佣等4个行业。这些规定使得本就处于飘摇状态的两岸婚姻又因经济问题而引发震荡。两岸婚姻中有相当一部分人是弱势群体,台湾夫家的经济状况不理想,本就需要这些嫁入台湾的大陆女性配偶通过工作收入来改善家庭状况,这一政策限制造成两岸婚姻家庭生活上的诸多困扰与冲突。有的大陆配偶迫于生计而不得不去"打黑工",冒着被发现、被遣送的风险。有的只好在家当全职主妇,中断了自己的事业。有的则举家迁往大陆。据李钟元教授的调查显示,大陆女性配偶结婚来台后,没有就业者最多,占68.01%。② 这种经济上的不独立也影响她们的家庭地位和社会地位。

2. 社会层面问题

首先是大陆配偶合法身份获得艰难。台湾当局规定,大陆配偶结婚2年内只能申请来台团聚,结婚满2年或已生育子女的大陆配偶方可申请在

---

① 吴慎:《大陆女性配偶在台湾生活适应之探讨——以台北县市为例》,台湾中山大学硕士论文,2004。
② 李钟元:《两岸居民通婚与家庭生活状况之剖析》,"关于两岸婚姻与家庭"研讨会论文集锦,2005。

台"依亲居留"。申请在台居留的大陆配偶,停留半年就必须回大陆一次。这期间男女双方可谓是聚少离多,且必须在两地来回奔波。取得在台居留权的大陆配偶,又必须继续住满2年后方可申请在台长期居留,长期居留满2年后才可申请在台定居及取得身份证,而且每个阶段还要受到数额限制。也就是说大陆配偶要等待8年方有机会申请获得身份证。而在没有取得身份证前,相关的社会权益将会没有保障。比如无法享受台湾相关的医疗与各种社会劳保福利,不能就学、进修,不能参加妇女团体、公益社团,不能租赁屋、车、书等,不能买保险、买汽车、摩托车、办证,不能办信用卡、投资、置产,不能办常号手机,不能作保,不能当监护人等。

其次是受到不公平的待遇和歧视。如前述在赴台定居和身份证获得方面,台湾地区对不同的非台籍配偶去台政策是有着明显差异的,嫁到台湾的越南、菲律宾等外籍配偶,结婚后第2天就可获得永久居留权,4年后可取得身份证,大陆配偶则不行,这无疑是对大陆配偶的不公平对待。从2003年底开始,台当局对大陆配偶实行入境面谈,询问者一律先将她们视为"假结婚者""卖淫女",提出很多隐私的问题,让很多大陆配偶觉得无法回答,非常难堪。许多台湾人将"大陆新娘"及其婚姻等同于"买卖婚姻""假结婚、真打工""假结婚、真卖淫"等。许多"大陆新娘"在取得台湾身份证后,仍然觉得不被台湾民众认同。台湾官方、媒体与一般民众往往将这群通过婚姻移民到台的大陆女性配偶污名化。凡此种种,都使大陆女性配偶觉得自己是被人看不起的"二等公民",社会地位低下。

3. 家庭层面问题

一是婚姻情感发生冲突。如前述申请来台定居问题、工作权问题、身份证问题都会影响到婚姻生活,需要当事人花费较多的努力不断磨合。此外,两岸通婚中一些功利性婚姻、买卖婚姻,由于没有感情基础,婚姻条件差距大,经济能力不足,容易产生误解、猜忌、隔阂与冲突,进而造成婚姻暴力、家庭暴力等。

二是家庭关系矛盾。台湾的孝亲传统文化仍然根深蒂固。台湾的婆媳关系尤其在乡村基本上仍处于"旧社会传统习俗",台湾婆婆仍会以家庭权威者身份要求媳妇做家事,或认为媳妇应该负担一切家务责任等,这使得大陆女性配偶难以接受这样的婆媳关系。再加上语言障碍、沟通不良以及台湾人对大陆女性配偶的刻板印象，常造成婆媳关系紧张与冲突。台湾人大家庭模式占多数，要与公婆相处、与妯娌相处，这对初去台湾的大陆女性配偶而言是个挑战，没有磨合好就容易造成家庭矛盾。

4. 心理层面问题

一是身份认同问题。身份是一定情景中对角色所作的区别，即在角色关系网络中所处的地位，人们常常会思考自己以何种身份出现在某种场合。身份认同作为一种心理意识，揭示的是个体与群体之间的归属问题，它产生于个体与群体交往互动之后而感觉到的彼此之间的差异或利益冲突。[①] 由于大陆女性配偶承受着种种"社会排斥"的压力，这使得大陆女性配偶在身份问题上无法产生认同感，更多的是感觉被社会所抛弃和边缘化。如在政治上没有投票权，也没有参与和影响决策的能力；在文化方面往往难以融入主流文化，也无法享受主流生活方式；在生活空间上形同被社会隔离，成为"二等公民"。更为突出的是，这种身份认同问题还会在代际"遗传"，影响到她们的下一代。她们的孩子要面对来自学校社会及其他孩子的拒绝、排斥，从而影响他们成长、教育、就业。若得不到官方的特别支持，她们无法像台湾一般人那样向上流动，可能终身陷在贫穷的循环之中，这将会影响到她们对台湾社会的认同。

二是心理健康问题。种种的社会排斥以及现实生活的多重压力带来的心理冲突，引发了大陆女性配偶一定程度的心理问题，如期望失落的心理、焦虑心理、自卑心理和孤独心理等。[②] 一些大陆女性配偶本来就是向往台湾优厚的物质生活，为改变自己的命运乃至娘家的命运而选择嫁到台湾。但是赴台"淘金"的高期望值与现实的低社会地位形成了强烈的反差，造成了她们强烈的期望失落心理。她们自从成为"新娘"的那一天起，心中的焦虑感就有增无减。她们要时刻关注何时才能获得在台居留权，结束牛郎织女般天各一方的生活，以及如何在台生活和工作，何时取得身份证等与切身利益相关的问题。由于就业领域受到很大限制，许多人没有独立的经济生活来源，只能依附丈夫，使得她们在夫家地位低下，受

---

① 赵丽丽：《城市女性婚姻移民的社会适应及其影响因素研究》，《上海交通大学学报》（哲学社会科学版）2008年第3期。
② 陈桂蓉：《台湾"大陆新娘"的边缘心态及其社会救助》，福建师范大学闽台区域研究中心编《闽台区域研究丛刊》（第四辑），海洋出版社，2004年12月，第132页。

到婆婆及亲属的不信任与歧视,也使得大陆女性配偶自卑心理十分强烈。也正因为此,有的人不愿意与台湾人更多交往,生怕遭受别人异样的目光。诸如此类社会人际交往、社会网络支持的缺乏令她们的心理感到异常孤独。

三 影响大陆女性配偶生活适应不良的因素

1. 大陆配偶管理制度的影响

台湾地区对两岸居民的往来,包括两岸居民的通婚,制定了相应的法规。如"台湾地区与大陆地区人民关系条例""大陆地区人民进入台湾地区许可办法""大陆地区人民在台湾地区定居、居留许可办法""大陆地区配偶在台湾地区依亲居留期间工作的许可及管理办法"等政策法规,对两岸通婚从登记、申请团聚、面谈、工作、居留、定居、身份管理、财产保证等方面作了种种规定与限制。如上文提到的对大陆配偶入台团聚的歧视性政策,带有羞辱性的"面谈机制",对大陆配偶赴台探亲、停留、居留、身份取得等都采取较之外籍配偶更为严格的差别性对待等政策。这些规定使得大陆女性配偶生活受到限制和牵制,并衍生许多相关权益问题,导致婚姻家庭的不稳定,也使得社会对两岸通婚的认同感差。可见大陆配偶管理制度,其政策面主要考虑"管制"而非"权益的保障"。[①] 两岸通婚中如此严苛的限制措施,究其原因在于其意识形态的泛政治化。台湾官方、媒体与一般民众往往将这群透过婚姻移民来台的大陆配偶标志为"入侵者"、"资源抢夺者"以及"社会问题的制造者"等形象。因此,大陆配偶公民权的议题在台湾的政策辩论中,往往被高度政治化。正如台湾学者所说,各个党派的不同立场和民众的相异看法,呈现出台湾社会对公共政策的态度分歧,可以通过台湾自身的社会分歧、族群关系、政党竞争、"国家认同"等面向来理解。[②] 这些漂洋过海来寻求幸福生活的大陆配偶在岛内面临的不仅仅是婚姻问题,更是政治问题。[③]

[①] 陈蘋:《浅析海峡两岸通婚的政策演变与管理》,《台湾法研究》2007年第4期。
[②] 陈志柔:《台湾民众对外来配偶移民政策的态度》,《台湾社会学》2005年第10期。
[③] 陈蘋、叶世明:《两岸通婚研究》,海风出版社,2008,第160页。

2. 社会支持网络的断裂与缺乏

社会支持网络指个人能借以获得各种资源支持（如金钱、情感、友谊等）的社会网络。通过社会支持网络的帮助，人们解决日常生活中的问题和危机，并维持日常生活的正常运行。① 而大陆女性配偶嫁入台湾后，其社会支持网络却处于断裂与缺乏的状态，导致其生活适应的不良。

首先是大陆配偶原有社会支持网络的断裂。由于婚姻迁移，地理空间与社会关系均发生改变。按照一般婚姻迁移的特点，来自家庭的支持并不会随着地理空间的转变而减少，相反有的来自家庭的支持更多。然而，由于两岸特殊的关系，使得大陆女性配偶在寻求家庭支持网络时存在一定的地理空间阻碍。特别在两岸三通全面实现以前，两岸交通与通信极为不便，大陆女性配偶无法获得较多和较及时的家庭支持。两岸婚姻因空间隔离而使大陆配偶个人原有的家人、朋友、邻里与社会人脉等社会支持网络为之弱化或崩解。

此外，两岸婚姻中有一部分是带有功利性质的婚姻。很多大陆女性配偶之所以选择嫁给台湾人，主要的一个因素就是经济原因，认为嫁给台湾人会改善自己及家庭的经济水平和生活水平，故而在她们及家人看来，嫁给台湾人将对她们的生活有很大影响。而当现实与想象有较大落差时，她们怕丢面子，不敢向原生家庭求助，甚至还在掩盖这种窘迫的困境，不让家里人知道。同时，有的台湾丈夫与家庭为了控制大陆配偶，不让其与家里人过多接触，担心这些大陆女性配偶逃跑，或者拿了这边的钱给原生家庭等。这些都使大陆女性配偶原有的家庭网络支持断裂，只能以自我支持为主。这种娘家人情感支持的缺乏使大陆女性配偶容易陷入孤独的困境。这些采取自我支持策略的女性婚姻移民，并非自愿采取这样的支持策略，而是因为在处理日常生活中的困难或重要事件时，她们得不到来自原生家庭的支持，又受到现有家庭排斥而被迫转向依赖自身的资源，这些女性婚姻迁移者的社会支持网络非常脆弱。

其次，大陆女性配偶新的社会支持网络的缺乏与不足，影响了她们在台湾的生活适应。根据林南社会资源理论中的地位强度假设，人们的社会

---

① 贺寨平：《国外社会支持网研究综述》，《国外社会科学》2001 年第 1 期。

地位越高，摄取社会资源的机会越多。① 由于大陆女性配偶的丈夫多为台湾中下阶层或身心残障者等弱势群体，有时还需她们出外工作养家，这就使得大陆配偶缺乏较有力的社会资本，也无法获取更好的社会支持网络。同时，由于意识形态的影响，扭曲的形象塑造加上社会偏见与歧视，不仅无法提升大陆配偶的社会支持网络，甚至可能腐蚀或限制她们获取社会支持网络。大陆配偶背井离乡只身来到台湾社会，面对一个全新又陌生的世界，本来需要支持性的社会网络作为一种鼓励性资源，帮助她们适应新社会。然而她们在人际关系方面却愈显孤立，大多数局限在狭小的人际圈里。由于普遍缺乏社会交往的支持，导致很多大陆配偶到台湾后感到孤独无助，无法从生活层面上融入到城市和社区生活中。

3. 社会偏见与歧视的影响

台湾社会对大陆女性配偶的态度也是影响因素之一，由于社会偏见与歧视造成社会对她们的排斥，阻隔了她们的社会融合。在建构大陆女性配偶标签化的社会环境中，媒体在相当程度上是影响民众对两岸通婚认同的外在因素。台湾社会对大陆配偶的认知，多半来自于媒体所使用的语境和建构的意象。在商业化与市场化的操作下，有关大陆女性配偶的事件报道往往占据媒体版面，其标题与内容往往强调事件主角的大陆身份，甚至塑造出一种刻板印象，造成对大陆女性配偶的污名化。例如，"假结婚、真卖淫""破碎家庭""低学历低素质人口""苦命认命的""受害来的"，这些被社会大众认知为"问题根源"。② 不可否认确有一些大陆配偶来台是为了钱，但不能因此而否定所有的两岸通婚。整体社会环境的歧视与偏见，反映出台湾社会深层的文化影响因素不利于女性婚姻移民的社会认同。所谓移民的社会认同是指移民在与迁入地的居民交往互动中，基于迁移前后两地差异的认识而产生的对自身身份的认知、自己感情归属以及未来行动归属的主观性态度，并且这一主观性态度是可以随自身社会地位以及社会场景的变化而变化的。③ 社会上弥漫的贬抑气氛，使大陆女性配偶随处感

---

① 林南：《社会网络与地位获得》，曹荣湘选编《走出囚徒困境——社会资本与制度分析》，上海三联书店，2003。
② 叶世明：《论台湾大陆籍婚姻移民社会权之赋予》，《台湾研究》2007年第6期。
③ 赵丽丽：《城市女性婚姻移民的社会支持研究》，《同济大学学报》（社会科学版）2008年第2期。

受到被排斥，不被认同，受到社会大众的歧视。

4. 两岸文化观念差异的影响

文化差异与大陆女性配偶婚姻家庭的适应有密切关系。两岸特殊的历史遭遇使得双方的文化出现了差异，如制度文化差异、社会意识形态差异、价值观差异、生活方式差异等，对大陆女性配偶的生活适应造成较大影响。如台湾社会仍以传统的家庭伦理文化为主，推行三代同堂家庭制度，重视家庭亲职教育和孝道教育。[①] 在家庭分工上基本还是男主外、女主内，女性在家庭权力结构中仍居于附属地位。有些台湾女性婚后没有社会角色，一切围着丈夫和家庭转。而大陆1949年以后一直提倡男女平等、妇女解放，妇女在社会上能起到半边天的作用。大部分大陆女性配偶希望自食其力，有独立的经济地位和人格。但是进入台湾社会后，却与迁入地的文化价值观念、生活方式发生矛盾。在传统观念下她们被赋予照顾者的角色，要承担琐碎的家务劳动，还有传宗接代的工具性功能。此外还有生活的习惯、语言的沟通、孩子的教育、与家人亲朋的相处等问题。她们在矛盾中挣扎，自尊与自卑交织在一起，调适不当容易造成家庭婚姻的隐患。两岸文化观念的差异，直接导致了与迁入地社会文化环境的冲突不可避免。

5. 个人出嫁动机及婚配渠道的影响

从调查来看，两岸通婚问题与个体的因素也有一定的相关度。特别是早期的两岸通婚，功利性出嫁动机占了相当一部分，因而使得婚姻从一开始就带着利益的色彩。在20世纪90年代初，人们求生存求发展的强烈欲望推动着他们向经济较发达地区转移。而台湾当时作为"亚洲四小龙"之一，经济发展较好。因此当时人们普遍认为台湾遍地是黄金，嫁过去就是享福了。此外，大陆配偶多是通过亲朋好友或中介人介绍，婚姻双方没有经过较长时间的相处就定了婚约。而在台湾未全面开放大陆民众前往观光前，一般大陆女性在与台湾人士结婚之前几乎没有机会经由合法的途径到台湾，因此也就没有机会了解对方真实的家庭背景与社会环境。如此带有功利性、盲目性的"速配婚姻""闪电式婚姻"，由于双方婚前缺乏沟通与了解、夫妻分居两地、年龄差异、功利色彩浓厚以及重婚、骗婚等问题，造成婚姻质量差，涉台离婚率偏高。可见通婚当事人自身的认知对其生活

---

① 李世家：《现代台湾与传统伦理文化》，贵州人民出版社，2001，第150页。

适应问题也有一定的影响。

通过上述对大陆女性配偶生活适应面临的问题及其影响因素的分析，我们得出以下几点认识。

（1）台湾社会制度和政策上的不公平对待是造成大陆女性配偶生活适应不良的主要因素。社会公权力对大陆女性配偶的偏见，加剧她们在社会、文化、家庭上受到的歧视，加剧社会群体之间文化心理上的差距和对立，阻碍社会融合，导致社会隔离。因此，对大陆女性配偶的管理制度与社会政策应由"移民管理"逐步调整为"权利保障"，通过修改法令、合理放宽相关规定、制定协调配套的法规政策，从制度层面保障大陆女性配偶的工作权、社会权等。逐步全面地提供大陆女性配偶在医疗、经济、子女教养辅导、法律扶助、就业辅导、职业介绍、家庭暴力防治与庇护、社会救助、家庭危机协助等方面的社会福利服务。

（2）婚姻迁移与其他迁移不同，大陆女性配偶移居台湾，既是"移民"又是"媳妇"，面对的是婚姻与移民的双重适应与文化挑战，因此更需要来自台湾当局、社区、民间团体的正式与非正式支持网络。大陆女性配偶在获得正式支持方面几乎是举步维艰，相反受到社会政策的多种限制而陷入困境。一些民间组织、自发性维权团体的非正式支持虽然正经历从无到有的过程，但总体上仍处于边缘地位。通常情况下，居民的短距离迁移对迁移者的适应不会有过大威胁，但囿于两岸社会制度、政治关系，大陆女性配偶嫁入台湾不只是居住地点的改变，更重要的是她们必须面对新的社会情境与规范。看待婚姻迁移者的生活适应，移居并非只是居住地的转变，更是迁移者的社会、文化背景与迁移地的社会情境与规范的相互调适历程。① 因此，一方面迁移者必须主动调整其文化价值观念与生活行为模式，以重新适应不同的社会文化系统。另一方面，台湾社会应建立合理的大陆女性配偶亲缘体系、社区组织和非正式网络。这些措施对于保障大陆女性配偶的权益，打破社会排斥的周期，实现代际平等，促进社会流动和社会整合具有很大作用。充分发挥社区对女性的社会保障、社会民主、社会参与、社会控制等多重功能，尤其要重视发挥民间组织在其中的作用，在社区形成一个社会支持网络，提升大陆女性配偶的社会资

---

① 陈蘋、叶世明：《两岸通婚研究》，海风出版社，2008，第202页。

本,帮助其进行再社会化,更好地融入社会。与此同时,进一步加强两岸交流,重建两岸亲情网络,以保证两岸通婚健康发展。

(3)台湾社会整体环境的偏见与歧视不仅造成社会对大陆女性配偶的排斥,而且这种社会歧视文化所产生的认知或情绪上的对立更具有深层次和长远的影响。不平等的社会地位与社会排斥感会在代际之间"继承"下来,造成两岸通婚的下一代对台湾社会的认同问题。因此,台湾方面应设法消除社会歧视和负面卷标效应,以合理的法规、平等的人权精神与尊重多元文化的心态对待这些大陆女性配偶及其家庭,教育社会大众尊重大陆女性配偶,并促使媒体以正确健康的态度为大陆女性配偶建构正面的评价。加强对两岸通婚家庭成员教育,设计家庭教育方案及辅导计划,鼓励大陆女性配偶的丈夫、公婆及子女共同参与,增加家庭成员的人际沟通能力,增进家庭成员间的互信、互动与关怀。同时加强两岸媒体与新闻机构的交流与合作,以多种形式介绍大陆社会发展、经济繁荣以及生活水平提高的事实,从观念意识上改变台湾民众对大陆片面和有限的认知,让双方了解两岸之间存在的社会文化差异,逐渐消除偏见。

(4)两岸通婚是两岸交流交往的必然结果和趋势。随着两岸交流交往的进一步扩大,两岸通婚的数量会继续增长,两岸婚姻已经成为两岸社会与家庭的重要组成部分。因此,在两岸婚姻问题上,两岸双方需要形成共识,共同为两岸人民的婚姻与家庭幸福创造条件。要加强两岸双方的沟通与合作,建立常态化、制度化的沟通机制,互相交换意见与交流信息。双方共同寻找协调的途径,共同研究、制定配套的政策措施来解决两岸通婚中存在的种种问题。要加大两岸司法协助,完善两岸司法互助机制,疏通司法渠道,畅通送达程序等。要加强两岸通婚的社会管理与服务。大陆的涉台婚姻机构,应不断提高服务水平、简化手续,为涉台婚姻提供更为简便有效的服务方式和便捷的平台。成立"涉台婚姻协调服务中心",不断为两岸通婚提供相关婚姻信息、业务政策和法律咨询的内容,对矛盾纠纷进行协调处理。台湾方面应正视两岸婚姻的事实,以前瞻性的视野来制定周全的秩序性规范和管理制度,并从政策上给予适当的引导,切实维护大陆女性配偶及其家庭的合法权益。

(原载《福州大学学报》(哲学社会科学版)2011年第5期)

近代开埠与地域精英群体兴起
——以福州为分析中心

徐文彬

20世纪20年代,学者开始探讨近代人才地理,研究范围不断扩大,水平不断提高,取得丰硕成果。但较少从开埠角度论述,分析其与地域精英群体兴起的内在关系。① 因此本节拟从人才地理学的视角,以福州为分析对象,分析开埠以来地域精英群体为何崛起,引领时代风云。

一 近代福州精英群体的地域特征

福州为福建省会,地处戴云山脉东翼,闽江横贯市区,汇入东海,上流物资溯江而下,汇集闽都,再通过海运,或扬帆北上,贩于京津,或远涉重洋,行商诸邦,借此地利,明清时期,福州即已成为东亚海上贸易体系的中心,号称"东南首邑"。因此,英国对其觊觎已久,通过签订《南京条约》,胁迫通商。开埠之后,福州被纳入世界经济体系,社会经济文化等领域均发生较大变化,其显著表现即为地域精英群体兴起,根据《中国近现代名人大辞典》一书统计,收入该书名人福州籍达132位,占全书

---

① 此方面的研究成果:梁启超:《近代学风之地理的分布》,《清华学报》1924年第1卷第1期;潘光旦:《近代苏州的人才》,《社会科学》(清华大学)1935年第1期;孙谦:《试论中国近代人才的地理分布》,《晋阳学刊》1982年第6期;朱翔:《近现代湖南人才地理研究》,《地理学报》1998年第3期;陶用舒:《近代湖南人才群体研究》,岳麓书社,2000;周秋光:《近代湖南的人才群体现象及其原因》,《湖南师范大学社会科学学报》2003年第1期;任泉香、朱竑、李鹏:《近现代中国女性人才的地理分布和区域分异》,《地理学报》2007年第2期;等等。

名人总数的1.35%，位居全国前列。除数量众多外，近代福州名人涉足诸多领域，呈现以下特征。

第一，政坛的活跃力量。近代政坛，榕籍官员较为活跃。道光年间，林则徐奉命前往广东禁烟，成为民族英雄。其婿沈葆桢出任两江总督兼南洋大臣，成为洋务运动的代表人物。陈宝琛、郑孝胥等榕籍人士对溥仪影响甚深。南京临时政府成立后，还有少数榕籍人士出任要职，分别为参议院院长林森与海军总长黄钟英，虽与广东、江浙等地有较大差距，这主要是由于榕籍同盟会会员多在革命起义中牺牲，只有少数人幸存，因此孙中山卸任临时大总统后，即前往福州，看望烈士遗属，可见榕籍同盟会会员对辛亥革命的贡献。

民国时期，榕籍精英凭借资历、威望，在派系斗争激烈的政坛，常出任名义领袖，其代表者为林森。他出任国民政府主席长达十二年，直至逝世。期间，他严格自律，生活简朴，即便侄儿江屏藩因争风水被乡人刺死，他亦维护司法公正，故为蒋介石等实权人物所敬重。除国民政府外，榕籍人士在其他政治权力体系中，亦往往如此，如1920年，直、皖、奉等军阀矛盾尖锐，萨镇冰出任北洋政府代总理，虽然任期较短，却以廉洁乐善著称。

第二，海军的主要力量。由于马尾船政学堂设于福州的缘故，近代中国海军将领，绝大多数是福州籍。这个群体特征早在北洋水师既已凸显，以致李鸿章委派淮系将领丁汝昌出任海军提督，以起牵制之效。甲午海战后，北洋水师几近崩溃，在叶祖圭、萨镇冰等榕籍将领的苦心经营下才渐渐复原，得以赴南海群岛调查、抚慰新加坡侨胞。民国政府成立后，历任海军司令多为福州人，如黄钟英、刘冠雄、杜锡珪、陈绍宽等。以1936年9月制定的"海军部职员录"为例：部机关13名将级军官中的12名，88名校级军官中的54名，为福建籍；全部军官225人，福建籍166人，占73.8%。民国共有16位海军上将，其中12位是福州人。[①] 直至抗战结束后，陈绍宽受到排挤，解甲归田，闽系海军始告衰落。

第三，学界的重要力量。福州人在近代学术界占有重要地位，最为杰出者为翻译《天演论》的严复，素有"精通西学第一人"之论。在文学、

---

① 杨志本主编《中华民国海军史料》，海洋出版社，1987，第820页。

史学等传统学术领域内，榕籍精英推陈出新，颇有贡献。如陈衍、郑孝胥开创"同光体"，林徽因、冰心、庐隐为近代女性文学代表作家，傅衣凌创设"社会经济史"学派等。在社会科学领域，多个学科的奠定者为榕籍精英，尤其在新闻学、法学、翻译等领域更为明显。如林白水被视为报界先驱，邓拓任《人民日报》的首任总编辑。在自然科学领域内，截至1980年，全国共有院士473人，其中福州籍24位院士，占总数5.07%，位居全国城市第二，仅次于苏州。① 兹将各学科榕籍名人制成表1。

表1 近代福州学界名人

学科	名人
法学	刘崇佑、王铁崖、陈体强、何孝元、陈篯、林榮、林长民、郑烈、程树德
史学	李俨、洪煨莲、郑天挺、邵循正、傅衣凌、翁独健、梁敬錞、王世襄、萨孟武、刘崇鋐
文学	高梦旦、郑振铎、谢婉莹、庐隐、林徽因、胡也频、林庚、王昌寿、陈衍、陈北鸥
天文地理气象学	高鲁、张钰哲、陈遵妫、王绶琯、陈彪、傅承义、高由禧
教育	高凤谦、邓萃英、陈可忠
化学	侯德榜、虞宏正、萨本铁、傅鹰、高士其、田昭武、陈茹玉、林一、林东
物理学	萨本栋、傅承义、曾融生、邓昌黎、陈彪
冶金学	郭可信、陈篯
空气动力学	沈元、林同骥
生物学	吴宪、邓叔群、陈骕声、王岳、郑作新、刘崇乐、赵修复、唐仲璋、林孔湘
数学	陈景润、林家翘
医学	王世真、石美鑫、许金、伍哲英
工程学	严恺、林同炎、陈体诚、严铁生、陈端柄、萨福均
航天技术	梁守磐、萨本茂
航海学	陈嘉震
心理学	唐钺、林传鼎
经济学	刘攻芸、陈岱孙
翻译	林纾、陈承泽、罗丰禄、陈季同、郑贞文
哲学	林同济
新闻学	林白水、邓拓、陈慎言、林仲易

---

① 因本文讨论时段为近代，故院士统计只取至1980年前评选的院士，其中1955年中国科学院学部委员（院士）名单共233人、1957年中国科学院增聘学部委员（院士）18人。

第四，历史事件的关键力量。在近代重大的历史事件中，榕籍人士常扮演关键角色。黄花岗72烈士中，福州人有19位，约占总数三成。① 20世纪初，王寿眉、林宗素创立女子学校，诉求女子参政，昭示女权运动来临。1919年，林长民发表《外交警报敬告国民》，透露巴黎和会内幕，五四运动由此爆发。1920年，刘崇佑资助周恩来等人赴法留学，培养中国共产党领袖人物。1937年7月宛平县长王冷斋拒绝日军搜查要求，拉开了八年全面抗战的序幕。1945年，石美瑜将军主持对日本战犯审判，李世甲、林遵率领舰队，光复台湾、西沙群岛和南沙群岛，维护国家主权完整。上述人物均为榕籍。

第五，人才集聚明显。近代福州人才辈出，然而在区域空间内，又呈现家族人才聚集现象。最典型为螺江陈氏，该家族在明清时期，共出进士27人，尤其同光年间，达10人之多，其代表者为陈宝琛。科举制度废除后，陈氏家族未因此而衰落，各行各业精英层出不穷，其中中将4人、院士3人，陈岱孙等人堪为学界名流。② 萨氏家族亦是如此，开埠之前，仅乾隆朝中进士一人，然而开埠之后，共有5人中进士，此后出现6位将军、2位院士③、数十位学者，萨镇冰、萨本栋、萨孟武均具有较高的社会声誉。值得注意的是，民国福州萨姓仅有五六十户，可谓人才高度密集。

近代福州人才辈出，但在各个领域分布不同。（1）近代福州将领多来自海军，陆军较少。《中国近现代名人大辞典》共记载26名榕籍将领，其中海军将领20人，占总数76.92%，而陆军将军有6人，仅占总数的23.08%，而且较多在国民革命军服役，与两湖、闽西解放军将星云集明显不同。即便在黄埔军校中，福州籍学员亦只有少数。（2）榕籍人才在知识领域最为密集，呈全面开花之势。132名近代榕籍精英，属于学者专家型60人，占总数的45.46%，他们不仅在文学等传统学术领域取得显著成就，而且在法学、翻译、新闻等新兴学科颇有成就，并成为诸多自然科学学科

---

① 19位烈士分别为：林文、方声洞、林觉民、林尹民、陈更新、陈与燊、陈可钧、刘元栋、冯超骧、刘六符、黄忠炳、王灿登、卓秋元、胡应升、魏金龙、陈清畴、陈发炎、罗乃琳、林西惠。

② 螺洲陈氏4名中将分别为：陈兆锵、陈长捷、陈庆甲、陈恩焘。3名院士分别为：陈篯、陈体诚、陈彪。

③ 2位院士分别为第一届中央研究院院士萨本栋、中国科学院外籍院士萨支唐。

的奠定者。但榕籍精英经营实业数量较少,仅有刘攻芸等较为著名,福州"电光刘"虽为近代福建最大的民企,然影响力仅限于省内,未能出现如"南张北周"之类的工商巨子,更未有荣宗敬之类的家族财团,这是榕沪人才构成的显著区别之一。(3)多有留学经历,旅居京沪。榕籍名人多有留学经历,如黄花岗榕籍19烈士中,有7人留学日本。20员海军将领中,有12人留学英国。22名科技精英中,19人有美国等留洋经历,如侯德榜获哥伦比亚大学博士学位。榕籍精英学成归国后,多数在上海、北京等地工作定居,极少有在本地功成名就的。(4)创新气息浓厚。近代福州精英多与变革相联系。他们积极汲取国外新思潮,创立新学、倡导变革。如维新变法中,林旭为戊戌六君子之一。辛亥革命中,榕籍精英牺牲惨重。王荷波、林祥谦为中共早期重要领袖。即便在传统文化领域,福州人亦推陈出新,如陈衍、郑孝胥开创"同光体",傅衣凌使用民间文献,研究社会经济史,使学术研究面目一新。而在考据、金石、书法、戏剧等领域,榕籍精英数量较少,影响有限。

近代福州人才兴盛,得益于文脉传承。早在南宋,福州即是文风昌盛的地区,素有"海滨邹鲁"之称,城内读书蔚然成风,出现"路逢十客九青衿,巷南巷北读书声"的盛况。从元代起,福州开始成为全国文化重镇,据何炳棣研究,在明代科举排行榜上,福州以六百五十四名进士总数位居全国第六。及至清代,则以七百二十三名进士总数跃居第三,仅次于杭州府与苏州府。[①]

良好的社会环境,有利于孕育优秀人才,然而不能将地域精英崛起完全归结于此,必须考虑近代之变。首先,开埠之前福州虽科举鼎盛,但具有全国性影响力的人物不多,在时人眼中,福建还属于文化边缘区,以致官员不愿赴任,据《申报》记载:"闽省地瘠民蛮,筮仕者视此邦为畏途,咸丰以前,文武候补官员,寥寥无几。"[②] 其次,开埠之后,福州人才增长趋势明显,如上述陈、萨两大世家,即是较好反映。此外,还可以与其他地区对比分析。如明清时期杭州府科举人才数量高于福州,近代之后杭州

[①]〔美〕何炳棣:《科举和社会流动的地域差异》,《历史地理》(第十一辑),王振忠译,陈绛校,上海人民出版社,1993,第299~316页。

[②]《闽垣杂闻》,《申报》1882年8月15日。

毗连宁沪，地缘优势更为明显，且为浙江省省会，蒋介石政治集团根基所在，享有更好资源，人才更易脱颖而出。但杭州院士数量少于福州。再次，开埠之前福州人较少引领潮流，多为科举之才，近代之后，榕人常为天下先，涉足诸多领域，因此福州人才之变，始于近代，① 为何会于此时骤然爆发，有必要探讨开埠之后对福州产生的影响，再讨论与人才成长的内在关联。

二 近代开埠后福州社会经济变化

1842年中英签订《南京条约》，福州成为"五口通商"的城市之一，各国商人、传教士接踵而来，对外交流频繁，中西文化碰撞，使社会经济形态呈现显著变化，这主要体现在以下几个方面。

第一，都市日趋繁华。19世纪，随着世界茶叶需求量上升，崇安成为重要的茶业产地，由于政策性原因，茶叶无法通过福州港转运世界，却要以"内河过岭行走"形式，先输送到广州、江南，再转包外销，费时费力，运价高昂。直至19世纪60年代，受太平天国运动的影响，传统茶路被切断，在地方官员支持下，新茶路成功开设，大宗红茶循闽江直下出口欧美，福州一跃成为国际茶叶贸易的中心之一。② 仅在1880年，福州输出的茶叶即达80万担，年增长率为2.5%。③ 19世纪80年代，茶市虽有所衰落，但木材贸易随之兴起。每年木材输出总值约为350万—400万海关两。④ 木材为地方财政支柱，"内地各处多资利用，则福防厅之商税，又全藉木料以充数也。"⑤

对外贸易兴盛，推动福州都市化，尤其南台更是"福州精华之区，阛

---

① 科举与近代人才有关联，并不完全等同，除福州外，湖南亦是典型例子，明清科举并不兴盛，但近代之后，湘人却在政军学商诸界叱咤风云，勇烈异常，以致谭其骧先生感叹："清季以来，湖南人才辈出，功业之盛，举世无出其右。"
② 程镇芳：《五口通商前后福建茶叶贸易商路论略》，《福建师范大学学报》（哲学社会科学版）1991年第2期。
③ Thomas P. Lyons, op., p.97。转引自姜修宪《制度变迁与中国近代茶叶对外贸易——基于福州港的个案考察》，《中国社会经济史研究》2008年第2期。
④ 参见戴一峰《论近代福建木材业——近代福建林业史研究之二》，《中国社会经济史研究》1991年第2期。
⑤ （清）德福：《闽政领要》（卷中），第25页。

圜宏通,商贾辐辏,花天酒地,富丽繁华",① 云集美孚、太古等70余家洋行、24所各类会馆、200个各式商帮,店铺数量数以万计。城市人口亦快速增长,至光绪中叶,福州人口已达到65万人。②

第二,与上海等地联系紧密。贸易兴盛,使福州成为区域经济中心,与外地经济来往密切。英国人施美夫(George Smith)对此记载颇详:"福州人从相邻的江西省进口瓷器,也从遥远的陕西省进口皮毛。帆船从山东、天津及其他沿海地方运来蔬菜和药品。从宁波进口棉布,琉球群岛来的进贡船只也运来鱼干、燕窝、酒、海参,以及日本铸造的金锭,年价值在1万大洋左右。本省西北部乡村提供日常家用物品,如茶叶、茶油、大米、竹笋、香木和牛皮。本省南部各地,尤其是厦门和晋江附近,从陆路运来藤条、辣椒、布匹、毛料、海参、燕窝、檀香以及其他香木、食糖和水银。水银等是南部富有冒险精神的人从其他国家进口到南部港口,然后从陆路运到省城,牟取暴利。作为交换,福州出口毛竹、茶叶、原木材、柑橘以及烧香拜佛用的锡箔纸。"③

与此同时,上海亦迅速崛起,取代广州成为全国外贸中心,榕沪两地埠际贸易往来日益频繁。以木业为例,输送航线"原本运销浙东一带,道光末年,始达乍浦,洪杨革命之后,乃达沪江"。④ 一些财力雄厚的沪商,开始在福州设立"庄号",采购木材。而由闽江上游商人组成的建汀帮,"沿黄埔江岸,自城东亘于城南,设木厂及木行,经营贸易,林木商之大者,其数凡三十家"。⑤ 除木材外,闽商亦涉足其他行业,实力雄厚,时人谓之"上海福州帮商业亚于广帮,广福杂货,各省各县通用之"。⑥ 商业繁荣,旅沪闽人数量日增,成为近代上海重要的社会力量。

第三,外国势力的不断深入。明末清初,福州即已成为教会重要活动

---

① 《福州近景》,《申报》1881年5月11日。
② 海关总税务司署:《通商各关华洋贸易总册》,光绪二十一年,福州口。转引自戴一峰《区域性经济发展与社会变迁——以近代福建地区为中心》,岳麓书社,2004,第26页。
③ 〔英〕施美夫:《五口通商城市游记》,温时幸译,北京图书馆出版社,2007,第289页。
④ 吴尚文:《福州庄客制度》,《木业界》1940年第3期。
⑤ 东亚同文会编、两江总督署译《中国经济全书》(第2辑),第五章,第54~55页。转引自戴一峰《论近代福建木材业——近代福建林业史研究之二》,《中国社会经济史研究》1991年第2期。
⑥ 林传甲:《大中华福建地理志》,中国地学会,1919,第316页。

基地。1624年,传教士艾儒略(Giulio Aleni)在首辅叶向高支持下,创办三山堂,吸引教徒数百人,并迅速向闽东等地传播,后由于礼仪之争,禁教长达数百年。① 《南京条约》签订后,福州教会势力迅速复苏,传教士接踵而来,创立教堂、招揽信徒,影响不断扩大。至宣统年间,福州市区共有信徒数千人,教堂数十座,成为东南亚海域的布道中心。

除传教外,教会对其他社会事业涉足颇多,他们关心时弊、出版报纸、创办学校、建立医院、拯救溺婴、收治麻风、革新风俗、传播新知,推动近代福建社会变革。由于具有政治特权,传教人员成为普通民众倚靠的力量。时人即谓,"中国官吏畏外如虎狼,待民如犬马,凡遇关涉外人之案,辄扬外人而抑平民,加之衙役藉端而鱼肉,罗汉乘隙而扰害,甚至倾家荡产,无所聊生。"因此许多无告之人民,"始则求援于教会,继则归化于外人"。② 甚至连富商亦不惜"万金购英国籍",以求庇护。随着传教事业的深入,教民交流增多,关系日见融洽,故教案较少发生。

除教士外,其他行业外国人亦来到福州,从1844年起,先后有英、法、美等17个国家在此设立领事馆,集中分布于烟台山,在此周围,海关、洋行、学校、医院等各类机构云集,建筑风格各异,使近代仓山有"万国建筑博物馆"之称,洋人众多,他们时常举行聚会,策划各种娱乐活动,成为地方盛事。如每年春季,洋人均在南校场开炮赛马,"观者如堵,其彩虽不及上海洋人之巨,而千其数百,其数者均有五六人,亦足见逢场作戏之中,均有拔帜夺标之志也"。③

第四,市民力量的日渐兴起。开埠之前,"福州省会,素称人文,惟士绅把持政务",④ 士绅力量之大,甚至可以驱赶督抚大员,如"神光寺事件",闽浙总督刘韵珂、布政使徐继畲"有违数绅之意",遂遭弹劾,仕途折戟。地方公共事业均由士绅把持,商人参与鲜少。

开埠之后,随着商业发展,商人成为举足轻重的社会力量,他们划群归类,组成商帮,不仅与官府交涉,争取合法权益,甚至敢与洋商竞争,

---

① 此时闽东一带,仍有一定数量的信徒,但只能秘密活动。参见张先清《官府、宗族与天主教:17~19世纪福安乡村教会的历史叙事》,中华书局,2009。
② 《闽警》,上海复初书社,1904,第6页。
③ 《福州近事》,《申报》1882年5月7日。
④ (清)张集馨:《道咸宦海见闻录》,中华书局,1981,第274页。

维护民族尊严。1869年,在福州茶叶公会策动下,华籍茶商联合抵制洋商,提高收购价格。1905年,福州总商会在南台上杭设立,更堪称标志性事件。随着地位提高,商人积极参与社会活动,与士绅往来密切,成为公益事业的主角。如瓷器商人王锦铨"其于里社善举,如赒嫠恤孤、施医给槥、放生惜字之类,为之数十年,未尝少懈"。① 后欠债自杀,陈宝琛亲自为其作传,可见交情之深。

商人阶层崛起,随之带来"商民群体意识的增长和社会主体意识的提高"。② 导致罢市事件不断,康雍乾时期,福州罢市记载仅见一起,为雍正四年(1726)五月,南台饥民为阻止米商运粮出境,奋起抗争,引发城内外小商店铺罢市,遭到督抚镇压。近代之后,福州罢市事件明显增多,民众动辄罢市,其原因颇复杂,或为保障经济利益,或为免遭旗人欺负,或为维护信仰自由等,而地方官只能抚谕了事。1874年,福州"城内其民居向有佛会,近经官宪出示禁止,而民甚不服,誓欲罢市作难,官以兵威临之,而民又纠众抵抗,观其势似将欲叛乱者,官恐激成大变,赶紧收兵,而事始得寝"。③

总之,近代开埠,对福州社会造成强烈冲击,导致传统社会结构松动,社会风俗日趋西化,伴随着商品经济发展,郊区人口的职业构成,由传统的男耕女织而日益转向多样化和工商化。民族工业的兴起,使福州郊区出现了近代第一代产业工人。市场网络的形成,使省城与郊区关系日益紧密,④ 因此开埠标志着福州从传统走向近代。

三 开埠与人才培养的内在关系

晚清开埠,使福州社会经济显著变革,此种变革如何促进地域精英崛起?为能剖析此问题,须从时代背景下,着眼于人物成长经历,总体而

---

① 陈宝琛:《王君锦铨家传》,载陈宝琛著,刘永翔等校点《沧趣楼诗文集》(下册),上海古籍出版社,2006,第488页。
② 桑兵:《论清末城镇社会结构的变化与商民时常罢市》,《近代史研究》1990年第5期。
③ 《福建消息》,《申报》1874年12月5日。
④ 傅衣凌:《清末福州郊区人口的职业变化》,载叶显恩主编《清代区域社会经济研究》,中华书局,1992,第330~344页。

言，近代变革对人才成长的影响体现在四个方面。

第一，教育机会增多。教育是社会流动的主要途径。开埠之后，商业繁荣与外来势力渗入，使福州民众受教育机会增多。首先，读书人口比例上升。科考竞争激烈，须有相当经济实力支撑，是一项投入多、收益慢的长线投资，因此，家族常作分工，只有少数资质良好的子弟才能读书。近代福州开埠后，经济繁荣，职业构成工商化，使乡村日益富庶，少数人经营商业，即可获得可观利润，让更多人接受教育。其次，教会学校开设。为能传经布道，教会在福州开设学校，如英华书院、协和大学。此类学校不仅传播天文、地理等新式知识，更面向寒门子弟。如福州北门外西图乡，"泰西教中人见其地山明水秀，风景宜人，遂设塾其间，延闽中文士某君主讲席，春风桃李，弦诵彬彬，凡箸录门墙者，虽牧竖村童"。许多村童得以"渐洗其乔野粗旷之气"。① 尤其是英华书院，更是培养出侯德榜、洪业、翁独健、唐钺等著名人物，其教育功效可见一斑。再次，船政学堂设立。晚清推行洋务运动，急需航海人才，而福州作为重要商埠，船政学堂遂设立于此，传授航海、机械、电工的科技知识，学生除待遇优厚外，其佼佼者获选派出国留学，如严复、萨镇冰、叶祖珪等，他们原本均是清寒子弟，通过良好教育，成为时代精英。总之，近代福州教育机会增多，使民众有更多上升渠道，成为专业型人才。反观其他一些地方，民众受教育机会却有所减少，由于科举制度废除，加之士绅移居大城市，传统私塾渐趋衰落，民众缺乏晋升渠道，其佼佼者或游走经商，成为殷商巨富；或者投身行伍，以兵戈起家。此亦福州籍实业家、陆军将领较少缘故也。

第二，人口流动性增强。开埠之后，福州人口流动性频繁，客观上促进人才成长，使其有更多的机遇与施展空间，这主要表现在三个维度：（1）城乡间人口流动。开埠之后，市场网络的形成，城与乡不再是传统的松散关系，许多郊区的精英向省会迁移，客观上提高了福州人口素质，而且省城的优质资源，能让更多精英享受，加速其成长历程。如伍哲英，原籍长乐，后就读于南台保福山女子书院，成为其成功的关键。（2）埠际间的人口流动。开埠之前，只有少数福州人因当官、经商而迁移他省，步入

---

① 《西塾被毁》，《申报》1895 年 11 月 18 日。

近代，随着城市间关系紧密，许多福州人迁往京沪等城市，由于具有较高的文化素质与专业技能，他们在城市崛起过程中，贡献颇巨，成为各领域的精英。即使是普通产业工人，迁徙到开埠较晚的内陆城市，也能以宽阔的视野、先进的意识，为群众所信，成为工运领袖。如林祥谦，原来是船政学堂的普通工人，后来到江岸铁路工厂务工，组织京汉铁路大罢工，震动全国。（3）国际间的人口流动。早在明清时期，就有少数福州人赴日经商，对当地社会风俗产生影响。近代之后，对外贸易兴盛，更多人到世界各地，而大量洋人旅榕，此种双向交流，强化福州与各国联系纽带，为人员出国留学提供契机，如中国最早的女留学生许金訇，就是在教会资助下前往美国学习。有的榕籍人士出国虽非游学，却能发动民众，推动区域近代化，资助海外的反清活动，因此名声大震，如黄乃裳。

第三，社会观念先进。开埠之后，福州社会风气良好，观念开放，客观上有利于人才成长。这体现在以下方面：（1）对外来文化的包容。近代西风东渐，由于伴随着武力侵略，加之民众对外来文化的隔阂，常造成激烈的文化冲突，彼此调和需经历相当长的过程，福州亦不例外。开埠之初，为反对英国人入城，林则徐发动士绅抗议，震动朝野，以致督抚去职。据统计，近代福州共发生教案8起，分别为19世纪50年代1起、60年代6起、70年代1起，此后三十年，再无教案。[①] 教案数量的下降，反映历经数十年调和，西方文化逐渐被福州民众包容吸纳。而北方及内陆地区，因开埠较晚，风气较为保守，因此在义和团运动期间，京榕两地民众反应截然不同，直隶民众拆铁路，毁教堂，轰轰烈烈，福州虽有旅榕山东人策动反教，却平静如常。故在近代社会转型过程中，榕籍精英能为天下先。（2）民主自由的氛围。开埠之后，随着社会主体性提高，福州罢市不断，民众不再唯官命是从，诸多义士能冲破封建思想束缚，走上革命之路，并被民众认可。如林觉民祖居三坊七巷，出生官宦之家，从事反清活动，其家人却未加以阻止，而是对其支持。（3）对先进器物兴趣强烈。由于开埠，福州民众深刻感受欧美等国家和地区器物的精妙，这使他们强烈

---

① 根据台湾学者统计，从咸丰十年（1860年）到光绪二十五年（1899年）40年间，中国共发生教案811件。陈银昆：《清季民教冲突的量化分析（1860—1899年）》，台湾商务印书馆，1991，第13页。

反思中国落后所在，乐于学习西方先进知识，并倾慕西方衣饰礼仪，20世纪初，西装革履、手持洋杖，已成福州士绅标准形象，世风西化，在老照片中显露无遗。而在闽北等内陆山区，由于对外国人接触有限，民众对西方文明仍未能完全接受，如顺昌"自新学说输入，风气稍转，但无识男女烧香、问卜、信堪舆而停柩不葬，信五行而构怨偶者尚多"。① 风气闭塞保守，难以产生出类拔萃人才。

第四，地缘关系的强化。受传统文化影响，人们对"缘"颇为看重，或为地缘、或为学缘、或为血缘，常因缘而聚，互助互信，形成帮派，故缘是个人成材的关键因素。尤其在资源争夺激烈的地方。开埠之前，旅外榕人虽时有联系，并参与会馆营建，但人数较少，且官、商各成群体，互动较少。步入近代，随着人口流动增多，四民身份界限打破，地缘关系有强化趋势，同乡会成为重要的社会组织，这客观上有助于人才的成长：（1）榕籍精英为桑梓谋福利。船政局之所以设立在福州，除其地理环境优越外，沈葆桢极力申请是重要原因。陈宝琛、萨镇冰等榕籍精英均热心家乡公益事业。如《申报》记载："螺洲陈弢庵阁学退居林下，热心教育，现在山兜尾设幼稚园，专课幼童，延绅士家妇女为女师。"② 许多才俊在其资助下脱颖而出。（2）榕籍官吏积极推荐同乡。此方面最典型例子为陈璧，在任邮传部尚书期间，他大力提携船政学子，仅1907年就有魏瀚、陈寿彭等人被选调到邮传部，后来分别负责"广九铁路""京汉铁路"筹办，成为中国铁路先驱。詹天佑虽非闽籍，却在船政学堂接受教育，以其表现获得陈璧赏识，得以出任京汉铁路总工程师，铁路竣工后，陈璧亲自上奏章，为其请求封赏，使詹功成名就，被誉为"中国铁路之父"。（3）榕籍精英互相扶持，控制行业。由于马尾船政堂设在福州缘故，近代海军将领基本为榕籍，外籍人士难以涉足其中。而在同乡之间，也因血缘差异，形成职位垄断。如萨镇冰出任海军提督后，萨家子弟任舰长颇多，旁系亲属亦多有作为，海军上将陈绍宽为其外甥，而一些家族由于无杰出人物牵引，虽人数众多，只能居于末流。福州有个任姓渔村，在海军中任职者颇多，有"无任不成军"之说，但官至将校者只有一二人。地缘关系的强

---

① （民国）《顺昌县志》卷十三，第2页。
② 《热心蒙养福州》，《申报》1905年4月7日。

化，使榕籍才俊更易获得青睐，拓展成材空间。

四　小结

近代化过程亦是传统延续，榕籍精英辈出，除了开埠带来诸多便利外，与传统理念密不可分。明清时期，福建南北地域人群民性差异较大，福州人"好读书，重节气"，闽南人"重经商，好浮海"，因此在近代化过程中，福州、厦门虽同时开埠，但产生的人才类型大不相同，厦门侨商巨子颇多，而福州多为革命党人、海军将领、专业技术人才。而且近代福州人才多具有强烈的使命感和责任感，反面人物较少，这或许是"重节气"使之然也。

人才的数量，与经济实力雄厚有关，却不完全等同，如徽州、湖州素以富庶闻名，其财力胜过福州，但近代有全国影响力的人才不多。湖南、闽西经济相对落后，近代却将星云集，英杰辈出。因此，人才地域分布受多种因素影响，社会包容性、开放性、流动性是人才成长的重要基础，多渠道的上升渠道是人才成长的关键所在，时代呼唤则是人才成长的决定因素。

近代福州之所以人才爆发，与其地理位置有很大关系，地处蓝色文明与黄色文明交界带，特殊的地理位置，使福州在特殊时期成为东西文化交流碰撞之处，人们敢为天下先、能为天下先，在风起云涌的年代，留下诸多光辉名字。最近数十年来，福州人才有落后之势，许多巨家大族辉煌不再，除内在原因外，社会结构稳定亦是重要因素。

（原载《福建论坛》2015 年第 3 期）

【社会分层与社会群体】

东南沿海县域居民收入差异及内在关联：福建例证

程丽香

随着我国经济由典型的计划经济转变为以市场机制为主导的体制，经济收入的不平等以及城乡居民收入差距的扩大等问题不断凸现。为此，经济学界投入了大量精力和学术热情进行研究，形成了许多重要的研究成果。其中影响最大的当属中国社会科学院经济研究所中国居民收入分配课题组于1988年、1995年、2002年对全国10多个省市的城镇居民户和农村居民户进行抽样问卷调查，经过多年的努力，完成了大量学术论文（李实、赵人伟，1999；李实、古斯塔夫森，2002；李实、魏众、丁赛，2005；李实、罗楚亮，2007；等等），并编辑成书《我国居民收入分配再研究》（赵人伟、李实、卡尔·李思勤，1999）。李实等人的研究成果显示：到了20世纪90年代中期，我国居民收入分配的不均等已经达到相当高的程度，但还没有明显出现两极分化的问题；我国与其他大多数国家不同的是，我国收入差距的很大一部分来自城乡之间的差距和地区之间的差距；在现阶段通过政策的调整来缩小收入差距的空间还是存在的（李实、赵人伟，1999）。我国收入分配基尼系数达到0.454，超过世界银行的0.40的高度警戒线。城乡分割要求对基尼系数分地区、分城乡计算。东部城乡之间的差距占整个东部地区不平等程度的36%，但中部和西部城乡差距占相应地区整体收入差距的比重在一半以上，在西部甚至达到58%左右。收入越低的地区不平等程度越严重，这验证了我国的收入差距主要来自于城乡差距。① 陈宗胜（1991）、李若建（1994）、蔡昉（2000、2003）等学者还从我国城乡收入差距的测度及其对总收入差距的影响，以及对我国城乡收入差距的成因等进行了分析。② 还有一些学者从某一区域入手分析了该区域的城乡收入差距问题，例如，刘建平（1998）等人对山西城乡居民收入差距的实证分析，姚翠友（2008）对北京城乡收入差距的影响因素分析，蒋国祥（2008）对浙江省城乡收入差距与调整进行了研究。

在经济学界硕果累累之际，社会学界也作了许多卓有成效的探索（李强，1993；李培林，1995；宋时歌，1998；陆学艺，2002；边燕杰、张展新，2002；边燕杰，2002；王天夫、王丰，2005）。关注的视角大多为：在市场化进程中，我国的收入分配格局是否发生了重大变化？如果是，怎样理解这些变化？这些变化对我国的社会经济结构的意义是什么？同时，透过经济收入不平等的表征更为关注其深层的社会不平等问题，进而从阶层分化、结果不平等、机会不平等方面分析我国的分层体系。

笔者在综述文献的基础上发现，对城乡居民收入差距问题、经济收入不平等现象仍然存在着不少可以研究的空间。例如，已有的成果大多从宏观的视角对我国城乡收入差距的测度、变动趋势以及成因等进行了深入的研究，而较少从微观的层面对某一区域尤其是东南沿海区域的城乡收入差距进行解释性的分析；研究的视角主要侧重于大城市，较少关注县域层面；研究时使用的数据多来自各级统计部门的统计资料，而较少经过第一手调查直接获取的数据资料。在此以福建省福清市和龙海市为样本展开研究。

一 资料收集与样本特征

为了测量问卷调查的信度和效度，将此次问卷调查中样本县域的选择及代表性，资料来源、收集过程和研究方法，以及样本居民的基本特征逐一作介绍。

（一）样本县域的选择及其对沿海县域的代表性

福清市地处福建省中部沿海，是著名的侨乡。根据2004年福清侨情普

---

① 李实等：《中国收入差距再估计》，《绿色中国》2004年第Z1期。
② 周端明、蔡敏：《中国城乡收入差距研究述评》，《中国农村观察》2008年第3期。

查资料显示：旅外乡亲达 781402 人，遍布 115 个国家和地区。其中，改革开放后通过公派、留学、劳务、婚配、投资等渠道移居海外的新移民逾 20 万人。2007 年末，全市总人口 123.13 万人；农业人口 103.19 万人，非农业人口 19.93 万人。全市地区生产总值由 1978 年的 1.33 亿元增加到 2007 年的 352.40 亿元，其中，三大产业增加值之比由 1978 年的 46.8：28.2：25.0 变为 2007 年的 13.7：54.7：31.6（见表 1）。2006 年，全市财政总收入 26.42 亿元，县域经济基本竞争力列居全国百强县市第 16 位，综合经济实力位居全省 10 强县（市）第 2 位。

龙海市地处福建省东南沿海，紧邻厦门市，是福建漳州平原的主要腹地。境内山海河田齐备，气候适宜，土地肥沃，曾被誉为福建的"乌克兰"，素有"鱼米花果之乡"的美称，是名列"中国十大名花"、福建省花——水仙花的原产地，是国家持续高效农业示范区、海峡两岸对台农业合作试验区和福建省重要的农产品出口创汇基地之一。2007 年末，全市总人口 79.63 万人；农业人口 63.70 万人，非农业人口 15.93 万人。2007 年，全市地区生产总值 209.84 亿元，其中，三大产业增加值之比为 14.1：61.6：24.3（见表 1）。2006 年，全市财政总收入 18.75 亿元，县域经济基本竞争力列居全国百强县市第 68 位。2007 年，全市财政总收入 28.88 亿元，县域经济基本竞争力连续 7 年位居全国"百强"，连续两届被评为全国最具投资潜力中小城市"百强"，综合经济实力连续 13 年保持福建省"十强"。

综合各项指标看，福清市和龙海市对于东南沿海县域而言具有一定的代表性，通过对福清市和龙海市城乡居民收入状况的实证分析，可以大致把握东南沿海县域城乡居民收入状况的现实。

表 1　样本县域福清市、龙海市 2007 年经济社会发展主要指标

	福清市	龙海市
年末户籍人口（万人）	123.13	79.63
其中：农业	103.19	63.70
非农业	19.93	15.93
年末常住人口（万人）	119	84.16
其中：城镇人口	37.90	33.66
乡村人口	81.10	50.50

续表

	福清市	龙海市
城镇化水平（%）	31.9	40.0
地区生产总值（亿元）	352.40	209.84
其中：第一产业	48.21	29.65
第二产业	192.69	129.32
第三产业	111.51	50.86
人均GDP（元）	28620	25013
在岗职工平均工资（元）	20811	21667
农民人均纯收入（元）	7611	5699
地方财政收入（万元）	136092	106363
规模以上工业总产值（亿元）	726.53	387.56

资料来源：根据《福建统计年鉴2008》《福清统计年鉴2008》《龙海统计年鉴2007》整理而得。

（二）资料来源、收集过程及研究方法

数据来源于2008年7~8月在福建省福清市和龙海市展开的调查。抽样调查的实施遵循以下步骤。

第一，确定样本县域为福清市和龙海市。选取原则：县域经济基本竞争力列居全国"百强县市"的县域。2006年福建省87个县（市）共有8个县（市）进入全国"百强县市"，其中，福清市位居第16位，龙海市位居第68位；2007年福清市位居第21位，龙海市位居第83位。

第二，按福清与龙海人口比例（1.55∶1）大致确定两个市的抽样问卷总数分别为780份、500份。

第三，按城市化率①来抽取福清和龙海的农村样本和城镇样本比例。福清城市化率为31.9%，龙海城市化率为40%（见表1）。因此，大致确定福清城镇居民的样本数为240份，农村居民的样本数为540份；龙海城镇居民的样本数为200份，农村居民的样本数为300份。

第四，采用分层抽样法，按乡镇产值表（按现行价格计算）抽取福清市高中低水平的3个样本镇、1个街道办事处。每个镇的3个样本村及1

---

① 城市化率（单一指标法）采用"城镇人口/年末常住人口"的计算公式。

个街道的4个居委会也以经济发展水平高中低情况抽取，共抽取9个样本村和4个样本居委会；龙海市则抽取2个样本镇、1个街道办事处，共抽取6个样本村和4个样本居委会。

第五，以户为单位，按等距离抽样法抽取福清市每个样本村或样本居委会60户作为样本户；龙海市则抽取每个样本村或样本居委会50户作为样本户。

第六，从被调查户家中选取调查对象。选取原则：年龄大致为16～70周岁，通常为户主或家中管事的且语言表达清晰的家庭成员。

第七，调查采用调查员入户访问记录的方式，调查员进行事先培训。

第八，调查将外来人口排除在抽样框之外，只研究户籍内常住人口的分层情况、收入情况的变化。

运用客观描述法、城乡比较法、地区比较法和简易基尼系数分析法等，对东南沿海县域的福清市和龙海市城乡居民收入状况展开实证分析。

第一，运用SPSS13.0对调查数据进行录入和校对。

第二，对样本居民的家庭人均年收入变量进行均值统计，比较分析样本县域城乡之间的收入差距。

第三，运用胡祖光（2004）基尼系数简易公式（$g=p5-p1$）计算样本县域城镇居民和农村居民收入的基尼系数，从而分析样本县域城镇居民和农村居民内部的收入不平等程度。

第四，根据样本居民的收入构成数据比较分析两县域居民收入结构差异，探讨影响居民收入结构的主要因素。

第五，利用样本居民的主观判断题数据探讨了经济收入不平等与社会不平等的关系。

（三）样本居民的基本特征

本次调查福清市共发放780份问卷，回收问卷779份；龙海市共发放503份问卷，回收问卷503份。从表2可见，两县域样本男女性别比例约为2∶1；年龄也大致集中在30～60岁之间，30岁以下样本较少，这是因为两县域的年轻人大多流动在境外、省外和市外，或务工或经商或办厂等；婚姻状况绝大多数已婚；样本的户口类别比例也与表1显示的城市化率相当。政治面貌方面，福清普通群众占大多数为71.5%、龙海为58.6%，其次是中共党员，福清样本占23.8%，龙海占38.0%。样本的文化程度多集中在小学、初中学历,约占总样本数的一半左右;高中和大专以上学历的样本福清占38.5%、龙海约占35.2%。

表2 东南沿海县域样本居民的基本特征统计

变量	类别	福清市		龙海市	
		样本数	百分比(%)	样本数	百分比(%)
性别	男	503	64.6	339	67.4
	女	276	35.4	164	32.6
年龄	18岁以下	2	0.2	3	0.6
	18~30岁	69	8.8	46	9.1
	31~40岁	176	22.6	116	23.1
	41~50岁	191	24.5	140	27.8
	51~60岁	198	25.5	121	24.1
	60岁以上	142	18.3	77	15.3
婚姻状况	未婚	29	3.7	15	3.0
	已婚	743	95.6	478	96.2
	其他	4	0.5	3	0.6
户口类别	非农户口	275	35.4	201	40.3
	农业户口	499	64.2	295	59.1
	其他	2	0.2	3	0.6
政治面貌	群众	556	71.5	294	58.6
	共青团员	26	3.3	10	2.0
	共产党员	185	23.8	191	38.0
	民主党派	5	0.6	4	0.8
	其他	6	0.8	2	0.4
文化程度	小学以下	48	6.4	13	2.6
	小学	169	22.6	119	24.2
	初中	238	31.8	142	28.9
	高中	124	16.6	90	18.3
	中专	57	7.6	36	7.3
	大专	50	6.7	55	11.2
	本科以上	57	7.6	35	7.1
	其他	2	0.3	2	0.4

注:数据统计选择有效样本进行。

二 调查结果的比较与分析

运用 SPSS13.0 对所收集的资料进行汇总、统计,然后再进行描述、比较和推断,试图准确地得出东南沿海县域城乡居民收入状况的研究结论。

(一) 县域居民收入状况总体描述

对东南沿海县域样本进行简单的频数统计得出两县域样本居民 2007 年收入分布情况(见表 3)。

表 3 东南沿海县域样本居民 2007 年收入分布统计

变量	收入分布	福清市		龙海市	
		样本数	百分比(%)	样本数	百分比(%)
个人年总收入	没收入	135	17.4	26	5.2
	3000 元以下	47	6.1	15	3.0
	3000~5000 元	28	3.6	10	2.0
	5000~7000 元	27	3.5	19	3.8
	7000~10000 元	34	4.4	30	6.0
	1 万~3 万元	263	33.8	272	54.1
	3 万~5 万元	99	12.7	75	15.0
	5 万~10 万元	70	9.0	34	6.8
	10 万~30 万元	54	6.9	19	3.8
	30 万~100 万元	10	1.3	1	0.2
	100 万元以上	3	0.4	1	0.2
	不清楚、不回答	7	0.9	1	0.2
	有效样本	777	100	503	100
家庭总收入	没收入	10	1.3	3	0.6
	1 万元以下	39	5.0	14	2.8
	1 万~3 万元	197	25.2	88	17.5
	3 万~5 万元	164	21.0	157	31.2
	5 万~10 万元	184	23.6	173	34.4

续表

变量	收入分布	福清市		龙海市	
		样本数	百分比（%）	样本数	百分比（%）
家庭总收入	10万~30万元	125	16.0	53	10.5
	30万~100万元	41	5.3	12	2.4
	100万元以上	7	0.9	2	0.4
	不清楚、不回答	13	1.7	1	0.2
	有效样本	780	100	503	100

表3显示，两县域居民个人年收入主要集中在1万~3万元之间，福清为33.8%、龙海为54.1%；在3万~10万元之间，福清和龙海分别占各自样本总数的21.7%和21.8%；10万元以上的福清占8.6%、龙海占4.2%；无收入者和3000元以下收入者福清的样本比例多，分别占17.4%和6.1%，龙海则分别为5.2%和3%。需要说明的是，福清无收入者和低收入者比例较高原因在于不少被访者或刚从境外回国，或家中至少有一人在国外务工、经商等，本人不需要从事劳作即可衣食无忧。

同时，两县域居民家庭总收入则主要集中在1万~3万元、3万~5万元、5万~10万元、10万~30万元这四个区间，福清分别为25.2%、21%、23.6%、16%；龙海则分别为17.5%、31.2%、34.4%、10.5%。其中，龙海居民家庭年总收入在3万~10万元之间的占65.6%，而福清仅为44.6%。30万元以上的福清居民样本为6.2%、龙海为2.8%；1万元以下及无收入样本福清为6.3%、龙海为3.4%。这说明福清高收入家庭和低收入家庭的比例相对较高，而龙海中等或中低收入家庭的比例则较高。

（二）县域城乡之间收入差距

根据《中国统计年鉴》中的城镇居民家庭人均可支配收入与农村居民的人均纯收入之比计算得出：2002年我国城乡居民的收入差距为3.11∶1，2003年为3.23∶1，2004年为3.21∶1，2006年为3.28∶1，2007年为3.33∶1，2008年则高达3.38∶1。可见，从2002~2008年的6年间我国城乡居民收入差距除2004年略有回落外，其余年份均逐年攀升。胡金焱、卢立香认为，20世纪90年代以后尤其是1997年以来，我国城乡收入差距日益扩大。如果把城镇居民的医疗补贴、教育补贴、失业保险等因素考虑在内，城乡收入差距将会更大。①

根据问卷调查结果，综合比较体现样本居民收入状况的几个变量，例如"您2007年的总收入""您全家2007年的总收入"，认为应该考虑"家庭人口规模"这个变量，因此，选择了"2007年城镇居民家庭人均收入均值与农村居民家庭人均收入均值之比"来体现福清和龙海的城乡收入差距比。表4显示，2007年福清城乡收入差距比为1.22∶1，龙海为1.21∶1。如果把两县域城镇居民的住房补贴、医疗补贴、失业保险等因素考虑在内，估计不会超过1.5∶1。可见，东南沿海县域的城乡收入差距比远远低于2007年全国的城乡收入差距比。这与课题组成员在两县域实地调研时的主观感受是一致的。即不少农村居民生活水平超过城镇居民，乡村和城镇的界限并不很清晰，城乡之间已日趋一体化。这也与胡金焱、卢立香的研究成果是相一致的。胡金焱、卢立香利用《统计年鉴》数据研究分析了1986~2007年我国各地区的城乡收入差距的趋势，从中看出城乡收入差距在时间序列上和地区截面上表现出相反的变化趋势。②

表4　东南沿海县域样本居民2007年家庭人均收入描述性统计

	福清市			龙海市		
	家庭总收入均值（元）	家庭人口均值（人）	家庭人均收入均值（元）	家庭总收入均值（元）	家庭人口均值（人）	家庭人均收入均值（元）
城镇居民	93413.90	3.83	24399.61	62182.47	3.43	18129.00
农村居民	85820.38	4.28	20029.96	62626.10	4.18	14981.25
城乡收入差距比	24399.61/20029.96=1.22∶1			18129.00/14981.25=1.21∶1		

注：样本数据统计计算时均排除特异值。

（三）县域城镇和农村内部收入差距

考察居民收入不平等，除城乡居民收入差距比外，还可从城镇内部以及农村内部的居民收入差距层面进行考察。选择两种常见方法来分析样本

---

① 胡金焱、卢立香：《地区金融发展与城乡收入差距的因应：1986~2007》，《改革》2009年第2期。

② 胡金焱、卢立香：《地区金融发展与城乡收入差距的因应：1986~2007》，《改革》2009年第2期。

县域城镇和农村内部的收入差距，以此度量城镇与农村居民内部的收入不平等程度。

第一，选择了最常用的反映居民收入差距的"五等分"法进行比较。只列出个人年总收入最高20%组的均值和最低20%组的均值（见表5）。表5显示，无论是城乡合一的样本居民内部还是城镇居民以及农村居民内部之间收入差距都是惊人的。其中，城乡合一的样本居民内部福清个人年总收入最高20%组的均值与最低20%组的均值的绝对差距为146688.79元，相对差距为37.13倍；龙海的绝对差距为65946.82元，相对差距为11.03倍；城镇居民内部福清个人年总收入最高20%组的均值与最低20%组的均值的绝对差距为129971.74元，相对差距为16.85倍；龙海的绝对差距为55473.40元，相对差距为7.64倍；农村居民内部福清个人年总收入最高20%组的均值与最低20%组的均值的绝对差距为157329.27元，相对差距为62.26倍；龙海的绝对差距为72997.16元，相对差距为14.14倍。比较上述数据可见，福清城镇居民和农村居民内部收入差距远远大于龙海，尤其是福清农村居民内部收入差距更是悬殊，收入分布严重不均。

表5　东南沿海县域样本居民2007年收入"五等分"中最高组与最低组的描述性统计

		福清市	龙海市
城乡居民	个人年总收入最高20%组的均值（元）	150748.40	72522.59
	个人年总收入最低20%组的均值（元）	4059.61	6575.77
	最高20%组与最低20%组相差的倍数	37.13	11.03
城镇居民	个人年总收入最高20%组的均值（元）	138170.80	63924.32
	个人年总收入最低20%组的均值（元）	8199.06	8450.92
	最高20%组与最低20%组相差的倍数	16.85	7.64
农村居民	个人年总收入最高20%组的均值（元）	159897.40	78552.20
	个人年总收入最低20%组的均值（元）	2568.13	5555.04
	最高20%组与最低20%组相差的倍数	62.26	14.14

注：样本数据统计计算时均排除特异值。

第二，利用基尼系数来检验福清、龙海两县域城镇居民与农村居民的收入不平等程度。胡祖光（2004）用严格的数学方法证明了：可以利用最富的和最穷的20%人口的收入比重显示测算基尼系数的特征值，并利用这两个特征值来推导出基尼系数的简易计算公式；而且简易计算公式的精确度几乎与精确公式相同。他认为简易计算公式的理论价值不仅在于它解决了计算城乡合一基尼系数的难题，更重要的是它使政府在较短的时间内不需要通过繁复的计算就能够测度出某一时期收入分配的走势。其基尼系数简易公式：$g=p5-p1$。首先计算收入最高的20%的样本居民总收入占全部样本居民总收入的比例，然后计算收入最低的20%的样本居民总收入占全部样本居民总收入的比例，再将前者减去后者即可得出的基尼系数。他还提出0.33可视为基尼系数的理论最佳值。本文运用此公式计算出东南沿海样本县域城镇居民和农村居民的基尼系数（见表6）。从表6可见，龙海城乡合一的基尼系数为0.477，城镇为0.415，农村为0.516，均超过世界银行的0.40的高度警戒线，其中城镇接近世界银行的警戒线，农村则高出许多。福清城乡合一的基尼系数为0.66，城镇为0.589，农村为0.701，大大超过世界银行的0.40的高度警戒线，尤其是农村居民内部属于严重的收入不平等。

表6　东南沿海县域样本居民2007年收入的基尼系数统计

单位：%

		福清市	龙海市
城乡居民	最高收入的20%总和占全部样本收入总和的百分比	67.8	52.5
	最低收入的20%总和占全部样本收入总和的百分比	1.8	4.8
	基尼系数（最高组的百分比-最低组的百分比）	66.0	47.7
城镇居民	最高收入的20%总和占全部样本收入总和的百分比	62.6	47.8
	最低收入的20%总和占全部样本收入总和的百分比	3.7	6.3
	基尼系数（最高组的百分比-最低组的百分比）	58.9	41.5
农村居民	最高收入的20%总和占全部样本收入总和的百分比	71.2	55.5
	最低收入的20%总和占全部样本收入总和的百分比	1.1	3.9
	基尼系数（最高组的百分比-最低组的百分比）	70.1	51.6

注：基尼系数=最高的20%收入组的收入总和占全部样本收入总和的百分比-最低的20%收入组的收入总和占全部样本收入总和的百分比，这是胡祖光（2004）提出的简易基尼系数计算法。样本数据统计计算时均排除特异值。

（四）县域居民收入构成差异

表7显示，福清与龙海城乡居民个人年收入构成存在差异。前者的排序分别为经商办厂收入（31.99%）、工资奖金收入（29.56%）、存款利息股票

分红收入（15.07%）、其他非农收入（14.14%）、纯农业收入（8.67%）；后者的排序则为工资奖金收入（36.95%）、经商办厂收入（33.56%）、纯农业收入（21.31%）、其他非农收入（5.40%）、存款利息股票分红收入（5.32%）。与此同时，福清与龙海城乡居民家庭年收入构成也存在差异。前者的排序分别为工资奖金收入（38.57%）、经商办厂收入（29.32%）、其他非农收入（13.03%）、存款利息股票分红收入（10.50%）、纯农业收入（5.49%）；后者的排序则为工资奖金收入（42.39%）、经商办厂收入（28.83%）、其他非农收入（14.36%）、纯农业收入（13.30%）、存款利息股票分红收入（4.03%）。

表7　东南沿海县域样本居民2007年收入及家庭收入构成统计

变量	福清市			龙海市		
	收入均值（元）	标准差	占总收入（%）	收入均值（元）	标准差	占总收入（%）
个人年总收入	36661.11	89006.74	100.0	26065.55	34053.36	100.0
纯农业收入	3174.07	13415.72	8.67	5554.52	13151.85	21.31
工资奖金收入	10835.98	25914.72	29.56	9631.90	12986.77	36.95
经商办厂收入	11729.27	52418.55	31.99	8747.54	26974.65	33.56
存款利息股票分红收入	5524.51	40827.07	15.07	1387.76	13078.21	5.32
其他非农收入	5182.52	32208.77	14.14	1408.32	7553.80	5.40
家庭年总收入	88129.33	155990.71	100.0	65471.86	78954.22	100.0
纯农业收入	4841.75	21333.23	5.49	8706.45	23020.77	13.30
工资奖金收入	33994.91	53703.04	38.57	27751.27	26655.67	42.39
经商办厂收入	25839.60	104292.20	29.32	18874.24	60038.14	28.83
存款利息股票分红收入	9251.33	52499.03	10.50	2636.16	23161.32	4.03
其他非农收入	11479.92	40697.14	13.03	9399.26	40293.90	14.36

注：样本数据统计计算时均排除特异值。

两县域居民个人年收入及家庭年收入的构成比例既有共性也有差异。共性在于：经商办厂收入与工资奖金收入占两县域居民收入构成的较高比例。差异在于：福清的存款利息股票分红收入比例高，龙海的纯农业收入比例高。两县域居民收入结构与各自的县域经济结构是相符合的（见表1）。区域居民的职业结构和收入结构往往取决于区域的经济结构。福清是典型的外生型经济,辖区内外资企业密集,居民收入以到企业就业、外出经商和劳务输出境外为主;而龙海则以内生型经济和现代农业经济为主导。长期以来,由于地少人多,福清人漂洋过海或跨省外出谋生已成传统。相当部分到境外务工及经商投资的福清人其收入远远高于在当地的福清人,这产生了强大的示范效应,导致福清出国潮、移民潮经久不衰。而龙海自古以来,山海河田齐备,气候适宜,土地肥沃,素有"鱼米花果之乡"的美称,除部分年轻人到周边的厦门、漳州务工外,居民外出谋生者相对较少,城镇居民多靠工薪和小生意生活,农村居民则以务农谋生居多,如种植作物、果树,种植紫菜、海带,养殖或捕捞鱼虾、螃蟹等,生活怡然自得。

(五)经济收入不平等与社会不平等的关系

国外社会学界对社会不平等的研究多从阶层分化、结果不平等和机会不平等的分析框架切入。国内社会学界对社会不平等的研究则多从经济的不平等与社会的不平等的内在关系以及人们对于社会现实的公平或不公平的价值判断是否影响他们的社会政治态度入手进行分析。孙瑞灼(2009)认为,"合理范围内的收入差距能促进效率的提高,但如果收入差距过大,势必加重人们的不公平感,从而挫伤个体的积极性,导致社会公众的普遍不满,进而影响社会稳定"。李春玲于2001年考察了各社会阶层的社会不公平意识的异同,即考察了导致不公平现象的原因、收入差距的合理性认识、收入分配的现实模式和理想模式。[①] 本文基于福清市和龙海市居民的主观判断数据,对收入差距的合理性认识也进行了探讨。

调查数据显示:在问及"在您看来,您所在的市(县)里,人们之间的收入差距如何?"时,福清居民有69.2%的样本认为"当地收入差距太大",18.4%的样本认为"当地收入差距较大",9.8%的样本认为"当地收入差距一般正常",1.2%的样本认为"较小";而龙海则分别占32.1%、36.7%、22.8%、5.2%。当问及"您是否同意社会应该存在收入差距?"时,福清样本居民回答"非常同意"的占27.4%、"比较同意"的占30.5%、"一般"的占9.9%、"不太同意"的占13.3%、"很不同意"的占10.8%;龙海的分别占25.1%、34.7%、12.2%、14.7%、7.2%。在问及

---

① 李春玲:《各阶层的社会不公平感比较分析》,《湖南社会科学》2006年第1期。

"您是否同意让少数人先富起来对社会有好处？"时，福清样本居民回答"非常同意"和"比较同意"的占72.3%，龙海占67.3%。数据表明，尽管两县域居民普遍认为目前的收入差距太大，但是，他们对收入差距的看法较为趋同和理性，大多数人对收入差距的容忍度较强，多数人倾向于承认收入差距存在的合理性。

究其原因，这与两县域居民对当前生活的满意度较高、幸福感较强有关。在问及"在您所在的市/县里，如果把人分成不同等级，您认为您是哪一等级的人？"时，福清样本居民回答"中等"的占63.3%、"中下等"的占22.5%；龙海的分别占56.0%、23.2%。可见，大多数样本认为自己处于当地社会的中等地位。从表8也可看出，两县域居民超过2/3的样本认为现在的生活与10年前相比是变好了，而且将来的生活将会比现在的更好。经济收入的不平等与社会的不平等有内在联系，但并不必然导致社会的不平等和不稳定。

表8 东南沿海县域样本居民对现在和将来生活的主观评价描述

单位：%

变量	选项	福清市		龙海市	
		样本数	百分比	样本数	百分比
与10年前相比，您现在的生活是变好了还是变坏了？	好许多	550	71.0	368	73.7
	好一点	164	21.2	100	20.0
	几乎一样	41	5.3	18	3.6
	差一点	14	1.8	12	2.4
	差很多	6	0.8	1	0.2
	有效样本数	775	100.0	499	100.0
您认为您将来的生活会比现在好还是会不如现在？	好许多	516	68.2	316	65.6
	好一点	182	24.0	132	27.4
	几乎一样	40	5.3	24	5.0
	差一点	11	1.5	8	1.7
	差很多	8	1.1	2	0.4
	有效样本数	757	100.0	482	100.0

（原载《改革》2009年第8期）

东南沿海县域居民财产分布差距比较分析

——基于福建省福清市和龙海市的调查

程丽香

一 问题的提出

随着中国由计划经济向市场经济、由传统社会向现代社会的转型,居民收入不平等和财产分布不均等正在成为当今中国社会关注的焦点。学术界对于居民收入不平等的研究投入了大量的精力和学术热情,形成了为数不少的研究文献。但与之形成反差的是,有关居民财富分布的研究却相当有限。从已有的文献看,对于居民财富分布的研究,主要来自中国社会科学院经济研究所中国居民收入分配课题组的研究成果。例如,麦金利(1994)利用课题组1988年的调查数据对中国农村居民财产分配的不均等程度进行了分析,并得出了一些有意义的结论;布伦纳(1999)利用课题组1995年的数据对农村居民财产分布的特点进行了分析;李实、魏众、古斯塔夫森(2000)利用课题组1995年的城镇调查数据对城镇居民的财产分布进行了估计,并对财产分布与收入分布之间的关系进行了分析;赵人伟、丁赛(2008)利用课题组2002年的调查数据对全国、城镇和农村居民的财产分布状态进行了估计,并对其背后的原因进行了探讨;李实、魏众、丁赛(2005)利用课题组1995年和2002年的调查数据对中国城乡居民的财产分布及其变化进行了估计,并分析了城乡之间财产差距的变化情况以及城乡之间财产分布差距与全国财产分布差距的关系。这些研究不仅准确地描述了中国农村居民、城镇居民以及中国城乡居民的财产分布情况及其变动轨迹,而且还分析了财产分布与收入分配之间的关系及其内在的原因，为中国居民财产分布问题的进一步研究提供了极好的参考。但是，这些研究大多从全国的层面分析了居民的财产分布问题，而对于某一区域居民财产分布的经验性分析则较为缺乏。中国区域经济发展不平衡，区域之间居民的收入分配和财产分布也存在显著差异。那么，对于工业化和市场化程度相对都较高的东南沿海县域，居民财产分布状况如何？城乡之间、城镇内部和农村内部财产分布差异有多大？与现有的宏观研究结果是否具有一致性？居民财产分布与收入分配之间的关系怎样？这些问题都有待于从理论和实践进一步加以讨论。本文将以福建省福清市和龙海市为样本展开研究。

二 资料收集与样本特征

为了体现调查问卷的质量，笔者将此次问卷调查中样本县域的选择依据、资料来源、收集过程和研究方法，以及样本居民的基本特征做逐一介绍。

（一）样本县域的选择及其对沿海县域的代表性

福清市地处福建省中部沿海，是著名的侨乡。2007 年末，全市总人口 123.13 万人；农业人口 103.19 万人，非农业人口 19.93 万人。全市地区生产总值由 1978 年的 1.33 亿元增加到 2007 年的 352.40 亿元，其中，三大产业增加值之比由 1978 年的 46.8∶28.2∶25.0 变为 2007 年的 13.7∶54.7∶31.6（见表 1）。① 2006 年，全市财政总收入 26.42 亿元，县域经济基本竞争力列居全国百强县（市）第 16 位，综合经济实力位居全省 10 强县（市）第 2 位。②

龙海市地处福建省东南沿海，紧邻厦门市，是福建三大平原之一——漳州平原的主要腹地。境内山海河田齐备，气候适宜，土地肥沃，曾被誉为福建的"乌克兰"，素有"鱼米花果之乡"的美称，是名列"中国十大名花"、福建省花——水仙花的原产地，是国家持续高效农业示范区、海峡两岸农业合作试验区和福建省重要的农产品出口创汇基地之一。2007 年末，全市总人口 79.63 万人；农业人口 63.70 万人，非农业人口 15.93 万

---

① 根据《福清统计年鉴 2008》（内部资料）整理得出。
② 资料来源：福清市政府网（http://www.fuqing.gov.cn）。

人。2007年,全市地区生产总值209.84亿元,其中,三大产业增加值之比为14.1:61.6:24.3(见表1)。① 2006年,全市财政总收入18.75亿元,县域经济基本竞争力列居全国百强县(市)第68位。2007年,全市财政总收入28.88亿元,县域经济基本竞争力连续7年进入全国"百强",连续两届被评为全国最具投资潜力中小城市"百强",综合经济实力连续13年保持福建省"十强"。②

综合各项指标看,福清市和龙海市对于东南沿海县域而言具有一定的代表性,通过对福清市和龙海市居民财产分布状况的实证分析,可以大致把握东南沿海县域居民财产分布差异的现实。

表1 样本县域福清市、龙海市2007年经济社会发展主要指标

	福清市	龙海市
年末户籍人口(万人)	123.13	79.63
其中:农业	103.19	63.70
非农业	19.93	15.93
年末常住人口(万人)	119	84.16
其中:城镇人口	37.90	33.66
乡村人口	81.10	50.50
城镇化水平(%)	31.9	40.0
地区生产总值(亿元)	352.40	209.84
其中:第一产业	48.21	29.65
第二产业	192.69	129.32
第三产业	111.51	50.86
人均GDP(元)	28620	25013
在岗职工平均工资(元)	20811	21667
农民人均纯收入(元)	7611	5699
地方财政收入(万元)	136092	106363
规模以上工业总产值(亿元)	726.53	387.56

资料来源:福建省统计局、国家统计局福建调查总队编《福建统计年鉴2008》,中国统计出版社,2008;福清市统计局、国家统计局福清调查队编《福清统计年鉴2008》;龙海市统计局编《龙海统计年鉴2007》。

---

① 根据《龙海统计年鉴2007》《龙海统计年鉴2006》整理得出。
② 中共龙海市委、龙海市人民政府编《龙海撤县建市十五周年纪念画册》(1993—2008),2008。

（二）资料来源与收集过程

本文使用的数据来源于国家社科基金"当代中国中等收入阶层的实证研究"课题组 2008 年 7 月至 8 月在福建省福清市和龙海市展开的调查。抽样调查的实施遵循以下步骤。第一，确定样本县域为福清市和龙海市。选取原则是县域经济基本竞争力列居全国百强县（市）的县域。2006 年福建省 87 个县（市）共有 8 个县（市）进入全国百强县（市），其中，福清市居第 16 位，龙海市居第 68 位；2007 年福清市居第 21 位，龙海市居第 83 位。第二，按福清与龙海人口比例（1.55∶1）大致确定两个县（市）的抽样问卷总数分别为 780 份和 500 份。第三，按城市化率①确定福清和龙海的农村样本和城镇样本比例。福清城市化率为 31.9%，龙海城市化率为 40%（见表 1）。因此，大致确定福清城镇居民的样本数为 240 个，农村居民的样本数为 540 个；龙海城镇居民的样本数为 200 个，农村居民的样本数为 300 个。第四，采用分层抽样法，按乡镇产值表（按现行价格计算）抽取福清市高中低水平的 3 个样本镇、1 个街道办事处。每个镇的 3 个样本村及 1 个街道的 4 个样本居委会也以经济发展水平高中低情况抽取，共抽取 9 个样本村和 4 个样本居委会；在龙海市则抽取 2 个样本镇、1 个样本街道办事处，共抽取 6 个样本村和 4 个样本居委会。第五，以户为单位，按等距离抽样法抽取福清市每个样本村或样本居委会 60 户作为样本户；在龙海市则抽取每个样本村或样本居委会 50 户作为样本户。第六，从被调查户家中选取调查对象。选取原则是年龄为 16~70 周岁，通常为户主或家中管事的且语言表达清晰的家庭成员。第七，调查采用调查员入户访问记录的方式，调查员进行事先培训。第八，本次调查将外来人口排除在抽样框之外，只研究户籍内常住人口分层情况、收入及财产变化情况。

（三）样本居民的基本特征

本次调查在福清市共发放 780 份问卷，回收问卷 779 份；在龙海市共发放 503 份问卷，回收问卷 503 份。从表 2 可见，两县域样本男女性别比例约为 2∶1；年龄集中在 30~60 岁之间，30 岁以下样本较少，这是因为

---

① 城市化率（单一指标法）采用"城镇人口/年末常住人口"的计算公式。

两县域的年轻人大多流动到境外、省外和市外务工、经商、办厂等。从婚姻状况看，两县域绝大多数样本已婚；从户口类别看，两县域农业户口和非农业户口的样本比例也与表1显示的城市化率相当。从政治面貌看，普通群众的比例在福清样本中为71.5%、在龙海样本中为58.7%，其次是中共党员，在福清样本中占23.8%，在龙海样本中占38.1%。从文化程度看，两县域样本多集中为小学和初中学历，约占样本总数的一半左右，高中和大专以上的比例在福清样本中占38.7%、在龙海样本中约占43.9%。

表2 东南沿海县域样本居民的基本特征统计

变量	类别	福清市		龙海市	
		样本数	百分比（%）	样本数	百分比（%）
性别	男	503	64.6	339	67.4
	女	276	35.4	164	32.6
年龄	18岁以下	2	0.3	3	0.6
	18~30岁	69	8.9	46	9.1
	31~40岁	176	22.6	116	23.1
	41~50岁	191	24.5	140	27.8
	51~60岁	198	25.4	121	24.1
	60岁以上	142	18.3	77	15.3
婚姻状况	未婚	29	3.7	15	3.0
	已婚	743	95.8	478	96.4
	其他	4	0.5	3	0.6
户口类别	非农户口	275	35.4	201	40.3
	农业户口	499	64.3	295	59.1
	其他	2	0.3	3	0.6
政治面貌	群众	556	71.5	294	58.7
	共青团员	26	3.3	10	2.0
	共产党员	185	23.8	191	38.1
	民主党派	5	0.6	4	0.8
	其他	6	0.8	2	0.4

续表

变量	类别	福清市		龙海市	
		样本数	百分比（%）	样本数	百分比（%）
文化程度	小学以下	48	6.4	13	2.6
	小学	169	22.7	119	24.2
	初中	238	31.9	142	28.9
	高中	124	16.6	90	18.3
	中专	57	7.7	36	7.3
	大专	50	6.7	55	11.2
	本科以上	57	7.7	35	7.1
	其他	2	0.3	2	0.4

注：数据统计选择有效样本进行。

三 调查结果的比较与分析

本文运用SPSS13.0对所收集的资料进行汇总、统计，然后再进行描述、比较和推断，试图准确地得出东南沿海县域居民财产分布状况的研究结论。本文所分析的财产主要指家庭总资产（包括存款、证券、生意投资、工厂商店、家庭耐用品、金银首饰等，但不包括房产）及家庭所有房产。

（一）县域居民财产分布状况总体描述

对东南沿海县域样本进行简单的频数统计得出两县域样本居民2008年家庭总资产及房产分布情况（见表3）、家庭现有住房产权情况及住房拥有数量统计（见表4）及家庭现住房使用面积、所有住房现价及除房产外家庭总资产统计（见表5）。

表3 东南沿海县域样本居民2008年家庭总资产及房产分布统计

变量	财产分布（万元）	福清市		龙海市	
		样本数	百分比（%）	样本数	百分比（%）
家庭总资产	≤0	82	10.6	28	5.6
	0~10	310	40.3	251	50.4
	11~20	77	10.0	74	14.9

续表

变量	财产分布（万元）	福清市 样本数	福清市 百分比（%）	龙海市 样本数	龙海市 百分比（%）
家庭总资产	21~50	84	10.9	60	12.0
	51~100	55	7.2	15	3.0
	101~200	22	2.9	10	2.1
	201~1000	19	2.5	9	1.8
	≥1001	3	0.4	—	—
	不清楚、不回答	117	15.2	51	10.2
	有效样本	769	100.0	498	100.0
家庭所有房产	0~10	92	12.0	76	15.3
	11~20	108	14.0	119	23.9
	21~50	228	29.7	193	38.7
	51~100	148	19.2	54	10.9
	101~200	37	4.8	6	1.2
	≥201	12	1.6	5	1.0
	不清楚、不回答	144	18.7	45	9.0
	有效样本	769	100.0	498	100.0

表4　东南沿海县域样本居民2008年家庭现有住房产权情况及住房拥有数量统计

变量	福清市 样本数	福清市 百分比（%）	龙海市 样本数	龙海市 百分比（%）
自家的房屋	743	95.7	486	97.2
租住或借住的房屋	23	3.0	9	1.8
其他	10	1.3	5	1.0
总计	776	100.0	500	100.0
现居住房之外没有住房	506	78.4	344	70.2
现居住房之外还有1套住房	105	16.3	122	24.9
现居住房之外还有2套住房	12	1.9	14	2.9
现居住房之外还有3套以上	11	1.7	7	1.4
不适用、不清楚	11	1.7	3	0.6
总计	645	100.0	490	100.0

注：样本数据统计计算时均排除特异值。

表 5　东南沿海县域样本居民 2008 年家庭现住房使用面积、
所有住房现价及除房产外家庭总资产统计

	福清市			龙海市		
	使用面积均值（平方米）	标准差	样本数	使用面积均值（平方米）	标准差	样本数
城乡居民	307.05	242.88	754	184.23	135.30	493
其中：城镇居民	236.78	256.26	264	122.78	77.08	201
农村居民	345.98	227.52	490	226.42	150.73	292
	所有房产均值（万元）	标准差	样本数	所有房产均值（万元）	标准差	样本数
城乡居民	51.94	56.11	609	35.52	38.22	440
其中：城镇居民	66.22	74.47	229	41.89	40.00	187
农村居民	43.43	39.16	380	31.03	36.41	253
	家庭总资产均值（万元）	标准差	样本数	家庭总资产均值（万元）	标准差	样本数
城乡居民	40.82	132.28	647	27.17	79.10	442
其中：城镇居民	58.25	143.25	233	22.94	54.34	185
农村居民	31.25	125.29	414	30.24	93.05	257

注：样本数据统计计算时均排除特异值。

表 3 显示，两县域居民家庭总资产主要集中在 0~50 万元之间，福清样本占总样本比例的 61.2%，龙海样本占总样本比例的 77.3%；家庭总资产在 51 万元以上的福清样本占总样本比例的 13%，而龙海样本则占总样本比例的 6.9%。但是，家庭零资产及负债的样本比例福清高于龙海；而选择"不清楚、不回答"的样本比例福清也高于龙海。这说明，福清样本居民在"家庭总资产"这一变量中两极分化的趋势比龙海严重。通过入户问卷调查，笔者发现，福清不少被访者家中至少有一人近一两年刚到国外、省外务工或经商，这可能也是福清样本居民家庭零资产及负债比例较高的原因所在。

表 3 还显示，两县域居民家庭所有房产现值主要集中在 0~100 万元之间，福清样本占总样本比例的 74.9%，龙海样本占总样本比例的 88.8%。其中，在 21 万~100 万元之间，福清样本和龙海样本分别占各自样本总数

的近一半。房产现值在101万元以上的样本比例，福清是龙海的近3倍。选择"不清楚、不回答"的样本比例，福清是龙海的2倍多，这在一定程度上反映了福清居民相对较为保守，不愿透露自己的家底。

表4显示，两县域样本居民绝大多数家庭拥有自家的房屋，回答"租住或借住的房屋"的样本比例极少，且大多数样本居民家庭只拥有1套（幢）住房。但是，福清有16.3%的样本居民家庭拥有2套（幢）住房，龙海则有24.9%的样本居民家庭拥有2套（幢）住房。

表5显示，福清样本居民家庭住房使用面积均值、所有住房现价均值及家庭总资产均值分别是龙海的1.67倍、1.46倍及1.5倍。可见，福清样本居民家庭总体比龙海富裕，这也与两县域的综合经济实力相一致。

（二）县域城乡之间居民家庭财产差距

根据问卷调查结果，笔者选择"城镇居民家庭人均资产均值除以农村居民家庭人均资产均值"来体现福清和龙海城乡居民家庭资产的相对差距；选择"城镇居民家庭人均房产均值除以农村居民家庭人均房产均值"来体现福清和龙海城乡居民家庭房产的相对差距。表6和表7显示，2008年，福清城乡居民家庭资产的相对差距为2.08:1，龙海为0.93:1；福清城乡居民家庭房产的相对差距为1.70:1，龙海为1.65:1。李实、魏众、丁赛（2005）经过统计分析得出：2002年中国城乡居民人均财产相对差距为3.6:1，其中，城乡居民人均净房产相对差距为5.3:1。可见，两县域城乡居民人均财产差距远远低于2002年全国城乡人均财产差距。这与课题组成员在两县域实地调研时的主观感受是一致的，即不少农村居民生活水平超过城镇居民，乡村和城镇的界限并不很清晰，城乡之间已日趋一体化。

值得注意的是，龙海城乡居民家庭资产的相对差距出现了逆向现象，即农村居民人均资产均值高出城镇居民人均资产均值0.54万元。笔者认为，导致这一现象的主要原因在于龙海农村不少样本居民家庭在最近的1至2年中土地被政府及开发区等征用，获得了为数不少的土地赔偿金，从而提高了农村居民家庭资产总额。调查中笔者了解到：龙海紧邻厦门市，近几年政府加大力度发展公共基础设施建设以及着力进行几大开发区规划，向农户征用不少林地和滩涂，农户获得了少至几万元多至几十万元甚至上百万元的土地赔偿金。

表6 东南沿海县域样本居民2008年家庭人均资产描述性统计

	福清市			龙海市		
	家庭总资产均值（万元）	家庭人口均值（人）	家庭人均资产均值（万元）	家庭总资产均值（万元）	家庭人口均值（人）	家庭人均资产均值（万元）
城镇居民	58.25	3.83	15.21	22.94	3.43	6.69
农村居民	31.25	4.28	7.30	30.24	4.18	7.23
城乡居民家庭资产的相对差距	15.21/7.30 = 2.08∶1			6.69/7.23 = 0.93∶1		

注：样本数据统计计算时均排除特异值。

表7 东南沿海县域样本居民2008年家庭人均房产现值描述性统计

	福清市			龙海市		
	家庭总房产均值（万元）	家庭人口均值（人）	家庭人均房产均值（万元）	家庭总房产均值（万元）	家庭人口均值（人）	家庭人均房产均值（万元）
城镇居民	66.22	3.83	17.29	41.89	3.43	12.21
农村居民	43.43	4.28	10.15	31.03	4.18	7.42
城乡居民家庭房产的相对差距	17.29/10.15 = 1.70∶1			12.21/7.42 = 1.65∶1		

注：样本数据统计计算时均排除特异值。

（三）县域城镇居民和农村居民内部财产分布差距

本文选择两种常见方法来分析样本县域城镇居民和农村居民内部的财产分布差距，以此度量城镇居民与农村居民内部的财产分布不均等程度。

首先，本文选择了最常用的反映居民财产分布差距的"五等分"法进行比较。为简便起见，本文只列出家庭总资产最高20%组的均值和最低20%组的均值以及家庭房产最高20%组的均值和最低20%组的均值（见表8和表9）。表8和表9显示，两县域城镇居民和农村居民内部无论是家庭总资产还是家庭房产差距都很大。

表8 东南沿海县域样本居民2008年家庭总资产"五等分"中
最高组与最低组的描述性统计

		福清市	龙海市
城乡居民	家庭总资产最高20%组的均值（万元）	170.54	106.70
	家庭总资产最低20%组的均值（万元）	-0.38	0.47
	最高20%组与最低20%组的绝对差距	170.92	106.23
城镇居民	家庭总资产最高20%组的均值（万元）	236.38	82.14
	家庭总资产最低20%组的均值（万元）	1.09	1.71
	最高20%组与最低20%组的绝对差距	235.29	80.43
农村居民	家庭总资产最高20%组的均值（万元）	130.59	123.53
	家庭总资产最低20%组的均值（万元）	-0.80	-0.22
	最高20%组与最低20%组的绝对差距	131.39	123.75

注：样本数据统计计算时均排除特异值。

表9 东南沿海县域样本居民2008年家庭房产"五等分"中
最高组与最低组的描述性统计

		福清市	龙海市
城乡居民	家庭房产最高20%组的均值（万元）	131.82	84.65
	家庭房产最低20%组的均值（万元）	9.20	8.10
	最高20%组与最低20%组的绝对差距	122.62	76.55
城镇居民	家庭房产最高20%组的均值（万元）	174.18	96.68
	家庭房产最低20%组的均值（万元）	17.59	13.11
	最高20%组与最低20%组的绝对差距	156.59	83.57
农村居民	家庭房产最高20%组的均值（万元）	106.86	75.59
	家庭房产最低20%组的均值（万元）	6.58	5.96
	最高20%组与最低20%组的绝对差距	100.28	69.63

注：样本数据统计计算时均排除特异值。

其次，本文利用基尼系数来检验福清、龙海两县域城镇居民与农村居民财产分布的不均等程度。胡祖光（2004）用严格的数学方法证明：可以利用最富的和最穷的20%人口的收入比重来推导出基尼系数的简易计算公式；而且简易计算公式的精确度几乎与精确公式相同。其基尼系数简易公式为：$g = P_5 - P_1$，其中，P_5表示最高的20%的样本居民收入之和占全部样本居民收入之和的比例，P_1 表示最低的 20% 的样本居民收入之和占全部样本居民收入之和的比例。本文借鉴此公式计算东南沿海样本县域城镇居民和农村居民家庭总资产和家庭房产的基尼系数（见表 10 和表 11）。表 10 显示，福清居民家庭总资产的城乡合一的基尼系数为 0.84，城镇为 0.81，农村为 0.84；龙海居民家庭总资产的城乡合一的基尼系数为 0.78，城镇为 0.70，农村为 0.81。表 11 显示，福清居民家庭房产的城乡合一的基尼系数为 0.47，城镇为 0.48，农村为 0.46；龙海居民家庭房产的城乡合一的基尼系数为 0.43，城镇为 0.39，农村为 0.45。

按照 Smeeding 的研究，21 个发达国家在 20 世纪后半叶财产分布的基尼系数在 0.52 至 0.93 之间，如果不包括在外居住的瑞典人，则在 0.52 至 0.83 之间。[1] 根据 E. Wolff 的研究成果，1993 年，美国的人均财产基尼系数高达 0.79；1986 年，法国的人均财产基尼系数为 0.71；1984 年，日本的人均财产基尼系数为 0.52。[2] 李实、赵人伟等人的研究成果显示，2002 年，全国总财产分布的基尼系数为 0.55，其中，净房产的基尼系数为 0.67（李实、魏众、丁赛，2005；赵人伟、丁赛，2008）。按照国际标准，现阶段中国东南沿海县域居民家庭资产分布的基尼系数是很高的，属于较为严重的资产分布不均等，而居民家庭房产分布的基尼系数则处于中等程度。

值得一提的是，两县域居民家庭资产分布的基尼系数大大超过收入分配的基尼系数。例如，2007 年，福清居民城乡合一的收入分配基尼系数为 0.66，城镇为 0.589，农村为 0.701；龙海居民城乡合一的收入分配基尼系数为 0.477，城镇为 0.415，农村为 0.516（程丽香，2009）。从国际比较的角度看，财产分布的基尼系数大于收入分配的基尼系数是一种常态。按照 James B. Davies 和 Anthony F. Shorrocks 的研究，发达国家收入分配的基尼系数在 0.3 至 0.4 之间，而财产分布的基尼系数则在 0.5 至 0.9 之间。[3]

---

[1] 转引自赵人伟、丁赛《中国居民财产分布研究》，载李实、史泰丽、别雍·古斯塔夫森主编《中国居民收入分配研究Ⅲ》，北京师范大学出版社，2008。

[2] 转引自李实、魏众、古斯塔夫森《中国城镇居民的财产分配》，《经济研究》2000 年第 3 期。

[3] 转引自赵人伟、丁赛《中国居民财产分布研究》，载李实、史泰丽、别雍·古斯塔夫森主编《中国居民收入分配研究Ⅲ》，北京师范大学出版社，2008。

表 10　东南沿海县域样本居民 2008 年家庭总资产的基尼系数统计

单位：%

		福清市	龙海市
城乡居民	最高资产的20%总和占全部样本资产总和的百分比	83.37	77.87
	最低资产的20%总和占全部样本资产总和的百分比	-0.18	0.34
	基尼系数（最高组的百分比-最低组的百分比）	83.55	77.53
城镇居民	最高资产的20%总和占全部样本资产总和的百分比	81.87	71.62
	最低资产的20%总和占全部样本资产总和的百分比	0.38	1.49
	基尼系数（最高组的百分比-最低组的百分比）	81.49	70.13
农村居民	最高资产的20%总和占全部样本资产总和的百分比	83.79	81.06
	最低资产的20%总和占全部样本资产总和的百分比	-0.52	-0.15
	基尼系数（最高组的百分比-最低组的百分比）	84.31	81.21

注：基尼系数=最高的 20%资产组的资产总和占全部样本资产总和的百分比-最低的 20%资产组的资产总和占全部样本资产总和的百分比；样本数据统计计算时均排除特异值。

表 11　东南沿海县域样本居民 2008 年家庭房产现值的基尼系数统计

单位：%

		福清市	龙海市
城乡居民	最高房产的20%总和占全部样本房产总和的百分比	51.01	47.41
	最低房产的20%总和占全部样本房产总和的百分比	3.56	4.54
	基尼系数（最高组的百分比-最低组的百分比）	47.45	42.87
城镇居民	最高房产的20%总和占全部样本房产总和的百分比	52.84	45.67
	最低房产的20%总和占全部样本房产总和的百分比	5.34	6.19
	基尼系数（最高组的百分比-最低组的百分比）	47.50	39.48
农村居民	最高房产的20%总和占全部样本房产总和的百分比	49.21	49.10
	最低房产的20%总和占全部样本房产总和的百分比	3.03	3.87
	基尼系数（最高组的百分比-最低组的百分比）	46.18	45.23

注：基尼系数=最高的 20%房产组的房产总和占全部样本房产总和的百分比-最低的 20%房产组的房产总和占全部样本房产总和的百分比；样本数据统计计算时均排除特异值。

（四）县域居民财产分布与收入分配之间的关系

赵人伟、丁赛（2008）认为，收入指的是人们（一个人或一个家庭）

在一定时期内（通常为一年）的全部进账；而财产指的是人们在某一时点所拥有资产的货币净值。可见，财产是一个时点上的存量，而收入是单位时间内的流量。收入和财产之间存在着互动的关系：过去的流量必然影响当今的存量；而当今的存量又必然影响今后的流量。他们进一步认为，收入分配和财产分布之间有着密切的相互关系，随着财产规模的不断扩大和财产分布格局的变化，财产分布不仅对整个宏观经济的稳定具有重要影响，而且对今后收入分配的长期变化也有重要影响。

李实、魏众、古斯塔夫森（2000）的研究成果表明了财产分布和收入分配之间的强相关性。本文对两县域居民个人年总收入、家庭年总收入与家庭总资产①的相关系数统计后发现，福清和龙海居民个人年总收入与家庭总资产的相关系数分别为 0.419（p=0.000）和 0.529（p=0.000），家庭年总收入与家庭总资产的相关系数分别为 0.460（p=0.000）和 0.621（p=0.000），这表示福清和龙海个人年总收入、家庭年总收入与家庭总资产均为正相关。对两县域居民家庭人均年收入与家庭人均资产②的相关系数统计后发现，福清和龙海居民家庭人均年收入与家庭人均资产的相关系数分别为 0.346（p=0.000）和 0.628（p=0.000），这表示福清和龙海居民家庭人均年收入与家庭人均资产呈正相关。

本文进一步利用问卷调查的数据，将东南沿海两县域调查样本中的城乡居民按家庭人均年收入和按家庭人均财产③的高低进行"五等分"组后作一比较。表 12 列出了福清和龙海按家庭人均年收入及按家庭人均财产进行"五等分"组后城乡居民在各组中所占的百分比。

---

① 个人年总收入指样本居民个人 2007 年的总收入；家庭年总收入指样本居民家庭 2007 年的总收入；家庭总资产指样本居民家庭被访时的存款、证券、生意投资、工厂商店、家庭耐用品、金银首饰等资产，但不包括房产。
② 家庭人均年收入指样本居民家庭 2007 年的总收入除以样本家庭人口数；家庭人均资产指样本居民家庭被访时不包括家庭房产的其它家庭资产除以样本家庭人口数。
③ 家庭人均财产指样本居民家庭被访时包括家庭房产在内的所有家庭资产除以样本家庭人口数。

表 12 东南沿海县域按收入和按财产"五等分"组后城乡居民各占比例

单位：%

五等分组组序	福清市				龙海市			
	家庭人均年收入		家庭人均财产		家庭人均年收入		家庭人均财产	
	农村居民所占比例	城镇居民所占比例	农村居民所占比例	城镇居民所占比例	农村居民所占比例	城镇居民所占比例	农村居民所占比例	城镇居民所占比例
1（最低）	84.1	15.9	82.8	17.2	89.8	10.2	86.6	13.4
2（中低）	62.9	37.1	63.6	36.4	64.0	36.0	56.7	46.3
3（中等）	62.3	37.7	51.5	48.5	49.5	50.5	57.3	42.7
4（中高）	51.7	48.3	52.0	48.0	39.4	59.6	38.7	61.3
5（最高）	64.2	35.8	45.5	54.5	54.1	45.9	46.3	53.8

从表 12 可以看出，在最低及中低收入组和最低及中低财产组都集中分布着农村居民（表 12 中的第 1 组和第 2 组），而在中等及以上收入组和中等及以上财产组，城镇居民和农村居民所占比例之间的差距则小得多（表 12 中的第 3~5 组）。这说明，在低收入组和低财产组中，农村居民和城镇居民的收入分配与财产分布差距较大，而在高收入组和高财产组中，二者的差别则不是太大。当然，如果进一步考察财产分布差距和收入分配差距时，就会发现：福清样本居民在最低收入-最低财产组和中低收入-中低财产组（表 12 中的第 1 组和第 2 组），财产分布差距与收入分配差距（分别以农村居民所占比例与城镇居民所占比例之差表示，下同）基本持平；在中等收入-中等财产组和最高收入-最高财产组（表 12 中的第 3 组和第 5 组），财产分布差距小于收入分配差距；而在中高收入-中高财产组（表 12 中的第 4 组），财产分布差距则又与收入分配差距大致持平。龙海样本居民在最低收入-最低财产组和中低收入-中低财产组（表 12 中的第 1 组和第 2 组），财产分布差距小于收入分配差距；在中等收入-中等财产组（表 12 中的第 3 组），财产分布差距大于收入分配差距；而在中高收入-中高财产组（表 12 中的第 4 组和第 5 组），财产分布差距则又与收入分配差距大致持平。

四 主要发现与结论

本文以"当代中国中等收入阶层的实证研究"课题组的抽样问卷调查

数据为依据对东南沿海县域的福清市和龙海市居民财产分布状况进行实证分析，从中获得了一些有意义的分析结果。其一，东南沿海县域居民家庭总资产和房产分布不均等，但是，居民家庭总资产和房产现值与县域综合经济实力相一致。其二，东南沿海县域城乡居民人均财产差距远远低于全国城乡人均财产差距，不少农村居民生活水平甚至超过城镇居民，乡村和城镇的界限并不很清晰，城乡之间已日趋一体化。其三，东南沿海县域城镇居民和农村居民内部无论是家庭总资产还是家庭房产差距都比较大，且居民家庭资产分布的基尼系数与发达国家相当，属于较为严重的资产分布不均等，而居民家庭房产分布的基尼系数则临近中等程度，同时，居民家庭资产分布的基尼系数大大超过收入分配的基尼系数，这与国际情况相一致。其四，东南沿海县域居民无论是个人年总收入、家庭年总收入与家庭总资产还是家庭人均年收入与家庭人均资产均呈正相关。

参考文献

[1] 麦金利：《中国农村的财产分配》，载赵人伟、格里芬主编《中国居民收入分配研究》，中国社会科学出版社，1994。

[2] 布伦纳：《中国农村财产分配的重新考察》，载赵人伟、李实、李思勤主编《中国居民收入分配再研究》，中国财政经济出版社，1999。

[3] 李实、魏众、古斯塔夫森：《中国城镇居民的财产分配》，《经济研究》2000年第3期。

[4] 赵人伟、丁赛：《中国居民财产分布研究》，载李实、史泰丽、别雍·古斯塔夫森主编《中国居民收入分配研究Ⅲ》，北京师范大学出版社，2008。

[5] 李实、魏众、丁赛：《中国居民财产分布不均等及其原因的经验分析》，《经济研究》2005年第6期。

[6] 胡祖光：《基尼系数理论最佳值及其简易计算公式研究》，《经济研究》2004年第9期。

[7] 程丽香：《东南沿海县域居民收入差异及内在关联：福建例证》，《改革》2009年第8期。

（原载《中国农村经济》2009年第12期）

乡村振兴背景下农民工回流的决策与效应研究

沈君彬

一 问题引出与研究设计

党的十九大报告提出,要实施乡村振兴战略,坚持农业农村优先发展,加快推进农业农村现代化。诸多学者认为,要实施乡村振兴战略,关键是要抓住"人、地、钱"三个字,即要实现"人、地、钱"等资源要素在城乡间的双向自由流动。从"人"的角度看,一方面应致力推动城镇化的既定战略,毫不动摇地推动农业人口转移进城、降低乡村人口比重;另一方面,要致力于推动逆城镇化,加快建立多层次多样化的返乡创业格局,全面激发农民工等人员返乡创业热情,创造更多就地就近就业机会,为乡村振兴培养生力军。在实施乡村振兴战略的背景下,深入分析农民工回流行为,明晰农民工的回流动因、决策及其效应,对于从"人"的角度推进乡村振兴具有很强的现实意义。

向农村回流是我国乡-城流动人口迁移过程中特有的现象。随着逆城镇化现象的显现,近年来,有关返乡农民工群体的研究并不鲜见。梳理既有文献,我们发现已有研究成果主要集中于回答农民工是否回流以及回流的影响因素方面,而对回流地点决策、回流后的就业选择及回流效应等问题的研究偏少。从当前农民工的实际回流现状来看,有的返回到农村,有的返回到县城或者乡镇,从事的工作也各不相同。这就需要我们解释其回流的决策逻辑,即哪些因素导致了回流农民工对地点和就业选择的不同,以便于进一步分析异质性回流决策、农民工的差别化回流效应等。

本课题组选择福建省 3 个不临海的山区市南平、龙岩和三明作为样本区域，通过对 3 地市 600 位回流农民工的抽样调查并结合对 27 位返乡农民工的深入访谈，在乡村振兴背景下揭示农民工回流决策机制与回流效应。本课题组在研究过程中试图回答以下几个问题：其一，在实施乡村振兴战略的宏观背景下农民工中断城市务工选择回流的驱动因素是什么？哪些因素影响农民工做出最终回流地点的选择？回流农民工群体的就业类型的决定因素有哪些？回流对农民工个人职业声望、家庭幸福感以及乡村振兴会带来什么影响？等等。借此展开对农民工回流动因、决策、效应的研究。

  本文对于调查对象范围的界定如下：一是在地域界定上，该农民工的户籍地为南平、龙岩或三明，且其已返回到其家乡所在的县及县以下区域范围内；二是在现实行为中，该农民工已返回家乡时间达 6 个月以上，并且在其个人主观意愿上没打算再考虑离乡务工。之所以将返乡时间确定为 6 个月，是因为国家统计局每年发布的《农民工监测调查报告》将农民工群体的概念界定为"户籍仍在农村，在本地从事非农产业或外出从业 6 个月及以上的劳动者"。本文所使用的研究数据皆来源于课题组 2018 年 6 月至 7 月在福建省回流农民工比较集中的南平、龙岩和三明等 3 个福建山区市进行的问卷调查。调查过程中采用分层抽样和配额抽样，用滚雪球方式获得相关样本，根据调查问卷采取一对一方式进行调查，并事先对调查员进行培训，以提高所获得调查数据的真实性和准确性。根据既有研究设计，每个市调查数均为 200 份，总计调查样本数为 600 份，剔除无效问卷后共获得有效样本 480 份，其中南平市有效样本数为 164 份，龙岩市有效样本数为 157 份，三明市有效样本数为 159 份。表 1 将此 3 个市问卷调查数据的有效样本特征直观表示出来，后文将不再作详细解释。

表 1   样本基本特征

	N	%		N	%
性别			家中是否有耕地		
男	318	66.2	是	278	57.9
女	162	33.8	否	202	42.1

续表

	N	%		N	%
年龄			婚姻状况		
20 周岁以下	20	4.2	已婚	352	73.3
21~30 周岁	93	19.4	未婚	113	23.5
31~40 周岁	149	31	离异或丧偶	15	3.1
41~50 周岁	166	34.6			
50 周岁以上	52	10.8			
教育程度			在外打工时间		
6 年及以下	123	25.6	一年以下	33	6.9
7~9 年	278	57.9	1 至 5 年	239	49.8
10~12 年	46	9.6	5 至 10 年	81	16.9
12 年以上	33	6.9	10 年以上	127	26.5

二 乡村振兴背景下农民工回流的驱动因素分析

参考戚迪明有关农民工返乡原因的分类,[①] 在对农民工细分回流原因进行访谈、调研的基础上,对问卷相关选项进行归类,本课题组将返乡农民工群体分成"主动返乡"与"被动返乡"两类。其中"主动返乡"的驱动因素包括两类,借此可将"主动返乡"农民工群体划分为两类。其中第一类"主动返乡"农民工是在实施乡村振兴战略大背景下主动返乡以获得更好的发展机遇,包括返乡创业、在家附近获得更好的就业机会等。该类农民工通常具有比较丰富的外地打工经验,具备一定的技术、经验或者有一定的资金积累。

现在不是一直在说乡村振兴嘛,我们老家也变成了城镇。我感觉这个过程中,会有很多机会。比方说,我们老家这里路修得不错,现在车也越来越多,我原来在福州学做汽车修理七八年了,技术还可

---

① 戚迪明:《城市化进程中农民工回流决策与行为:机理与实证》,沈阳农业大学博士学位论文,2013,第 63 页。

以，别人问我修得怎么样？我就把我这双黑漆漆洗不干净的手给他们看。但一直替别人打工没什么大前途，今年初回来老家镇上请了两个亲戚一起搞了这个修理车间，生意还可以，至少比打工强。（SM02-WDQ-2018.6.11）

第二类"主动返乡"农民工是因为年龄、身体等个人原因而主动返回家乡过稳定生活，个人意愿上不想再外出打工。这一类农民工年龄通常偏大，经济状况不一，该群体和八零后、九零后农民工不同，他们对乡土具有一种无法割断的情结，普遍有叶落归根的主观意愿。

话说我原来在外面干的也不错的，记得十几岁出来打工的时候一天能赚10块钱，一个月快300块，当时一头猪也就200多块，一个月工资都够买一头大肥猪了。但终究不是长久之计。都说叶落归根，去年回老家参加一个叔伯的葬礼，送葬的队伍排的很长，很热闹、很风光，对我触动很大。我想如果继续呆在外地，死了一点动静都没有。我年纪也大了，累了，也不想跑了，孩子们也都有着落了，现在回到老家茶叶市场开个茶叶店挺好的。还是老家好，想吃的东西都能吃到，打工在外再有钱也吃不到老家的这些好东西。（LY05-BS-2018.6.15）

"被动返乡"农民工群体返乡的驱动因素也包括两类：第一类"被动返乡"农民工是由于工作受阻、房租走高等生活成本原因而被迫返乡，具体原因有"工厂倒闭、很难找到合适的工作、做小生意失败、个别大城市'控制劳动密集型、外来流动人口和在城乡结合部的低端产业从业人口'导致房租上涨"等。

以前是在外面亲戚开的石材加工厂里干，帮着开开车，送送货什么的。这几年生意不好做，也没什么订单，现在环保又抓的很严，工厂关门了只能回家。原来也想看看有没有别的机会，但是工资都不算高。和老婆一商量，说现在外面物价上涨太快，特别是拖家带口的，房租又越来越高，一年忙活下去基本上就是帮房东打工，想想不要折腾了，不如回家算了。（NP02-JZJ-2018.07.02）

第二类"被动返乡"农民工是由于家庭原因而被迫返乡，具体原因包括需要照顾老人，小孩要回老家读书，不想继续夫妻两地分居等等。

> 为什么要回来，我到现在都说不清楚的。一开始是我父亲重病，需要回去照顾。后来父亲去世，家里就我妈一个人，她还要照顾爷爷奶奶，忙不过来。家里里里外外很多事总要有个男的。另外，老大（大儿子）要读幼儿园了，在北京好的幼儿园学费非常贵。没办法像姐夫一样把两个孩子送私立幼儿园去，一个孩子非周末都住校一年要十万，吓都要吓死。老家幼儿园一个学期不到三千。后来老二（二儿子）出生，老婆忙着照顾两个孩子没办法干活，加上北京不让外地人开滴滴了。姐夫说，你们这样也不是办法，还是回去吧，找点合适的小生意做一做。（NP07-ZX-2018.07.04）

通过系统考察南平、龙岩和三明等3个福建山区市480位农民工的返乡经历，调查结果显示，"被动返乡"型农民工为257人，占比56.25%，在比例上稍高于"主动返乡"农民工。但与国内一些学者的研究结论不同的是，样本群体中"被动返乡"型农民工在比例上并没有占压倒性优势，这两类农民工群体的比例比较接近。其中，促使农民工回流最多的因素仍然是家庭原因，由于该原因选择回流的农民工有138人，达到28.75%；其次是由于城市工作原因（工作不好找、工作不挣钱、合同期满未续、用工单位倒闭等），由于该原因选择回流的农民工有119人，其比率达到24.79%。我们注意到，在实施乡村振兴战略的大背景下主动返乡以获得更好的发展机遇的"主动返乡"型农民工有121人，其比率达到25.21%；而因为年龄、身体等个人原因而主动返回家乡的农民工则有102人，比率为21.25%。从上述原因在总体回流样本的比例分布来看，与国内其他学者的研究结果有一定出入，主要体现在"主动返乡"型农民工比例较高，特别是选择主动返乡以获得更好的发展机遇的农民工比例明显较高。在乡村振兴的大背景下，笔者以为这是非常可喜的现象。

本次调查中主动返乡创业、就业的农民工增多主要有天时和地利两个方面的具体原因：一是"天时"，也就是近年来国家越来越重视乡村的发展。根据彼得·霍尔（Peter Hall）的政策范式理论，在城乡资源要素的配置政策上不断向城乡双向自由流动的方向发生"政策的第一序列变化与第二序列变化",① 2018年中央1号文件指出,"在中国特色社会主义新时代,乡村是一个可以大有作为的广阔天地,迎来了难得的发展机遇。"② 相应的,在提出"让农业成为有奔头的产业,让农民成为有吸引力的职业,让农村成为安居乐业的美丽家园"奋斗目标的同时出台"推动城乡要素自由流动、平等交换"③的重要举措表明城乡资源要素的配置政策正在发生第三序列变化。我们认为,这一根本性变迁所释放出的政策利好将进一步成为农民工回流的驱动诱因。长期以来,城乡资源要素更多呈现出的是一种单向流动的趋势,技术、资金、人口更多由农村流向城市。如果这些资源要素过度流失,则乡村注定无法摆脱衰败的命运。因此,要实施乡村振兴战略,一项很重要的工作就是要防止农村人口等资源要素的过度流失。二是"地利",意即地域的经济特点与产业结构的原因。福建作为东南沿海发达地区私营经济较为发达,三明、南平、龙岩虽然是福建的山区地市,但三地在产业链条中分工机会相对比西部和东北地区多,当地农民工返乡创业的机会也比较多。坐拥天时和地利,乡村振兴只待人和。而选择主动返乡以获得更好发展机遇的农民工无疑是回流农民工群体中的"精英分子"和乡村振兴的"人和"要素,他们普遍具有丰富的在外务工经验,具备一定的资金、技术等农村发展急需的资源要素,该群体可望成为乡村振兴的生力军。

三 乡村振兴背景下农民工回流地点的决策

参考戚迪明的研究设计,④ 本研究把农民工回流地点分为回流到县镇与农村两类。在农民工回流地点的决策情境中,他们一旦做出回流的决定,就会同时受到农村拉力与县镇拉力的影响,其最终决策主要取决于上

---

① Hall, P. A. Policy Paradigms, Social Learning and the State: The Case of Economic Policymaking in Britain. Comparative Politics, 1993, Vol.25 (3): 275-296.
② 引自《中共中央国务院关于实施乡村振兴战略的意见》。
③ 引自《中共中央国务院关于实施乡村振兴战略的意见》。
④ 戚迪明:《城市化进程中农民工回流决策与行为:机理与实证》,沈阳农业大学博士学位论文,2013,第62页。

述两种拉力的大小。本次调查中，480个有效样本有256人选择回到农村，比率为53.3%，而剩余224人则选择回流到县镇，占46.7%。就农民工选择不同层级回流地点的原因，对龙岩、三明与南平三地农民工的问卷调查显示，三地农民工返回农村的最主要原因同样是"对农村的生活比较熟悉，想回到农村过安定的生活"，但与戚迪明的研究结论不同的是，此三地不少返乡农民工回流农村的原因是"便于依托既有资源进行创业"。同样的，对于三地回流到县镇的农民工群体的调查亦显示，其回流到县镇一级的主要原因是"城镇里生活比较便利，同时离自己或者配偶的老家比较近"。但其次一级原因同样与就业有关，是为了"在城镇里比较方便找工作或在城镇开店比较有生意"。由此可见，返乡农民工选择不同层级回流地点的原因存在一定差异。

在三地开展具体问卷调查进程中，在问及调查对象为什么选择回流到当前所在县镇而不回流到其他地方时，有89人选择回答"城镇里生活比较便利，同时离自己或者配偶的老家比较近"，占回流县镇农民工群体样本总数的39.7%。说明农民工一旦决定回流，在回流地点选择中除了离家远近的因素外，也充分考虑了要延续既往打工在外时城市里的生活方式。

> 没回来之前我们就想好了要在镇里买房子的。不瞒你说，这些年我们外面累死累活，就是为了能回老家镇里买套房。小时候，印象中，我们整个大家族里大伯、二伯和大姑都生活在镇里，小叔叔是吃皇粮的，住在县里，我们一家一直都很羡慕。在外面这么多年，城里的生活还是比较习惯了，孩子们还在读书，总不能让他们从大城市直接回村里去。他们肯定也不习惯，镇里虽然说没有麦当劳、肯德基，但德克士还是有的。再说了，从镇里到我们村也就5公里不到，到我老婆家也不到10公里，公交车随时都能到。（SM01-LZM-2018.6.11）

224人中，选择回流到当前所在县镇而不回流到其他地方排名第二的原因是"方便孩子读书"，共有55人，占24.55%。由此可见，下一代的教育问题已经成为农民工做出返乡地点决策的重要变量。

> 主要还是为他们（孩子）考虑。以前一直带着他们在外面读书。

要回来的时候,一个读私立小学四年级,一个幼儿园大班。外面的教育质量比较好,邻居都说小孩说的都是很标准的普通话,不像我们老家这里的小孩。我们村的小学不行,我自己小时候就是在里头读的。还是要在县里待着,以后如果能考上县一中,孩子读书还是有希望的。(NP05-LJ-2018.07.03)

有49人选择回答"在城镇里比较方便找工作或在城镇开店比较有生意",占21%,该原因排名第三。此外还有31人是因为其他各种原因选择了回流到县镇。

通过问卷调查与深入访谈,笔者发现农民工回流农村的具体原因比较集中,可大致划分为三类。第一类原因是"对农村的生活比较熟悉,想回到农村过定安的生活",该类回流农民工有97人,占回流到农村农民工总数的37.9%。第二类原因是"随着乡村振兴战略的出台,农村正日益成为安居乐业的美丽家园,想依托农村的住宅、人脉与自然资源进行就业、创业"。该类回流农民工有84人,占回流到农村农民工总数的32.8%。在访谈调查中,我们发现不少返乡从事简单来料加工、生产的农民工之所以回到原来居住的农村正是因为考虑到家里的住宅可以不做过多改变即可成为简易的厂房、车间。

没什么好想的,肯定是回村里。因为房子在这里,去镇里我住哪里?家里房子很宽敞,边上的柴火间收拾了一下一直空着。我堂哥去年也从沈阳回来了,混不下去了。我就和我堂哥合计着一起做电镀茶盘生意,有出去跑了一下,发现还是可以做的。我们一人出5万块,买了机器和材料,就放在我家边上的柴火间里。东西做出来以后就邮寄给在外地做茶叶生意的亲戚,让他们帮着卖。 (LY09-DB-2018.6.17)

农民工回流农村的第三类原因是基于家庭照顾的便利性考量,"为了孩子和老人考虑",该群体有75人,占回流农村农民工群体的近29.3%。

当初回来的时候也想过去再凑下钱县里买个沿街的房子,楼上住人,楼下开店。但想来想去,现在孩子太小,在县里没人带。我爸妈在家里都还在做事,一个在砖厂做装卸,一个在种菜。如果回村里跟他们一起生活能帮着照看一下,都下定决心回来了,就不要再弄到两个地方。后来就定了继续回家去住,反正我自己把车带回来了,想去县里随时都能去。(SM04-LLS-2018.6.12)

四 乡村振兴背景下农民工回流的三重效应

基于笔者对3地市27位农民工的深度访谈与对480份有效问卷数据的分析,在乡村振兴背景下农民工回流主要带来三重效应。第一重效应可以称之为"职业声望提升效应",即许多农民工回流县镇和农村后职业类型相比回流前发生了明显的提升,整体职业声望呈上升之势。本次调研中,回流农村的256名农民工总体而言创业热情较高,从事农业生产经营的仅有78人,占该群体总量256人的30.5%;回流县镇的农民工在外打工时比较普遍从事的普工、力工、零工、服务员等职业在回流后从业比例显著下降。此外,无论是回流县镇群体抑或回流农村群体其职业向上流动趋势均较为明显,个体工商业者、办事员、技术工人、微商等职业从业者大幅上升,其中最明显的是自己雇工的比例从回流前的3.5%(17人)上升到27.5%(132人),这在一定程度验证农民工返乡创业已经取得显著成效。此外值得一提的是,回流农民工返乡创业对于农村新增就业具有明显的带动作用。这说明,2015年以来,随着国家层面上出台的《国务院办公厅关于支持农民工等人员返乡创业的意见》《国务院办公厅关于支持返乡下乡人员创业创新促进农村一二三产业融合发展的意见》《关于进一步支持农民工等人员返乡下乡创业的意见》等文件,以及福建省层面上《关于支持农民工等人员返乡创业十二条措施的通知》《关于实施农民工等人员返乡创业培训五年行动计划(2016—2020年)》等文件的密集出台,在回流农民工群体中,返乡创业的观念已然深入人心。本次调研中笔者发现,在"互联网+"的时代背景下,将地方资源优势与乡村产业创新完美融合,不少回流农民工从事的互联网电商、农副产品加工、特色旅游开发等小微特色项目的创业成功率比较高,已经成为农民工返乡创业的热门选择。此外,就农民工回流前后的职业选择,本次调研与戚迪明2013年针对东北地区的研究有一项共同的发现,那就是回流群体在就业选择中存在一定程度的"走廊痕迹",① 即在职业向上流动的同时,仍有一定比例的农民工回流后从事与其城市务工期间相同的工作。

乡村振兴背景下农民工回流的第二重效应可称为"家庭幸福感增强效应"。现实中,农民工家庭的离散化是该群体进城务工所付出的最重要的非物质成本。换言之,是否和家庭成员一同居住很大程度上影响着农民工家庭及个人的幸福感。在本次调研中,在城市务工期间,仅有76人与家人同住,占总量的15.8%。反之,回流后,有397人与家人一起居住,占总量的82.7%。其中,回流农村者与家人同住的比率高达89.45%,有229人;回流县镇者与家人同住的比率为75%,共168人。本次调查问卷中,我们设计了"您对在城市务工期间个人幸福感的评价如何?"与"您对返乡后个人幸福感的评价如何?"两个问题,答案的给分区间为1~5,分别对应"非常不幸福、不幸福、一般、幸福、非常幸福"。通过统计我们发现,在城市务工期间480个样本群体的个人幸福感均值为2.58,其中选择"非常幸福"与"幸福"的农民工合计有134人,占总数的27.9%,选择"不幸福"与"非常不幸福"的农民工共有168人,占样本群体的35%。反之,回流后样本群体的个人幸福感均值上升到3.65,选择"非常幸福"与"幸福"的总数有296人,占总量的61.7%。而选择"不幸福"的仅58人,占12.1%。此外,还有4人对返乡后个人幸福感的评价为"非常不幸福"。由此可见,由于返乡后"家庭成员的团聚所带来的生活效用的提高",② 回流农民工个人及家庭的幸福感普遍增强。在本次调研中,给笔者留下深刻印象的是,农民工回流后对于孩子的影响最为明显。480个有效样本群体中,有245人在城市务工期间以及回流后孩子都处于就学状态。其中,115人表示回流后由于跟孩子团聚,对孩子金钱与时间上的投入显著增加了。其中,有39人表示回流后孩子"学习成绩进步较大",有58人表示回流后孩子"学习成绩有一定进步"。在成绩之外,令笔者印象更

---

① 戚迪明:《城市化进程中农民工回流决策与行为:机理与实证》,沈阳农业大学博士学位论文,2013,第69页。
② 戚迪明:《城市化进程中农民工回流决策与行为:机理与实证》,沈阳农业大学博士学位论文,2013,第83页。

为深刻的是，农民工回流后与家庭团聚对其孩子的心理健康状况有着明显的正效应。囿于既定研究设计，本次调研没有就这一主题展开深入访谈与问卷调查。

乡村振兴背景下农民工回流的第三重效应可称为"乡村振兴引领效应"。在实施乡村振兴战略的宏观背景下，国家培育新型职业农民的要求与返乡农民工群体的涌现可谓不谋而合。该群体具备一定的经验、资金与技术等资源要素，可望成为乡村振兴的生力军与领头雁。首先，较之于从未外出打工的农民，回流农民工的返乡创业热情比较高。人社部对2000个村的监测数据显示2017年第四季度返乡的农民工中有10.9%选择了创业。他们通过筹办手工作坊、乡村车间、家庭工场等方式，一方面增加了就业机会，另一方面促进了乡村经济的多元化。本次问卷数据显示，三明、龙岩、南平三地回流农民工中的返乡创业者平均每人能带动新增3.5个就业岗位。其次，农民工回流后对农村农业生产经营具有促进作用。本次调查中，回流农村的256名农民工中从事农业生产经营的仅有78人。由于该群体有外出务工经历，具备一定的资金和经验积累，相对见多识广，在问卷中该群体"采用新技术""采用互联网销售""选种新品种""种植经济作物""饲养经济动物"的频次比未外出打工的农民高出许多。最后，回流农民工群体的政策敏感性较强，有利于国家政策在乡村的贯彻落实。本次调查中，89.2%的受访者表示对近5年以来国家对农村的优惠政策"比较了解"或者"非常了解"，有55.8%的受访者（268人）知道2018年中央一号文件的主题是乡村振兴。在问及"您对农村未来发展持什么态度？"时，有60.6%的受访者"充满信心"或"比较有信心"。由此可见，近年来国家对乡村的政策倾斜使得回流农民工群体对于乡村振兴的前景普遍持有比较乐观的态度。

（原文载于《中共福建省委党校学报》2018年第9期）

多维视角下的农民工贫困问题研究

林 娜

贫困是一个涉及经济学、社会学、人类学、政治学等跨学科的范畴,随着社会经济的发展,人们对贫困的认知,也从原来单一经济视角的观察,转向社会、文化、政治、法律等多视角的审视。从社会学的角度说,贫困蕴含着丰富的社会与文化的内涵。贫困既是对个体生命的抑制,也是滋生各种社会政治问题的一个重要根源。所以,尽管人们对贫困的定义还不能达成共识,但人们在这一点上的认知是一致的,即反贫困是现代政府治理过程中所应提供的一个基本公共产品。

一般而言,贫困指的是如食物、服装、居所和安全饮用水等基本生活必需品的匮乏,所有这些必需品都决定了我们的生活质量。贫困还可指教育机会和就业机会获得途径的缺乏,而教育和就业途径有助于脱贫,并让人们受到同胞的尊重。按照莫利·欧桑斯基(Mollie Orshansky)的说法,"贫困就是缺乏周围人们认为理所当然的物质、服务和享受"。[①] 所以,贫困可以从经济层面来界说,也可以从社会层面来界说。经济层面的贫困关注物质需求。这种意义上的贫困可以被理解为一个人或者一个群体,特别是由于长期没有收入,在维持最低生活标准方面都难以满足基本的需求。这种贫困又可以被界定为绝对贫困。而社会层面的贫困,则跟一个人在社会中所获得的资源和权力分配上的匮乏状态有关。这种匮乏,削弱了人们过上自己所崇尚的各种生活的能力。社会层面的贫困包括缺乏信息、教

---

① Schwartz, J. E., Freedom reclaimed: Rediscovering the American vision [M]. Baltimore: John Hopkins University Press, 2005.

育、医疗和政治权利等的有效途径。这种意义上的贫困还可被理解为不平等的社会地位、非均衡的社会关系的一个侧面,其表现就是社会排斥、人生依赖以及无法融入社会,或者无法与社会建立有益的联系。当然,产生社会意义上的贫困的原因是多方面的,其中个体的出身、素质以及日后的各种机遇,都有莫大的影响。但是,现在越来越多的人认识到,从社会层面而言,贫困其实是一种制度供给不足或者制度不公的产物。正如有学者所指出的:许多穷人"往往由于民族、等级地位、地理位置、性别以及无能力等原因而遭到排斥。特别严重的是,在影响到他们命运的决策之处,根本听不到他们的声音"。[1] 政府政策法规的某些制定者之所以忽视穷人权利,而政府政策法规的执行者也有法不依,其重要原因是弱势群体往往在政策法规的制定过程和执行过程中"缺位"。所以,某种程度上说,这种社会层面的贫困,是一种权利贫困。

上述对贫困的认识,主要是从物质层面和社会层面考量的。其实,不管是基本物质需求的贫困,还是社会层面的贫困,对于个体来说,都是对生命尊严的阻滞和挫伤。贫困作为一种客观存在的现象,包含着深刻的心理要素,说贫困是对个体生命的顿挫,实际上就涉及了心理层面。基于此,我们对农民工的贫困可以做一个界定,即它是指主要由于社会制度供给不足等原因造成的农民工无法享受到工作所在地的居民理应享有的物质、服务和文化生活以及由此造成的精神上的贫乏。根据上面的阐述,我们可以把农民工贫困的类型划分为三种:一是物质贫困;二是权利贫困;三是精神贫困。所有这些贫困要素的存在,都可以单独或者综合导致农民工贫困的发生。

一

物质贫困可以分为绝对贫困与相对贫困两种。绝对贫困指的是基本生计都难以维持的生存状态。其衡量标准多种多样,一个最常用的衡量标准就是每天摄入的食物量少于延续人体健康所必需的标准(一个成年男子每

---

[1] 克莱尔:《消除贫困与社会整合:英国的立场》,《国际社会科学杂志》(中文版) 2000 年第 4 期。

天摄入大约2000~2500卡路里的热量）。世界银行把每天每人的生活消费少于1美元的，称为极端贫困，而少于2美元的称为中等贫困。相对贫困的衡量则主要取决于所考察的社会背景。不同社会背景下，相对贫困的衡量也不相同。其中，收入水平由于跟贫困问题关系最密切，数据采集也比较容易，所以多数人用收入不平等来衡量一个社会的相对贫困状况。

对于农民工的物质贫困，人们基本都同意，由于农民工的收入一般来说比他留在家乡当农民的收入要高，所以这种贫困只是一种相对贫困，即只对所在地的城市居民而言的贫困，对其他农民而言未必贫困。[①] 但是，这种说法未免太过笼统，简单地拿农民工的收入进行贫困水平的测量，无法看出农民工在城市的真实生活状况，因为农民工有很强的储蓄意愿！李善同等人则跳出从收入角度考察农民工贫困的传统路数，而以农民工的消费结构作为确定农民工贫困线的主要依据，并以之与当地居民的贫困线作比较，考察农民工的贫困状况。[②] 我们认为，这种衡量标准虽然无法测度农民工从紧消费行为选择背后的动机，因而无法精确测量农民工贫困的水平。但是，鉴于简单地拿农民工的收入与城市居民比较来衡量其贫困程度，存在更大的问题，所以我们觉得这不失为一种相对可取的方法。从这个角度出发，李善同等人利用农民工调查数据和城市住户调查数据，分别计算31省以及全国的两条贫困线即食品贫困线和一般贫困线，从而对全国外出打工者的贫困状况做出评估。他们的结论是，从消费的角度看，农民工贫困发生率高达50%以上，就是说一半多农民工的实际生活水平低于贫困标准。这一结果反映，农民工为了多攒钱，选择了节衣缩食、几乎仅能维持温饱的生活方式，这种生活消费上的高度贫困必然对农民工的健康状况、生存质量造成不良影响。[③]

二

"权利贫困"（poverty of rights）是国外一些学者在研究经济贫困现象

[①] 李裕林、李胜格：《城市农民工贫困问题刍议》，《理论观察》2007年第4期。
[②] 李善同等：《农民工在城市的就业、收入与公共服务——城市贫困的视角》，新加坡国立大学东亚研究所：东亚论文，2008。
[③] 李善同等：《农民工在城市的就业、收入与公共服务——城市贫困的视角》，新加坡国立大学东亚研究所：东亚论文，2008，第7页。

时提出的一个概念,他们发现,导致物质贫困的不仅仅是各种经济要素的不足,深层原因是社会权利的贫困,所以治理与消除经济贫困的治本之道,是强化社会权利的平等和保障社会权利的公正。胡星斗认为,三农问题的实质就是权利贫困:"三农问题主要是农民问题,农民问题关键是权利贫困的问题。农民的权利贫困包括参与权利的贫困,也就是用手投票的权利的贫困;迁徙权利的贫困,也就是用脚'投票'的权利的贫困;还有教育、医疗权利的贫困,抗争权利的贫困。"① 实际上,作为农民问题的延伸,农民工同样存在着权利贫困问题。总体来说,农民工的权利贫困包括政治、经济、社会等方面权利的缺失。②

第一,从政治方面来看,农民工政治权利缺失,政治地位低下。在城市里农民工本质上是雇佣工,就业单位一般是个体、私营和"三资"企业,这些单位大多机制不健全,没有设立工会、职工代表大会等机构,农民工没有代言人,在工厂处于绝对劣势地位,是所在单位主人翁地位的缺失者,其利益得不到有效的维护。农民工政治权利的贫困,还包括组织权利的贫困,农民工被各种社会组织排斥在外,成为一个既缺乏保护也缺乏约束的社会群体。农民工并非不想成立代表自己权益的组织,但自发形成组织不仅难以得到相应的扶持,而且极易被扣上"非法组织"的帽子,从而被迫解散。农民工没有自己的组织,在维护自身合法权益时就处于孤立无助的状态,同时,在社会中也缺乏有效的管道表达自己的利益与诉求,久而久之农民工便被边缘化了。

第二,经济权利贫困是指农民工在城市里获取经济利益的正当权利不仅得不到保护,反而受到限制,其中有代表性的是农民工在劳动力市场上受到的歧视。农民工的经济权利包括与经济利益相关的多种权利,如就业权利、劳动保护权利等。③ 这些权利缺失最典型的表现是所谓"三同三不同",即"同工不同酬、同工不同时、同工不同权"。在许多单位中,农民工与城市居民一起工作,然而他们却未能享受和城市居民相同的待遇。相同的工作,他们的任务比城市居民更多、更重,然而他们的工资却比城市

---

① 胡星斗.关注农民的权利贫困——在《南风窗》、《中国改革》座谈会上的发言[ZB/OL]. http://www.chinareform.org.cn/cirdbbs/dispbbs.asp?boardid=11&id=30016。
② 王雨林:《对农民工权利贫困问题的研究》,《青年研究》2004年第9期。
③ 王雨林:《对农民工权利贫困问题的研究》,《青年研究》2004年第9期。

居民少。根据中国社会科学院农村发展研究所的调查,外来劳动者与当地劳动者收入项目存在很大的差异,除工资、奖金和劳动保护外,当地劳动者所能拥有的地租、股金分红、社区福利等收入外来劳动者都无法享有。①另外,劳动保护方面,农民工的权利也得不到保障。根据一项针对江苏一些农民工比较集中区域的最新的调查显示,农民工的工作环境和安全措施存在较大隐患。同一项调查还显示,农民工的休息权也没有得到保障。农民工超时间超强度工作的现象普遍存在,加班加点、特殊生理时期不予照顾更是司空见惯。调查中发现,农民工每天的工作时间在8小时以上占80%。有78.9%的农民工为用人单位加过班,其中经常加班占38.9%,但84.7%农民工却没有加班工资。②

第三,社会权利贫困主要是指一个人或者一个群体无法享受社会理应提供的种种保障措施而导致的贫困。目前来看,这是导致农民工贫困的最主要的因素。官方和民间的大量调查研究表明,医疗、教育是当前中国农民无法摆脱贫困的主要原因。这同样是农民工不敢放开消费从而导致贫困的最主要因素。我们知道,教育和医疗是应当由政府提供的最基本的公共服务。而农民工缺乏购买能力的一个主要原因,在于他们的消费能力被应该提供却没有提供的公共服务留下的"空洞"吞噬了。也就是说,农民工们没有分享公共产品的权利,导致了他们的贫困。医疗方面,李善同等人的调查发现,总体上说,在城镇职工医疗保险计划和农村合作医疗体制的覆盖下,11.2%的农民工同时享有以上两类医疗保险,12.5%的人仅享有城镇职工医疗保险,28.6%的人只享有农村合作医疗保险,而近一半(47.7%)的农民工没有任何医疗保险。教育方面,农民工背后的留守儿童的教育境况不佳,跟随父母流动的儿童的教育权利也受到很大的抑制。一是辍学率比较高,入学时间比较迟,很多儿童不能在流入地公立学校就读,而且流动儿童及其家长感觉在就学上受到歧视。③另外,对农民工来说,社会保障中还有一个重要方面就是住房。不同的调查都显示,因为收

---

① 李强:《农民工与中国社会分层》,社会科学文献出版社,2004,第132页。
② 秦岭:《城市农民工的权益保护与政府政策的缺失及完善——基于786名城市农民工情况调查》,《公共管理》2008年第5期。
③ 李善同等:《农民工在城市的就业、收入与公共服务——城市贫困的视角》,新加坡国立大学东亚研究所:东亚论文,2008,第12~13页。

入有限，农民工的住房条件普遍比较差，农民工对现有的居住环境普遍不满，但出于经济原因或者其他障碍，农民工往往别无选择。[1][2][3] 居住条件低下不仅直接影响农民工的健康状况，降低了生活质量，而且也限制了其对子女教育和实现稳定转移的选择。[4]

三

精神贫困是指人的追求、信念、价值观、习惯等人类知性的窒碍，缺乏张扬个体生命的内在动力。其表现就是没有理想信念、内心世界空虚、工作不思进取、生活情趣不高等。如果说物质贫困是农民工贫困的显在特征的话，那么精神贫困则是农民工贫困的内在特征。物质贫困在很大程度上是精神贫困的起因，但二者未必构成一一对称的关系。事实上，正如权利贫困是物质贫困的一个重要因素，权利贫困也是精神贫困的一种重大诱因。权利贫困，加上很大程度上由此造成的物质贫困，更容易使农民工在精神上也陷入贫困状态，并由此导致在社会关系、心理、文化和政治参与上长期被隔绝，并逐渐被边缘化，成为城市、乃至整个社会经济协调发展的不利影响因素。总体来说，农民工精神贫困表现为思想观念落后（小农思想严重），角色意识模糊（既不觉得自己是纯粹的乡下人，但也不自认为是城里人），价值目标单一（挣钱，养家糊口），生活格调不高，社会融合度低，内心自卑、孤独、空虚，多有极端心理。[5][6] 那么，造成农民工精神贫困的原因是什么呢？简单来说，我们可以把导致农民工精神贫困的要素，归纳为两点，一是自身素质能力导致的精神贫困，二是社会排斥和歧

---

[1] 李善同等：《农民工在城市的就业、收入与公共服务——城市贫困的视角》，新加坡国立大学东亚研究所：东亚论文，2008，第19～25页。

[2] 秦岭：《城市农民工的权益保护与政府政策的缺失及完善——基于786名城市农民工情况调查》，《公共管理》2008年第5期。

[3] 焦亚波、汤文建、周江涛：《城市农民工主观生活质量及其影响因素研究——基于上海浦东新区农民工调查数据的分析》，《人口与经济》2008年第6期。

[4] 李善同等：《农民工在城市的就业、收入与公共服务——城市贫困的视角》，新加坡国立大学东亚研究所：东亚论文，2008，第26页。

[5] 杨云峰：《农民工反精神贫困探析——以社会工作视角》，《社会科学战线》2007年第5期。

[6] 辛秋水：《注重解决农民的文化贫困问题》，《中国党政干部论坛》2006年第2期。

视导致的精神贫困。

首先是自身素质与能力难以适应城市的生活，导致心理的失落、焦虑、自卑等。农民工虽然在家乡有年纪轻、见识广、文化高的优势，但这种优势到城里马上就黯然失色。与城里的同龄人相比，农民工的素质普遍较低。统计资料显示，我国农民工平均受教育年限不足8年，有些西部地区不足7年。另外，由于时间、经费和本身素质的限制，农民工接受再教育、再培训的机会也很少，缺乏再次掌握技能的教育资源。因此，农民工还存在能力方面的贫困。正是因为农民工离开了农业，才使他们有了能力方面的需求（如技能培训）。而由于权利的贫困和物质的贫困，使农民工很难有机会在城市里获得能力贫困方面的有效救助。一旦自身能力无法满足城市的就业要求，就十分容易有受挫感、失落感、不安定感和迷茫感。这些自我感觉如果不能得到舒缓和救治，很容易产生上述所说的种种不健康心理。

其次是社会排斥和歧视所导致的精神贫困。在城市里农民工只是漂泊的异乡人，无法拥有本地人所享受的各种保险和福利，不能真正融入繁华文明的都市生活。这也很容易使他们陷入精神贫困的境地。由山东省社会科学界联合会与山东省民意调查中心联合开展的一项调查显示，农民工人际交往封闭单一，内部融合，外部疏离。调查发现，农民工们以自我为圆心，以亲缘、地缘为半径自发形成社交小团体，内部融合，外部疏离。他们日常交往对象主要为工友和老乡，分别占84.0%和68.7%，与城里人交往甚少。① 另一项针对深圳农民工的调查也显示，对处于城市社会地位底层的农民工来说，原有的户籍制度，再加上分割的劳动力就业市场、居住格局、频繁的职业流动和地域流动，使重新建构社会关系网络非常困难。深圳农民工的工作和生活的圈子主要还是依赖于乡土关系或亲属关系。政府、社会、社区向流动人口提供的正式支持非常少。在流动人口遇到困难后，他们可以求助的主要对象依次是家人、老乡和同事，其比例占到85%，向法律部门求助的比例非常小，只有8.7%（见表1）。

---

① 农民工社交调查显示：内部融合，外部疏离 [ZB/OL]. 中国经济网，http://www.ce.cn/xwzx/gnsz/gdxw/200812/01/t20081201_17544378.shtml。

表 1 深圳农民工的交友意愿、困难求助与未来打算分布表

项目	比例（%）	项目	比例（%）
交友意愿	有效样本 1738 人	今后发展或定居打算	有效样本 1728 人
家乡人	41.6	赚钱回家务农	28.3
一起打工的外地人	40.6	学好手艺回家找工作	18.0
深圳本地人	2.9	回家乡办企业	8.4
其他	15.0	不打算回去留在城里	16.7
遇到困难首先找谁求助	有效样本 1739 人	到其他城市	4.3
家人或老乡	68.4	在城里安家立业	19.2
工友或同事	16.5	其他	5.1
政府法律部门或律师	8.7		
其他	6.4		

资料来源：根据西安交通大学人口与发展研究所对深圳市外来流动人口抽样调查数据整理。转自杨绪松等《农民工社会支持与社会融合的现状及政策研究——以深圳市为例》，载《中国软科学》2006 年第 12 期。

四

尽管流动到城市里的农民工在经济收入上已经获得了很大的改善，但是，如果拿他们的收入、特别是消费与城里人相比，他们在物质上多数还仍然处于贫困状态。更有甚者，在城市里，他们的政治权利、经济权利与社会权利也都处于贫困状态。尽管近年来各级政府做出很大努力消除这种状态，但不容否认的是，这个局面尚未得到根本扭转。近年来，越来越多的研究者把目光深入农民工的精神世界里，人们发现，相对于物质贫困与权利贫困，农民工的精神贫困状态更加严重。他们是城市的边缘人，远远无法被城市和城里人所容纳，多数人对自己的生活并不满意。[①]

[①] 比如，焦亚波等人的一项对上海浦东新区农民工生活质量调查研究的结果表明，农民工的生活质量总体满意度指数为 3.31，1/3 以上农民工对自己的总体生活质量表示满意。也就是说，接近 2/3 的农民工对自己的生活质量并不满意。其中，他们对个人经济状况和居住状况的满意度较低。参见焦亚波等《城市农民工主观生活质量及其影响因素研究——基于上海浦东新区农民工调查数据的分析》，载《人口与经济》2008 年第 6 期。

造成农民工贫困的因素是多方面的。总体上，我国经济社会发展的水平还处于初级阶段，经济社会的发展还无法满足大多数人的物质文化需要。但是，透过这个基本面我们还应该清楚地认识到，相对于改革开放30年来国民经济的迅速发展，农民工的生活状况并没有同步改善，反而在发展过程中使许多人陷入各种形式的相对贫困状态。换言之，农民工并没有合理地分享到改革发展的成果。造成这种局面的根本原因，如我们前面所阐述的那样，在于计划经济时期城乡结构的二元化模式，在新时期被移植到城市里了。农民工不论在工作、收入、社会福利、社会保障、文化生活等方面，都与城市居民有着巨大的差距。这种结构，使得农民工不论在政治上、经济上、社会上还是文化上，都与城市居民有一道难以逾越的制度障碍。

第一个障碍当然是户籍制度。尽管户籍制度在过去的30年中经历了巨大的变迁，但在城市里，户口迄今仍不失其重要性。非农户口虽然也不断地向农民开放，但主要局限在小城市和小城镇中，大城市里要得到一个非农户口，还是难上加难。许多人虽然在城里工作十几二十年了，但仍旧保留着农村户口。

与此相关的另一个结构性障碍是劳动力市场。城里人在获得工作分配时仍有其优势地位，许多城市居民，在找工作过程中，可以得到城市各级政府机构的支持与帮助。而且，一般来说，这些工作比起农民工自找的工作，要更加体面、收入更高、福利更好。还有许多政府出台的政策，明文规定哪些工种城市居民可以做而农民工不能做。这种做法实际上是在制造新的城乡二元结构。更为严重的是，农民工在工作中的权益一旦受侵害，很难得到及时、有效的帮助。而农民工自身的力量又是单薄的，有限的。

第三个结构性障碍来自户口背后所蕴含的社会保障制度，比如住房、教育、医疗保障等方面，农民工都没法享受。城里的廉租房没有农民工的份，经济适用房"不适用"于农民工，好的房子租不起。于是，大多数农民工居住在条件十分简陋的租房和工棚里；子女教育上也很难进入城市的公立学校，即使进入了，许多学校还要求收借读费，一些农民工子女因为收费高而选择相对劣质的学校就学；医疗保障方面，尽管近年来农民工参加医疗保险的人明显增多，但多半人仍无任何保障。绝大多数农民工在伤病严重时都选择自己"扛过去"，高强度的劳动、低水平的消费和低水平的医疗保健使得农民工面临着许多潜在的健康问题。

总而言之,改革开放以来,农民工是在低度权利保障的情形下,客观上为我国的经济奇迹做出巨大贡献。从根本上说,这种靠剥夺劳动者权利的发展,不是科学发展,也不是以人为本,更不符合和谐社会的发展目标。因此,农民工贫困应该被纳入既有的扶贫工作机制中去。虽然,近年来中央政府和各级地方政府都为改善农民工的生存状况做了不少努力,但还没有从扶贫的制度设计和政策安排去着手。因此,需要从制度上、体制上针对农民工贫困问题进行统一部署,把农民工逐步纳入城市的扶贫体系中去,从而有针对性地对农民工贫困进行监测与调查,[①] 制定更有针对性的措施,来综合治理农民工的物质贫困、权利贫困和精神贫困问题。

---

① 李善同等:《农民工在城市的就业、收入与公共服务——城市贫困的视角》,新加坡国立大学东亚研究所:东亚论文,2008。

老年群体与社区公共空间的建构

——以单位住宅小区为例

陈晓宏

"公共空间"（public space）这个概念最早出现于 1950 年代的社会学和政治哲学文献之中。在建筑和城市科学领域，社区公共空间是指居民物质、精神生活使用的公有户外空间，包含社区步行道、广场、停车场、绿地等。[①] 在社会学领域，社区公共空间是指社区居民可自由进入并不受约束地进行社会交往活动的开放性公共场所，主要是指供居民日常生活和社会生活公共使用的户外空间，它包括街道、广场、居住区户外场地、公园、体育馆等休闲场地。根据居民的生活需求，在城市公共空间可以进行交通、商业交易、表演、展览、体育竞赛、运动健身、消闲、观光游览、节日集会及人际交往等各类活动。[②] 面向社区公众无偿开放的社区公共空间，所有的社区成员都能共享和使用。

伴随着住房的商品化，原有的社会经济关系也随之改变，新兴社区的居民开始以业主的身份参与社区生活，城市社区发生了深刻的变革，出现了诸如业主委员会、物业等新生事物。关于社区公共空间，近年来国内学者进行了大量的研究。大部分学者从管理学的角度对社区公共空间的管理和建构发表了自己的见解。胡位钧认为，特定的居民结构、建筑结构和组织结构分别作为时间因素、空间因素和人的因素，发挥着构筑社区公共空

[①] 李德华：《城市规划原理》（第三版），中国建筑工业出版社，2006，第 491 页。
[②] 刘应珍、张志军：《贵阳市新旧城区居住小区公共交往空间调查研究》，《黑龙江农业科学》2013 年第 9 期。

间的作用。① 陈素琴认为，城市社区公共空间是一种场域与规则的统一体，需要把城市社区公共空间建设成为人性化场所，把它当成一种可回收的资源，一种实现社会整合的有效途径。② 李昕阳等认为中国快速的城市化和人口老龄化对城市社区公共空间的适宜性提出了更高要求。③ 杨宏山认为，社区公共空间在城市各类公共空间中最为贴近居民，它不仅是公共生活的必要的空间条件，对于促进居民参与和培养公共精神也具有重要作用，主张以邻里中心的模式建设社区公共空间。④

相关研究对不同类型的小区均有涉及，但是对于上世纪末比较普遍的单位住宅小区的研究较少，而这样的小区在我们身边比比皆是。按照国际通用标准，1999年我国就迈入了"老龄社会"，自迈入老龄社会以来我国老龄人口就呈现快速增长的态势，截至 2015 年底，全国 60 岁及以上老年人口 22200 万人，占总人口的 16.1%，其中 65 岁及以上人口 14386 万人，占总人口的 10.5%。⑤ 以现有的公共服务的条件和中国传统文化为导向，我们现在提倡的养老方式以居家养老为主。如上海市的"十一五"规划纲要就明确提出"9073"的养老服务体系建设框架，即 90% 的老年人居家养老，7% 的老年人依托社区养老，仅 3% 的老年人进入机构养老。⑥ 繁忙的城市生活，让老年群体成为了社区的主角。在工作日，城市里参与社区活动的主体人群基本上是老年人和儿童，儿童不具有主动性，多由老人照看，因而老人成为社区公共空间的主体。老人的社区活动需求有一定相互支撑性，良好的社区空间既可以增进老人邻里交往、提升归属感，减少老人的孤独感、失落感，又可以打造合适的居家养老环境。同时，彼此依托、相辅相成的是，老人们在社区里的活动也为社区的公共空间带来了活力，他们之间是互动的关系。社区公共空间也塑造了社区的人文环境，适

---

① 胡位钧：《社区：新的公共空间及其可能——一个街道社区的共同体生活再造》，《上海大学学报》2005 年第 5 期。
② 陈素琴：《城市社区公共空间的建构》，《四川理工学院学报社科版》2009 年第 5 期。
③ 李昕阳、洪再生、袁逸倩、赵立志、徐敏杰：《城市老人、儿童适宜性社区公共空间研究》，《城市发展研究》2015 年第 5 期。
④ 杨宏山：《邻里中心视角下的社区公共空间建设》，《城市管理与科技》2014 年第 2 期。
⑤ 2015 年社会服务发展统计公报，http://politics.people.com.cn/GB/n1/2016/0711/c1001-28544762.html。
⑥ 中共中央党校省部班调研组：《加快建立健全我国养老服务体系》，《中国党政干部论坛》2011 年第 3 期。

宜老人的社区公共空间为老人带来幸福晚年生活的同时，老年群体丰富的活动也塑造了社区祥和、充沛的人文精神。

可以说，老年群体的活动范围大多局限在所居住的社区内，社区公共空间显得尤为重要。针对老年群体的切实需求并建构适宜的社区公共空间，成为当前我国城市居家养老问题凸显背景下亟需深入研究的重要社会问题。

一 单位住宅小区内老年群体与社区公共空间的现状

我国的住宅小区在停止福利分房后产生了分化，小区的类型大致可划分为传统边缘小区、单位住宅小区、混合住宅小区、中低档商品房小区和高档商品房小区。[①] 本文探讨的对象是单位住宅小区里的老年群体与社区公共空间的关系。

单位住宅小区是中国特有的现象。单位是一种制度化的组织形式，是组成中国社会的基本单位。单位住宅小区是由职工所属单位负责开发，由本单位职工参与的社会生活共同体，依托工作场所、居住场所和工作紧密相连的生活聚居地。其特征是在空间上表现为以单位为基本建构单元。改革开放以后，我国开始推进城镇住房制度改革，从1993年开始停止干部职工住房实物分配，开始实施集资建房政策，特别是1998年后，明确提出停止住房实物分配，实行住房分配货币化，促进住房商品化，开始了房地产业市场化发展的历程。

1998年，国务院发布《关于进一步深化城镇住房制度改革，加快住房建设的通知》，通知规定自该年7月30日起停止福利性分房，全面实行住宅商品化。按国家政策规定，可以享受福利住房和集资建房的仅为1998年前参加工作的人员。这一硬性规定使得单位住宅小区的住户老龄化特征较突出。单位住宅小区里住户的年龄结构呈现金字塔形，处在塔底的是60~80岁左右的老年人，老年群体在单位住宅小区里占有很大比例。单位住宅小区的建成大都在上世纪80~90年代，现在已是市区的老旧小区。由于住

---

① 南颖、杨易、倪晓娇、王蕊：《吉林市城市居住空间结构研究》，《地域研究与开发》2012年第5期。

房改革和住房商品化，居住小区内居民同质性越来越弱。

本次调研笔者选择了2个单位住宅小区，将它们分别命名为A小区和B小区。A小区在单位住宅小区中属于较大型小区，小区内有12栋职工住宅。其中4栋为框架结构，8栋为混合结构，住户近300户。B小区则属于迷你型小区，只有3栋住宅，均为框架结构，住户为97户。A小区大部分房屋在上世纪80年代建成，小部分建成于上世纪90年代。B小区的3栋住宅都是在上世纪90年代建成。两个小区均属于半封闭式管理。在年龄分布上，A小区中46岁以上居民占23.6%，60岁以上已退休的老年人占58.3%。B小区则分别为18%和60%。

1. 两个单位住宅小区均有一定的特别为老年群体设置的活动用房和场所，这主要是依赖于单位的福利。A小区因为和单位融为一体，因此，单位的离退休活动室成为老年群体聚集的主要场所，活动室内设有台球桌、乒乓球桌、棋牌室、书法室等，由单位雇用专人管理，工资也由单位支付。平常采用和工作时间一致的开放制度，双休日也会开放一天。该活动中心原来在住宅区内的一栋2层楼里，后搬迁到单位办公区内，离住宅区稍有些距离，前去活动的人数也少了些。B小区虽然只有3栋住宅，但是小区内也有一座2层简易搭盖的小楼，楼下是杂物间，楼上作为活动室，无专人管理，由某个老人志愿充当管理员，有人想活动时就请志愿者开门，卫生状况相对较差，活动项目较少，只有些书报以及棋牌室。与现在的商品房小区不同的是，这些活动用房和场所均是特地为老年群体打造的，被冠以"老干活动室"的称呼，这使得小区里的老年群体较有满足感。笔者调查后发现其他单位住宅小区里基本也都有类似的老人活动室。这一点上，单位住宅小区里的老人们比其他类型小区里的老人们幸运得多。在其他类型的社区里，社区服务和居民活动场地相对紧缺，找不到固定场所来组织老年群体唱歌、跳舞、锻炼、娱乐活动。

2. 两个单位住宅小区的老年群体对公共空间的满意度正在逐渐下降，但是他们仍愿意在小区内居住。社会关系是社区结构的动态维度，它在很大程度上决定着社会交往的向度和社区内容类组织和群体的利益关系程度。[1] 单

---

[1] 王翀、王卫红、杨少飞：《我国社区公共空间管理的主要影响因素调查》，《浙江统计》2004年第9期。

位住宅小区里社会关系较简单,人文环境较一般小区优越,有效地提高了老年群体的归属感。小区大多是从工作到生活的内向型小区,居民大多都是单位同事,形成了浓郁的单位气氛和习惯,人际关系稳定,构成了文化认同度较高的熟人社会。住户大多都是单位同事,人文素质也相对较高。行政和事业单位的员工一般很少中途脱离单位体制,员工与单位间的这种稳定关系使得单位住宅小区呈现出"超稳定性"。退休后,仍然属于单位退休员工。老年群体从工作到退休长期生活在一个大院内,和以前的同事邻居一起,这种居住方式不易令人产生社会隔离感。有研究表明:社会隔离与认知和智力功能的下降有很大关系。因此老人有着社会交往与社会支持的特殊需求。单位住宅小区在建的时候并未规划好车位,随着汽车的普及,小区保有的汽车数量不断增加,只能占据了本应给居民活动的公共空间。老人们一面埋怨,一面也只能接受。毕竟良好的氛围,还是吸引人的。许多单位住宅在二手房市场十分走俏,除了其自身良好的地段价值和较完善的配套设施外,许多买家对单位住宅小区里的氛围还是青睐有加。与新的商品房小区相比,单位住宅小区的社区公共空间显然在面积、绿化、景观等方面自愧不如,也有许多老人买了新房甚至是别墅,但是,据笔者的调查,不少老人还是选择了继续住在旧的小区,或者各住一段时间。

> 住户黄先生:"新的小区是很漂亮,但是比较不方便,还是更适合年轻人,新房子给他们住,我们还是喜欢住在这里,都是同事熟人,出来玩也有人聊天,还可以打牌、一起去旅游。"

这说明真正能够凝聚人群的,还是人们的活动与交往,而空间则起到支持和促进作用。①

二 单位住宅小区社区公共空间的不足和原因

囿于历史的局限,单位住宅小区的社区空间在老龄化的今天,有许多

---

① 谢静:《公共空间是社区传播的基础媒介》,《青年记者》2013年第10期。

不适合老年群体活动的缺陷。

1. 可供老年群体活动的社区公共空间有限，无法满足老年人更多的活动需求

社区公共空间不足，老年人只好移步到小区附近的街心花园、公园等具有公共性质的室外空间开展健身休闲活动。而对于老人来说，社区公共空间内能够提供的健身空间和健身设施相比社区外的公共空间更为安全，使用起来也更加灵活方便。

2. 社区公共空间的景观不足

A 小区的绿化做得较好，这主要受益于小区和单位相连，在做单位的景观设计时将其并入其中。B 小区的 3 栋楼之间绿植甚少。至于动态的景观，如喷泉、流水等，由于单位住宅小区的建筑年份多在上世纪八九十年代，受限于土地和观念的影响，基本没有建设动态的景观。研究表明，动态景观对人可以构成视觉吸引，进而延长老年群体的户外活动时间，有助于提升环境满意度。① 可以说，绿化的环境是美化社区公共空间的重要元素。

3. 社区空间仅有一些简单的适合成人的健身器材

A 社区的健身条件较好，由于和单位一体，老年群体有较大的空间可以进行喜爱的活动。单位大楼的门厅成为老年女性的广场舞场地。环绕单位的交通道，适合老年群体进行健步、散步等活动。但是也存在较大的安全隐患，无法实现人车分离，有时汽车、电动车的穿行速度还很快。B 社区的条件就差多了，简单的健身器材都没有，小区内空间有限，加上住户的车辆多，原来小区里有一篮球场大小的空地，并设有篮球架，可供老年妇女跳广场舞，现在已经变为停车场了。调查中，她们抱怨道："我们小区就这么点大，以前还有地方跳跳广场舞，这几年车越来越多，在这里跳舞很不安全，只好到小区外的场地去跳，现在那个场地又在施工，不让进去了。不知道可以去哪里跳。"言语中透露出无奈。不能跳舞了，老人们只能够围着这 3 栋楼散步，或是三五成群闲聊。社区公共空间的不足影响了老人户外活动热情。

---

① 李昕阳、洪再生、袁逸倩、赵立志、徐敏杰：《城市老人、儿童适宜性社区公共空间研究》，《城市发展研究》2015 年第 5 期。

4. 缺乏有利于老人的亲子社区空间

受传统文化的影响，很多老年人退休后帮助抚养儿女的下一代，我国半数以上的家庭是采用这种"隔代抚育"的方式照看儿童。大多数老人们也乐于照看孙辈，孙辈的看护者成为他（她）们老年的新身份。大多数老人对这一角色是乐于担当的。和孙辈在一起，他们的身份得到社会认同，而观看孙辈天真活泼的活动，也令老人心情愉悦。老人们一边看护着孙辈，一边借此机会交流心得体会。但是，单位住宅小区的社区空间对他们的这一活动缺乏有力的支撑。比如缺乏适合儿童游乐的器械。在很多新建的商品房小区，都会设置孩子游乐的滑梯等较大型户外游乐设施。从笔者观察的 A、B 两个社区来看，这是一个空白。A 社区的保安室门口有一片稍大的空地，经常可以看到老人们在"遛娃"，似乎忽略了这是在大门口，电动车和汽车进进出出，安全隐患极大。B 小区也存在这样的情况，小区门口和保安室附近经常有老人带着孩子逗留。

究其问题，首先是客观的原因。单位住宅小区属于在上世纪八九十年代建成的老旧小区，当初建盖时，受限于土地和理念的制约。

其次，在主观上，单位住宅小区里的居民公共意识不够，长期的单位管理下，形成了单位依赖症。单位住宅小区的社区公共空间的建构基本还是沿袭了单位主导的惯例。

> 住户吴先生："小区里的健身器材、健身区域和走步道都是前些年单位做的，这几年陆续也坏了些，和单位说一下，单位派人来修就是了。"

最后是社区的不作为。单位住宅小区自己形成一个小的社区，虽然它们也都按照惯例纳入了某个社区。由于长期的单位人的身份，单位住宅小区大多由原单位管理，有专职负责人进行管理。即使是在物业进入后，也改变不了这个习惯。社区几乎不介入单位住宅小区的公共空间的建设。A 小区的居民反映，几乎不见所属的社区工作人员上门，B 小区所属的社区工作人员倒是偶有到社区里贴发传单，但是对小区的公共空间建设和其他的有关活动并没有见到任何的主动举措。

三 建构更适宜老年群体的社区公共空间的对策

要建构能够满足居民日常生活和交往活动需要的社区公共空间,必须充分考虑到公共空间的使用主体是小区内部居民,因此在设计和规划时,其作用和功能必须考虑居民的行为方式和习惯,"根据居民行为模式和心理需求,及其住区的具体居住人群来进行规划,使住区不仅成为容纳日常活动的容器,更是承载居民记忆和精神依赖的场所"。[①] 目前多数社区中的公共空间设计,由于历史或商业利益的原因,老年群体活动、交流、学习的场所需求往往被忽略,这已成为各类型社区建设过程中面临的一个共性问题。为了更好地适应老年社会的到来,要建立社区公共空间的良性生产机制,构建更适宜老年群体的社区公共空间。

1. 增加适宜老年群体的社区公共空间

在单位住宅小区这样已建成的老旧社区中增补社区公共空间,要因地制宜,力戒"一刀切",避免只讲硬件配置。结合社区特点,为老年群体提供身边的休闲放松去处,创设适合老年群体的活动项目和生活意境。社区公共空间需要更为细致的"适老化设计",社区空间的布局,应有利于老人的休息。由于年龄的影响,老年人的体力较为虚弱,对于休息需求度相对较大,如希望在社区内散步的时候能够找得到地方休息。

2. 随着城市住宅区管理模式和权益主体职能的变化在基层悄悄发生,完全由单位后勤部门管理的行政模式已经逐渐退出了历史的舞台

应逐渐弱化单位后勤部门管理单位住宅小区这一行政模式的影响,将内向型的单位住宅小区对外开放,打造成外向型的社区。可以和其他小区共享公共空间,扩展社区公共空间。有必要借鉴国外经验,在单位住宅小区中,根据老年群体对各类服务设施的实际需求及变化趋势,在社区公共空间的规划上引入新的规划管理模式。

3. 在社区公共空间的构建时,要充分考虑我国国情

在老人活动区旁应适当设置适宜儿童游戏的场地和设施,相邻的场地

[①] 陈诗东:《我们需要怎样的社区公共空间》,《社会观察》2004年第9期。

必须保持一定的可通视性，这样有利于老年人在照看儿童时也可锻炼身体，或与儿童一起锻炼，相应地延长在户外的时间，增加社区公共空间的吸引力。

（原载《中共福建省委党校学报》2016 年第 12 期）

【城乡基层治理】

嵌入治理机制：一个初步的分析框架

张义祯

党的十八届三中全会《关于全面深化改革若干重大问题的决定》提出，全面深化改革的总目标是完善和发展中国特色社会主义制度，推进国家治理体系和治理能力现代化。《决定》同时对"创新社会治理体制"提出了具体要求，特别要求改进社会治理方式。"社会治理"的提法是对"社会管理"概念的更新升级，事实上，伴随着中国工业化、城市化进程的加速推进，社会建设和社会管理越来越受到中央的重视。2004年党的十六届四中全会明确提出"加强社会建设和管理，推进社会管理体制创新"。2007年党的十七大报告提出要"建立健全党委领导、政府负责、社会协同、公众参与的社会管理格局"。2012年党的十八大报告进一步提出"要加快形成党委领导、政府负责、社会协同、公众参与、法治保障的社会管理体制"。党的十八届三中全会将"社会管理"的概念升级到"社会治理"的范畴，看似一字之差，实则意味着执政理念的现代性变革。自"社会管理"提出以来，在国家的高度重视和大力推动下，我国基层社会管理创新已取得较大进展，特别是"社会治理"的提出，各地各种社会治理创新的做法和模式层出不穷，取得很多积极成效。但客观地说还存在许多问题，特别是很多做法没有持续性、推广性，或者呈现出原子化、碎片化问题，往往难以持续有效地提升基层社会治理能力。为此，本研究基于实证调查，提出嵌入治理机制，尝试为全国各地方兴未艾的基层社会治理创新做法提供一种新的分析框架和理论视角。

一　嵌入治理的理论基础

嵌入治理作为一种新提法，并非空穴来风，而是结合国内外已有相关理论，根据时代变化特征而尝试建构的一种关于基层社会治理的新框架。嵌入治理，包含了"嵌入"和"治理"两个关键词，事实上，它就是本课题结合"嵌入性理论"和"治理理论"而提出来的创新性概念范畴，但它又不完全是简单的组合，而是根据时代变化特征和中国社会实际情况构建出来的本土化创新性概念。为了更好地理解"嵌入治理"这一新概念范畴，有必要对相关理论和国内已有研究成果做简要介绍。

1. "嵌入性"理论

著名学者波兰尼（Karl Polanyi）在《大变革》（The Great Transformation）一书中首次提出"嵌入性"（Embeddedness）概念。他认为："人类经济嵌入并缠结于经济与非经济的制度之中，将非经济的制度包括在内是极其重要的。"[1] 此外，波兰尼重视和强调嵌入的必然性，他认为，"是社会关系嵌入于经济系统中，而不是经济系统嵌入于社会关系中。因此，经济必须被'重新嵌入'，而且对于经济的政治控制也要被重新建立"。[2] 也就是说，在对经济现象进行研究时，还应该对嵌入到这种经济现象中的非经济制度或关系进行研究。在波兰尼之后，美国社会学家格兰诺维特（Mark Granovetter）对"嵌入性"这一概念进行了更深入、系统的阐述和发掘，他提出，不仅经济行为，人类几乎所有的行为都嵌入在社会关系网络之中。格兰诺维特进一步将"嵌入性"划分为关系嵌入性和结构嵌入性，其中，关系嵌入性是指经济行动者嵌入于个人关系之中，结构嵌入性则指许多行动者嵌于更为广阔的社会关系网络。[3] 嵌入性理论的提出和发展对于理解人类行为的嵌入性及其影响添加了重要理论分析视角，同时对于本研究分析框架的建构也有启发。

---

[1] Polanyi, Karl. The Economy as Instituted Process. in Trade and Market in Early Empire：Economics in History and Theory. New York：Free Press, 1957.

[2] 理查德·斯威德伯格：《经济社会学原理》，周长城等译，中国人民大学出版社，2005。

[3] Granovetter, Mark. Economic Action and Social Structure：The Problem of Embeddedness. American Journal of Sociology, 1985（3）.

2. 治理与善治理论

"治理"英译是"Governance",而非"Government",也就是说,它突出强调非政府单方行为的特别含义。在关于治理的各种定义中,全球治理委员会的定义具有代表性和权威性,该委员会在1995年《我们的全球伙伴关系》研究报告中对治理作出了如下界定:治理是各种公共的或私人的个人和机构管理其共同事务的诸多方式的总和。它是使相互冲突的或不同的利益得以调和并且采取联合行动的持续的过程。它既包括有权迫使人们服从的正式制度和规则,也包括各种人们同意或以为符合其利益的非正式的制度安排。它有四个特征:治理不是一整套规则,也不是一种活动,而是一个过程;治理过程的基础不是控制,而是协调;治理既涉及公共部门,也包括私人部门;治理不是一种正式的制度,而是持续的互动。全球治理委员会认为,治理的目的是指在各种不同的制度关系中运用权力去引导、控制和规范公民的各种活动,以最大限度地增进公共利益。治理理论的提出是为了更好地应对政府失灵与市场失灵,其目的在于追求善治。善治就是使公共利益最大化的社会管理过程。善治的本质特征就在于它是政府与公民对公共生活的合作治理,是政治国家与社会公民的一种新颖关系,是两者的最佳状态。俞可平认为善治主要有十个要素:第一是合法性,第二是法治,第三是透明性,第四是责任性,第五是回应性,第六是有效性,第七是参与,第八是稳定,第九是廉洁,第十是公正。[①] 可以说,治理与善治理论超越了传统科层官僚制,把公共事务看成是多元主体参与和多方责任共担的过程,同时也是一个多主体合作、多机制共振、多资源整合最终趋于善治的过程。

3. 国内相关研究成果

嵌入性理论、治理与善治理论进入到国内已有较长时间,也有较多的研究介绍和理论成果出现。但将嵌入性理论、治理与善治理论二者结合起来的研究还不多,可以说,国内对于"嵌入治理"的探讨也尚处于初始阶段,仅有少量研究在乡村治理、基层治理、政党社会化等问题开始引入了"嵌入性"理论视角。如有学者尝试从"嵌入性"视角来探讨政党问题,[②]

[①] 俞可平:《治理与善治》,社会科学文献出版社,2000,第5页。
[②] 杨日鹏:《嵌入性视角下政党在社会管理中的作用》,《领导科学》2011年第7期下。

有学者提出了"嵌入式自治"①"嵌入性治理"②等概念,初步展开了"嵌入式治理、嵌入性治理"等方面的相关学术探讨,这些研究存在研究深度不够、系统性不强等问题或不足。

上述有关国外理论观点和国内已有研究成果,对于本研究尝试构建"嵌入治理"理论与机制富有启发。国外关于"嵌入性"理论的研究主要集中于解释经济行为与社会结构之间的互嵌性,后来逐步应用到产业集群、企业治理等领域,这也为我们考察更广泛的社会议题提供了启发。事实上,包括经济行为在内的人类行为都是嵌入于社会结构之中的,社会治理行动同样也是嵌入于社会结构、社会网络之中,这对于"嵌入治理"的理论建构和机制创新也提供了重要借鉴。国内关于治理与善治理论的研究已有多年,其内蕴的理念和主张对于我国当下的社会治理创新具有重要的启发。国内对于嵌入式治理、嵌入性治理的相关研究也为本研究提供了重要借鉴,但目前国内相关研究尚处于碎片化的初始状态,还缺乏系统的、完整的、本土化的理论建构,无法对今后的基层社会治理提供有力指导。为此,本研究在下文中尝试就嵌入治理理论与机制的构建展开进一步的思考与探讨。

二 嵌入治理理论与机制

社会治理创新是当代中国社会治理能力现代化建设的客观要求。党的十八届三中全会前所未有地重视治理体系与治理能力现代化问题,从总体上提出改进社会治理方式的关键命题和核心任务,提出系统治理、依法治理、综合治理和源头治理等四种方式,下一步的重点工作就是要从理论和实践层面深化对这一课题的研究,以满足当下中国社会建设、社会转型的现实要求。嵌入治理理论和机制的提出因应了这一时代要求,对于当前全国各地的基层社会治理机制创新也具有重要的解释和指导意义。

---

① 何艳玲:《嵌入式自治:国家—地方互嵌关系下的地方治理》,《武汉大学学报》(哲学社会科学版)2009年第4期。
② 陈发桂:《嵌入性治理:公众利益诉求理性表达的路径探析》,《四川行政学院学报》2011年第5期。

1. 嵌入治理理论建构

嵌入治理是基于嵌入性理论、治理和善治理论，结合中国基层社会的实际情况，尝试性构建形成的一个契合当下中国社会实情、引领社会现代化转型的社会治理新理论、新框架。

改革开放以来，我国社会进入到正常化、理性化的发展轨道，经过30多年的市场化、工业化和城市化历程，当代中国社会已经初步进入到现代工业化社会中后期交汇发展阶段，整个社会已经较为成功地实现了计划经济到市场经济、农业社会向工业社会的双重转型，在社会大转型的时代背景下，经济体制深刻变革，社会结构深刻变动，利益格局深刻调整，思想观念深刻变化，社会分化也日益严重，社会治理的难度前所未有。同时，随着单位制消解、户籍制度改革、就业体制变革，大量的"单位人"转化为"社会人"，城乡社会流动日益增强，大量的体制外就业人口、流动人口常住在城市中，原先主要由单位承担的各种社会服务功能逐渐转移到基层社区或村委会，此外因人口流动而产生的大量社会事务也下沉到基层一线，这使得基层社区或村委会的传统管理模式不堪负重，迫切需要创新本土化的基层社会治理模式和机制。同时，经过30多年改革开放，我国社会的信息化程度日益提高，当前中国可以说正步入到"互联网+时代""大数据时代"，信息网络技术的广泛应用对我国经济社会发展产生重大影响，也给"嵌入治理"带来了日新月异的"技术嵌入"。此外，我国在世纪交汇之际加入WTO之后，整个社会的国际化、全球化程度也明显提升，随着对外经贸、人员交流的增多，国外社会治理的先进理念、管理经验和制度体系也逐步传播到国内，这也为"嵌入治理"提供了"制度嵌入"的参考维度。

嵌入治理的最终目标就是实现中国社会本土化的治理与善治，要结合中国社会实际更多地引入国外治理与善治理论的先进理念与价值观念，作为嵌入治理的主体力量更要自觉地培育中国社会需要的现代性因子，主动引领基层社会治理的现代化转型。可以说，本课题尝试提出的嵌入治理理论是当下中国基层社会治理理论创新的本土化探索，不仅可以为转型期我国各地基层社会治理机制创新提供分析框架，而且也可以为今后的基层社会治理机制创新提供理论指导。

2. 嵌入治理机制

嵌入治理机制是在嵌入治理理论指导下提出来的系统性、时代性、本土化的运作机制。嵌入治理机制可以包括多种形式的嵌入机制,本研究根据当前各地基层社会治理机制创新实践总结出主体嵌入、技术嵌入和制度嵌入等三大核心嵌入机制,构成当前基层社会嵌入治理机制的三大支柱,保障基层社会嵌入治理机制的稳定长效运作。下面结合图1简要介绍这三大核心嵌入机制的运作机理。

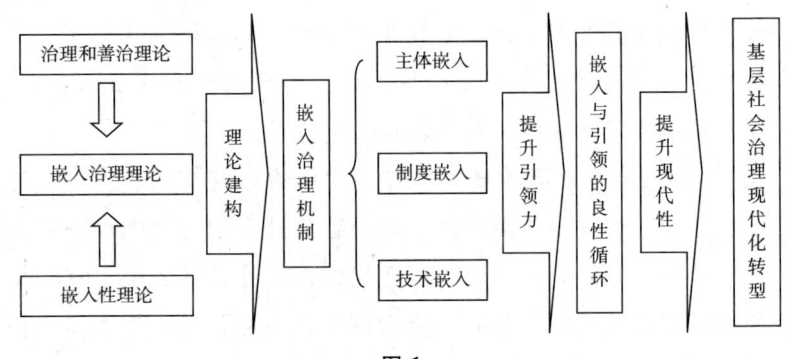

图1

一是主体嵌入构成为嵌入治理机制的核心力量。2012年党的十八大报告提出"要加快形成党委领导、政府负责、社会协同、公众参与、法治保障的社会管理体制",这对于本研究的尝试性建构工作也具有重要启发。当前,中国基层社会治理不再简单地定位成只是政府负责的工作事务,而是党、政府、社会和公众等多元主体共同参与的合作事务,这就赋予了党、社会和公众参与基层治理的合法性。事实上,在当代中国基层社会,无论是在社区,还是在村委会,基层党组织始终是社区或村委会的领导核心,基层社会治理工作始终离不开基层党组织的核心领导,党组织依然是基层社会最具影响的一元化领导权威,是领导基层社会治理创新的"大脑"。而政府部门、行政力量则是"大脑"意图的执行力量,社会组织、公众则是协助党和政府的社会力量。它们各自发挥优势,又相互补充合作,都可能成为嵌入治理机制创新的主体力量,在不同的基层社会治理实践中扮演不同而重要的角色。

二是技术嵌入构成为嵌入治理机制的创新动力。当代中国社会信息科技飞速发展并快速普及，互联网及移动互联网已经融入到人们日常经济社会生活中，近年来随着大数据、物联网、云计算等先进信息技术的发展，人们的生活和工作方式也发生了深刻变化。现代信息科技的发展不仅带来生活工作上的便利，也带来社会治理领域的"技术治理"变革。在近几年社会管理创新、社会治理创新实践中，各地广泛采用了互联网、移动互联网、卫星定位、摄像监控等先进技术，打造集成多种功能的社会管理服务中心、城市管理指挥中心、网格化服务管理中心等，大力推进智慧城市建设，提升社会治理的信息化水平。可以说，"技术嵌入"有助于实现精准治理、动态治理和大数据治理，已经成为今后社会治理创新发展的重要方向，也为本研究构建嵌入治理机制提供了技术嵌入的重要视角。

三是制度嵌入构成嵌入治理机制的长效保障。社会治理创新不仅仅是主体力量的投入、硬件设备的改善，更深层的方面在于相关制度的健全和完善。嵌入性理论关于结构性嵌入的论述也给了本研究重要启发，事实上，制度嵌入也可以归入到结构性嵌入视野。制度嵌入有助于形成更广泛、更深层、结构化的社会治理机制运行网络，从而确保社会治理机制创新的可持续。因此，基层社会治理创新必须注重制度嵌入，这种嵌入的制度体系可以是自行摸索健全完善出来的，也可以是通过借鉴其他先行典范探索出来的，但最终要真正切合当地实际情况，符合当地民风传统，唯有如此，制度嵌入才能真正"接地气"而发挥出应有作用。

当然，嵌入治理机制除了上述三大核心机制之外，也还有其他的辅助机制，如关系嵌入机制等，因其重要性较弱就不做详细介绍。在基层社会嵌入治理机制构建中，要特别注重系统性、协同性和现代性，将现代社会治理理念嵌入到各种基层社会治理机制创新之中，提升嵌入治理机制的有效性。本研究认为，嵌入治理机制的关键在于实现嵌入与引领的统一。嵌入是基础，但根本在于引领，实现嵌入与引领的良性循环，推动社会良性转型。当前，在基层社会管理创新、社会治理实践中，嵌入治理机制不仅要注重"嵌入度"的提高，而且应当更加关注社会引领力的提升，要从理念思维、体制机制和技术手段等层面完善政策，提高多重嵌入治理机制的协同性，提升嵌入治理机制的社会引领力，有效培育基层社会治理现代性因子，引导当下中国基层社会实现现代化转型。

三 嵌入治理机制创新的基层实践

基层社会嵌入治理机制创新是在嵌入治理理论与机制指导下,结合我国基层社会实际情况而展开的新探索、新实践。当前,全国各地的基层社会治理创新实践,在一定意义上反映出嵌入治理的内涵特征,从而也印证了嵌入治理理论与机制在当代中国基层社会治理创新中的适用性。下面,将结合福建省近几年基层社会治理创新实践案例加以简要阐述。

基层社会与人们的日常生活息息相关,是社会成员最基础最主要的活动场域。一般而言,基层社会主要是指基于城乡社区、基层企事业单位、基层社区社会成员等诸因素形成的共同体社会。当前,随着社会转型的深化,基层社会需要处理的公共服务事务也越来越多,城乡社区日益成为多元利益关系的交汇点、各种社会矛盾的聚焦点、社会建设的着力点,基层社会治理面临的挑战也日益严峻。近些年来,在国家大力推进社会治理创新的时代背景下,全国各地探索出符合各地实际情况的创新路子和模式,有效地改善了基层社会治理。以福建省为例,系统构建了"高位嫁接、重心下移、互动联动、一体运作"的下派驻村干部工作机制,探索推进了大学生村官工作机制和社区工作者工作机制;结合基层党建探索社会治理创新路子,在城市社会探索出了"135"社区党建工作模式,在农村社区探索出了"168"农村党建工作模式,在非公企业探索出"35"非公党建工作机制,在机关单位探索出"1263"机关党建工作机制;在基层社会治理平台创新上涌现出了"晋江市社会治理应急指挥中心""长乐城市管家服务管理平台""12345便民呼叫中心"等典型示范,许多地市在市一级和区一级分别建立了各类便民服务中心和网络呼叫中心;在基层社区或乡镇村庄建立起网格化便民服务中心,如厦门市海沧区社区网格化管理系统、长乐市梅花镇网格化服务中心等。这一系列的基层社会治理创新举措有效缓解了转型期基层社会治理的诸多困境,方便人民群众办理有关社会公共事务,快速有效提升了基层社会治理的效率和能力。

从福建省基层社会治理创新实践来看,形式多样、模式多种、机制多元,各地有不同的创新做法,不同领域也有不同的创新思路,不同模式也有不同的机制创新,呈现出原子化、碎片化、区域化的特点。本研究认为，从嵌入治理理论和机制的视角可以更好地理解基层社会治理创新实践的发展逻辑。可以说，上述一系列基层社会治理创新实践在不同程度上体现了嵌入治理理论与机制的适用性。在下派驻村干部工作机制、大学生村官工作机制和社区工作者工作机制中，突出地反映出主体嵌入与制度嵌入的良性互动，下派驻村干部工作机制、大学生村官工作机制和社区工作者工作机制不仅仅包括主体力量的外部嵌入，而且更加强调健全完善的制度嵌入。在"135"社区治理工作模式、"168"农村党建工作模式、"35"非公党建工作机制、"1263"机关党建工作机制中，突出地反映出以党建为抓手带动基层社会治理的嵌入治理特征。其中，基层党组织的主体嵌入至关重要。在社会治理平台创新和基层网格化服务管理实践中，各地通过整合各方力量和各种资源，建章立制完善制度，特别是充分运用物联网、云计算、位置服务、移动通讯等现代信息技术推进技术治理，更加有效地实现了主体嵌入机制、制度嵌入机制和技术嵌入机制的多元融合、互促互进，提高了基层社会治理的公开透明、公平公正和民主法制化水平，在方便群众办事的同时显著提升了基层社会治理能力。

综上可见，基层社会嵌入治理机制对于当下我国基层社会治理创新实践起到良好作用，同时，对于今后推进基层社会治理创新实践也能够提供理论上的有力指导，可以说，基层社会嵌入治理机制在当代中国具有适用性。

四 总结与讨论

基于深入调研，本课题尝试构建了嵌入治理理论，并且基于嵌入治理理论提出三大核心嵌入治理机制。从总体上看，嵌入治理机制具有符合时代特征的多元复合优势，不仅对于今后推进基层社会治理创新具有重要的指导作用，而且对于国家治理层面的顶层设计也具有参考价值。

嵌入治理机制蕴含并行式、集成化、系统性的机制创新思维，顺应"互联网+时代""大数据时代"社会治理创新的发展趋势，具有符合时代特征的多元复合优势，主要体现为治理机制的网络化、平台化、合作化和本土化。治理机制的网络化不仅体现为信息网络技术的广泛嵌入和有效运用，也体现为通过主体嵌入与制度嵌入形成广泛而强有力的治理网络。治理机制的平台化体现为将有关部门、资源和人力等各种因素通过技术嵌入、制度嵌入等方式系统整合到一个互联互通、协调互补、高效运转的社会治理集成平台，实现信息共享、公开透明、高效公正的社会治理全流程。治理机制的合作化体现在多元主体的合作共治，特别注重社会组织、社会公众的共同参与，以及社会力量的培育和成长。治理机制的本土化体现为符合中国社会转型要求，符合基层社会实际情况，同时也有效助推我国基层社会治理机制的本土化创新。当然，嵌入治理机制的复合优势远不止上述几个方面，这些复合优势的充分发挥可以显著提升嵌入治理机制的运作成效，从而能够有效提高基层社会治理现代化水平。

需要指出的是，嵌入治理机制对改善当前基层社会治理状况具有良好的适应性、契合性，但在实践中也要防止变形走样，甚至异化。嵌入治理机制同样也可能面临重重问题而陷入"失灵"状态，对此要有实践警觉与理论自觉。因此，要特别注意嵌入治理机制体系的健全完善，强化嵌入治理机制体系的平衡与制约，形成强有力的激励约束机制体系，从而避免"走样、失灵"等问题，切实有效地以现代社会治理理念引领基层社会现代化转型发展。

（原载《地方治理研究》2016年第4期）

城市社区治理创新的探索与启示
——基于福州市鼓楼区的实践分析

孙秀艳

城市社区是城市社会和空间结构的重要组成部分，是城市社会系统中最重要的社会组织方式之一，是城市的基本细胞和发展缩影。作为观察社会生活的独特"窗口"，社区治理是社会治理不可或缺的微缩单元，是透视国家制度变革与整体社会变迁的一个见微知著的视角。随着快速城市化与住房商品化进程的推进，我国城市社区治理的难度、广度、复杂程度进一步加大，面临着国家推动的制度与体制创新、社会组织机构和利益诉求多元化、社区人口规模和流动人口数量急剧上升、基层社会分化与重组、城市社区治理体制机制新旧共处局面等诸多挑战。持续推进城市社区治理创新，不断提高基层社会治理工作的效能，不仅是改善民生的基础环节，而且是创新社会治理的关键步骤。

一 城市社区治理创新的研究探索

社区的概念来自西方，国外社会学界关于社区的研究，主要包括理论研究与应用研究两部分。在理论研究方面，着重研究价值观、道德、风俗等对社区中社会关系和人们行为的影响；在应用研究方面，各国社会学界都以本国为背景，总结社区和国家、政府的关系，社区在社会系统中的功能以及相应的社区管理体制和运行机制，从而提出各自国家的社区模式或社区管理模式。如果把社区治理看作是治理理论在社区领域的实际运用，那么国外城市社区的发展历史展示了一个共性的规律，即城市社区治理都是从政府行为与社区行为的角度出发,由于结合的紧密程度不同,社区治理的方式大相径庭,主要可以概括成社区自治模式、政府主导模式和混合模式三类。①

中国城市社区治理自1985年国家民政部倡导探索"社区服务"到1991年国家民政部提出"社区建设",直到当前全国各地遍地开花的社区治理实践,走过了近30年的发展历程。20世纪90年代,以西方社区自治理念为指导、以扩大社区自治为导向的社区建设实践,主要是在社区直选和自治结构上进行新的探索,出现了盐田模式、江汉模式、沈阳模式、海曙模式等以自治体制为特点的社区治理模式。但是这种自治导向下的城市社区建设,并非完全抛开政府,而是合理界定政府与社会的边界,扩大社区自治组织的权限。如成立社区事务工作站,承接政府的行政事务,从而分担居委会的行政职能。② 与实践进程相呼应,社区建设、社区管理和社区发展的目的、重要性、特征、功能、定位、理论梳理等不断成为国内学界研究的主要内容。大多数的理论研究(包括社会学领域)主要立足"结构-制度分析"范式,或者分析社区建设的演变过程、街区权力变迁、基层管理体制变革等;或者以结构功能主义的视角,研究社区建设的体制、功能、性质;或者运用社会系统论和社会协调运行论,研究社区分化与整合、社区建设的关系协调等。相关研究在取得不菲成绩的同时,也存在着一些不足之处。比如,往往把社区建设和社区治理的重点局限在居委会辖区内的"社区"层面,对社区在城市社会治理中的功能定位尚不够全面;部分研究侧重强调社区建设"非政府"的一面,把"居民自治"和政府主导、推动相对割裂开来,简单否定居委会协助政府工作的合理性等。

进入新世纪,越来越多的研究者将研究视野转向社区建设和治理中的具体问题。因为"缺乏对当代经验的研究正是社区治理理论难以进一步深化的一个重要原因",所以才引发"对城市社区治理微观研究的极度追究"。③

---

① 马西恒、刘中起:《都市社区治理——以上海建设国际化城市为背景》,学林出版社,2011,第14~15页。
② 潘鸿雁:《社区治理新模式:共治与自治互动》,《学习时报》2013年6月24日。
③ 刘娴静:《城市社区多元共治模式的建构——北京市"村居型"社区治理案例研究》,《学理论》2013年第13期。

第一，在研究理论上的多元化、多视角。主要运用了多中心治理理论、集体选择理论、利益相关者模型、合作主义、国家政权建设理论、国家的视角与地方性知识、自治与行政关系理论以及西方各种民主理论。①高瑜、金俊杰运用制度变迁理论对我国城市基层社区治理研究文献进行综述，把学界的相关研究归纳为建立原因分析、国家与城市基层社会关系模式、治理困境和治理转型研究等四个方面。②燕继荣指出目前中国城市社区治理已有不少好经验，但关键是怎么让良好的做法形成制度、得以持续。他主要依据制度主义学说和社会资本理论，认为要让政府主导之下产生的社区治理创新持续下去，就要培养和"制造"社区成员对于该制度的需求，让它成为一种"路径依赖"，而致力于社会资本投资是增强社区治理创新制度依赖性的有效途径。③

第二，在研究方法上，悄然呈现出从宏观理论推演到微观事实研究的趋向，个案分析渐为学界所青睐，成为主要的研究方法。以国内外模式和经验分析为主的案例分析，比较中外不同区域社区建设机制的比较方法，对各地涌现出来的典型经验和出现问题进行深度剖析的调查研究，以及对社区内部的社会资本进行测量和指标构建的数据分析等不断涌现。如郑杭生等关注到"社会复合主体"这种创新型构架的杭州经验；杨敏注意到杭州上城区通过网络平台，建立"双维社区"的创新经验；黄卫平从党政与社会互动的角度分析了"深圳南山和谐社区建设的经验"；毛军吉以深圳构建新型社区为例，对城市社区治理进行新探索。

第三，在国家与社会的关系上，割裂式的分析话语逐渐被互动合作所代替。重构国家与社会的关系是社会治理和社区治理的核心问题。有学者指出"将国家与社会对立起来是行不通的，这既不符合中国的现实实践，又不符合中国的历史传统"。④不少研究努力跳出"国家—社会"的二元框

---

① 高瑜、金俊杰：《我国城市基层社区治理研究评述——基于制度变迁的视角》，《安徽行政学院学报》2013年第1期。
② 高瑜、金俊杰：《我国城市基层社区治理研究评述——基于制度变迁的视角》，《安徽行政学院学报》2013年第1期。
③ 燕继荣：《社区治理与社会资本投资——中国社区治理创新的理论解释》，《天津社会科学》2010年第3期。
④ 郑杭生、黄家亮：《当前我国社会管理和社区治理的新趋势》，《甘肃社会科学》2012年第6期。

架,不再止步于讨论两者谁进谁退、力量消长等问题,而试图借助新概念来理解国家与基层社会互动关系的新动向,强调"社会并非国家的对立物,而是浸透着国家的身影和力量",二者之间是"相互合作而非对立,相互交织而非分离,相互形塑而非独立"的关系,沿着"国家与社会的互动实践"视角,聚焦于国家如何形塑社会,又如何改变干预方式。① 何艳玲用"柔性运作"来形容国家权力在基层的具体运作,并将后单位时期街区中的国家与社会关系概括为"权变的合作主义",即"根据具体情境的不同而缔结的不同程度的非制度化的合作关系"。② 桂勇认为,在社会转型期的城市基层中,国家与社会的关系既非国家丧失控制力的"断裂",也非国家向邻里强力渗透的"嵌入",而是一种介于两者之间的"粘连"状态,即国家对城市邻里仍然拥有一定的动员控制能力,但它受到各种社会政治因素相当大的限制。③ 肖林认为,国家既存在通过社区建设强化基层社会管理的控制意图,也可能通过合作、放权和赋权或妥协而为社区自治提供新的机会;基层社会中也是既存在着体制外的对抗冲突,也有试图通过合作和渗透进而影响现有体制的迹象。④

第四,社区建设和社区治理呈现出新的发展趋势。杨敏从基层社区的重要意义日益凸显、公共服务与社会管理向基层社区的不断"下沉"中,得出当前中国社会治理的一种新趋势,称之为"社会治理的社区化"趋势。⑤ 潘鸿雁从近些年的地方实践中,得出我国社区治理的新方向是"形成社区共治与居民自治交融互动的格局"。⑥ 郑杭生、黄家亮基于各地丰富多样的社会管理和社区治理实践,认为体制复合化、方式多元化、手段艺

---

① 肖林:《"'社区'研究"与"社区研究"——近年来我国城市社区研究述评》,《社会学研究》2011年第4期。
② 何艳玲:《都市街区中的国家与社会:乐街调查》,社会科学文献出版社,2007。
③ 桂勇:《邻里政治:城市基层的权力操作策略与国家—社会的粘连模式》,《社会》2007年第7期。
④ 肖林:《"'社区'研究"与"社区研究"——近年来我国城市社区研究述评》,《社会学研究》2011年第4期。
⑤ 杨敏:《我国城市社会发展与社区建设的新态势——新一轮城市化过程社会资源配置的社区化探索》,《科学社会主义》2010年第4期。
⑥ 潘鸿雁:《社区治理新模式:共治与自治互动》,《学习时报》2013年6月24日。

术化、机制科学化、城乡一体化等"五化"是社区治理的新趋势。①

整体而言,"政府与社会良好的协同治理离不开作为两者联接点的社区",②社区在社会生活中的重要意义和多重功能日益凸显,能够"反映人们的心态体验、表达不同的利益诉求、折射社会矛盾和风险的幅度,从而标刻出社会秩序体系的有效性和稳定性"。③社区治理是治理理念在"社区"层面的实践,"是政府社会管理与社会自主治理的统一"。④我国城市社区治理的研究与探索形成了多层次、立体化的研究格局,其实践亦成为中国社会建设和社会治理的前沿领域。然而,面对急剧变迁的城市社会,社区党组织、居委会、业委会、物管公司表面上形成"多头共治"局面,但相互之间却无法统筹、难以协调,实际上各自为政,治理效率低下,并进而影响居民参与的积极性等问题依然突出;有些个案分析所得出的结论难免以偏概全,或用观念裁剪现实,带有不小的局限性;理论分析,特别是西方理论,如何与城市社区治理的实践有效对接;已经构建起来的制度如何实现有效运行等,都有待进一步的研究探索。

二 城市社区治理创新的鼓楼实践

社区是社会治理的基本单元,社区治理与社区服务的质量直接关系到亿万居民的切身利益。在创新社会治理、深化社会体制改革的背景下,如何创新城市社区治理体制机制,解决政府部门与社区关系不顺、职责不清、社区居委会行政化等问题成为现实发展的迫切需求。面对我国城市社区治理体制与日新月异的社会面貌之间存在的"堕距",福州市鼓楼区着力推行"135"社区党建工作模式,创新"135"城市社区工作机制,重在以治理运作机制的创新来弥补政府与社区在体制方面的不足,不失为城市社区治理创新的突破口,探索其做法与启示,对于提高城市治理水平,推

---

① 郑杭生、黄家亮:《当前我国社会管理和社区治理的新趋势》,《甘肃社会科学》2012年第6期。
② 麻宝斌、任晓春:《政府与社会的协同治理之路》,《吉林大学社会科学学报》2011年第6期。
③ 杨敏:《我国城市社会发展与社区建设的新态势——新一轮城市化过程社会资源配置的社区化探索》,《科学社会主义》2010年第4期。
④ 任晓春:《论当代中国社区治理的主体间关系》,《中州学刊》2012年第2期。

动基层民主建设和巩固基层政权等具有重要意义。

(一) 以社区党建引领社区治理创新,在互动互促中出成效

"135"社区党建工作模式发端探索于福州市鼓楼军门社区、总结推行于福州市鼓楼区,目前已在福州市全部社区推广,既是福州市社区党建的有效工作模式,也是福州市创新社区治理的有益探索成果。概而言之,所谓"135"社区党建工作模式就是:强化社区党组织一个核心,建设社区工作者、党员、志愿者三支队伍,健全共同参与组织、民主管理监督、基本建设保障、长效服务群众、党建责任落实五项机制,不断提升区域化党建工作科学化水平,有效带动城市社区治理创新。

党的十七届四中全会《决定》指出,要把服务群众、凝聚人心、优化管理、维护稳定贯穿街道社区党组织活动始终,发挥党组织在建设文明和谐社区中的领导核心作用。党的十八大报告强调,要落实党建工作责任制,强化农村、城市社区党组织建设。研究社区的学者们也意识到,在中国特定的背景和"场域"中,基层党组织是基层民众最重要的联结和整合力量。郑杭生指出,"在中国研究社区建设如果看不到以党建带社建,以基层党组织为整合陌生人世界的主导力量,创造新的连接这个基本经验,就不可能理解中国社区建设的过去、现在和未来,也不可能真正理解中国社区建设最大的特色"。[1] 在中国,没有任何社会力量能在基层起到替代性的整合作用。正如在新民主主义革命中,支部建在连上,是保证革命胜利的基层军事基础,而现在,支部建在社区,则是保证社区建设成功的基层社会基础。[2] 鼓楼军门社区在探索实践"135"社区党建工作模式的过程中,充分发挥了城市基层党组织的核心作用,在进一步提升社区党建工作水平的同时,有力推动了和谐社区建设。近年来,军门社区先后荣获"全国和谐社区建设自主创新""全国和谐社区建设示范社区"等6项国家级奖项。

"135"社区党建工作模式深谙社区党建与社区治理有机统一的精神理

---

[1] 郑杭生:《破解在陌生人世界中建设和谐社区的难题——从社会学视角看社区建设的一些基本问题》,《学习与实践》2008年第7期。

[2] 郑杭生:《破解在陌生人世界中建设和谐社区的难题——从社会学视角看社区建设的一些基本问题》,《学习与实践》2008年第7期。

念,其最初形态主要是根据社会转型期城市社区建设目标而提出,在更好地创建文明社区、助推全国文明城市创建工作中摸索出自己的一套新做法。一是以社区党组织为主导,构建纵向到底、横向到边的党组织网络。推行与社区网格化管理相融合的"社区建党委(党总支)、小区建党支部、楼院建党小组"的"三级核心网络"做法。截至2012年7月底,共建立社区党委(党总支)255个,小区党支部637个,楼栋党小组1291个。推进党组织和商务楼宇、行业协会等7大经济社会组织互联共建,实现了党组织在规模以上企业全组建、规模以下企业应建尽建目标。二是以社区大党委制、党建联席会、契约共建等方式突破"单位党建"的局限,解决社区党组织条块分割、资源分散等问题,充分激发辖区单位的参与热情,协同整合社区内部单位组织的力量,使社区党组织与驻区单位党组织的关系由"松散型"变为"紧密型",促进区域党建资源的整合利用。全市社区普遍实行了大党委兼职委员制度,1237名党员干部担任了社区大党委兼职委员,90%以上的单位与社区党组织签订契约共建协议,开放活动场所1031处近28万平方米。三是健全市、区、街道、社区四级党员教育管理服务网络,与市民服务中心、劳动就业指导站等服务平台对接,实现了公共服务网络在社区的全覆盖。注重发挥社区党员模范作用。按照在职党员、离退休党员、流动党员等不同类型加强对社区党员分类管理,广泛开展设岗定责、依岗承诺、结对帮扶、诚信服务等活动,增强了党员先锋意识。近年来,全市有6.7万名在职党员、8731名流动党员到居住社区登记,参加党员奉献日、党员责任区等活动。

在社会转型的时代背景下,把社区党建与社区治理联系起来统筹考虑,既是基层党组织对社区治理发挥指导和引领作用的需要,也是社区党建工作找准着力点、切入点的需要。[①] "作为中国社会的领导核心,党直接领导着国家与社会。党对国家的领导,通过执政来体现;党对社会的领导则通过党对社会的有效组织和整合来体现。"[②] 实现党对社区的有效组织和有机整合,就是实现党对社会领导的一个重要表现。社区党建是社区治理

---

① 李新生主编《社区党建与社区治理——福州"135"社区党建工作模式研究》,党建读物出版社,2012,第14页。
② 林尚立:《社区党建:中国政治发展的新增长点》,《上海党史与党建》2001年3月号。

和基层党建的有机统一，体现的是党如何通过自己的基层组织建设，成为城市基层治理与民主自治的主导力量，既使基层社会治理获得党的组织体系的支撑，促进基层社会的成熟化和组织化，又在此基础上巩固党的社会基础。①

（二）以行动践行治理理念，在社区中培育多元主体，整合多方资源

治理理论自提出之日起就倍受政治家和社会学家的关注，近二十年来风靡世界各国，日渐成为政府和学界引人注目的新型理念和模式。不论是治理理论的主要创始人之一罗西瑙（J. N. Rosenau），还是研究治理理论的另一位权威格里·斯托克（Gerry Stoker），他们强调的治理在主体上"既包括政府机制，同时也包含非正式、非政府的机制""意味着一系列来自政府但又不限于政府的社会公共机构和行为者"；在办好事情的能力上，"并不仅限于政府的权力，不限于政府的发号施令或运用权威"。② 可见，治理实际上是一个国家权力向社会回归的过程，"是在国家—市场—社会三维关系的组合中，寻求一种不同以往的、更为有效的互动合作模式"。③ 从治理理念的本质追求出发，社区治理就意味着调整好政府与社区的关系，政府不再是社区治理的唯一中心，只有调动各类社区力量，培育多中心、多元化的治理主体，汇聚多样化、多渠道的治理资源，才能形成政府行政机制与社区自治机制互动共振的新型社区治理模式。综观各地近年来的创新实践，一个明显的趋势就是从行政力量的一元化管理或单一部门的碎片化治理转向多元主体的合作共治与复合治理。④ "135"社区党建工作模式正是这方面的典型实践之一。

面对转型期城市社区治理主体的发展困境，特别是在社区工作日益繁杂、社区党员数量增加并且构成多样化、社区党员发挥作用缺乏有效平

---

① 李新生主编《社区党建与社区治理——福州"135"社区党建工作模式研究》，党建读物出版社，2012，第15~16页。
② 格里·斯托克：《作为理论的治理：五个论点》，《国际社会科学》（中文版）1999年第2期。
③ 张宝锋：《现代城市社区治理结构研究》，中国社会出版社，2006，第63页。
④ 郑杭生、黄家亮：《当前我国社会管理和社区治理的新趋势》，《甘肃社会科学》2012年第6期。

台、辖区单位和社区党建工作之间协调难、社区服务资源匮乏等状况之下，"135"社区党建工作模式着力推进社区各类治理主体的发展、整合社区多方治理资源，注重在各个层次的互动、协调、合作中实现治理的最优化。一是强化引领多元主体发展的主心骨，把强化社区党组织建设作为核心。通过网格化的组织体系、协作化的领导体制和分类化的党员管理，把党的活动开展到居民小区的每个角落、每位党员，逐步实现党的基层组织与社会组织结构的契合，全面提升党在基层组织的整合动员能力。比如，鼓楼区对一万多的社区党员实施分类管理，组织他们担任"政策宣传员、民意调查员、纠纷调解员"等"义务十大员"，既使党员管理由"分散式"向"集约式"转变，也使辖区党员增强了党员意识，产生了强烈的归属感，真正实现了管好自己的、管住外来的、管活驻区的、辐射空白的党员管理目标。二是培育形成多元主体联动的新机制，建立社区党组织、居委会、小区业主、物业公司、驻区单位"五位一体"的社区治理机制，全面推行以居民会议为决策层、社区居委会为执行层、居民事务监督小组为监督层的"三层自治体系"，健全完善社区办事公开制度，确保社区居民的自治权、参与权和监督权得到落实。三是建设整合多元主体发展的新队伍，为社区治理创新提供组织保障。采取组织选配和社会配置相结合的方式，积极把个体素质好、熟悉社区建设、热爱社区工作、热心服务群众的优秀人才吸引到社区来，通过建设职业化的社区工作者队伍、履责化的党员队伍和社会化的志愿者队伍，打造扶持社区不同治理主体的发育发展。四是充分整合社区人力资源、物质资源和组织资源，促进人才、经费、场地、信息等共享，使资源整合由"内循环"向"外循环"转变。以系统思维、统筹规划的思路，构建"多位一体"的城市社区共驻共建共享机制，提高城市社区资源整合能力，不仅形成社区多元治理主体联动的新局面，而且形成"大事共商、资源共享、活动共办、实事共做、共驻共建、共同发展"的社区治理新格局。

（三）以提升社区服务为目标，在强化社区功能中凝聚社区归属感

构建"服务型社区"、推进社区大服务格局，是我国社区建设具有普遍意义的实践探索。以服务引领治理，寓治理于服务之中，是城市社区治理的重要理念。有学者解析了服务的新内涵，即"服务过程也是参与过程，社区居民不再是被服务、等服务的消极对象，而是服务的积极参与者，某些情形下甚至是服务的提供者"，因此参与服务也是参与治理，通过各种形式的自助、互助和志愿行动，能够培育起基层社会的自律自治、自教育自管理能力，加强服务与治理之间的相辅相成，推进多元参与、共建共享的治理过程。①

"135"社区党建工作模式着眼于社区居民多样化、多层次的服务需求，逐步建立政府公共服务、居民互助服务、市场有偿服务相衔接的社会化服务体系。一是推广一线（12345服务热线）、一台（网上服务平台）、一册（社区服务手册）的便民举措，创新了"三必访""四点钟学校""十分钟服务圈""爱心超市"等服务品牌。二是把社区活动场所建设列入为民办实事项目，纳入旧城改造、新区建设规划和城市公共设施配套建设规划进行推动。建立社区活动场所达标验收制度，采用改扩建、购置、租赁等方式分期分批解决部分社区活动场所达不到200平方米标准问题。三是实施"千名大学生服务在社区计划"和社区工作者持证上岗制度，截至课题调查结束，福州市有690名大学生被招聘为社区工作者，4157名社区工作者取得岗位资格证书。为保证社区工作正常运转的同时有一定财力为群众办实事好事，建立了以财政投入为主，党费补助、社会支持、社区自我补充的社区工作经费多元投入制度，并采取"固定补贴+绩效补贴+奖励补贴"办法，稳步提高社区工作者报酬。实行社区上缴党费全额回拨和社区工作准入制，鼓励社区对资产实行集约化经营、发展低偿中介服务等。"135"社区党建工作模式把"服务党员、服务群众、服务发展、服务和谐社会建设"作为工作的出发点和落脚点，通过改善社区环境功能、强化社区服务功能、丰富社区文化功能、维护社区稳定功能、提升社区文明功能，力争实现"美、爱、乐、安、和"这"五在社区"的建设目标。

三 城市社区治理创新的若干启示

整体而言，福州市鼓楼区创建的"135"城市社区党建工作模式，以

---

① 杨敏、杨玉宏：《"服务—治理—管理"新型关系与社区治理新探索》，《思想战线》2013年第3期。

社区党建带动社区治理，内蕴的多元主体参与、多方资源整合、多种机制共振来管理公共事务的特质，已经大大超越了传统科层官僚制下公共事务的管理方式，是新形势下加强和改进基层党组织建设、创新社区治理方式的重大举措，也是发挥完善社区功能的重要机制。其全方位的实践探索，涉及社区治理理念思路的变革、运行机制的转变、技术手段的提升、工作途径的更新等，在不少方面对我国社区治理创新富有启示意义。

（一）因地制宜、动态建设，是城市社区治理创新的前提

在历史和现实的双重形塑下，我国社区的类型非常复杂，不同类型社区之间在人口结构、人际关系、资源结构、文化积淀等方面的差异很大，很难用一种放之四海而皆准的方式来对所有的社区进行治理。[1] 就算对同一社区而言，社区建设、社区治理也是一个动态发展的过程。伴随着民众需求的变化、技术水平的变化、人心所向的变化，现有的治理和效率格局将发生改变，会追求新的制度均衡。因此，"有效治理的动态效率就意味着针对不断发生的变化而进行不断的调适过程"。[2] 正如治理理论所指出的那样，治理不是一种正式的制度，而是持续的互动过程，[3] 因此，社区治理并没有一成不变的固定模式，它不仅会而且必须随着社区发展的需要以及各治理主体力量的强弱变化而进行调整。只有坚持从本地实际情况出发，从城市社会治理全局的高度上明确社区在城市社会系统运行和治理中的特有功能，才能在城市社区治理创新上持之以恒。

（二）共治与自治的融合共生，是城市社区治理创新的趋势

城市社区治理创新既需要理论上的准备，也需要实践时机的成熟。从理论上看，治理理论、社会资本理论等将社区研究从国家与社会"分离"、"合作"的视角引入到"互强共生"的视角，因而逐渐弥合"国家社会理论"的分野；从实践上看，社区服务和治理创新的需求为探索更为有效的社会资源配置整合机制提供了前提和可能，不同的社会事务和公共物品由

---

[1] 郑杭生、黄家亮：《当前我国社会管理和社区治理的新趋势》，《甘肃社会科学》2012年第6期。
[2] 徐勇：《论城市社区建设中的社区居民自治》，《华中师范大学学报》（人文社会科学版）2001年第3期。
[3] 俞可平：《治理与善治》，社会科学文献出版社，2000，第6页。

不同的组织承担和处理,既体现了国家—社会—公民三者的良性互动,又契合了治理理念多元化主体的内涵。

社区治理创新的核心内容在于调整国家与社会的权利、利益格局。城市社区治理作为社会治理的重要组成部分,理应遵循社会治理的内在逻辑。但在中国现实中的城市社区治理问题上,普遍面临着"居委会困境"和"共同体困境",国家与社会既不是简单对立也不是简单融合,而是国家、社会(包括市场)同时在场、互为主体、共同参与。[①] 换言之,国家与社会不再是此消彼长的零和博弈,而是共生共荣的合作关系,只有不同治理主体互相配合,既保障居委会自治功能发挥,又保障各项行政事务在社区"落地",同时还能吸纳社区居民广泛参与,[②] 才能创新出最有效的社区治理模式。自治和共治的融合共生,契合了当前城市社区治理的内在逻辑,体现了社区建设和社区治理的发展趋势。

(三) 重构资源配置、优化制度设计,是城市社区治理创新的关键

社会资源的配置关系到"社会学的核心命题",是中国社会变迁和社会转型、社会建设和社会发展的"主线",当然也是创新社区治理的核心问题。[③] 与居民日常生活息息相关的资源配置和利益格局重构才是关系到城市基层社会管理成效的关键。[④] 因此,在创新社区治理的运作实践中,必须促成政府、市场、社会的合力,共同构筑社会资源配置的新机制,在三大组织结构之间实现职能的调整重配和最优配置。"135"社区党建工作模式提示我们,为了充分发挥社区资源整合配置机制的作用,还要促进公共性、市场性、社会性三种机制的协作运转,通过整体协调机制来提供坚强的组织保证、财政支持机制来提供坚实的物质基础、责任分解机制来提供可靠的制度保障、信息反馈机制来提供有效的信息支撑、志愿服务机制来提供强大的社会支持等,最终形成行政力量与社会力量的弹性互动、专

---

① 赵守飞、谢正富:《合作治理:中国城市社区治理的发展方向》,《河北学刊》2013年第3期。
② 郑杭生、黄家亮:《论我国社区治理的双重困境与创新之维——基于北京市社区管理体制改革实践的分析》,《东岳论丛》2012年第1期。
③ 郑杭生:《中国人民大学中国社会发展研究报告2008——走向更讲创新的社会:社区建设与制度创新(总论)》,中国人民大学出版社,2008。
④ 王星:《利益分化与居民参与——转型期中国城市基层社会管理的困境及其理论转向》,《社会学研究》2012年第2期。

业行政与统筹协调的相互结合。

优化制度设计的重要性，历来备受重视。亨廷顿曾把制度供给的不足，看作社会政治不稳定的根源。[①] 诺思认为，制度变迁决定了人类历史中的社会演化方式，因而是理解历史变迁的关键。[②] 当前城市社区治理创新中出现的问题，归根到底在于社区治理体制机制难以适应社会转型对政府执行力、社区自治能力的迫切需求。而"设计良好的制度可以使社区、国家、市场相互补充而不是相互取代"。[③]

（四）培育社会资本、扶植社区精英，是城市社区治理创新的抓手

重建社会资本是提高社区治理绩效的重要因素，其意义被不少学者所强调。潘泽泉认为，社区建设的真正内涵就是社会资本的培育和创造，同时社区又是孕育社会资本的"子宫"。[④] 燕继荣认为，社区是人们在组织集体生活时形成社会资本的一个重要"容器"和载体。好的社区管理者应该保持社区社会资本增值，即提高社区成员对社区的"认同感"和"归属感"，增强社区成员之间的"信任度"。因此，致力于"社会资本投资"是政府主导的社区治理创新维系下去并形成"路径依赖"的有效途径。[⑤] 吴东民认为，要解决社区治理困境，就需要在微观的社会网络体系中建立合作、信任与互惠的交流范式并固化成一种规则或规范，即需要培育充实的社会资本。[⑥] 总之，良好的社区治理状态，应该是社区成员相互信任、合作，具有普遍共识、集体认同和集体归属感，容易形成集体行动，而社会资本理论所讨论的正是这种状态何以产生。[⑦] 培育丰富的社区社会资本，有助于社区成员对正式组织和制度的参与；反之，合理的社区制度安排又

---

① 亨廷顿：《变革社会中的政治秩序》，张岱云等译，上海译文出版社，1989，第50页。
② 道格拉斯·C.诺思：《制度、制度变迁与经济绩效》，杭行译，格致出版社、上海三联书店、上海人民出版社，2008，第3页。
③ 萨谬尔·伯勒斯等：《社会资本与社区治理》，载曹荣湘编《走出囚徒困境》，上海三联书店，2003，第129~151页。
④ 潘泽泉：《社会资本与社区建设》，《社会科学》2008年第7期。
⑤ 燕继荣：《社区治理与社会资本投资——中国社区治理创新的理论解释》，《天津社会科学》2010年第3期。
⑥ 吴东民：《突破社区治理困境：社区NGO——社会资本视角的阐释》，《山东科技大学学报》（社会科学版）2012年第4期。
⑦ 燕继荣：《社区治理与社会资本投资——中国社区治理创新的理论解释》，《天津社会科学》2010年第3期。

有助于社区成员之间的信任和团结,即社区社会资本的丰富。不少研究还达成这样一个共识:在当前的社区动员和社区参与中,形成了"社区居委会——积极分子——普通居民"的动员路径。① 而其中社区精英群体的积极作用不容忽视。"135"社区党建工作模式就着力推进以社区党组织书记为重点的社区工作者队伍职业化建设,形成"社区工作者——社区党组织书记——事业编制社区党组织书记——街道副职"的人才"成长链"。而且建立制度化的责任体系,落实"书记抓、抓书记"的要求,为扶植社区精英群体的健康成长提供良好导向和制度保障。

(五) 利用信息化网络化数字化技术,是城市社区治理创新的手段

除了在传统物理空间中面对面的互动之外,迅猛发展的互联网成为社区日常交往的崭新空间和独具优势的社会动员手段,城市社区治理创新必须依托信息化网络化数字化的新技术。比如,互联网作为业主维权的新动员手段,其"一对多""多对多"的互动模式,可能在动员过程中形成新的社会资本。② 又比如,互联网在保留一定隐密性的同时,突破了原先完全陌生化的状况,可以引导社区居民从"熟人共同体"向"情感共同体"和"自治共同体"依次递进发展,使居民产生愈来愈强烈的归属感和认同感,更加积极地投身到社区治理中。③ "网络化基层治理"改变了中国传统的社区治理方式,成为社区治理的一个新趋势。一方面,"网络化基层"产生的效果,很大程度上能够使基层与顶层之间的信息沟壑被抹平消融,网络化的基层具有了时时在场、瞬时发布的功能;另一方面,基层工作既要面对实体世界的现实压力,也要承受虚拟世界的舆论压力。④ 因此,如何通过社区的信息化、网络化、数字化建设,将基层社区的服务和治理提高到一个新的水平,是现代社区治理的一个重要领域。

在创新社区治理过程中,不断探索和尝试新技术、新手段,打造与实

---

① 肖林:《"'社区'研究"与"社区研究"——近年来我国城市社区研究述评》,《社会学研究》2011年第4期。
② 黄荣贵、桂勇:《互联网与业主集体抗争:一项基于定性比较分析方法的研究》,《社会学研究》2009年第5期。
③ 李潇、王道勇:《城市社区治理中的网络参与问题分析——基于上海市X社区的个案研究》,《科学社会主义》2013年第4期。
④ 杨敏、杨玉宏:《"服务—治理—管理"新型关系与社区治理新探索》,《思想战线》2013年第3期。

体社区相对应的虚拟社区以及以数字化、感知化、互联化、智能化为特征的智慧城市已经成为各地近年来的一个突出亮点。[①] "135"社区党建工作模式以信息化技术为支撑和保障，建立个性化信息化服务制度，整合社区网站、社区总机、短信群发平台、平安联防、社区全球眼等社区信息化应用项目，积极探索建设"智慧社区信息化综合服务平台"，持续满足社区群众多层次、多样化的物质文化需求。通过改善社区信息基础设施，整合社区就业、社保、低保、卫生、计生、文化、培训等公共服务信息，发展面向社区居民的"一站式"服务；通过智慧社区网站和"IPTV"远程教育网络，搭建信息化交流平台，实现党员学习自助化，还通过"智慧社区语音推送平台"和"军门党员8090QQ群"，定期在QQ群里发布党员教育信息资料和学习信息；通过对社区信息化建设运营模式的大胆尝试，打造便民网，提出"网上潮流亲为民，信息服务送万家"的服务理念，使社区居民足不出户便可享受各类信息服务，实现了社区管理规范化、社区沟通多元化、社区便民服务化有机统一。

（原载于《福建论坛·人文社会科学版》2014年第11期）

[①] 郑杭生、黄家亮：《当前我国社会管理和社区治理的新趋势》，《甘肃社会科学》2012年第6期。

新时代推进农村基层社会有效治理的创新探索

——福建省大田县住村特派员制度研究

张义祯

2005年10月，党的十六届五中全会提出要按照"生产发展、生活富裕、乡风文明、村容整洁、管理民主"的要求，扎实推进社会主义新农村建设。乡村全面振兴是新时代农业农村现代化的根本要求，实施乡村振兴战略是社会主义新农村建设的升级版。2017年10月，党的十九大报告提出实施乡村振兴战略，要坚持农业农村优先发展，按照产业兴旺、生态宜居、乡风文明、治理有效、生活富裕的总要求，建立健全城乡融合发展体制机制和政策体系，加快推进农业农村现代化。[①] 当前正处于推进社会主义新农村建设、实施乡村振兴战略的历史交汇点，是全面建设农村小康社会的重要窗口期，更是推动农业农村基本现代化的关键启动期。2018年中央一号文件再次明确了乡村振兴的总要求和任务目标，可以说，推进农业农村现代化的时间很紧张、任务很繁重、挑战很严峻，下一步落实的关键在于如何寻找突破口。近些年，全国各地在推进社会主义新农村建设中摸索出了不少新路子，也总结出不少有益经验，这些都为新时代探索乡村振兴突破口提供了宝贵启发。但是，我们发现，一些地方总结出来的经验做法并不具有可复制性，特别是对于山区县农村来说，可以直接借鉴的有效做法较为缺乏。在此情况下，福建省大田县结合自身实际情况自觉展开了新时代新型农村工作机制的创新探索，在全国范围内率先创建了日益完

---

① 《党的十九大报告辅导读本》，人民出版社，2017，第31~32页。

善、规范运行、成效显著的住村特派员制度。

中共福建省委常委、组织部长、中共福建省委党校校长胡昌升同志提出党校教师要到基层调研采风,中共福建省委党校、福建行政学院迅速组建了专题调研组深入实地调研福建省大田县住村特派员制度的创新实践。笔者作为调研组成员参加了全程调研,访谈了大田县有关领导、村"两委"干部、住村特派员以及村民群众,深为大田县住村特派员制度的实践成效所触动,进而在深入调研的基础上形成了本研究报告。

一 新时代农村基层社会治理的现状与挑战

改革开放以来,我国逐步探索出"村民自治"的农村社会管理道路。村民自治,简而言之就是广大农民群众直接行使民主权利,依法办理自己的事情,实行自我管理、自我教育、自我服务的一项基本社会政治制度。村民自治的核心内容是"四个民主",即民主选举、民主决策、民主管理、民主监督。村民自治作为农村社会管理基本模式经过初期试点实践,逐步走向规范化,并于1988年开始纳入到法律轨道。1987年11月24日,第六届全国人大常委会第二十三次会议审议通过并公布《中华人民共和国村民委员会组织法》(以下简称《村组法》)。该法于1988年6月1日起试行,1998年修订正式实施,2010年重新修订。经过30多年的实践探索,我国村民自治制度不断完善,在推进农村社会管理、维护农村社会稳定、推动农村社会发展等方面发挥了重要作用。

但是,我们也要看到,村民自治的实践成效受到社会转型的深刻影响,特别是农村人口大量外流对农村社会治理造成严峻挑战。农村人口大量外流造成村庄"空心化"现象,不仅形成日趋明显的"留守老人""留守儿童"现象,而且造成村民自治所需村庄精英的主体供给缺乏问题。同时,由于村庄精英主体供给不足,以及监督不力等复合因素,在村民自治的实际运行中,一些地方黑恶势力靠贿选、暴力等方式当选村委会主任,借村民自治之名谋取私人利益,严重败坏村民自治的名声,造成新的干群紧张关系和恶劣的社会影响。更为令人担心的问题是,村民自治实践中较为普遍地存在"有选举无后续""有两委无作为""有形式无内容"等问题,"四个民主"中往往只重"民主选举",而轻视后续的"民主决策、民主管理、民主监督",村民自治在不少地方流于形式而没有真正发挥应有作用,农村社会发展较城市而言陷入相对停滞状态,甚至部分村庄陷入到衰败局面。针对农村发展困局,党的十六届四中全会提出"工业反哺农业、城市支持农村"工作方针,党的十六届五中全会提出社会主义新农村建设的任务要求,之后,全国各地开始积极探索加快社会主义新农村建设的路子,特别针对经济相对贫困、工作基础相对薄弱的"双薄弱"村探索建立了科技特派员、下派驻村干部(第一书记)、驻村蹲点干部、大学生村官等工作机制,应该说,这些探索和努力取得了显著成效,对于特定村庄的扶贫开发、基层组织建设等起到直接推动作用,对于今后创新农村工作机制、推动乡村全面振兴具有重要启发。

在农村脱贫攻坚任务基本完成、工作重心向乡村全面振兴任务转移的时间节点上,我们确实需要进一步思考新时代农村工作机制的再创新问题。党的十九大明确提出建立健全城乡融合发展的体制机制和政策体系,从根本上为今后探索新时代农村工作机制创新指明了方向。当前,我国进入了乡村全面振兴的新时代,可以说比历史上任何时期都更有可能、更有条件推进城乡融合发展。一是我国经济实力今非昔比,2010年之后中国GDP总量持续稳居世界第2位,国家财政实力逐年提升,各级政府转移支付能力明显提高,"工业反哺农业、城市支持农村"的物质能力得到切实保障。二是农村生态文明和美丽乡村建设成效显著,乡村环境卫生整治有力,河(湖)长制切实有效,"青山绿水就是金山银山"理念深入人心,农村群众在生态环境公共产品上的获得感明显提升,农民群众对党和政府的信任和信心开始逐步恢复。三是农村脱贫攻坚取得实质进展,精准扶贫精准脱贫开展有方,不少地方提前完成脱贫攻坚任务,并做到持续稳固脱贫,进一步赢得人民群众的支持和信赖。可以说,在新时代条件下,我们有条件更好地推进城乡融合发展,更有责任探索覆盖最广大农村、有效管用、可持续的新型农村工作机制,有效改善农村基层社会治理,推动乡村全面振兴。

当前,福建省大田县创新探索实施的住村特派员制度可谓正当其时,顺应了新时代推进城乡融合发展的历史潮流,顺应了新时代推进乡村全面振兴的现实要求,顺应了新时代推进农业农村现代化的发展趋势。2016年8月,福建省大田县以36个已有大学生村官的建制村为试点,建立农村工作"住村特派员"制度,2016年底,又从乡镇新考录的干部和后备干部中选派43人,将特派员增至79人,覆盖全县100个建制村。福建省大田县住村特派员制度以"治理有效"为抓手,着力改善村民自治质量,密切乡村干部和群众之间关系,推动农村社会全面进步和乡村全面振兴,是一项值得深入研究和大力推广的新型农村工作机制。

二 福建省大田县实施住村特派员制度的主要做法

党的十九大报告提出,要培养造就一支懂农业、爱农村、爱农民的"三农"工作队伍。这支队伍不仅仅包括企业家、农民,更应该包括干部队伍。2018年3月7日,习近平总书记参加广东代表团审议时强调,乡村振兴也需要有生力军,要让精英人才到乡村的舞台上大施拳脚。[①]"三农"工作干部队伍是推进农村基层社会有效治理的精英人才,也是推进乡村全面振兴的重要生力军。福建省大田县实施的住村特派员制度从根本上充实壮大"三农"工作干部队伍,进一步完善"三农"工作干部队伍管理制度,成为当下撬动农村基层社会有效治理的有力"杠杆",其主要做法如下。

1. 住村特派员的角色定位

福建省大田县住村特派员制度坚持"引导不领导、参与不干预、献策不决策、搭台不唱戏、督查不监察、服务不增负"六条原则,住村特派员全天候吃住在村、服务在村,全面监督、指导、协助村"两委"开展工作,全力做好"四员",明确自身角色定位。

一是干部作风"监督员"。代管和使用好村党支部、村委会印章,如实登记使用情况,确保印章使用管理规范化,方便群众办事,真正把权力关进制度的笼子里;落实好党务、村务、财务公开制度,切实保障村民知情权、监督权;严格做好村"两委"干部考勤,并将考勤结果作为误工补贴发放的主要依据,杜绝"误工费"发放乱象。

二是基层党建"指导员"。帮助村"两委"班子规范和完善村级各项

---

① 心系"三农"!习近平两会连提乡村振兴,有三项新要求,http://news.china.com/focus/2018lh/news/13001552/20180314/32187714.html。

基本工作制度，扎实推进"两学一做"学习教育常态化制度化，督促村党支部严格落实"三会一课"、民主评议党员、主题党日活动等党内制度，推进基层党建工作规范化、科学化。

三是党务村务"助理员"。发挥文化水平高的优势，负责村"两委"各类文字材料的起草、撰写及整理工作；管好用好村级综合服务场所，做好党员现代远程教育高清平台的教学管理；协助村"两委"扎实做好来信来访、矛盾纠纷调解以及村级组织换届工作，确保村级组织换届顺利完成。

四是村民群众"服务员"。立足当地资源和产业基础，帮助村"两委"找准扶贫路子，加大政策、资金、项目帮扶力度，帮助贫困户、贫困村实现脱贫摘帽；建立《住村民情收集处理台账》，采取定点接访、上门走访等方式，帮助村民解决上学、看病、就业、饮水、住房等实际困难。

2. 住村特派员的工作职责

福建省大田县要求住村特派员切实履行好政策宣传引导、参与村级事务、献策村级发展、搭建服务平台、督促规范管理、协助矛盾调解、开展服务帮扶等七个方面的特定职责，监督、指导、协助村"两委"开展工作，规范村级事务管理，加强基层党建工作，为村民自治注入活力。

一是政策宣传引导。通过村村响广播、公开栏、宣传单、进村入户走访等各种形式宣传党在农村的路线、方针、政策，及时向村级组织和广大党员干部传达上级党委、政府的各项决策部署，并组织党员群众学习政治理论、农业实用技术等。

二是参与村级事务。做好村级各类会议纪录、文书档案整理等工作。协助做好党务村务公开、村级综合服务场所管理使用、村民来信来访和矛盾纠纷调解、群众性文体活动和民俗文化活动开展等工作。按授权代管和使用好村党支部、村委会印章。

三是献策村级发展。协助村"两委"理清发展思路、完善发展规划，指导帮助村民发展生产，增收致富，探索拓宽村财增收途径，增强村级自身造血功能，推进美丽乡村建设。

四是搭建服务平台。以开展"两学一做"学习教育为抓手，创新活动载体，搭建服务平台，开展"党群致富链""设岗定责""主题党日"等活动，引导党员立足实际，发挥专长，做合格党员。

五是督促规范管理。健全完善村级各项规章制度，督促村党组织落实好"三会一课"、组织生活会、民主评议党员、主题党日活动等党内制度。协助乡（镇）党委做好村"两委"干部和乡镇驻村工作队住村考勤工作。

六是协助矛盾调解。经常入户走访，掌握村情民意，建好"住村民情收集处理台账"，及时解决党员群众反映的意见和诉求。协助开展"平安村"创建工作，经常开展矛盾纠纷排查调处工作，及时化解群众矛盾，处理突发事件，促进和谐稳定。

七是开展服务帮扶。受理、代办职责范围内的社会公共事务，积极为群众办实事、做好事。深入开展结对帮扶活动，协调解决困难群众和弱势群体的上学、看病、就业、饮水、住房等实际困难和问题，打好精准扶贫精准脱贫攻坚战。

3. 住村特派员的激励约束

住村特派员既有乡镇干部的身份，又有服务群众工作的定位，角色定位的复合叠加要求建立更加科学合理、激励约束有效相容的管理制度。

在激励方面，大田县和各乡镇、村着力加强基础建设和履职保障，确保住村特派员在村里待得住、干得好。一是改善工作生活条件，结合村级组织活动场所规范化建设，落实住村特派员办公场所，一次性为每位住村特派员拨补5000元办公经费，添置配备电脑、打印机等办公用品，妥善安排解决食宿等生活需求，给予每位住村特派员每月600元的生活补贴，为住村特派员提供良好办公和生活环境。同时，保留住村特派员在乡镇的人事、工资、待遇福利不变。二是实行菜单化培训，把住村特派员培训纳入干部教育培训计划。培训突出学用结合、按需施教，实行菜单式培训模式，安排经验丰富的乡镇党委书记、县直部门负责人、党务工作骨干授课，讲授扶贫开发、应急处理突发事件、矛盾调处、招商引资、党务工作等方面知识和体会，增强理论和业务水平。三是树立先进典型。通过电视台、"党员e家"、手机微信、远教平台等载体，对优秀住村特派员先进事迹、经验做法进行集中宣传报道，培养树立住村工作先进典型，充分发挥先进典型的示范引领作用，激励住村特派员立足岗位，履职尽责，互学互进，创先争优。

在约束方面，大田县和各乡镇、村着力加强制度建设，强化责任意识，确保住村特派员在村里干得好、有奔头。一是坚持动态管理。建立健全学习、例会、请销假、离村告知、重大事项报告、召回调整等管理制度，由党委组织委员负责住村特派员日常管理。同时，在"住村特派员"队伍中开展"看阵地、比规范，看业务、比学习，看台账、比认真，看服务、比深入，看业绩、比奉献"的"五看五比"活动，实行"一天一晒图、一周一心得、一月一报表、一季一点评、一年一考评""五个一"推进措施，确保住村特派员工作扎实开展、取得实效。二是强化督查考核。大田县委组织部会同乡镇党委，对住村特派员工作表现和实绩进行跟踪考核，采取实地察看、入户走访、电话询问、调阅工作台帐等方式，不定期开展随机抽查，对不认真履职、不遵守纪律的住村特派员及时谈话提醒、批评教育、通报问责，并把考核结果作为干部选拔任用、职称评聘、评先评优的重要依据。

三 福建省大田县住村特派员制度创新探索的主要特点

福建省大田县住村特派员制度自实施以来，村级组织实现了日常办公、服务群众常态化制度化，进一步规范了村级事务管理，密切了党群干群关系，使党在农村的各项方针政策和上级党委、政府中心工作得到有效贯彻落实，受到乡村两级组织和广大村民群众一致欢迎和好评，实现了村民自治和乡（镇）管理服务职能有效衔接和良性互动，有效改善了农村基层社会治理状况。福建省大田县住村特派员制度创新探索具有如下显著特点。

1. 农村基层社会治理创新的后发优势

进入 21 世纪特别是加入 WTO 以来，我国农业生产的市场风险迅速扩大，"谷贱伤农"现象频发，农民增收十分困难，农民负担过重，针对日益突出的"三农"问题，国家加大了支农惠农力度，2004 年全面实施粮食直补政策，2006 年开始全面取消农业税，国家与农民之间的关系由原来的"汲取"转向"补贴"，原来紧张的干群关系得到迅速缓和，农村进入了休养生息的发展阶段。同时，全面取消农业税费导致基层政权公共服务供给能力下降，导致一些农村基层社会治理出现了不同程度的涣散荒废现象。不少农村特别是经济发展欠发达县域农村，各村名义上都有"两委"，但不少村庄实际上几乎没有人主事，村庄公共事务几乎无人管，一些村"两委"主要干部甚至长期在外务工经商，村"两委"公章由他人代管，群众办点事情很不方便，农民群众对乡村干部和乡镇机关颇有不满。

人民群众不满意的地方，就是迫切需要补齐的工作短板和破解的问题所在。2018年3月，习近平总书记两会期间在广东代表团的讲话中指出，"人民群众什么方面感觉不幸福、不快乐、不满意，我们就在哪方面下功夫。"① 习近平总书记在福建工作期间，曾于1998年2月、2000年8月两次深入福建省大田县上京镇梅林村、隆美村、建设镇建忠村、建国村和均溪镇红星村、广平镇元沙村等6个村调研，在基层组织建设、发展生产、脱贫奔小康等方面作出重要指示。近年来，福建省大田县按照习近平总书记指示精神，大力探索新时期服务农业农村农民、改善农村基层社会治理的新路子。应该说，福建省大田县作为山区县，总体经济发展水平和财政转移支付实力远不如沿海发达县域，较长时期以来在社会主义新农村建设方面的推进力度总体上相对滞后，农村基层社会治理状态总体上改观不明显，可以说，新时代推进乡村振兴面临更多困难和更大挑战。面对现实约束条件，福建省大田县迎难而上，勇于担当，自觉主动推进农村基层社会治理创新，探索出以住村特派员制度为纽带、整合各方力量、联动上下合力、推进新时代乡村振兴的一整套新型农村工作机制。

农村基层社会治理创新可以实现"后来居上"，进而形成后发优势。农村基层社会治理创新是一个基层摸索和上级认可的过程，基层摸索就是一个"摸着石头过河"的探索过程，而上级认可就是上级党委政府对于基层摸索出来的经验做法进行认可吸纳、总结完善、普及推广的"准顶层设计"过程。农村基层社会治理创新可以通过"摸着石头过河"和"准顶层设计"两个过程的良性互动实现"后来居上"，进而形成后发优势。福建省大田县创新农村基层社会治理方面的实践探索就充分体现了这一特点，尤其是县委县政府在"准顶层设计"过程中更加自觉、更有前瞻地推进住

---

① 习近平"下团组"金句点亮2018年两会，http：//news.cctv.com/2018/03/10/ARTIX4dHidBc9QN0B3iXBLLV180310.shtml。

村特派员制度等新型农村工作机制。目前,福建省大田县住村特派员制的实施,在短短时期内就取得显著的实践成效,受到国内外各类媒体的关注,同时受到各级党委政府的高度认可,开始逐步在福建省三明市推广,并有望在更大范围农村推广实施。

2. 农村基层社会有效治理的创新思维

农村基层社会治理显著不同于城市社区,是当前我国基层社会治理的短板。我国自古以来是一个农业社会国家,农民过得是安土重迁型的生活,农村人口流动受到严格管控,农村社会管理长期采取宗法制(乡绅自治)等方式维护社会稳定。然而,这一整套传统社会管理方式随着封建制度终结而彻底瓦解,不可能也没有正当性在当代中国农村社会再次复兴。在此情况下,就必须探索适合新形势下中国农村基层社会实际情况的新型治理路径。改革开放之后,我国探索建立了以村民自治为主要载体的农村基层社会治理模式,总体上取得了良好的积极成效。但由于受到农村人口大量外流的现实挑战,村民自治在不少农村出现了低效甚至失灵问题,一些农村经济社会处于相对停滞的发展状况,农村贫困问题仍然相当突出。针对这些突出问题,全国各地展开了农村工作机制的创新探索,在新农村建设实践中探索了不少新做法、新思路,尤其针对"双薄弱村"实施了科技特派员、下派驻村干部(第一书记)、大学生村官等农村工作机制,迅速地解决了部分"双薄弱村"的经济社会发展问题。

时代在变化,要求在提高,农村基层社会治理需要创新再创新。乡村全面振兴不仅仅要解决部分"双薄弱村"面临的现实问题,而且要推进绝大部分村庄的可持续良性发展。这就要求尽可能面向所有乡村思考如何推进农村基层社会治理创新的问题,这也是福建省大田县着力思考和努力破解的重大现实问题。在以往的实践探索中,科技特派员、驻村下派干部(第一书记)等发挥了有效作用,但是,也还存在一些明显不足,这些外部力量都有任期制,规定服务年限结束就离开村庄,同时,这些外部力量的工作重心主要在于整合外部资源,相对来讲,服务村庄内部的工作就没有足够精力承担。另外,大学生村官虽具有服务村庄内部的应有之义,但由于流动性较大、角色定位不明确等特点,服务农村的力量始终不够稳定、不太有力。正是看到上述已有工作机制的缺陷与不足,福建省大田县创新探索建立住村特派员制度,从"驻"到"住",一字之别,内涵和形式发生了深刻变化,体现出根本性的创新思维。

按福建省大田县相关规定,住村特派员是乡镇派住到村履行特定职责的工作人员,对乡镇负责,服从村管理,依托村部党群服务中心内的"住村工作室"开展工作,实行挂牌上岗、亮岗履职、吃住在村、全天候在岗、全日制住村、全方位服务,将公共服务送至农村一线,推进公共服务规范化、常态化、便民化。住村特派员既是乡镇干部队伍成员,又是服务群众的专业人员,是乡镇政权与农户之间的重要联系纽带,是推动发展、凝聚人心、促进和谐、服务群众的服务员、助理员,同时又是推动村"两委"规范运行的第三方监督者。可见,住村特派员制度具有独特的角色定位优势,既嵌入到乡村社会内部服务于农民,又在一定程度超然于乡村社会,使其产生"一颗子激活一盘棋"的积极连锁效应,不仅激活了农村村民自治的活力,而且方便了农民办理各项事务,密切了党群干群关系,较好推进了农村基层社会的有效治理。

3. 农村基层社会有效治理的系统工程

住村特派员制度的构建实施,旨在加强和改善党对农村工作的领导,规范村民自治管理运行机制,破解乡村两级工作矛盾,密切党群干群关系,推动乡镇干部改进作风、服务基层,确保党在农村的各项方针政策和上级党委、政府中心工作得到有效贯彻落实,实现村级组织日常办公服务常态化、制度化、便民化,进一步提升村民自治的治理绩效。可以说,住村特派员制度构想之初,具有明确的问题导向,饱含着多方的殷切期盼。然而,任何一项农村基层社会治理制度创新能否取得预期成效,不仅取决于是否具有良好的初衷,更关键的还取决于是否建立健全相应的配套体系。福建省大田县住村特派员制度创新伊始就将该制度作为一项系统工程来加以考虑和设计,尤其是从软硬件两个方面为住村特派员搭建了强有力的工作平台。

在硬件方面,大田县统一在各村党群服务中心内设置住村工作办公室,住村特派员与村两委、下派驻村干部(或第一书记)等同室办公。党群服务中心一律设在村部一楼,村部和党群服务中心统一标识,在村部所在建筑物上挂有灯光红五星,村部顶部升起国旗,党群服务中心前置党徽。住村工作办公室设在党群服务中心内,参照各类行政服务中心做法,住村特派员与村两委、下派驻村干部（或第一书记）等实行柜台式办公，村支书、村主任不搞特殊化，不搞独立办公室。党群服务中心内部装饰标准化，主墙面镶嵌有醒目大字"为村民办好事，让村民好办事"，其他墙面按规定统一挂有住村特派员工作制度、职责要求、联系方式等牌匾，室内统一配备办公电脑、打印复印一体机、沙发、报架、茶具，营造便民办事环境和氛围。同时，村部还为住村特派员提供住宿房间，改善居住生活条件，以便住村特派员常住村庄为群众办事。

在软件方面，大田县摸索建立健全住村特派员工作制度，不断完善相关配套体系。经过多轮调研论证，精心设计布局，2017年大田县出台《关于试点推行乡（镇）住村特派员制度的通知》，坚持"试点先行与面上铺开并行、健全机制与作用发挥并举、规范管理与激励保障并重"原则，不断完善健全相关配套体系，为住村特派员提供强有力的工作制度保障。一是建立配套工作经费和生活补贴经费制度，住村特派员的工资福利由县或乡镇财政承担，不增加农民负担，同时，每年每人安排5000元工作经费，每人每月补助600元生活经费。二是建立村"两委"公章代管工作制度，实行由村党支部、村民委员会提名，经党员大会、村民代表会议授权，住村特派员代管和使用好村党支部、村委会印章，按照"一用一登记"原则，确保印章使用管理规范化。三是建立健全住村特派员学习、例会、请销假、离村告知、重大事项报告、召回调整、交心谈心、教育培训、督查考核等制度，确保住村特派员真正下得去、待得住、干得好。此外，不断理顺住村特派员制度与村民自治、村庄党建之间的工作关系，为住村特派员开展工作构建良好的外部环境。

四 总结与思考

福建省大田县住村特派员制度是新时代推进农村基层社会有效治理的创新探索，也是新时代以"治理有效"为抓手推进乡村全面振兴的实践探索。与以往各类驻村工作队不同，福建省大田县推行的住村特派员是全日制、全脱产在村里上班，且全面参与村级事务，帮助村"两委"完成上级下达的中心工作。住村特派员身兼多职，既是政策宣传员，村级事务参与者，也是搭建平台的服务员，同时为村级发展建言献策，督促规范管理，开展帮扶服务。福建省大田县通过建立完善相关配套工作机制赋予住村特派员代管公章、村部考勤等方面的特定权限，塑造了住村特派员独特的角色定位和工作优势，产生了良好的基层社会治理连锁效应，有力推进了脱贫攻坚工作和乡村全面振兴工作。

福建省大田县住村特派员制度的实践探索表明，新时代推进乡村全面振兴需要合理引入外部力量，建立健全嵌入治理机制，激活村民自治的内生活力，推进基层社会治理精准化、精细化和有效化。新时代推进乡村全面振兴需要高素质的"懂农业、爱农村、爱农民"的基层干部队伍，在推进乡村振兴战略过程中必须及时考虑采用嵌入治理模式，自觉主动构建主体嵌入、制度嵌入和技术嵌入等为主要形式的嵌入治理机制体系，不断完善嵌入治理的配套制度体系。① 福建省大田县住村特派员的实践探索实际上吻合了嵌入治理模式的内在逻辑要求，住村特派员多为大学毕业生，综合素质较高，形成高素质的主体嵌入。不断完善的住村特派员制度体系，切实保障住村特派员开展工作的软硬件条件，构建出强有力的制度嵌入。不断更新升级网络办公条件，为住村特派员利用移动互联网、社交新媒体等技术手段创造性开展工作提供条件，形成便民化的技术嵌入。福建省大田县顺应基层社会治理新潮流，主动系统构建嵌入治理机制体系，大力创新推行住村特派员制度，短短时期内就取得良好的实践成效。

目前，福建省大田县创新构建的住村特派员制度初步成型，已经形成一整套规范化、标准化、可复制的工作流程和运行机制，可以在更大范围农村推广实施。当然，住村特派员制度作为一项系统工程，今后还需要不断完善相关的配套制度体系，特别要不断加大待遇倾斜力度，改善住村工作和生活条件，健全完善录用选拔、考核晋升制度，以激励住村特派员队伍在广阔农村接续发挥聪明才智，推进农村基层社会有效治理，推动乡村振兴战略有效实施。

（原载《中共福建省委党校学报》2018 年第 5 期）

---

① 张义祯：《嵌入治理机制：一个初步的分析框架》，《地方治理研究》2016 年第 4 期。

村落公共空间与乡村文化建设

——以屏南廊桥为例

吴燕霞

一 引言

村落作为特定的生活空间,具有相对封闭、自给自足的特点。村落公共空间是乡村民众集体记忆的共同载体,也是乡村民众在长期集体生活过程中形成的区域文化和社会规则的特定载体。社会转型期,随着城镇化进程和新农村建设的推进,乡村社会发生了重大变化,但承载着乡村民众共同记忆的公共空间仍是民众的文化意识和精神力量之源,也是乡村文化建设的载体。注重传统公共空间,对于建设乡村文化,具有重要的意义。

"公共空间"的概念与"公共领域"密不可分。"公共领域"概念最早由美籍德裔思想家汉娜·阿伦特提出,德国社会学家哈贝马斯将这一概念进行丰富和延伸,哈贝马斯将公共领域的概念界定为:"社会生活当中一个领域,其间能够形成公共舆论一类的事物。在原则上讲,公共领域对所有公民都是开放的,……当人们在不必屈从于强制高压的情况下处理有关普遍利益的事务时,也就是说能够保证他们自由地集会和聚会、能够自由地表达和发展其观点时,公民也就起到了公众作用。当公众集体较大时,这些沟通就要求有些散布和影响的手段;今天,报纸和期刊、广播和电视就是这种公共领域的媒介。"[1] 虽然哈贝马斯并没有明确提出"公共空

---

[1] 哈贝马斯(Jurgen Habermas):《公共领域(1964)》,汪晖等主编《文化与公共性》,三联书店,1998,第125页。

间"的概念,但我们可以看出,在哈贝马斯界定的"公共领域"中,公共空间是其重要的意义层面,也是"公共领域"不可或缺的组成部分。

当前,"公共空间"的概念被广泛使用在许多学科中,如政治学、传播学、公共管理学、建筑设计,等等。不同学科对"公共空间"研究所包含的对象并不完全相同,具体内涵也有很大差别。从社会学的角度而言,曹海林在一组文章中将公共空间定义为"社会内部业已存在的具有某种公共性且以某种空间相对固定下来的社会关联形式和人际交往结构方式。它大体可以包括两个层面:一是指社区内的居民可以自由进入并进行各种思想交流的公共场所,如中国乡村聚落中的庙会、祠堂和集市等;二是指社区内普遍存在的一些制度化组织和制度化活动形式,如村落内的企业组织、村民集会、红白喜事活动等"。[①] 本文以福建省屏南县廊桥这一村落中的公共空间为主要研究对象,即上述定义的第一个层面,思考公共空间与乡村文化建设的关系。

二 屏南廊桥概况

屏南地处福建省东北部的鹫峰山脉中段,具有三千多年人文历史,历史文化积淀极为丰富。现存的几十座古代廊桥,犹如璀璨的明珠镶嵌在全县的崇山峻岭中,构成了一道道靓丽的风景线。

屏南属丘陵地带,境内山高林密、谷深涧险、溪流纵横,有些河面较宽,需要建长度较长的桥梁来解决交通问题,古代先民中的能工巧匠,根据河床大小或建木拱廊桥、或建石拱廊桥、或建平梁廊桥。据《屏南县志》记载,全县境内共有大小古桥梁130多座。[②] 目前尚存的各类廊桥61座,其中木拱廊桥15座、木平梁廊桥28座、石拱廊桥18座,木拱廊桥万安桥(全国最长的木拱廊桥)、千乘桥、百祥桥被列为全国重点文物保护单位,屏南廊桥在闽东廊桥乃至中国廊桥中具有一定的典型性与代表性。

廊桥的桥身上建有桥屋,供往来行旅之人歇息、躲避风雨,甚至停留

[①] 曹海林:《村落公共空间:透视乡村社会秩序生成与重构的一个分析视角》,《天府新论》2005年第4期。

[②] 沈钟:《屏南县志》(卷之四"桥梁路亭附",清乾隆五年),屏南地方志编纂委员会,1989翻印。

宿夜，以至民众亲切地称之为"厝桥"。大多数廊桥的桥屋内设置有供奉神明的神龛。在传统村落中，廊桥向来都是桥亭合一、桥庙（寺）合一的奇特建筑。同时，散落在屏南山野和村落中的廊桥，由于其千姿百态，各具特色，成为一道道靓丽的风景线。明朝的陈世懋在《闽都赋》中感叹："闽中桥梁甲天下。"

廊桥最初建造的目的，是为了解决人们出行的问题，但随着时间的推移，这些桥梁的功能，不仅仅限于交通，人们在这里休憩、躲避风雨、敬神、集会、议事，甚至形成一些小型集市，等等，廊桥已然是一个特殊的公共空间，在村落民众世代繁衍的过程中，渐渐内生为其精神力量和文化意识。

三　廊桥公共空间社会功能

廊桥公共空间，不仅是物质公共空间，同时也是文化空间、社会空间和政治空间，在乡村生活中发挥着重要的作用。

1. 人群整合功能

屏南传统村落中，祠堂、宫庙、亭阁、廊桥等都是民众聚会的场所。传统社会，祠堂是一姓一房所有，同时祠堂是男性的公共空间，女性往往被禁止进入。宫庙是以神灵为中心的公共空间，但由于其神圣的性质和较多的禁忌，人们在宫庙中的言行相对较为拘谨。相对而言，廊桥公共空间更为开放、随性，是所有民众最常聚会与交流的场所。横跨于村落溪流上的廊桥造型各异，或雄伟壮观、或轻盈轻巧、或灵动秀气，往往成为其所在村落的标志性建筑。例如，长桥村的万安桥（又名长桥）不但是乡村的标志，同时也是其所在村落名字的来源。棠口千乘桥，岭下广福桥、广利桥，古厦花桥，后龙村的龙津桥等都是乡村的标志，村民引以为豪。

地处交通要道的廊桥，常常被人们自发地用来摆摊设店做买卖，甚至作为集市使用。这种集市古称"桥市"，有的桥因为有"市"，竟成为横跨河上的长廊式市场。人们在"桥市"上购买商品，同时也沟通信息，交流感情。

在廊桥中，还会开展一些有趣的民俗活动。万安桥（又称长桥、彩虹桥、龙江公济桥),位于屏南县长桥镇长桥村,是现存全国最长的木拱廊桥。每年农历八月十五中秋节,万安桥上都会举办"射箭盘诗会",桥两端的两个村庄,长桥村与长新村会进行比赛,两村村民分别组成盘诗队,同时隔着宽阔的河面向对岸射出带火球的芦苇箭,并以山歌接唱的形式,即兴盘诗。据当地村民介绍,八月十五"射箭盘诗会"举行时,四邻八乡的村民都赶来观看。人们聚集在长长的万安桥上,看两岸射出的"火箭",倾听两岸的山歌对唱,不断发出喝彩声、鼓掌声与欢笑声。桥上人声鼎沸、热闹非凡,人们沉浸在这节日欢乐的气氛中。位于棠口村的千乘桥,每年举办的"送王船、放河灯"祈愿活动,同样也引来四邻八乡的乡民观看。

端午走桥是屏南廊桥的一项重要民俗活动。端午走桥习俗分布在屏南县双溪、岭下这两个乡镇,又以双溪村最具规模与特色。双溪端午走桥是由民间佛教女信众组成的俗称"桥会"的组织发起的。参与走桥活动的一般是女性长者,而且是虔诚的佛教信徒。双溪走桥仪式主要有祭祀、走桥、祭屈原三个步骤。时间通常是在端午节上午开始祭祀,临近午时排成长队在领头者带领下开始走桥、祈祷、唱经。走桥时,熟练者在木鱼声中高声唱诵桥经、手舞花绢翩翩起舞,不会的人跟着队伍与节拍祈祷或开声念"南无阿弥陀佛"即可。还可默念自己来走桥的心愿,这些心愿可以是现实生活中的各种愿望:平安健康、升官发财、祈子功名等。午时正便开始投粽祭奠屈原,投粽的地点是在廊桥桥廊边。信众一边投粽一边烧化纸钱、元宝、经文等,同时诵经:"一个粽子一个装。一个粽子落溪中。一头粽,一头钱。给你粽子保家运,祝我子孙富贵福寿长。"投粽结束后往往还要再继续走桥数次。近年来,万安桥、双龙桥、千乘桥等都相继举行端午走桥仪式。

民俗学家仲富兰认为:"民俗是沟通民众物质生活和精神生活,反映民间社区和集体的人群意愿,并主要通过人作为载体进行世代相习和传承的生生不息的文化现象。"[①] 廊桥中的民俗活动成为各村落、各家庭间互相交流的载体,民众在参与廊桥上开展的一系列民俗活动的过程中,实现了传统社会人群之间的重要整合。村民对于各村之间以及本村活动的组织情

---

① 仲富兰:《民俗与文化杂谈》,上海教育出版社,1992。

况、参与状况等的认可或批评成为村民们津津乐道的话题。这从另一个侧面反映出村民对共同价值、行为准则和秩序规范以及乡村共同利益的维护，也形成了村落的凝聚力、向心力。在交往互动以及相互合作的过程中，村民之间的情感也得以增进，加强了人群的整合，也强化和促进了村落的整合。

2. 道德规范建构功能

廊桥在传统村落组织中也是议事、舆论、评判、惩治之场所，是维系乡村秩序规范和道德建构的重要场所，对乡村民众生活有着巨大的影响。

在屏南民间，修桥是民众喜爱的慈善行为，民众愿为之慷慨解囊，争相捐赠，桥建好后，桥屋内会记载捐赠人的名字和金额，这些捐赠人的善行被当地村民称道。在传统社会，村民个人获得功名或被嘉奖时，将所获匾额悬挂在桥屋内以光宗耀祖，同时发挥了教育后人的功能。在屏南，许多村落廊桥均挂有诸如"文魁""武魁"等匾额，例如忠洋村的忠洋花桥就悬挂有"文魁"匾额（现已移至忠洋村韦姓祠堂）。这些事迹在廊桥中得以发扬光大，为村民行善积德、彪炳功名、体现才华、歌功颂德等提供舞台，对乡村民众的道德建构产生正面的影响。

作为村落道德建构载体的廊桥，也反映在对一些负面事件的处理上。陆地莲台宝塔桥、际下花桥、长桥万安桥和古厦花桥等廊桥，也是一些矛盾纠纷处理的场所。村落中一些邻里纠纷、夫妻吵架之类的琐事，甚至宗族姓氏之间的矛盾，都可以拿到廊桥上，由众人评说。在这样一个公共空间里，由于村民们都有共同的价值观念、道德规范和乡规民约，做错事的人或过错一方会受到乡邻们的舆论谴责。在封闭的传统社会，法制不健全，人们更多靠道德规范左右自己的言行举止。① 同时，廊桥上祀奉的神明也会对人们起到震慑作用。"举头三尺有神明"，神明崇拜除了满足人们的精神需求外，还有非常重要的道德维系作用。在因果循环报应思想的潜在影响下，当着神明的面，人们一般不敢胡言乱语，不敢轻举妄动、胡作非为。因而神明也就成了维护乡村道德治安的重要工具。陆地村订有许多村规民约，包括禁渔、禁伐、盗窃、毁物等方面，处罚包括罚戏、罚物、

---

① 陆则起：《屏南廊桥文化空间调查分析》，《第三届中国廊桥国际学术（屏南）研讨会论文集》，文化艺术出版社，2012，第323页。

公开道歉、张榜检讨等形式。其中规定所写检讨书要张贴在公众聚集的廊桥之上。我们在调研中发现一份写于2006年的检讨书，其内容如下：

保证书

  屏城乡陆地村村民×××，保证今后不会开挖陆地村任何人的祖墓，如果再有挖掘祖墓行为，愿受任何处罚。

保证人：×××
2006 年 4 月 12 日

我们在古厦花桥调查时，也看到桥上写有以下禁令：

  严禁在桥内赌卜（博），违者处罚猪首一个、纸钱伍拾捆、香烛炮以及供果向陈夫人赔礼叩拜。

古厦董事会

  由此可见，村落中的廊桥，象是一个道德法庭，评判每一个村民的行为。而村规民约是千百年来所形成的传统习俗，被称为"活的法律"，并成为文化传统的一部分，不但在中国法制史上发挥过重要作用，而且已融入人们血脉之中。即使在今天，还依然发挥着维护乡村社会秩序、规范人们行为的独特作用。

3. 文化传承功能

  屏南廊桥有着丰富的文化积淀，不仅梁枋上有墨书文字，而且还保留了许多碑记石刻，这些文字既是建桥人和捐赠人的功德碑，又是廊桥发展的历史记载。屏南历代官员、名流、读书人都乐意为廊桥书写碑记、题写桥名、楹联等。据不完全统计，屏南现存的15座木拱廊桥中就有桥碑21处、石刻3处、桥联50多副、匾额5块、诗词文章约20首（篇）。这些更是弥足珍贵的文化遗产。

  屏南廊桥楹联内容丰富、多姿多彩。有体现人文关怀的，如梧洋桥楹联"世路遥遥谁不道暂为歇歇，源泉混混人争夸慢些行行"，又如金造桥楹联"鸟语花香迎过客，风光月霁送行人"。有描绘景色风光的，如千乘桥楹联"十里烟霞迷处士，一潭素影斗婵娟"，又如万安桥楹联"上下影摇波底月，往来人踏水中天""桥揽双溪鸥对舞，松茏两岸鹤群飞"。再有借物咏怀的，如金造桥楹联"祖逊渡江休击楫，郑桥济洧不乘舆"，又如"羡达摩一苇渡江，神功莫测；籍大士慈航济世，佛法无边"。还有赞颂建桥之功的，如回村桥楹联"桥枕碧流中，跋涉不须资桨棹；人登云路上，飞腾由此作阶梯"，龙津桥楹联"纳凉时向桥头坐，募建而今可勒勋"。

树碑立传，是中国传统民风。修桥是公益事业，竣工后大多在桥头树碑，除记录捐资建桥者芳名外，还有历史文化价值较高的桥志、桥记、桥序等，记载桥梁历史和建桥艰辛过程，以教化后人爱桥、护桥。位于屏南县屏城乡后垅村的龙津桥，始建于清初。道光二十七年（1847年）由董事张芳等募捐重建，为至今保护尚好的折线型木拱廊桥之一。龙津桥北端有四通碑记，三通为记载捐款人与金额，一通为"龙津桥碑记"，文曰："赏闻人以名贵，名以实际，名定之美，此子孙万世之基业也。然名能永世，原于定有功德，而功德莫大于修桥，施济之为一也。余水尾厝桥，水坏百年重建，想难再见矣。兹幸叔伯舍捐题协成重建，一便人众往来，而为乡村保聚万世永赖原籍。捐题之力亦出缘首之艰，德功兼至，于今皆为称美矣。但恐日久渐忘，帮为口立铭碑流传万世，俾奕世子孙，一望而知捐题缘首之为功大也，因铭以志喜。张辉光经志，道光二十七年岁次丁未瓜月吉旦。总理庠生张芳，董士庠生张徐必、张书明、张槐，监生张昌畅、郑世会，举人职员张赐安、张大澄、张昌琼、张大钟、张生业，贡生张辉映、张大协、张昌镐、张大惠，生员张大成、张辉光，监生张昌镈、张昌镜、张昌贡、张昌陞、张大波、郑世任。"

廊桥中的匾主要有两种。一种是还愿的匾。善男信女祈求神灵保佑时，都要许愿。许了愿就要还愿，有的就是还个匾，这种匾多挂在神龛旁边，写着"答谢鸿恩""有求必应"等等表示感谢或表示灵验的内容。另一种是名人书写桥名的匾，也叫匾额。这类匾额有两层意思：一则作为建筑景观装饰，二则表达民众心愿。如长桥镇万安桥匾额"万安"，即给人以万事平安的祝福，既装点了景观又表达了百姓的心愿。

廊桥文化异彩纷呈，积淀深厚，是中华传统文化的重要组成部分，彰显着中华民族文化的特色。飞架于河床溪流上的廊桥，是传统文化的载体，村落民众在这一公共空间中休憩、交往、学习，耳濡目染，将传统文化根植于内心。人们也相互了解和学习历史、宗教和生产知识等,同时也弘扬了传统价值观、传统文化。

4. 心灵慰藉功能

传统社会,由于人们对自然的畏惧和尊敬,往往追求人与自然的和谐统一,而村落的选址一般都依山傍水,建构一个充满生机的村落环境体系。在民众心里,水为生命之源,水也是财富的象征。在村落的建设中,讲究来水与去水,来水宜宽阔多源,去水则狭隘隐蔽。水口是村落的咽喉之地,所以在出水口常常需要一些灵物予以把持,因此常常在水口之处建立宫庙,让神明来镇压煞气。同时,人们也相信,廊桥具有锁水的功能,能改变村落的风水,并能为村落锁住财源。因此,廊桥也成为村落的风水建筑。

通行功能与祀神功能合一是屏南廊桥的一大特点。廊桥的桥屋内均设有神龛,有的设多个神龛,同时供奉多组神灵,还有的在廊桥周边修建神庙,组成强大的信仰圈。如棠口村水尾的千乘桥,周边建有祥峰寺、夫人宫、三圣夫人宫、齐天大圣殿、土主殿及八角亭,桥和庙共同组成了强大的信仰世界,蔚为壮观。廊桥中神明信仰主要有以下几个特点:一是廊桥祀神与民众生活息息相关。廊桥中所供奉的神明以贴近一般民众心理需求为主,其中观音、临水夫人、真武大帝、五显大帝四位神灵最多。二是廊桥民间信仰具有多元性和包容性。屏南廊桥中祀奉的神明多神并存,儒释道各路神仙共聚一堂。三是桥与庙紧密结合。屏南百姓建桥后在桥中设立神龛供奉神明,以桥代庙,以桥为庙,以桥祠祀代庙祀,廊桥具有突出的寺庙功能。[1]

屏南先民在贫瘠的自然环境中,对大自然神奇力量以及许多当时人们的认知无法解释的现象产生畏惧,从而产生了风水崇拜和民间信仰,透过廊桥这个公共空间得以寄托。在各种民间信仰活动中,规约和强化了参与者的禁忌与规则,使人们的心灵得到了慰藉。廊桥成了"消除社会结构中的压力与紧张感,减轻参与者的紧张、恐惧、疑惑和痛苦,得到心灵和精神的抚慰地,具有强大的心灵抚慰意义"[2]。

---

[1] 吴燕霞:《廊桥的和谐特征探析——以福建省屏南县廊桥为例》,《中共福建省委党校学报》2012年第9期。

[2] 王海龙:《对阐释人类学的阐释》,《广西民族研究》1998年第4期。

5. 休闲娱乐功能

廊桥建造之初的主要功能是"通济""利涉",由于桥面上建有廊屋,廊桥又成为往来行旅之人的驿站,也是当地村民躲避风雨和休闲娱乐的空间。时至今日,人们仍旧喜爱在廊桥上驻足聊天,听风观雨。万安桥,又称长桥、彩虹桥、龙江公济桥,然而在当地村民中,它还有一个有趣的名字——"懒桥",意为"偷懒"歇息之地。调研过程中,行走在长达百米的万安桥上,江风徐徐吹来,我们不由得停下脚步,欣赏两岸的美丽景致,也瞬间明白了当地百姓为何亲切地称呼这座桥为"懒桥"的意义所在。我们在古厦花桥调查时,见到一位老者翘着二郎腿,嘴里吸着水烟筒,一副悠然自得的神态。还有几位老婆婆一边闲聊,一边做着手工活。

廊桥的休憩空间是廊桥固有的基本功能,但其娱乐空间却是廊桥在发展过程不断被强化而突显出来的一个重要功能。在信息闭塞、文化生活贫乏的传统村落,廊桥往往成为村落重要的信息交流、文化传播、技艺展示与传授的重要场所之一。廊桥也成为村落民众的课堂、练武场、茶艺居、棋牌室、小戏台、新闻厅。廊桥成为村落民众空闲时间最爱驻足的场所之一,同时也是民俗文化的重要载体与传播空间。例如,甘棠乡际下村的花桥是际下村最中心的场所,这里从早到晚都聚集着闲暇的村民,桥南端桥坊上还悬挂着一台电视机,播放着电视节目,供大家观看;桥北布告栏常有新的信息、广告与通知。村民们可以从这里获得新信息和新知识。县乡干部、农业技术人员下乡也必定会到廊桥上与村民沟通,了解村民需求并解决存在的问题。际下村是"屏南武术之乡",虎尊拳是当地一种古老的拳种,有些热心的武师会经常在桥上将此拳传授给下一代。老年民间艺人和匠人会利用廊桥将手工技艺传授给下一代,同时还会向村民教唱仪式歌、民歌,讲述村落的古老传说与故事。可以说,际下花桥就是村落民众的"俱乐部""小书院"和"传习所"。[①]

在廊桥公共空间中的休闲娱乐,村民们摆脱了辛勤劳作的疲惫,收获了欢快和愉悦,修整了身心,和睦了乡邻之间的关系。

---

① 陆则起:《屏南廊桥文化空间调查分析》,《第三届中国廊桥国际学术(屏南)研讨会论文集》,文化艺术出版社,2012,第322页。

6. 美学功能

廊桥是建筑物，也是艺术品，特别是木拱廊桥，其高超的建筑技艺反映出中国古代木结构桥梁建造技艺的最高水平。近年来，廊桥的美也引起了建筑学家、美术工作者、摄影爱好者以及文学爱好者的注意，纷纷来此采风掠影，廊桥的美也逐渐走出深山，为更多民众所知晓。廊桥之美，体现在建筑结构、环境和谐、装饰艺术等几个方面。

建筑结构美。廊桥是桥梁和廊、屋、亭、阁的巧妙结合，具有极大的观赏功能。心灵手巧的工匠会根据建桥位置的地形地貌，选择不同类型的廊桥，或石拱廊桥、或木平梁廊桥、或木拱廊桥。廊桥如长虹横跨水面，给人以"飞架"的气势和稳定的感觉，体现出结构力学之美。对于桥身的设计，也是匠心独具，赋予廊桥独特美观的外型。据记载，重修千乘桥时，为确保重建桥梁永固，工匠将桥梁设计成一只昂首展翅的公鸡形象。廊桥的屋架之上多覆以悬山顶或歇山顶。一些廊桥为统一的歇山顶，但其正中一开间的屋顶为重檐歇山顶（如古厦花桥、龙源桥、莲台宝塔桥等）。一些廊桥则在屋脊上进行变化，将一条正脊分为几个部分，同时脊头的数量也由原来的一对增加至数对（如千乘桥、金造桥、庵前桥等）。通过对屋面的处理，丰富了廊桥的造型，美化了廊桥的结构。

环境和谐美。廊桥的建造，并不破坏当地的生态和环境，而是与山形地势融为一体，反映出先民保护自然的传统理念。廊桥建成后，往往成为村庄的装饰，美化了村落环境。这种装饰，有点类似传统民居中的照壁或玄关的作用，给人以"欲显先抑、欲直而曲"的美感。如广福桥和广利桥，二桥横跨于岭下溪，座落于岭下村南与村北，两桥相距仅数百米，是闽东北和浙西南地区为数不多的姐妹桥之一。二桥造型优美，环抱村落，两岸绿树成荫，溪中碧波荡漾，远处山峦含黛，俨然一幅美丽的风景画。再如际下花桥，桥下水清如镜，水中锦鲤成群，该桥是际下八景之一，有诗云："桥横两涧接文峰，锦鲤翱翔欲化龙。几见乘雷绕屋去，未从个里托真踪。"廊桥点缀了村落和周围环境，体现了廊桥和环境相融的和谐美。

装饰艺术美。屏南许多廊桥桥屋内都有彩绘、雕刻等装饰。莲台宝塔桥和古厦花桥中还有圆形的造型精美的藻井，藻井以斗拱进行层层支撑，藻井的下方设有神龛，起到强调和烘托主体的作用。庵前桥、忠洋花桥等都有精美的彩绘,绘画一般体现宗教题材,也有劝学、尽孝、遵义、礼让等内容,反映了村落民众朴素的价值观念。有的桥两边还建有门楼、碑亭、牌坊等附属建筑物,使廊桥成为一个整体的建筑群落,给人以美的享受。许多地方,廊桥所在地往往成为村落景致最美的地方。廊桥的美学功能还体现在古人留下的桥联、题刻、碑文、诗词之中。如前人赞美古厦花桥,诗云:"长虹飞跨如新月,美景如斯分外明。桥畔苍松群鸟舞,潭头绿水一竿横。渔翁把钓随波放,农父争春叱犊耕。借问春居真乐趣,百家烟火聚谋生。"一幅廊桥美景跃然眼前。

四 村落传统公共空间对乡村文化建设的作用

传统村落中,许多场所都可以成为公共空间,例如:宫庙、戏台、宗祠,甚至大树下、小河边、晒谷场、水井旁,等等。人们聚集在这些场所周围,交流信息、联络感情、寻求慰藉、休闲娱乐。哈贝马斯认为,在任何社会中,人们的行动可以分为两种类型:沟通行为和决策行为,而沟通是人们的主要行为动机之一。[①] 费孝通认为,中国的乡村社会是"熟人社会",[②] 村落中的人们习惯于面对面的交流沟通,而这种交流和沟通常常以一些公共空间为依托。

传统农耕社会,人们很难凭借一己之力对抗自然界的未知力量,许多生产活动需要以群体的形式进行,人们更认识到群体生活的重要性。进而许多民俗活动也是以群体形式进行的,如端午赛龙舟、元宵闹花灯等。即便是一些活动原本可以以个体的形式进行,但人们依旧喜欢聚集在一起进行。人们自觉自愿地聚集在一起进行活动的场所就渐渐演化为村落的公共空间。

"由于人们在公共空间中的互动具有平等性,因此在这里形成的公共意志或共同文化不是强行灌输的。"[③] 在村落传统公共空间中形成的公共文化和意志是被当地民众所普遍认同和接受的。而这种被大多数人认同和接受的思想、观念和习俗逐渐内化为地方文化的一部分,具有浓厚的区域文

---

① 转引自周尚意、龙君《乡村公共空间与乡村文化建设——以河北唐山乡村公共空间为例》,《河北学刊》2003年第2期。
② 费孝通:《乡土中国》,北京:生活·读书·新知三联书店,1985,第5页。
③ 王斯福:《乡土社区的秩序、公正与权威》,中国政法大学出版社,1997,第414页。

化的特点。

2006年2月21日中共中央国务院颁布的《关于推进社会主义新农村建设的若干意见》指出，繁荣农村文化事业的方法之一是，保护和发展有地方和民族特色的优秀传统文化，创新农村文化生活的载体和手段。当前，在乡村文化建设的过程中，突出地方特色，寻求地方文化色彩，也是学者和地方政府部门共同努力的方向。如前文所述，村落公共空间作为乡村文化建设的一种载体，保留和发展了地方性文化，其重要性格外突出。村落公共空间对于建设社会主义精神文明、丰富地方文化生活、促进地方特色文化发展具有重要的意义。

五　重视村落公共空间，推进乡村文化建设

1. 政民结合，提高保护村落公共空间意识

作为与民众息息相关的村落文化空间，是乡村民众最熟悉和最依赖的空间，要对其加强保护。一方面，地方基层政府要提高保护村落公共空间的意识，认识到传统公共空间对乡村文化建设和新农村建设的重要作用。同时，要加大宣传力度，改进宣传方法和手段，尽量使用群众喜闻乐见的宣传方式和贴近群众的态度进行保护传统公共空间的宣传。另一方面，民众自身也要加强教育和学习，配合地方基层政府的工作，提高乡村文化价值认同和村落公共空间保护意识，使自身成为乡村文化建设的主体。

在村落公共空间保护的过程中，要加强政府与民间的合作。在保护规划的制定和项目的实施过程中，要充分体现以人为本、以民为本的精神。传统文化空间保护和传承的动力来自民众，目的是为了民众，必须从民众的长远利益出发，传统文化空间的保护目的才能达到，保护才能持久。

2. 加强村落公共空间建设，为民众提供文化场所

党的十八大报告指出，文化建设必须"坚持为人民服务、为社会主义服务的方向，坚持百花齐放、百家争鸣的方针，坚持贴近实际、贴近生活、贴近群众的原则"。[①] 随着时代的变迁，村落公共空间也会产生变化，

---

① 胡锦涛：《坚定不移沿着中国特色社会主义道路前进为全面建成小康社会而奋斗——在中国共产党第十八次全国代表大会上的报告》，人民出版社，2012。

但公共空间凝聚着村民世代相传的文化意识和精神力量，仍然是村落民众重要的活动场所。如忠洋花桥近年来又修建了亭台，与周边的参天古树相映成趣，构成了该村农民公园的一角，是村民喜爱的聚集场所。要按照乡村民众喜闻乐见的要求建设公共空间，满足群众的文化需求。可以在廊桥这类公共空间中开展一些群众喜爱的丰富多彩的文艺活动，通过小品、相声、喜剧等形式，把主流意识形态、传统文化精髓、先进人物事迹、国家大政方针、乡村生活百态等融入表演中，向民众潜移默化地输入主流意识形态、社会主义价值观等。同时，乡村中的民俗活动往往以公共空间为载体，因此要注重传统民俗活动的本质精神，引导传统民俗活动与当代先进人物、意识形态相互映照、相互阐释，从而既突出传统民俗活动又彰显传统文化价值，并弘扬当代主流意识形态。

3. 培养人才队伍，促进村落公共空间文化活动开展

人才是乡村文化建设的主力军，是文化活动能否顺利开展的关键性因素。一方面，对于掌握传统技艺、传统工艺的民间能人，政府要提供更多的资源，鼓励他们为乡村文化多做贡献，同时鼓励他们培养接班人，从而使民间技艺和民间艺术得以传承。另一方面，政府要积极吸引年轻人返乡，特别要吸引青年专业人才、大学毕业生回乡工作，活跃乡村文化活动，提升村民整体文化素养。通过建设良好的乡村文化氛围，吸收、培养乡村文化建设的各类人才，培养一支充满活力的人才队伍。

4. 突出地域特色，开展乡村文化旅游

"文化和旅游是密不可分的，旅游是文化最好的载体，文化是旅游的灵魂。"① 要充分利用公共空间文化资源，开发有高文化附加值的文化旅游产品，造就丰富人文景观。首先，要营造轻松自然、返璞归真的乡村田园氛围。其次，要开发具有当地特色的旅游纪念品，这既对传统手工艺有保护和传承作用，又可以增加当地村民的经济收入。以屏南廊桥这一公共空间为例，近年来，屏南积极开展以古廊桥、古村落、古戏曲、文化名人为核心的文化旅游开发。屏南还在白水洋景区重建了一座长 66 米二墩三孔木拱廊桥"双龙桥"，丰富了白水洋人文旅游景观，在双龙桥两岸的展板上，对木拱廊桥的建筑工艺进行展示，图文并茂，一目了然，使人们对木拱廊

---

① 孙晓：《乡村文化视域下的乡村旅游开发研究》，《安徽农业科学》2011 年第 31 期。

桥建造技艺这一非物质文化产生了极大的兴趣，既增长了游客的见识，又使旅客对保护非物质遗产产生认同。一些负有盛名的廊桥，都可以开辟为游客中途休息与观光点。同时，屏南还引入厦门大学、福建师范大学、闽江学院等高校将村落传统公共空间作为学生美术写生基地。通过这些措施，形成一种具有乡土特色的旅游文化，发挥公共空间潜在的文化价值。

（原载《中共福建省委党校学报》2016 年第 1 期）

【社会性别与女性发展】

变迁中的女性政治参与

——基于"福建省第三期中国妇女地位调查"数据的研究

周 玉

近 10 年来，女性的政治地位发生了哪些变化？从两性平等发展的视角看，女性在政治参与的主观意识与观念、实际参与决策管理及参与政治团体和社会组织等方面存在哪些值得关注的亮点与问题？本研究利用福建省第二、三期中国妇女社会地位调查数据，通过纵贯研究与横剖研究，试图对以上问题作出探讨。

一 福建妇女政治地位变迁中取得的重要进步

从 2000 年至 2010 年 10 年间，在福建省委和省政府的大力推动下，福建妇女的政治地位有了明显提升。随着经济发展与社会发展呈现出多元态势，人们的思想观念呈现多元特点，女性政治地位提升的外部环境不断优化，女性参政的社会认同趋于合理，领域与范围继续拓展，女性主体性也得到不断加强。具体而言，福建女性政治地位出现的可喜变化，主要表现在以下五个方面。

（一）女性对国家社会政治表现出较明显的关注度

福建妇女关注"国内外重大事务"的比例达 95.6%，与已发布的全国妇女对国内外重大事务关注率 92.9% 相比，[①] 高了 2.7 个百分点，关注的

[①] 全国妇联、国家统计局：第三期中国妇女社会地位调查主要数据报告，http://www.china.com.cn/ zhibo/zhuanti/ch-xinwen/2011-10/21/content_23687810.htm，2011-10-21。

议题也更加宏观和国际化。其中,城镇妇女关注度10%以上的四大议题为金融危机(19.1%)、社会保障(17.5%)、社会治安(14.2%)、住房问题(11.9%);农村妇女关注度10%以上的三大议题为社会治安(21.2%)、社会保障(14.2%)、环境保护(11.7%)。[①] 总体而言,妇女关注的议题与男性没有显著差异。

(二) 女性总体政治参与率较高,参与意识和主动性增强

与已发布的全国数据相比,福建妇女的政治参与率和政治参与程度在总体上均高于全国平均水平。在被调查妇女中,近5年来人大代表选举投票和村、居委会选举投票的参与率分别为56.5%和75.5%,和男性的57.6%和75.1%相差无几。且绝大多数人能认真投票,比例分别达71.1%和75.1%。尤其值得一提的是,近5年来福建农村妇女参与村委会选举的投票率为89.6%,比全国的83.6%高了6.0个百分点,且投票时"尽力了解候选人情况,自己投票"的比例为74.1%,比全国的70.4%高了3.7个百分点。[②]

在民主监督方面,55.4%的福建妇女近3年来至少有过一种民主监督行为(本报告所指民主监督行为包括:给所在单位/社区/村提建议,通过各种方式向政府有关部门反映情况/提出政策建议,在网上就国家事务、社会事件等发表评论、参与讨论,主动参与捐款、无偿献血、志愿者活动),与已发布的全国妇女民主监督行为数据54.1%相比,高了1.3个百分点。其中,19.2%的福建妇女近3年来主动向所在单位、社区、村提过意见、建议,与已发布的全国妇女相关数据18.3%相比,高了0.9个百分点;与2000年福建省的16.2%相比提高了3个百分点,性别差异缩小了4个百分点。[③]

(三) 女性参与决策管理的程度有较大提升

10年来,福建女性参与各类决策管理的状况发生了可喜的变化。2010

---

① 第三期福建妇女地位调查课题组:第三期中国妇女社会地位调查福建省主要数据报告,2012。
② 全国妇联、国家统计局:第三期中国妇女社会地位调查主要数据报告,http://www.china.com.cn/zhibo/zhuanti/ch-xinwen/2011-10/21/content_23687810.htm,2011-10-21。
③ 第三期福建妇女地位调查课题组:第三期中国妇女社会地位调查福建省主要数据报告,2012。

年 13.7%的福建妇女担任过生产组长、村/居委会小组长及以上领导职务,① 与已发布的全国妇女对各级决策和管理的参与率数据 11.2%相比,② 高了 2.5 个百分点,改变了 2000 年时福建女性参与决策管理程度低于全国的状况。10 年间,福建女性参与各类决策管理的程度比 2000 年的 5.4%提升了 8.3 个百分点,③ 这一进步比全国 10 年来 4.5 个百分点的提升程度高出了 3.8 个百分点。④ 受访者中,担任过科级、股级的女性合计达 10%,比 2000 年的 2.5%提高了 7.5 个百分点,这说明,基层决策管理中女性的作用日益显现。⑤

(四) 女性参与政治团体和社会组织的积极性显著提高

福建妇女参加中国共产党、共青团和民主党派的比例为 20.4%,与 2000 年的 12.4%相比,提高了 8 个百分点。在性别差异方面,2000 年参加中国共产党、共青团和民主党派等政治团体者的两性差异为 13.4 个百分点,2010 年为 9.1 个百分点,下降了 4.3 个百分点。尤其值得注意的是,女性共产党员的比例从 2000 年的 5.9%上升到 2010 年的 12.8%,10 年间提升了 6.9 个百分点。⑥

如表 1,在对民间社团和社会组织的参与方面,10 年来福建女性的参与度呈现上升趋势。女性在"联谊组织""社会公益组织"和"社区管理、活动组织"中的活动增多,影响力也逐渐明显。这表明,福建女性的社会参与全面发展,社会活跃程度日益提升。广泛的社会参与为更高层次的政治参与奠定了良好基础。

---

① 第三期福建妇女地位调查课题组:第三期中国妇女社会地位调查福建省主要数据报告,2012。
② 全国妇联、国家统计局:第三期中国妇女社会地位调查主要数据报告,http://www.china.com.cn/zhibo/zhuanti/ch-xinwen/2011-10/21/content_23687810.htm,2011-10-21。
③ 叶文振:福建省第二期中国妇女社会地位抽样调查研究(未刊稿),2010。
④ 全国妇联、国家统计局:第三期中国妇女社会地位调查主要数据报告,http://www.china.com.cn/zhibo/zhuanti/ch-xinwen/2011-10/21/content_23687810.htm,2011-10-21。
⑤ 第三期福建妇女地位调查课题组:第三期中国妇女社会地位调查福建省主要数据报告,2012。
⑥ 叶文振:福建省第二期中国妇女社会地位抽样调查研究(未刊稿),2010。

表1 您是否加入下列社会组织/民间团体？（%）

社会组织/民间团体	2000年	2010年
专业、行业组织	6.4	1.1
联谊组织	4.2	8.0
社会公益组织		8.4
社区管理、活动组织		7.1
民间自助、互助组织	8.0	4.4

注：根据福建省第二、三期中国妇女社会地位调查政治地位专题数据整理。

（五）社会有关女性政治参与的观念发生了有利于女性的较大变化

如表2，对于目前各级领导岗位上妇女比例较低的原因认知，79.5%的人否认是由于"妇女的能力比男人差"，82.2%的人否认是由于"妇女不愿当领导"；反之，56.6%的人认为是由于"社会对妇女的偏见"。57.6%的人认为是由于"对妇女的培养、选拔不力"。此外，还有80.7%的人认同"妇女的能力不比男人差"，71.8%的人同意"在领导岗位上，男女比例应大致相等"。这说明，全社会普遍肯定妇女的政治能力，对之有较高的评价，并在总体上认同女性领导偏少主要源于外在的家庭、社会和制度等负面因素。

表2 "女性领导偏少"的主要原因（%）

项目	2000年			2010年						10年间女性参政观念变化说明
	男	女	总体	男		女		总体		
				赞同	反对	赞同	反对	赞同	反对	
女性领导能力较差	17.8	18.2	17.6	14.6	80.8	16.6	78.2	15.6	79.5	总体上负面观念认同比下降了2.1
女性不愿当官	5.6	5.8	5.4	10.1	82.8	11.0	81.6	10.5	82.2	总体上对女性参政主观意识不足的认同比上升了近一倍
女性不适合当官				11.6	83.7	9.0	84.1	10.3	83.9	

续表

项目	2000年			2010年					10年间女性参政观念变化说明
	男	女	总体	男		女		总体	
				赞同	反对	赞同	反对	赞同	反对	
家人不支持	9.3	16.2	11.8	23.9	69.1	26.5	66.8	25.2	67.9	总体上对家庭环境不利于女性参政的认同比上升了一倍多
女性家务负担重				64.7	31.7	72.6	23.9	68.6	27.8	
社会偏见	49.3	45.2	47.1	52.0	42.7	61.3	31.4	56.6	37.1	总体上对社会环境不利于女性参政的认同比上升了9.5
培养、选拔不力	16.8	12.9	15.1	55.7	35.9	59.5	29.5	57.6	32.8	总体上对女性参政存在制度障碍的认同比大幅上升了42.5

注：根据福建省第二、三期中国妇女社会地位调查政治地位专题数据整理。

二 福建妇女政治地位变迁中面临的问题

福建妇女的政治地位在全面、较大提高的同时，还存在着一些与性别平等发展目标不相一致、不利于妇女地位进一步提升的问题，主要表现在以下五个方面。

（一）女性政治参与的组织基础仍较为薄弱

2000年政治面貌为"群众"的男性为74.2%，女性为87.6%，女性群众比男性群众多13.4个百分点。同时，"党员"中男性为17.7%，女性为5.9%，女性党员比男性党员少11.8个百分点；[①] 10年后，虽然女性党

---

① 叶文振：福建省第二期中国妇女社会地位抽样调查研究（未刊稿），2010。

员的比例有了较明显的上升,但与男性相比,仍未在根本上改变"群众比例高党员比例低"的状况。2010 年"群众"中男性比例为 70.5%,女性为 79.6%,女性群众比男性群众多 9.1 个百分点,男性党员比例为 22.3%,女性为 12.8%,女性党员比男性党员少 9.5 个百分点。[1]

女性在政治身份上的这一多一少,成为她们提高政治参与层次和地位的明显阻碍。政治参与实践表明,"中共党员"和其他党派的政治身份不仅有助于拓宽女性走向政治参与的渠道,而且能为之提供政治参与能力锻炼的平台和空间,是女性提高政治地位的重要条件。女性党员偏少的问题值得重视。

(二) 女性的基层决策管理和政治参与地位仍存在明显的提升空间

从主观感知上看,调查对象中女性认为自己对本单位、社区、村的决策能够产生"重要影响"的比例仅为 0.4%,低于男性的 1.3%。认为自己对单位、社区、村的决策有"一点影响""较大影响"和"重要影响"三项合计,女性为 11.1%,是男性三项合计值 22%的一半左右。这说明,大多数女性主观上认为对与自己密切相关的决策内容产生不了影响,这难免在一定程度上压抑女性政治参与的愿望和行为。[2]

从实际情况来看,受访者女性担任过负责人的比例为 13.7%,比男性 26.2%低 12.5 个百分点。农村妇女担任村、居民小组长比例低。调查对象中,92.6%的女性没有担任过基层负责人,比男性 81.5%高出 11.1 个百分点;在城镇,81.9%的女性没有担任过任何职务,比男性的 68%高出 13.9 个百分点。

此外,如图 1,妇女担任过的最高职务主要集中在科级以下级别。数据显示,女性平均拥有行政职务的比例和级别均低于男性,农村女性没有行政职务的比例最高。城镇女性中担任过最高职务的科级比例为 2.1%,而农村女性担任过科级及以上干部比例为 0。这表明,目前仍然没有改变女性参政总体处于少数和位居低位的现状。

---

[1] 第三期福建妇女地位调查课题组:第三期中国妇女社会地位调查福建省主要数据报告,2012。

[2] 第三期福建妇女地位调查课题组:第三期中国妇女社会地位调查福建省主要数据报告,2012。

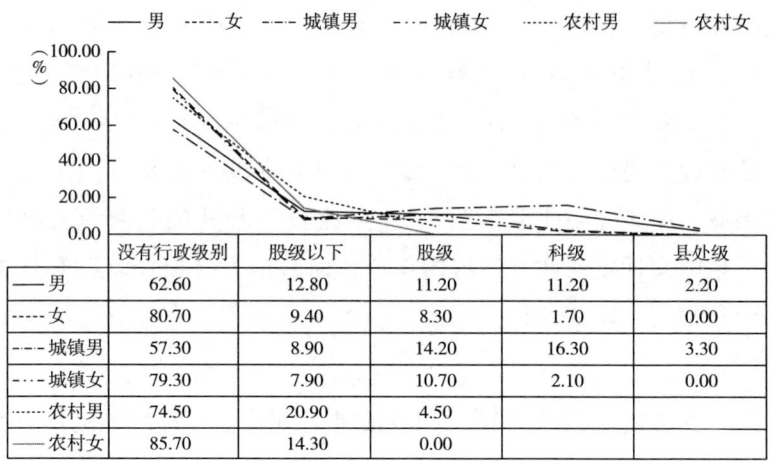

图 1 两性担任过的最高职务比较

注：根据福建省第三期中国妇女社会地位调查政治地位专题数据整理、绘制。

与此同时，如图 2，大多数女性在社会组织中的角色是充当普通成员，比例高达 92.9%，而作为创始人、负责人、高层管理者与核心成员、中层管理者的女性比例仅为 7.1%，比男性作为社会组织管理层的比例低 10.3 个百分点。

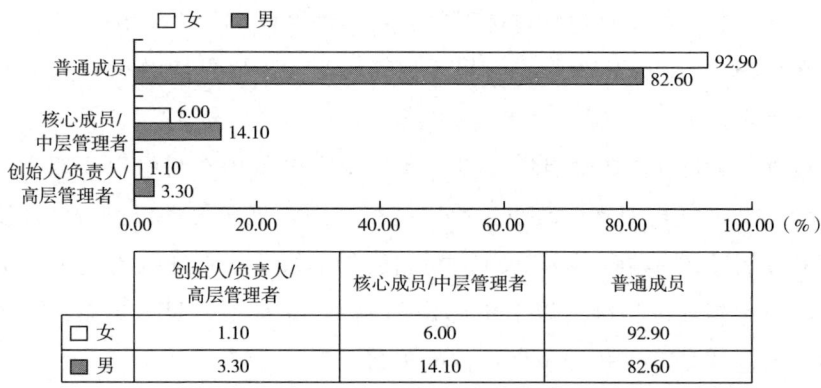

图 2 两性在社会组织中的影响力比较

注：根据福建省第三期中国妇女社会地位调查政治地位专题数据整理、绘制。

（三）现代化中的性别差异强化了女性政治参与的弱势效应

与城镇男子一样，互联网已经逐渐成为城镇妇女政治参与的主要途径之一。但是农村女性却在教育和现代科学技术这一环上大大落后于其他群体，成为现代化中性别差异弱势一方的突出表现者。了解国内外大事的途径选择数据较为明显地表明，"数字鸿沟"可能再次将女性中的一部分尤其是农村女性置于不利发展境地。从图3可以看出，农村女性的政治认知基本依赖传统的"电视"，朋友、家人、熟人成为她们获取信息的第二途径，而使用网络的比例仅5.7%，大大低于城镇男性的22.1%和城镇女性的16.2%。这必然对她们在现代社会中参与政治的能力和机会造成限制。

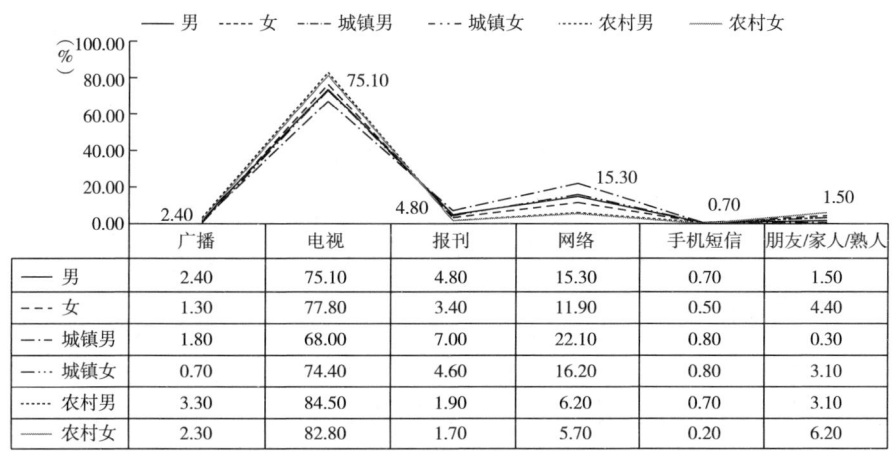

	广播	电视	报刊	网络	手机短信	朋友/家人/熟人
—— 男	2.40	75.10	4.80	15.30	0.70	1.50
--- 女	1.30	77.80	3.40	11.90	0.50	4.40
—·- 城镇男	1.80	68.00	7.00	22.10	0.80	0.30
—·· 城镇女	0.70	74.40	4.60	16.20	0.80	3.10
······ 农村男	3.30	84.50	1.90	6.20	0.70	3.10
—— 农村女	2.30	82.80	1.70	5.70	0.20	6.20

图3 现代化中的城乡两性差异与政治认知手段

注：根据福建省第三期中国妇女社会地位调查政治地位专题数据整理、绘制。

（四）传统文化的惯性力量仍然制约着女性政治参与

如表3，10年来，对"女人干得好不如嫁得好"的总认同率从34.1%上升到44.3%，提高了10.2个百分点。其中，城乡分别提高了5.2和18.0个百分点，男女分别提高了11.8和8.1个百分点。如表4、表5，10年间，对"丈夫的发展比妻子的发展更重要"的总认同率从21.2%大幅增加到63.3%，上升了42.1个百分点。其中，城乡分别上升了43.2和45.8个百分点，男女分别上升了42.9和40.9个百分点。这表明，城乡和男女受访者中,传统性别观念均存在着广泛的影响力,甚至表现出有所回潮、强化的倾向。

这种影响反映在妇女参政方面,就如上文所述:女性家务负担重、家人不支持女性当领导、社会对女性有偏见等因素直接影响女性干部的成长。

表3 您是否同意"干得好不如嫁得好"?(%)

		非常同意	比较同意	不大同意	很不同意	说不清
2000年	男	7.3	21.3	40.3	18.9	12.2
	女	12.1	28.1	35.0	20.8	4.0
	总体	10.1	24.0	37.5	19.9	8.6
2010年	男	13.0	27.4	42.0	12.0	5.6
	女	17.3	31.0	37.5	9.4	4.8
	总体	15.1	29.2	39.8	10.7	5.1

表4 您是否同意"女性应该避免在社会地位上超过她丈夫"?(%)

		非常同意	比较同意	不大同意	很不同意	说不清
2000年	男	4.5	14.4	48.7	23.9	8.5
	女	7	17	46.3	25.8	3.9
	总体	5.5	15.7	47.4	24.9	6.5

表5 您是否同意"丈夫的发展比妻子的发展更重要"?(%)

		非常同意	比较同意	不大同意	很不同意	说不清
2010年	男	20.9	40.9	31.3	4.6	2.3
	女	23.0	41.9	26.3	6.2	2.6
	总体	21.9	41.4	28.8	5.4	2.5

注:根据福建省第二、三期中国妇女社会地位调查政治地位专题数据整理。

(五)两性平等参政的制度机制尚有待进一步优化

正如上文所述,"培养、选拔不力"是女性干部偏少的一个重要原因。如表2,10年间,总体上对女性参政存在制度障碍的认同比从15.1%提高到57.6%,大幅上升了42.5个百分点,男女对此的认同比分别从2000年的16.8%和12.9%上升到2010年的55.7%和59.5%，提高了38.9和46.6个百分点。这表明，越来越多的人认识到制度不完善因素对女性参政的负面影响。

对于制度和其他女性自身之外的阻碍因素，如表6、表7，10年前79.6%的受访者认同"经济发展了，妇女地位自然而然就会提高"，对之持顺其自然的态度。现在87.9%的受访者一致认同"男女平等不会自然而然实现，需要积极推动"。这表明，改变完善那些不利于两性平等参政的制度机制因素成为多数人的共识，同时，对这一问题的解决已经迫在眉睫。

表6 您是否同意"经济发展了，妇女地位自然而然就会提高"？（%）

		非常同意	比较同意	不大同意	很不同意	说不清
2000年	男	35.1	44.7	11.9	2.0	6.2
	女	39.4	40.1	9.9	1.6	9.0
	总体	37.4	42.2	10.8	1.8	7.7

表7 您是否同意"男女平等不会自然而然实现，需要积极推动"？（%）

		非常同意	比较同意	不大同意	很不同意	说不清
2010年	男	38.5	49.3	5.6	.4	6.3
	女	43.5	44.5	3.1	.2	8.6
	总体	41.0	46.9	4.3	.3	7.4

注：根据福建省第二、三期中国妇女社会地位调查政治地位专题数据整理。

三 进一步提升福建妇女政治地位的政策建议

针对上述福建妇女政治地位变迁中存在的主要问题，我们提出以下四方面对策建议。

第一，营造和谐优良的两性平等参政社会环境。重点是宣导先进的性别文化与两性平等的观念政策，巩固扩大并形成女性参政的社会支持系统。利用各种干部培训机构和媒体进行宣传教育，提高各级领导者的性别平等意识和贯彻落实男女平等基本国策的自觉性。女性参政是向传统思想观念挑战的过程,也是先进性别意识、文化和两性平等观念不断普及推广的过程。通过宣导减少社会偏见,帮助女性走出家庭、融入社会、参与基层自治和社区管理,逐渐形成从家庭到社会的女性参政社会支持系统。

第二,增强女性自身的政治感知与政治参与能力。女性自身参与意识与能力也是保证女性政治参与数量与质量的一个重要因素。以农村女性群体为重点,加大对女性的基础教育和科学技术教育,尽量缩小城乡差距和性别差距,使女性在整体上提升素质,更好地融入和适应现代社会,为参政奠定坚实基础。同时对女性进行参政意识和参与技巧的培训,提高女性政治参与的主动性。通过各种培训形式,对基层女性进行政治参与意识与技能培训,不断巩固、扩大女性民主参与的基础,提升女性的自身能力,为使女性参与更大更高层次的竞争奠定坚实基础。这方面需要各级妇联发挥影响,利用其具备和凝聚的各种资源优势,为女性打造一个终生提升、充电的平台。

第三,培育广泛而坚实的女性参政组织基础。一是增加基层女性党员的比例,为女性参政储备丰富的人力资源。二是鼓励女性参与政治社团和社会组织,将其作为锻炼提高自己政治参与能力的"练习场"。三是发挥组织部、妇联的作用,为推动女性参政构建一个能及时吸纳女性需求的组织保障系统。

第四,完善公平有效的女性参政制度机制。一方面加大现有制度及《福建妇女发展纲要(2011-2020)》的执行与监督力度。加大女性参政保护性政策的实施范围,进一步明确女性在各级领导班子中的比例并做出明确硬性规定;另一方面充分用好现有法律与制度,不断探索切实有效的具体操作办法,进一步优化女性在政治结构中的位置。

抓好"两端"是完善和落实女性参政制度机制的关键。一是通过高层示范、从省里做起,一级学一级,上级做给下级看,确保国家机关的每个层级、每个部门都有女性,形成完整的女性权力参与系统。二是扩大基层女性干部基数,继续推行女性参与各种社会组织的保护性政策,扩大女性在政治决策与社会决策中的影响力。

通过上述"四位一体"的女性政治参与促进系统(见图4),使"营造社会环境""增强参政能力""培育组织基础"和"完善制度机制"四个环节依次推进而又相辅相成,各环节间环环相扣,形成相互反馈、修正、调适的机制，共同作用于女性政治参与。通过全社会的通力合作，高层重视，基层参与，中间推动，形成合力，继续推动福建女性政治地位不断提高。

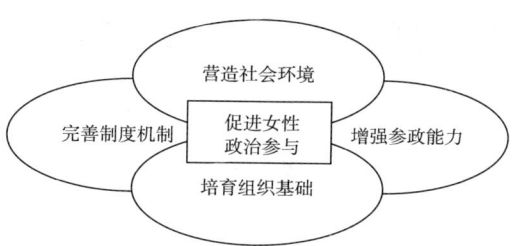

图 4 "四位一体"的女性政治参与促进系统

（原载《中共福建省委党校学报》2014 年第 1 期）

社会性别视野中的参政政策过程研究
——以福建省为研究样本

周 玉

在构建和谐社会的背景下,旨在实现社会平等、促进社会公平的公共政策研究成为国内学术界关注的一大热点。参政是具有显著性别公平敏感性的领域,对其中的政策进行社会性别分析是考察性别平等的一个重要视角。近年来,国内一些学者开始关注在国家政治和各种社会资源与利益分配格局中较少受惠的女性,对包括参政在内的各领域中的公共政策进行分析,找出其中存在的性别盲视或忽视性别差异的性别不公问题,提出政策建议。[1] 在政治参与政策研究领域,学者们将分析的焦点集中于造成两性社会性别差距的性别分工制度和传统家庭制度,揭示这一领域中存在的政策措施与性别平等原则间的矛盾,致力推动参政领域中社会性别意识的主流化与性别平等机制的建立。[2]

这些研究,为在制度层面上对现有政治参与政策及实施结果进行深入社会性别分析与评估,提供了有价值的参考。但迄今为止,政治参与政策领域的研究仍然存在着较明显的不足,主要有:第一,对参政政策性别平

---

[1] 杜洁:《以研究促进政策和法律纳入社会性别视角——社会性别与法律/政策项目的探索》,《妇女研究论丛》2006 年第 6 期;金一虹:《从公众对妇女参政的认知看传媒对妇女参政的影响——一项有关传媒与妇女参政的实证研究》,《妇女研究论丛》2002 年第 2 期;杜洁:《我国培养选拔女干部政策措施评估和社会性别分析》,《妇女研究论丛》2001 年增刊第 1 期;刘伯红:《女市长状况:实力与障碍并存》,《Women of China》2002 年第 1 期;潘锦棠:《北京市女职工劳动保护状况调查分析》,《中国社会保障》2006 年第 3 期。

[2] 李慧英主编《社会性别与公共政策》,当代中国出版社,2002。

等内涵的理解较为狭窄。研究者较多关注参政比例等政策内容上的平等，较少深入探究政策制定与实施过程的平等。第二，针对推进参政性别平等的对策建议理论性较强，实践性较差。由于对参政政策的社会性别分析多为理论逻辑推演，立足各地实践的经验研究较少，使很多研究提出的对策思路偏于空泛，缺乏实际操作价值。这说明，社会性别视角下的政治参与政策研究尚有进一步深入的必要。

本研究以福建省为研究样本，从描述和分析女性参政的总体状况及存在的问题出发，进一步拓展与深化社会性别视角下的参政政策公平研究，针对造成当前参政领域政策中存在性别不平等的原因，从制定、实施、评估、反馈等政策过程环节加以全面分析，发现影响两性平等参政的主要问题，从而找到提升女性参政地位和水平的政策关键。

一　福建省女性参政30年回顾

（一）福建省女性参政的发展轨迹与成就

党的十一届三中全会以后，为了适应社会主义现代化建设的需要，我们党更加重视对妇女干部的选拔工作。1983明确规定了各级领导班子中女干部的比例。1988年，针对妇女参政出现的问题，中央组织部和全国妇联联合下发了《在改革开放中加强培养选拔女干部工作的意见》，要求各级党委和组织部门掌握一批优秀的妇女后备干部，为她们更快成长创造更好的条件。1990—1995年，中央组织部与全国妇联共组织召开4次培养、选拔女干部工作会议。在这样的大背景下，福建省女性参政事业也迎来了新的机遇。1995—2000年和2000—2010年福建省《妇女发展纲要》都提出了妇女参政的具体目标，培养选拔女干部的工作力度不断加大，2000年之后全省更加重视发挥女性在参政议政中的重要作用，明确提出培养和选拔女干部的目标和比例，加强对女干部的培养、选拔和任用。

女性进入各级权力机关担任相应的领导职务，是女性参政的最高层次。从执政维度看，各级党委政府领导班子的女干部配备率明显提高，女干部培养选拔机制不断完善。根据《中国妇女发展纲要（2001—2010）》实施情况中期评估报告，至2004年，福建省级党委领导班子和省级政府领导班子女干部配备率均达到 100%，省级党委工作部门领导班子女干部配备率为 54.5%，省政府工作部门领导班子女干部配备率为 50%；地级党委领导班子和地级政府领导班子女干部配备率均为 66.7%，县级党委和政府领导班子女干部配备率均达到 90% 以上。全省县（处）级女干部比重为 15.2%，比上年提高 0.2 个百分点；2005 年，省、地（市）和县（市、区）政府领导班子中女干部的配备率分别为 87.1%、82.6% 和 83.8%，各级党委政府女干部配备率均达到《纲要》目标要求。2007 年，各级组织部门以地方领导班子换届为契机，明确提出女干部配备的要求并加以落实。换届后，全省新提拔副厅级女干部 25 名，占新提拔副厅级干部总数的 10.6%。9 个设区市人大、政府领导班子均配备了女干部，8 个设区市政协领导班子配备了女干部；83 个县（市、区）党政领导班子配备了女干部，现有县（市、区）女党政正职领导 11 名。至 2007 年底，福建省级党委、政府领导班子女干部配备率均已达到 100%，设区市委领导班子女干部配备率为 77.8%，设区市政府领导班子女干部配备率达 100%；县（市、区）党委领导班子女干部配备率达 85.7%，县（市、区）政府领导班子女干部配备率 89.3%。此外，女性民主参与能力继续增强，全省各级人大女代表和政协女委员、企业女性董事会和监事会成员、村委会和居委会成员中女性都在各自岗位上发挥了积极作用。

女性直接参与国家各项政治和社会公务活动，是女性参政的次高层次。从体政维度看，参政人数、规模和高素质人群总体呈增长态势。2007 年福建省有女党员 33.70 万人，比上年增长 9.2%，占 20.7%，比上年提高 1 个百分点。同年全省有公务员 17.24 万人，其中女公务员 3.14 万人。值得注意的是，近年来福建省女性中、高级专业技术人员比重快速上升，到 2007 年底达到 10.11 万人，占 16.6%。其中女性高级专业技术人员 1.58 万人，占女专业技术人员的 5.7%，提前完成纲要终期目标。2007 年，福建省向国家人事部推荐 1 名女性高级专业技术人员作为"新世纪百千万人才工程"国家级人选，占推荐总数 4.5%。

（二）福建省女性参政过程中存在的问题

首先，从全国、省际参照系来看，福建省各级女干部人数所占比重仍然较低，女性参政水平仍相对较低。一是女干部人数占干部总人数的比重多年来维持在低位,各级女领导干部比例低于全国平均水平。2003年,全国新录用公务员的女性比例为27.8%,中央国家机关新录用公务员中的女性比例达到37.7%,2002年江苏省女干部比重已达到35%,西部的甘肃省同年有女干部20.3万人,占干部总数的30.6%。而同期福建省女干部人数16.85万人,比重仅达17.6%左右,随后几年基本保持在这一水平,2007年也仅达到18.2%;从各级女领导干部的比例来看,2004年全国省(部)级以上女干部占同级干部总数的9.9%,福建省同级女干部比例仅6.3%,同期厅(局)级、县(处)级女干部也均低于全国平均水平。二是各级人大代表和基层自治组织中女性成员比例偏低并徘徊不前。2004年,在闽全国人大女代表和全国政协女委员比例分别为23.8%和7.3%;省人大女代表和省政协女委员比例分别为19.07%和16.7%,而同期全国人大女代表的比例保持在20%以上。总体来看,福建省各级人大女代表和政协女委员比例增速低于一些相邻省份和全国平均水平,尤其是全国和省政协女委员比例远低于全国水平。此外,农村基层自治组织中女性成员比重偏低的问题也较突出。2004年全国女性村委会委员达44.3万人,占村委会委员总数的15.1%,2008年全国有21个省份的村委会成员中妇女比例为18.29%,2009年10月底全国村"两委"女委员占"两委"委员总数的19%;村"两委"女性正职占"两委"正职总数的4.5%。2004年福建省村委会成员中女性比重为13.0,即使2007年村委会成员中女性比重上升为14.3,但与同期全国的平均水平相比还是明显偏低的。

其次,女性参政中还存在着"分配性"和"服从性"的被动式参与特征。女性参政更多地体现为一种制度性的分配模式,受特定时期政策导向、社会价值取向影响程度较深,女性参政个体更多地只是被动接受和服从制度赋予她的社会角色,而不是在参政中表现出应有的主体性。从两性平等的角度来看,女性作为参政个体的主体性被压抑,体现了对两性平等参政的扭曲。在参政政策的执行中,一旦将女性参政作为政治任务来对待,对于参政女性的选拔更多的就是考虑其在妇女群体中的代表性,这就会导致出现女性"被参政"的情况。由于女性参政的"体制分配性"和"服从性"特征明显,所以与男性相比,女性在参政层次上显现突出的"枣核形"形态,即在基层与高层比例较低。这一点从上文中陈列的福建省地(市)、厅(局)级女干部比例和村委会成员女性比重可以看出。随着干部的年轻化,全国其他一些省份加大了对年轻女干部的培养选拔力度,相比之下,福建省年轻女性领导干部尤其是低于40岁的年轻女性中高级领导干部显得十分缺乏。

二 女性参政的政策过程分析

作为参政政策后果的福建省女性参政,一方面取得了一定的进展,另一方面也存在着一些较为明显的问题。这些问题或不足,和参政政策对女性参政的推动一起客观呈现于政策后果中,从整体上降低了参政政策后果的性别平等程度。如果将女性参政看作是现有参政政策的结果,那么,政策过程中不完善的参政政策制定,对参政政策的"非正常"执行以及参政政策评估反馈不到位等,就可能导致最初"两性平等参政"目标与最后"两性不平等参政"结果之间的不一致,从而产生女性参政水平下降的问题。我们提出了以下分析框架,以此解释造成当前参政领域性别不平等的政策根源。

从图1可见,导致"两性平等参政"政策目标与"两性不平等参政"政策结果之间偏差的关键在于"政策过程"。这里所谓"政策过程",指包含着政策制定、政策实施、政策评估和政策反馈等4个环节的政策系统。我们对导致两性不平等参政政策根源的分析依此展开。

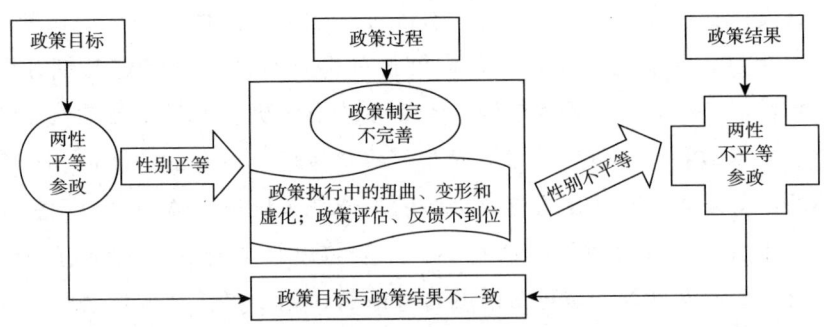

图1 社会性别视角中"参政政策目标与政策结果发生偏差"的解释框架图

(一) 政策的制定

政策制定是政策全过程的一部分,也是重要的一部分。根据系统分析的观点，政策制定系统由输入、输出、政策制定过程和反馈 4 个子系统组成。在政策制定过程这个子系统中，又有 5 个实施环节，即提出问题、确定政策目标、设计备选方案、确定明确方案与评价政策方案。

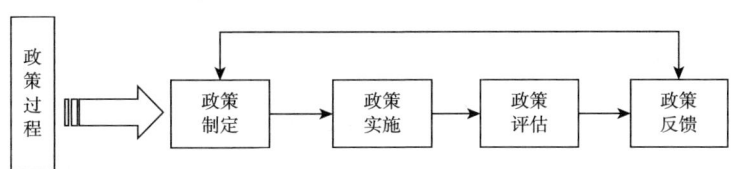

图 2 "政策过程"的四个环节

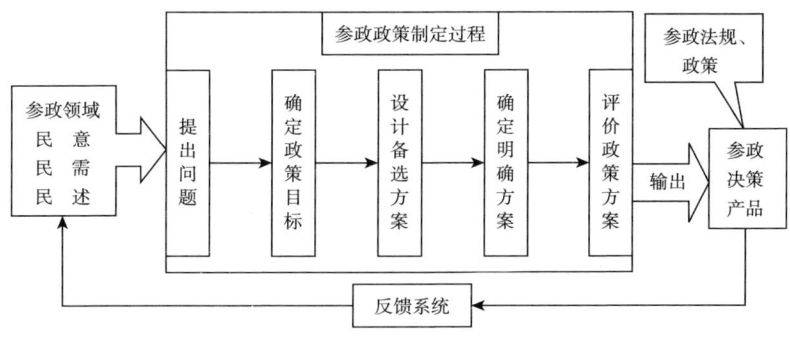

图 3 参政政策制定的系统结构

从参政政策的制定来看，整个参政政策制定的系统结构也分为 4 个部分。其中，"输入"是指各个层次的参政政策制定机构和制定者根据收集到的参政领域中存在的民意、民需和民述，将之归类、整理和提炼，作为参政政策制定的基础和依据；"政策制定过程"是整个参政政策制定系统中最核心最受关注的部分，也是决定参政政策制定成败的一环。在参政政策制定过程中，提出问题、确定参政政策目标和设计备选方案两个步骤均需要高素质的人员根据输入的民意信息和在此基础上提出的问题进行技术分析和设计，这是一项技术性很强的工作；确定方案是决策者在反复分析、比较和研究各个备选方案之后根据参政政策目标最后作出的决定，即通常意义上所谓的"拍板"或"决策"；提出问题是参政政策制定过程的输入接口，是参政"政策制定过程"和"输入"两个部分的重要连接纽带，也是参政政策制定的关键一环，能否客观、准确和深刻地反映出参政领域中的真实问题，框定适当的问题范围，并对问题的成因和环节作出准确到位的分析，是后续方案设计的基础；评价政策方案是参政政策制定过程与输出的接口，这是参政政策制定过程的最后关口，是专家、决策者共同参与的一环，其中参政政策的评价指标设计是否科学直接关系到参政政策的优劣；"输出"部分即把决策转化为参政政策产品，形成指导参政实践的法规、政策，为政策实施做准备；"反馈"是参政政策产出后接受参政各主客体和专家评价，并形成能够促进参政政策进行调整和不断完善的有益信息传递给参政政策决策机构和决策者，其同时也提供了参政政策根据后续实施情况进行不断调整、修正的方向。

一般而言，政策目标的确定、政策方案的最终选定除了受到决策者所处的社会政治经济环境影响之外，很大程度上取决于决策者的价值取向及其所代表的利益集团，政策制定即决策过程的每一步都牵涉决策者对社会利益格局和社会现实状况的认识和把握，同时也反映了不同群体利益之间的平衡与磋商。从目前参政政策的制定情况看，在参政领域的决策过程中存在着较明显的男性利益导向。由于历史、文化和现实的原因，上述参政政策制定过程中出现了女性真实诉求被忽略、参政政策决策者中女性缺失、参政政策评估与反馈中女性利益代言人作用不足等问题，结果是参政政策制定过程主要遵循男性价值体系框架、服从男性权威价值，从而输出了上述所谓"社会性别盲视型""社会性别歧视型"或表面"中立"实则社会性别盲视或社会性别歧视的参政政策。

为了更好地说明当前参政政策制定过程中存在的缺陷和问题，我们特别选择了福建省女性参政中较突出、并且在全国范围内普遍存在的农村基层女性参政——农村妇女进村委会问题进行分析。村民自治实施以来，农村妇女当选为村委会成员比例偏低的问题一直极为突出。虽然1998年通过的《中华人民共和国村民委员会组织法》规定，"村委会中妇女应当有适当的名额"，然而据民政部统计，到2000年底，妇女在村委会成员中所占的比例仅为15.9%，担任村主任或村支部书记职务的更是不足1%。福建省的情况也不容乐观。如2003年福建省妇联专门就"村级班子换届选举中女性进村两委比例下降情况"作了专题报告，指出"从目前已换届的村委和部分村党支部来看，女性进两委的形势不容乐观，比例较上两届有大幅度下降，女性进村两委比例最高不超过50%，最低仅占35%"，并认为"村两委职数减少""女党员数量偏少,后备力量不足""传统的性别和世俗偏见,以及地方宗族势力的影响""一些基层组织重视不够、措施不力"等是导致村两委中女性比例下降的重要原因。

为使这一情况得以改观,中央和各省都出台了一系列针对性政策措施。如2002年8月中共中央办公厅、国务院办公厅14号文件和2008年民政部、全国妇联下发的《关于进一步加强新形势下妇女参加村民委员会工作的意见》等都强调"要保证妇女在村委会选举中的合法权益,使女性在村民委员会成员中占有适当名额"。湖南、江西和塘沽、广水等地在村民委员会选举中,因地制宜地规定村民选举委员会中要有女性成员、提名村委会候选人时必须有女性名额、确定正式候选人同等条件下女性优先;选票上先行设置妇女委员职位或有关职位必须选女性、妇女成员缺额要单独补选、补选仍缺额则空缺等。福建省委省政府在2006年村级班子换届前下发了《关于做好2006年村级组织换届选举工作的通知》,对女性进"两委"提出了要求,各级党委、政府也层层下文,规定"村'两委'班子中至少要有一名女性"。2009年1月,福建省民政厅、福建省妇联转发民政部、全国妇联《关于进一步加强新形势下妇女参加村民委员会工作的意见》。同年2月,福建省委办公厅下发《关于做好2009年村级组织换届选举工作的通知》,再次对推动妇女进村"两委"班子工作提出具体意见。

在实践中,这些政策不同程度地起到了一定的作用。但整体而言,这些政策的实施效果与政策目标之间还有很大差距。妇女在村级治理结构中的弱势地位并无根本性改观。2008年底,全国大部分省市完成了第七届村委会选举,而相当多的村委会并未实现"妇女应有适当名额"的目标,全国村委会成员中女性比例仅为17.6%左右,村委会主任中女性比例仅为2.7%左右,并且已经进入村委的妇女也多为副职和委员。从福建省的情况来看,至2007年底,全省村委会成员中女性比重仅为14.3%,且多年低位徘徊不前。

从农村女性进村委政策的制定情况来看,在原则、笼统、宏观的政策之外,本省地方并未制定进一步落实的操作性强的配套政策措施。1998年全国人大通过的《中华人民共和国村民委员会组织法》和福建省人大常委会2005年11月修改通过的《福建省实施〈中华人民共和国村民委员会组织法〉办法》都只规定"村民委员会成员中,妇女应当有适当的名额",而不是"必须有适当名额";即使地方规定里提出了"必须",也没有制定选举女性委员的硬性措施,且无相应的制约性条款;即使在后来下发的"通知"中规定了"至少有一名",也没有明确是"两委"有一名还是总共一名,存在界定数量不清的问题,"至少一名"往往成为增加女干部的"绊脚石"。有的村认为自己只要有一名女性就已经达到要求,不用再增加女性人数,结果造成"有两名以上女干部人数村数"不增反减。

对于造成这一"政策不完善"的主要原因,福建省公共社会组织的研究报告认为,是制定具体政策的部门和决策者调研不够、了解农村实际不够,同时一些地方党委和政府部门缺乏社会性别意识,在选举方案的制定中存在男性视角或"性别中立化"倾向,导致制定的政策措施不符合农村女性的切身利益。这说明,如果参政政策制定中存在女性决策者缺失,决策者没有渠道了解女性实际利益诉求,而又不能及时将偏误的决策结果通过评估和反馈加以修正的话,就可能制定出表面好看实则漠视女性利益、损害两性公平的参政政策。

(二) 政策的实施、评估与反馈

政策的实施或执行是指政策方案被采纳之后,把政策所规定的内容转变为现实的过程。在整个参政过程之中,执行是又一个关键的环节。通常一项政策实施效果好坏取决于政策主体、客体、环境以及主体与对象之间的互动等因素。所谓主体,即政策的执行者,包括各级执行政策的组织机构和具体的执行者个人;客体是指各种相关政策文本及其包含的政策内容;环境指对政策执行产生影响和制约的各种政策保障制度和政策执行资源;对象指的是政策作用的群体,如女性参政政策的对象就是各层次的女性参政者。从当前参政政策的实施来看,参政政策执行过程中产生的不利于两性平等参政的问题亦产生于以上4个因素。我们以"农村妇女进村委"政策为例展开分析。

从主体因素来看,参政政策执行中的问题主要表现在:第一,政策主体在认知上对相关政策规定存在一定的不认同或抵触情绪。从某种意义上讲,政策认知、政策绩效间表现出一种正相关关系,即如果政策执行者对政策目标比较清楚并认为其正当,在执行中就会更加严格地按政策办事,而不会走样;反之,政策绩效降低。在"妇女进村委"政策的执行中,从村干部到普通村民都不同程度地持怀疑甚至否定态度:一是质疑此政策的合法性，不少基层干部对"不选妇女选票无效"的规定意见大，认为"无效没道理，凭什么宣布无效，这与法律是相违背的"；二是认为此政策违背程序公平原则，对男性不公平；三是觉得此政策变相剥夺了选民的自由投票权，"不应划杠杠""群众乐意选谁就选谁"。第二，政策主体在政策执行中出现执行偏差。对女性参政价值的认识不足和缺乏认同，使政策执行者习惯于从社会救助的角度居高临下地看待女性参政政策，而不能将其视作一种坚持社会公平、公正所必须担当的社会责任，所以难免会在政策的实施中产生动摇，导致政策执行不到位。著名的社会性别与发展理论家Staudt 曾尖锐地指出，有关性别平等政策的落实很容易陷入所谓的"官僚政治的泥潭"，即人们口头上对性别平等政策也许会赞赏不已，但却并不采取实际行动去落实，或者落实力度有限。"妇女进村委"政策执行中存在着同样的问题。一份福建省 2006 年村级组织换届女性进"两委"的工作总结中指出，政策在实施中确实存在执行不力、流于形式的情况，具体表现在：一是消极式执行。如有的地方宣传动员工作不到位，力度不大，虽然有女性当选的规定，但没有女性当选的选举结果出来后，往往采取顺水推舟的态度，既不补选，也不增选，使政策目标流产。二是替换式执行。如省内有的地方一些负责换届工作的部门为了"达到"100%女性进"两委"的"数字工程"，在一次选举结束后，采用任命村支部副书记、村主任助理，增配村支委以及其他一些措施来完成任务。这样的做法虽然数字上好看了，任务完成了，却是一种不折不扣的替换式、敷衍式执行，带来了消极影响，不仅打击了女性的竞选热情，破坏了竞选的公平性，伤害了女性参与竞选的积极性，而且误导了选民的投票意向，使原想把票投给女性的选民产生"既然女性最后无论如何都会进村委，那还不如把票投给'更需要的人'"的想法。三是扭曲式执行。虽然省里已经出台一些约束农村选举的政策法规，但选举中买票、贿票和宗族、宗派干扰选举的违法现象仍时有出现，而有关管理部门和管理人员为了减少麻烦，对此不闻不问、听之任之，在很大程度上影响了"妇女进'两委'"工作的顺利开展。

从政策实施的环境因素来看，参政政策执行支持系统中出现的问题主要表现为：第一，社会因素。一是传统农村自然经济导致"男主外，女主内"的性别分工模式，使女性的活动范围局限于私人领域，与公共领域隔绝，失去了参政所必须的公共资源，在选举时处于十分不利的位置。二是传统两性社会分工在总体上压抑了女性的主体意识,由于生产力水平的制约,妇女仍是家务劳动的主要承担者,受教育程度普遍低于男性,使之缺乏参政意识,表现为一些农村妇女干部对获取权力没有珍视感、维护感,不仅是那些没有参与竞选的女性,就连有些参与竞选甚至当选的女性都认为"女人重要的是把家庭操持好,把孩子带好,至于当干部完全是因为别人选我我才当的",普遍存在"选我参政""组织安排"的心理,缺乏主动角逐职务的勇气。三是长期处于私人领域导致女性在经济上不独立,凡事依赖男性,使之无论在选举或被选举中都没有自主权和话语权,选与不选往往由男性说了算。第二,文化因素。一是传统文化贬低女性的价值,使之成为男性的附庸,导致社会、男性对两性平等的漠视,甚至隐抑女性自身对两性平等的追求,使女性认为遵从"男主女从"的角色定位和男性专权是天经地义,大大减弱了女性对政治参与的期望与热情,即使参政,也普遍存在顺从心理,甘当配角和副职,缺乏独挡一面的魄力。二是将女性排除于社会和政治之外的角色定位常使女性陷入多种角色冲突带来的压力之中,使之要为参与政治付出比男性更大的代价。三是"女不干政"的传统观念形成排斥女性参政的文化氛围。农村社会认为女性当选有违传统社会习俗,尤其是很多农村的老年人认为女性出来参与竞选,"抛头露面"丢人。第三,制度因素。一是政策监督体制不完善。长期以来,性别平等被看作是妇女的事,将妇女的事交给妇联来管,是不言而喻的思维定势。这样一来,政府对女性参政政策执行管理控制的能力就相应弱化。针对"妇女进'两委'"政策,政策监督体制不完善表现在缺乏相应的政策落实机制,如没有对政策进行大力宣传,组织各级、各部门学习政策做得不够,尤其是选举的组织、主持部门很多没有大力普及政策和法规,让农村民众了解、熟悉女性参政的重要性和政策目的、内涵,选举过程也不够公开、透明。对于实践中出现的政策与实际脱节的问题未能实施有效的监督与反馈,对选举中存在的损害女性利益的违法行为没有及时加以制止和纠正,政策实施中的透明度不够,存在"文件行动"不一致、选举不规范的问题。当农村妇女的民主参与遭遇阻力,作为主要责任组织的妇联只能游说,而无监督职能,有关基层政府及职能部门是否接受有相当大的不确定性,结果往往是上级政府有政策精神,下级乡镇有具体困难,缺乏纵向垂直的层级整合能力,导致控制协调乏力。二是政策支持资源明显匮乏。村妇代会作为村一级的妇女组织形式，本应承担起吸纳、组织和培养农村妇女参政议政的责任，但村妇代会在乡村政治系统中处于组织虚置和作用弱化的境地，基本状况可用"无权无势"来概括，对乡村两级政权尤其是村两委的依附，使得村妇代会无法正常地履行职责，村妇代会的妇女组织的色彩越来越淡、整合功效越来越差。在农村两委换届选举中，由于基层妇联无权无势缺经费缺资源，基层县市换届选举指导协调部门或者不考虑妇联的参与，或者妇联参与效能有限。由于村级妇代会组织支持功能不到位，也使得农村妇女进"两委"工作缺乏政策执行所需要的经费、人员、信息等资源，大大不利于政策实施。

从客体因素来看，参政政策执行中出现的问题主要有：第一，政策不完善。如前文所述，当前农村妇女进"两委"政策尚存在不符合农村实际和女性切身利益的情况，如规定"应有适当名额""至少有一名"等，一些地方还对候选女性进行年龄、文化程度方面的不合理限制，使女性人才出现"青黄不接"的现象。第二，政策缺乏整体性。主要表现在目前一些地方的政策配套措施和补救措施不合理。如前文提到的换届选举中在选后采取任命副支书、增补村主任助理等措施，虽然一定程度上提高了农村妇女进"两委"的比例，但并不能作为长久之计，还可能使农村女性参政产生一种不良的依赖，从而削弱女性参政能力。

从主体与对象的互动情况来看，当前参政政策执行中主要存在的问题表现为政策执行者和政策目标群体即参政女性之间的信息渠道不畅通。如农村妇女进"两委"政策执行中就缺少两者间互动、沟通的环节，政策执行基本上是自上而下地推动实施，而没有自下而上让参政女性表达自己的想法和意见的渠道，所以政策目标对象的真实想法和政策的实际效果，以及政策在实际执行中遇到的障碍和产生的问题无法反馈给政策的执行者和制定者，政策的科学性和有效性无法及时得到检测，从而影响政策的优化和改进。

以上我们以福建省农村妇女进"两委"政策为例，分析了女性参政政策过程各环节中存在的缺陷与问题，见表1。

总之，从当前女性参政政策的执行过程来看，存在的突出问题是执行者对女性参政的重要性认识不足，加上政策本身的不完善、政策保障机制和资源的缺乏以及政策执行者和政策对象互动阻滞，导致政策执行的不力或不当。此外，女性参政政策过程中的政策评估和政策反馈环节也存在一定的问题,严重影响了女性参政政策目标的实现。

女性参政政策内容中的缺陷和政策过程中存在的问题,在很多方面带来了负面影响,产生了一些不良后果。对于女性而言,这些导致两性不平等参政的政策不但从总体上损害了女性的群体利益,进一步强化其弱势地位,而且抑制了女性的潜能,不利于提高其整体素质,甚至还在很大程度上降低了女性的政治效能,可能导致其政治冷漠化;对于社会而言,这些导致两性不平等参政的政策妨碍了社会公平的实现,也不利于激发社会活力与实现社会和谐。

表1 当前女性参政政策过程中存在的缺陷与问题

	政策制定环节	政策实施环节	政策评估环节	政策反馈环节
政策过程各环节中存在的具体问题	①在民意、民需输入部分,女性真实诉求被忽略;②在政策制定过程部分,决策环节女性决策者缺失;③在政策评价环节反馈部分,女性利益代言人作用不足。	①主体因素,包括对政策认识不到位(不认同、怀疑、抵触)和政策执行偏差(消极式执行、替代式执行和扭曲式执行);②环境因素,包括传统性别分工模式、角色模式和女性依赖性等社会因素;贬抑女性价值的传统文化、女性弱主意识和"女不干政"传统观念等文化因素,政策监督体制不完善、政策支持资源不足等制度因素;③客体因素,包括政策不完善和政策缺乏整体性等;④主体与对象的互动因素:政策执行者与参政女性互动阻滞。	①操作指标和执行措施模糊;②专家与公共社会组织作用缺位。	①评估参照数据和技术手段缺乏;②专家与公共社会组织作用缺位。
政策过程中存在的核心问题	社会性别意识缺失、淡薄,男性价值与利益主导整个政策过程,政策制定者和执行者主体对女性参政价值认识不足,女性参政政策缺乏完善的制度保障和有力的资源支持,女性参政利益诉求无法输入并贯彻于政策全过程,导致女性参政政策目标的实现有"形"而无"质"。			

三 促进两性平等参政的政策框架和保障机制

在参政政策全过程中,要保证两性平等参政目标的真正实现,除了要有完善的政策文本、忠实履行责任的执行者、积极觉悟的女性参政者和良好的制度、社会支持外，还需要有一些保障机制来作为整个政策系统运行催化剂和润滑剂。所谓政策保障机制，是指推动政策过程顺利运行和保证实现政策预定目标的制度性方法和途径的总和。当前，应该在女性参政政策过程中确立"互动机制""整合机制""赋权机制""宣导机制"等4种保障机制。其中，"互动机制"是保证女性参政利益诉求得到客观反映并真正影响女性参政政策制定、执行等过程的前提，是最外层、最基础的保障机制；"整合机制""赋权机制""宣导机制"则依次递进，保证政策执行和政策监督的顺利进行，并最终作用于政策目标的实现，是重要的女性参政政策保障机制。4种保障机制的关系如图4所示。

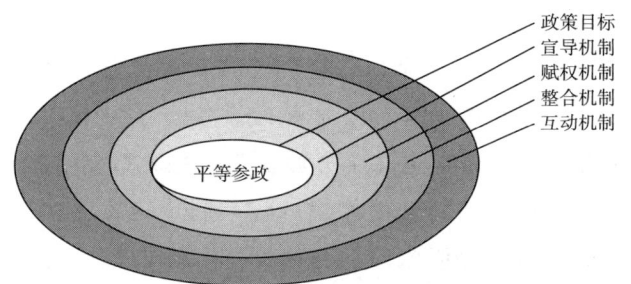

图4 促进两性平等参政的保障机制

政策框架，指由政策目标内容和各种保障机制按照一定的运行轨迹而展开的政策过程体系。根据当前女性参政政策的实际情况和本研究的需要，我们将女性参政政策框架划分为政策制定系统、政策文本、政策执行系统、政策监督系统、政策评价与反馈系统等部分。首先由政策制定系统在吸收了相关信息、确立政策目标、提出备选方案之后进行决策，输出政策产品——女性参政政策文本，政策文本内容在"整合机制""赋权机制""宣导机制"等的作用下进入政策执行系统，政策监督系统与政策执行系统并行且作为政策执行过程的保障，之后在互动机制的作用下，政策执行者与政策对象之间就政策的执行效果进行互动，由此产生政策评估信息并提出女性参政政策对象——参政女性的利益诉求，再经由专门的政策评估与反馈系统输入起始的政策制定系统，以便对原来的女性参政政策内容、目标等加以调整、修正、完善，或者提出新的政策目标，由此再进入新的政策过程循环。

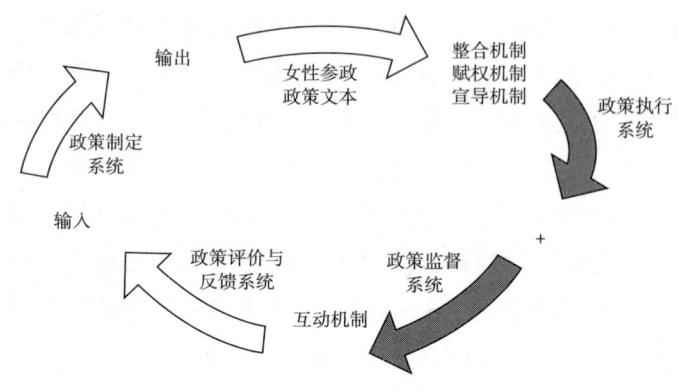

图 5　促进两性平等参政的政策运行轨迹框架图

（1）在政策制定系统，针对当前女性参政政策制定中存在的社会性别意识淡薄、女性决策者缺失、女性参政真实诉求被忽略、女性利益代言人作用不足等问题，将以下几个方面作为优化政策制定过程的切入点：一是增强决策者的社会性别平等意识。政策制定者缺乏性别意识是政策过程不能贯彻性别平等价值取向的直接原因。在两性平等与社会发展的其他目标之间，决策者往往将性别平等看作非紧迫性问题而排除在决策主流序列之外。在参政领域推动社会性别主流化所要做的第一项工作就是在对各种政策备选方案的评估和政策方案的最终选定中加入社会性别视角指标，评价政策将对不同性别所产生何种影响。可以试点实行社会性别指标一票否决制，以此推动社会性别平等意识在参政政策制定过程的引进和渗透。在评价备选方案时，还可以邀请社会性别专家参加，促使方案评价工作考虑社会性别因素对政策科学性的影响。二是政策制定中增加女性决策者的比例。出于女性特殊的经历和感受，女性决策者更可能作为女性利益代言人关注女性需求和利益，并且在决策阶段抵制对女性参政不利方案的出台。根据联合国的有关研究，任何一个群体的代表在决策层达到30%以上的比例，才可能对政策产生实际影响力，目前在我国显然达不到这一比例。因此应该在国家两性平等原则的政治氛围中，积极推动实施相应的配套政策，形成一套建立在委任制基础上行之有效的方法，增加女性参政比例，在源头上形成有利于两性平等参政的良性循环。三是充分发挥妇联组织的重要作用。加强妇联与政府组织部门的沟通与协调，促使在决策部门中留出一定的女性决策人位置，建立"后备妇女干部人才库"并对女性人才进行能力和竞岗技能培训，促使其顺利进入决策群，通过提建议、参与民主协商来影响参政政策的制定。

（2）在政策执行系统和监督系统，针对有关问题，采取如下对策：第一，进行政策宣导。针对女性参政政策在实施过程中的虚化、软化现象，采取必要措施，加强女性参政政策的宣传，提高政策执行者的政策认同感，使之认真领会和理解政策目标具体内容，为有效执行政策奠定坚实思想基础。政策宣导还可以使全社会理解、接受、支持和执行两性平等参政政策，为政策的有效执行创造良好的政策环境。此外，对女性参政政策的宣传还包括加强女性教育体系构建，通过妇女培训与教育，减少社会的性别偏见，帮助妇女成为"积极公民"，为女性参政储备人才资源。加强政策宣传和培训，不仅能促进政策执行者增强社会性别意识，加强贯彻两性平等参政政策的责任感，通过对社会性别分析工具的掌握，还有助于政策执行者提出政策实施计划和具体措施。同时，政策宣传还可以为政策执行者构建广泛的社会监控系统，对女性参政政策的执行过程和效果进行公众的舆论监督。第二，充分发挥妇联组织在女性参政政策运行中的作用。在政策实施环节，妇联可以发挥很大的影响。一是通过其组织网络，借助妇女研究专家、大众媒体的话语权，在社会上形成强大的社会舆论，营造以社会性别视角关注女性参政政策的氛围。二是联合各方力量，整合各种资源，通过培训班、讲座、讨论会等形式，对政策执行者进行社会性别意识的培训，使其增强性别敏感度。三是通过妇女研究机构和高校研究者的合作，对女性参政政策可行性加以分析和论证，并作出反馈，使之成为对女性参政政策过程进行监督的重要依据。四是通过对不同女性群体的调查和研究，收集女性对现有参政政策措施的看法、真实诉求和政策对女性发展产生影响等数据资料，为女性参政政策后续的修订和完善服务。第三，促进资源整合增加女性参政政策的社会支持。盘活社会支持女性参政格局，将现有相关但分属于不同组织系统的机构和组织整合起来，构建推动女性平等参政的社会支持网络。例如，在妇联系统、高校系统、党校系统和社会科学院系统中的相关机构和组织之间建立联动机制，充分发挥各个系统的特点和优势。妇联系统侧重于与政府部门建立联席工作制度来推动女性参政政策的倡导和促进；高校系统侧重于妇女学科和课程建设；党校系统侧重于干部教育和为女性参政提供智力支持；社科系统侧重于深入的性别研究。

（3）在政策评估与反馈系统，针对现存评估参照数据和技术手段缺乏、专家与公共社会组织作用缺位等问题，开展性别统计、建立完善有效的两性发展状况社会检测评估体系。分性别统计有助于提高政策制定者、执行者、评估者和社会大众对性别平等状况的认识，增强对政策的性别敏感性。国家和地方的性别统计数据有助于各省对比、研究、判断本省女性参政中两性平等的实现程度，由此来对女性参政地位和变化趋势加以监测，为女性参政政策修改和优化提供真实可靠的依据。目前，在我国的统计类别中缺少性别统计，迫切需要建立健全性别统计和监测评估体系，加强性别统计和性别发展分析工作。应当在调查研究的基础上，确定参政领域女性地位监测评估的核心指标和关键技术，并将其逐步纳入政府部门的常规统计之中，使分性别数据的收集、分析和公布制度化、经常化。

浅谈我国的传统性别文化对妇女教育多元化的影响

陈祖英

教育与文化相互包含、相互作用。一方面，文化制约着教育传递的内容、影响着教育的价值取向等方方面面。具体到性别文化，必然对教育权、教育内容、教育方式以及教育过程发生潜移默化的影响。另一方面，教育对文化也有发展的功能，教育既是性别文化得以保存、传承的重要方式，也是性别文化创造和发展的重要途径。① 本文拟通过分析我国传统性别文化对当今妇女多元化教育的影响，旨在促进妇女教育多元化发展，推进平等性别文化的构建。

一 性别文化与妇女教育多元化的概念

文化是人类在社会历史发展过程中所创造的物质财富和精神财富的总和，性别文化是文化的一大重要组成部分，且与文化同构。通过比较不同学者对性别文化的界定，笔者倾向于这样的表述：性别文化是作为文化形态存在着的男女两性生存方式及所创造的物质与精神财富，它包括迄今为止整个人类发展过程中的性别意识、道德观念、理想追求、价值标准、审美情趣、行为方式、风俗习惯等。② 同其他文化形态一样，随着社会环境

---

① 王冬梅：《教育对性别文化的型塑》，《中国人口报》，2012年5月7日。
② 魏国英：《性别文化的理念建构与本土特征》，《内蒙古大学学报》（人文社会科学版）2003年第4期。

的发展变化,性别文化也有一个从低级到高级、从简单到复杂的演进过程。纵观性别文化的发展,大体经历三个阶段:原始社会平等的性别文化阶段、传统社会不平等的性别文化阶段、当代社会趋于平等的性别文化阶段。① 当前我国正处在从传统社会不平等的性别文化向当代社会趋于平等的性别文化转变的过程中,既有根深蒂固的传统性别文化和被国人接受并加以本土化的现代西方社会的性别文化;也有马克思主义中国化后形成的性别文化和当代国外文化影响下形成的性别文化。② 如此复杂多样的性别文化,夹杂着男女平等的性别观念与实际行为模式之间的矛盾并存于我国的社会转型期,迫切呼吁着对性别文化起形塑作用的教育。

然而,我国传统的简单划一的教育模式已经无法适应现阶段经济文化多元化发展的需要。特别是改革开放30年来,我国社会、经济单一格局已经被打破,多元社会、经济格局已初步形成,③ 多元文化交错并存、区域经济不平衡发展、社会阶层和社会需求的多样化等社会现实都影响着人们的教育观念、教育思想。追求教育多元化一向是各国教育改革的主要方向,我国新修订的《国家中长期教育改革和发展规划纲要》(2010—2020)也多处体现了教育多元化的思想。多元化的内涵丰富而广泛,有论者提出,所谓教育的多元化是指办学体制的多元化、办学模式的多元化、教育投入的多元化和教育供给的多元化等。它是人类社会生活多样性在教育领域的折射和要求。④ 具体到妇女教育领域,广义的妇女教育是针对女性所有个体进行知识传授、人格塑造和品德素养培养的社会化过程。不论是为女性提供或设计的教育活动或是各种正规的、非正规的和非正式的教育形态,都是妇女教育。它包括各种年龄层次的女性在家庭中、学校里、亲友间、社会上所受到的各种影响。狭义的妇女教育又可分为女性教育和妇女教育。女性教育主要指女性接受学校教育;而妇女教育主要是针对成年女性,结合妇女的性别特点,运用各种资源、手段和方法,开展包括提高妇

---

① 吕红平:《中国性别文化的变迁及其现实意义》,《河北大学学报》(哲学社会科学版) 2010年第5期。
② 王金玲:《性别文化及其先进性别文化的构建》,《浙江学刊》2003年第4期。
③ 张铁明、吴开俊:《多元化:21世纪中国教育体系构建与发展的必然抉择》,《教育发展研究》2001年第8期。
④ 范先佐:《教育多元化与教育投资政策的选择》,《广州大学学报》(综合版) 2001年第10期。

女思想、心理、文化、技能等各项素质在内的教育培训。① 可以说针对女性所办的女子院校和各类妇女培训是教育多元化的一种体现，但其教育目的和教学内容的选择还无法满足女性多样化教育的需求，因此，本文的妇女教育多元化是指针对女性所有个体实施的不同的教育目标、形式和手段以及不同的教材教法、不同的评价体系之间相互独立又相互补充的一种教育存在形式，包括妇女教育目标和评价多元化、教育内容和形式多样化等。

二 我国传统性别文化对妇女教育多元化的影响

我国的传统性别文化是指发端于以男性为中心的父系氏族社会，经过奴隶社会和封建社会的发展巩固，在男女性别差异基础上形成的关于男女两性的价值观念、行为方式、制度规范、风俗习惯等意识形态及其表现，以男权至上、男尊女卑为其主要特征。尽管我国推翻封建帝制已过百年，由传统社会不平等的性别文化向当代社会趋于平等的性别文化的转变也取得了很大进展，但传统性别文化对妇女教育多元化的影响却是重大且深层次的。由于文化是个复杂总体，包罗万象，为了研究的方便，笔者将从传统性别文化的男外女内、男主女从、男尊女卑三个方面进行阐述。

（一）男外女内的社会分工限制了妇女教育目标的多元化

传统性别文化中的"男主外，女主内"的性别分工制度，不仅是男女之间分工的界限，也是对男女的社会角色定位。性别分工制度首先把社会分为公领域和私领域两部分，公领域只能由男性贵族来管理，完全剥夺了妇女参与社会、管理国家的政治权利。在私领域即家庭中又分为内与外，"男主外"，其角色定位是养家糊口，拥有决定家庭事务的权力，在家庭中处于绝对的支配地位。"女主内"的角色定位是关怀和照顾人，以家庭为重心，处于辅佐地位。女性角色定位于家庭，经过千百年来的社会实践，已深深地根植在中国人的头脑中。虽然如今的女性大多已走出家门，在公

---

① 赖立：《改革开放以来我国妇女教育研究回眸与展望》，《河北大学成人教育学院学报》2008年第2期。

私领域都有所建树，但男外女内的角色分工对妇女教育目标多元化的影响依然存在，主要表现在对女孩的角色期待多与贤妻良母联系在一起。

比如在影响儿童性别文化形成的家庭教育方面，笔者问及强调自己没有性别偏见的父母喜欢女儿的原因时，多位家长提到女儿温柔体贴，是父母的贴心小棉袄，这是否意味着这些父母对女儿的期待含有"照顾者"的角色之义？与"男主外、女主内"的传统性别文化是否异曲同工？平时父母和其他成年人为女孩选购的洋娃娃玩具也无意识地暗示了她今后的社会活动倾向是照顾型的，是做家务的。就连社会上有些指导家庭教育的书籍，也在复制"男主外、女主内"的传统性别文化。我们在访谈中听到最多的一句话是"男孩穷养，女孩富养"，笔者上当当网点击浏览了有近三千条商品评论的《培养完美女孩的100个细节》（云晓著，朝华出版社，2008），作者给家有女孩的父母提出教育女孩的原则之一是"一定让你的女孩养只小动物"。因为"在照顾小动物的过程中，女孩将学会体贴和照顾他人，更富爱心、更富责任感"。可见，男外女内的角色分工已经严重束缚了诸多施教者的思路，限制了妇女教育目标多元化的确定。

（二）男主女从的性别观念影响了妇女教育内容的多元化

中国自夏王朝开始的男系继承制就剥夺了女子拥有生产资料的所有权，从夫居的婚姻制度使妇女由未嫁前对父亲的依赖转而投靠丈夫，导致妇女一生都不能有自己独立的意志和行动自由，只有服从于不同的男性。怪不得卢梭会有"妇女永远应该从属于男子或者听命于男子的见解"的言论。这种由男性私有制而产生的男主女从的性别观念，不仅影响到对妇女教育的投资，而且波及到对妇女教育内容的选择。

如前所述，由于对女性的角色期待多以贤妻良母为主，教育机构的女性教育相对以传授服务性的知识技能为多。比如福建华南女子职业学院的专业设置多以服务性为主。同时，对我国和其他许多国家和地区的教材研究表明，在现行的中小学及成人的教材中，不管是内容，还是作者的选择或者性别比例上，都存在着明显的男主女从现象。女性不仅比例少于男性，而且女性出现的角色多是传统的家庭妇女形象，处于一种陪衬地位。如小学课文中的宋庆龄，淡化了她在社会公领域、在国际国内舞台上所表现出的聪颖智慧，突出的是她作为女性和长辈对待下一代和蔼可亲的宋奶奶形象。邓颖超成了邓妈妈，她的典型形象是戴着老花眼镜做针线活。①类似的现象也出现在有些儿童影片中，以被国家广电总局颁发了"优秀国产动画片一等奖"的《喜羊羊与灰太狼》为例，首先，女性比例太少，在常出场的羊族中，男女比例4∶2，若加上其他包包大人、泰哥等角色，女性比例就更少了。其次，女性个性单一，美羊羊、暖羊羊都善良、有爱心，且暖羊羊更像个边缘化的人物，有点可有可无的感觉。但男性既有聪明勇敢的喜羊羊和健壮鲁莽的沸羊羊，也有学识渊博、做事慢的慢羊羊和好吃懒做、胆小爱哭的懒羊羊。相比而言，男性个性多样且有立体感。再次，塑造的是传统女性形象。羊族的美羊羊爱美、爱打扮，一切淑女干的事她都爱干，她还被赋予营养师、美容师、模特儿等传统的女性角色和职业。而狼族的红太狼则纯粹是个凶悍的泼妇，每天只知道依赖灰太狼生活，不但脾气暴躁、贪婪虚荣，而且还常常由于她的愚蠢使灰太狼辛苦抓到的羊逃之夭夭。女性形象的这种简单处理正是受男主女从等传统性别文化影响的结果。

（三）男尊女卑的社会意识阻碍了妇女教育评价的多元化

自父系氏族社会以降，男性为了维护其对社会资源的所有权、巩固宗法血缘制度的合法地位，通过哲理化、法律化、社会习俗等方式和手段，不断地强化男尊女卑观，使男性天生尊贵地位高，女性卑微地位低的意识根深蒂固。与男尊女卑相伴随的还有男权至上、男强女弱等思想，虽然我国从传统社会不平等的性别文化向当代社会趋于平等的性别文化的转变已启动了近百年，男女平等的思想也深入人心，但男尊女卑、男强女弱的传统意识不仅影响到对妇女教育的投资，而且更隐性地体现在对妇女教育的评价上。

当前，男尊女卑的社会意识对妇女教育的影响主要表现在：男性受教育程度依然高于女性；有的地区在一定程度上还存在教育机会的性别障碍。在农村和贫困地区的非独生子女家庭，教育投资上的"重男轻女"现象还没有彻底消除。②在对男女两性的评价方面，男强女弱的观念更是习

---

① 沈奕斐：《被建构的女性：当代社会性别理论》，上海人民出版社，2005，第291~292页。
② 莫文秀主编《中国妇女教育发展报告 NO.1（1978—2008）：改革开放30年》，社会科学文献出版社，2008，第13页。

以为常。比如，尽管有高考女状元，但还是能听到"男生学习有后劲，女性到了中学就学不动了"的论调。家长和老师普遍认为男生逻辑思维能力强，而女生更善于机械记忆等。史静寰等研究者曾针对初中理科教师设计了这样一个实验：让教师对两个学生——王健和王蕾进行评价。这两名学生都有同样的特征，例如，爱问问题，下课后经常自己花费大量时间钻研书上的推导和证明，爱看课外书等。研究者并未直接说明两个学生的性别，但是名字暗示了性别。统计结果显示：71%的教师认为王健是个成绩优良、学习方法正确、能力强、聪明好学、知识面广、具有很大发展潜力的好学生或较好学生；而49%的教师认为王蕾是个学习方法不佳、能力不强、不聪明、爱看课外书而耽误了学习的较差生或差生。[①] 教师的评价仅仅根据王健和王蕾的性别之差就有这么大，由此可见男强女弱传统性别文化影响之深。

当然，男尊女卑、男主女从、男外女内等传统性别文化对妇女教育多元化的影响是共同的，它们是一个整体。

三 推动妇女教育多元化的发展

虽然传统性别文化制约着妇女教育传递的内容，影响着妇女教育的价值取向，但随着我国性别平等意识的增强，妇女教育也发展着性别文化。随着《国家中长期教育改革和发展规划纲要》（2010—2020）》（以下简称《纲要》）的出台，笔者期盼妇女教育在教育目标和评价、教育内容和形式的多元化方面迈出更大的步子。

首先，突破性别刻板印象，建立妇女教育多元化的目标和评价体系。《纲要》明确提出要"树立多样化人才观念，尊重个人选择，鼓励个性发展，不拘一格培养人才"。在妇女教育中要落实这一改革思想，关键是妇女教育目标和评价的多元化。妇女教育目标和评价多元化是针对性别刻板印象而言的，旨在改变传统文化培养贤妻良母的单一目标和对妇女温柔、被动、依赖等的模式评价。2005年湖南卫视"超级女声"的成功运作，从某种意义上说是暴露出一元教育评价模式的弊端。其实男女两性角色分工

[①] 沈奕斐：《被建构的女性：当代社会性别理论》，上海人民出版社，2005，第293页。

的传统早就遭到了质疑，1964年，罗西（A. S. Rossi）首次提出双性化概念，认为"个体可以同时拥有传统男性和传统女性应该具有的人格特质"。① 男女双性化并不是性别中立或没有性别，而是描述个人不同程度上表现出两性的行为特征，突破性别刻板印象的束缚。目前，我国虽没有象美国那样广泛实施双性化教育，但随着社会的发展，具有双性化人格的人才越来越多。究其原因，中国正处于高速变化的转型期，社会环境宽松，男女平权思想和制度的贯彻落实，对性别的弹性增大；现代科技的蓬勃发展，智能化的生产和生活方式突破了传统社会性别角色、分工和人格分类等的界限；独生子女政策的推行不仅打破了重男轻女的传统观念和行为方式，而且促使家长老师们越来越重视孩子、学生的全面发展。但从已有的研究结果看，我国双性化人格的比例虽因民族、地域、年龄有差异，但总的来说还是较低的。② 因此，要顺应时代发展的要求，落实以人为本的理念，确立妇女教育多元化的目标和评价体系，在尊重个体性别倾向的基础上，从家庭、学校、社会等方面多管齐下地开展妇女多元化教育，创新平等的性别文化。

其次，拓展妇女教育内容和形式的多样化。《纲要》中还提到，"加快解决经济社会发展对高质量多样化人才需要与教育培养能力不足的矛盾"，"搭建终身学习'立交桥'。促进各级各类教育纵向衔接、横向沟通，提供多次选择机会，满足个人多样化的学习和发展需要"。根据这一精神，妇女教育除继续促进女子院校的发展外，更应以多元化的教育内容和教育形式来满足妇女多样化的发展。而且，既然妇女教育目标是多元的，那么妇女教育内容也必然要以此为核心进行多样化拓展。比如在家庭教育方面，家长应该在日常生活中，通过各种形式培养女孩的责任感，而不是单纯地"富养"女孩。在学校教育方面，要打破传统性别角色思维方式，鼓励女生学习理工科，并开展女子科学夏令营之类的活动来增强女生学习理工科的信心。在社会教育方面，要通过电子或纸质媒介等多种形式宣传女科学家、女政治家的事迹和贡献，介绍获得"中国青年女科学家奖"（2004年设立）的人员情况等。

---

① 李立娥：《国内外"双性化"教育研究述评》，《江西社会科学》2007年第6期。
② 李立娥：《国内外"双性化"教育研究述评》，《江西社会科学》2007年第6期。

尤其在今天这个信息化时代,妇女教育内容和形式多元化可充分利用大众传媒进行拓展。进入 21 世纪后,随着性别平等意识的增强,大众传媒中的男女形象已不再是女性温柔、顺从,男性刚强、勇武等固定特征,而是变得越来越丰富。目前传媒中的女性形象除了传统的持家女人外,大致还有两类比较多见:一类是颠覆传统的任性的女性,尤其在一些古装戏中,通过赋予古代女子独立有主见、敢爱敢恨等个性来颠覆传统的女性角色规范。一类是聪颖智慧的知识女性。她们多为白领,身着设计高雅、制作精良的职业女装,动作敏捷、神情自信,充分展现了女性的独立与自信。而传媒中男性形象除了传统的英雄和成功人士外,还有系着围裙操持家务的顾家男人。尽管目前的大众传媒还未能展现现实生活中女性多样性的全貌,但作为教育的一种方式,借助报纸、杂志、电视、电影、广播、互联网等多种渠道,通过新闻、电视剧、广告、漫画等各种手段,有选择地把男性女性形象的多面化、多样性传达给受众,最终会影响到受众的性别认识和行为,推动着平等性别文化的构建。

总之,性别文化和妇女教育多元化之间相互影响,相互促进。在充分明了传统性别文化对妇女教育多元化影响的基础上,结合当今实际,必须有针对性地创设条件倡导妇女教育多元化,促进女性全面而自由地发展。

(原载《昭通学院学报》2013 年第 3、4 期)

守望乡愁：社会性别视野下的美丽乡村建设

——闽北广贤村为例

林丽琴

一 前言

村落是农耕文明的载体和源头，传承着民族底蕴，也是现代文明的根基和依托，寄托着浓郁的乡愁。几千年源远流长的中国农耕文化的根在农村，传统村落传承着中华民族的历史记忆、生产生活智慧、文化艺术结晶和民族地域特色，维系着中华文明的根，寄托着中华儿女的乡愁。[①]"记住乡愁"是习近平新时代中国特色社会主义思想中"乡村振兴"的思想之一。守望乡愁，就守护住了村落发展的源动力。乡村振兴战略的贯彻为村落女性内生出一种巨大的发展力量，推动村落女性蜕变为美丽乡村建设主体力量，强化她们的乡愁依恋，增强她们乡土文化自信。乡愁可寄的村落，既要有人与自然的和谐共处，又要有现代生活的舒适洁净；既要有传统文化的原汁原味，又要有守望乡愁的人情温度。故从社会性别的视角挖掘村落女性建设美丽乡村的内在机理，对村落女性守望乡愁的实践与理论，具有一定的示范意义和启示作用。

[①] 刘彦随、周扬：《中国美丽乡村建设的挑战与对策》，《农业资源与环境学报》2015年第2期。

二 研究方法及被访者基本情况

本文主要采用个案深度访谈和定性分析方法对19位广贤村女性进行深度访谈,在个案的选择上,按在生活生产形成的不同群体进行分类抽样,选择了有代表性的个案。19位女性个案的基本情况如下:(A群体)70岁以上的5位女性,她们日常生活联系密切,归类为一个访谈群体;(B群体)40-55岁的9位女性,按其生活与生产联系的密切程度,分为三个访谈群体;(C群体)30-40岁的4位女性,她们户籍迁出村落在城市工作,归类为一个访谈群体。

三 调研分析结果

(一)乡愁之基:母亲的守望

广贤村是移民村落。新中国成立后,中央人民政府根据发展生产、建设社会主义的需要,有组织、有计划、有步骤地进行移民工作。闽北于1955年上半年成立移民工作机构,负责接收安置移民。1955至1966年,沿海的福州、福清、莆田、惠安先后有一些居民迁入定居,称为志愿支持山区开发建设社会主义的劳动者。1965年9月20日,55对年轻夫妻从莆田移入闽北偏远的广贤村。在迁入地的53年生存与发展历程中,她们的乡土关系经历了一个断裂、融合、扩展与重构的过程。从人民公社时期生产队的共同劳作模式和分田到户的家庭联产承包责任制时期,这些移民女性的生产生活都围绕迁入地的土地展开,迁出地断裂的乡土关系在迁入地得到重构。乡愁之"乡"指的是具有特定地理位置的特定"地方",如老家、家乡、乡村、农村、故乡、故土乃至故国。这些移民女性的原生乡愁情感来源于迁出地,她们对故乡的眷念,没有因53年时间的流逝而消失。每逢村里有人开车去莆田,她们都会将一车的土特产带回故乡。"你们爱娘家,我也爱娘家啊。莆田是我的娘家"。但必须认识到,虽非生于斯,但老于斯,她们在迁入地乡土关系的重构,构建了新生的田园依恋。森林覆盖率达73.5%的广贤村,原生态的自然环境令住在城市的人向往,而居住在村落里的移民女性更是用自己的创造力成就了村落的美丽。"男工女耕"是这些莆田移民家庭的典型家庭生产模式,移民女性是村落生产劳动的主体,为美丽乡村建设打下基础。乡土关系涉及的不仅是人与人之间的社会关系,还包括了人与自然即农民与其耕种的土地之间的关系,其外延要大于仅仅作为一种社会关系而存在的地缘关系。[①] 访谈的5位移民女性均已70岁以上,因为勤劳的特质,劳动依然是她们日常生活的主旋律。青青菜园,美丽庭院,鸡鸭成群,是她们为在外工作的孩子们守护的家园。"只要我这老母鸡在,无论在哪里的小鸡们总会咯咯地回到母鸡的翅膀下"。母亲在,家则在。逢年过节,村落是家家团聚的盛况。离别时,车上满载的家乡土特产,是母亲的牵挂与乡愁的温情。

(二) 如画村落:诗意乡愁的画家

20世纪90年代,2.6亿农民工进城,农村劳动力大量向城市转移,城市建设日新月异,农村走向衰落,农田荒芜、村落萧索。贫困村、老人村、留守儿童村已成为广大村落严峻的客观事实,留给人们的不是乡愁而是乡衰。如何处理好城乡一体,走出一条中国特色社会主义的城镇化之路,成为我国乡村发展必须解决的问题。近年来,党和政府采取了一系列措施,进行了有益的探索,如提出"城乡统筹""城乡一体化发展""新农村建设""美丽乡村建设""特色小镇建设"等。党的十九大报告提出的"乡村振兴战略",正是这些探索的集大成。[②] 乡村振兴战略实施是一个不断积累、不断丰富的过程。美丽乡村的建设是一个渐进的过程。田园美、村落美、家园美是美丽乡村的形式表现,家园意识和乡愁依恋是美丽乡村建设的核心内涵。对广贤村村落女性美丽乡村建设的调研,是从如诗如画的村落审美印象开始的。一条沥青公路穿过广贤村,是村落的中轴线。从村头到村尾大约4000米,一幢幢风格相似的现代乡村庭院布在公路两旁,白墙黑瓦如江南水墨画。正值盛夏,每家院落盛开着各种花卉,院前停放的家用轿车实现了村民交通的便捷,院后的鸡鸭与菜园保存了田园生活的归属感。村落女性是建设乡村庭院的行动者。院子、花卉、鸡舍、

[①] 周晓虹:《传统与变迁:江浙农民的社会心理及其近代以来的嬗变》,三联书店,1998。
[②] 范建华:《乡村振兴战略的理论与实践》,《思想战线》2018年第3期。

菜园等要素，是村落女性建设美丽家园的综合要素。家园是一个具有归属感，融合对空间、色彩、光线、气味、声音和意义等要素的综合感知，是能够慰藉心灵与精神的场域。"环境美的根本性质是家园感，家园感主要表现为环境对人的亲和性和人对环境的依恋感、归属感"。① 人在此场域的生活体验、审美体验就会发出"乡愁"。平坦的农田环绕着村舍，相伴而不相离，构成田园牧歌式的乡村景观。夕阳西下，笔者带着读小学的儿子漫步在一片绿油油的田间小路，清新空气，习习凉风，远处农舍升起袅袅炊烟，农民日落而归，老人结伴散步田间。村落女性用双手把农村建设成田园风景画，让游客体验到自然丰裕之美，增强游客对美丽乡村的审美鉴赏。"许多在乡间漫游的人对眼前的景物油然而生喜悦之情，自己并不知道，他的快乐也许要归功于这些卑微的画家。他们首先打开了我们的眼界，使我们看到平时的自然美"。②

（三）产业兴旺：村落女性劳动力回流

广贤村是武夷山脉中一个偏远村落，是竹子之乡。生产竹器产品是村中传统的产业，由于没有形成规模化，竹器产品生产一直无法实现全村致富。自 2009 年开始，基层政府结合当地水土资源引进烟叶种植，并按政策给予种植户定量补贴。广贤村摆脱依靠种植水稻为主的农业模式，探索出适应本村落发展的道路。产业多元化、政策支持及多年打工赚钱盖起的美丽家园，吸引了外出打工的村民回流。回流的村落女性是美丽乡村建设的主体力量。移民二代女性阿春是村落的种植大户，当年承包了一百二十亩农田，一季种植烟叶，一季种植水稻和草籽。"前几年，随大流我们夫妻俩在县城办厂，每天一开门就要支付工厂固定开支，想想有点后怕，最后正好遇到政府征收厂房得到一些补贴，才没有亏钱。回到家，就开始踏踏实实种田。由于没有种烟叶的经验，第一年只敢承包了二十亩，很辛苦但也赚到钱了。后来有经验了，我开始扩大规模，今年承包了一百多亩，也就是你看到的田几乎都是我种的。（自信地笑）""一百多亩，你怎么种？""种十亩是种，种一百亩也是种，都是要雇人。规模越大，钱会赚得更多。刚从城里回来种田时，大家不相信我有能力承包那么多田，现在大

---

① 陈望衡：《环境美学的主题》，《中南林业科技大学学报》（社会科学版）2011 年第 1 期。
② 贡布·希里：《艺术发展史》，范景中译，天津人民美术出版社，1998，第 233 页。

家都很佩服我种田的能力了。做女孩子的时候,我在娘家一个人都种了二十亩田。"少女时期的种田经验为阿春脱贫致富打下扎实的基础。阿春的规模化、集约化的耕耘模式,消化了村落中闲置的中年劳动力,增加了村民的收入。村落中 40 岁-60 岁的中年妇女大部份是回流农民工,现在形成就近就地就业的生产局面。在村落,春季时,满山遍野都是采茶女;农忙时,或自家种植烟叶,或在田野里以一天 150 元的价格帮工;农忙间歇的时段,到村里筷子厂打工。这些回流的农民工女性,城市文明在她们身上留下印记,具备了"有文化、有信息、懂技术、会经营"的新型农民的基本素质。她们携带着这些现代化的文明因子回乡,为美丽乡村建设带来有意义的贡献。打工女性的回归,让村落呈现安居乐业发展趋势。耕耘之余,人们为日常生活注入生活美学建构的生命状态和行为方式。田园生活是满足人们对美好生活向往的生活模式,因此也建构了浓浓乡愁。

(四)依恋乡愁:村落女性精英的反哺

我们在田野调研中发现,考上大学在外工作的村落女性,虽然青少年时期离开村落外出求学、就业,与土地、自然、村落长期疏离,但她们对家乡依然保留有许多情感记忆。"那是生我养我的土地啊!童年都是在田里和山间野大的,游泳是自然学会的。小学时期,帮助家里忙双抢印象最深刻,所以深刻体会到父辈们养育我们的辛苦。"她们对乡土文化的记忆虽是碎片式的,缺乏父辈对山水林田湖草系统的生命体验,但生于斯、长于斯的乡愁根植于她们的思想与灵魂深处。在乡村振兴战略的背景下,在乡愁的魂牵梦绕下,她们认知乡土文化价值,具备推动美丽乡村建设的实践能力及个体担当责任感。2018 年中央的"一号文件"提出了相关政策建议:"建立有效激励机制,以乡情乡愁为纽带,吸引支持企业家、党政干部、专家学者、医生教师、规划师、建筑师、律师、技能人才等,通过下乡担任志愿者、投资兴业、包村包项目、行医办学、捐资捐物、法律服务等方式服务乡村振兴事业。"[①] 阿春的妹妹阿琳说:"因为爱这片土地,爱自己的亲人,我整合自己的社会资源与从业经验,帮助种植大户的姐姐走农村合作社的道路,申请到更多的政策支持和补贴,引进先进的种植业运

---

① 《中共中央国务院关于实施乡村振兴战略的意见》,新华社 2018 年 2 月 4 日电。

营模式。"那份乡愁,让这些乡村女性精英把握住乡村振兴战略带给家乡的机遇,科学整合村落离散型的耕耘业态,实现产业兴旺,反哺乡土。

村落拥有丰富的乡土文化,是我国传统文化与民俗文化的重要载体之一,凝结着浓浓乡愁。随着乡村振兴战略的实施,乡土文化迎来生机勃勃的发展期。保护、传播与创新乡土文化资源,需要集合政府引导和个体担当的力量,让乡土文化在乡村振兴中凝心聚力,在美丽乡村建设中大放异彩。村落女性精英阿红说,"这儿满山都是竹子,生产筷子已成这儿的产业。初中时,在筷子厂手工做筷子打工赚学费,我记得所有制作筷子的工序,妇女都是用一个有半圆齿的铁刀削圆筷子。她们的每个手指都用胶布包着,十分娴熟地制作一批批发往外地的筷子。因为是帮手,我技术不熟练,所以我的手经常都被竹丝刺得鲜血直流。可以想象她们都是经历过这满手血泡才掌握了娴熟的技艺。现在已是机械生产筷子了,原来手工生产筷子的工具已淘汰。我已收藏了一整套原来的生产工具,也收集了各种款式的筷子,想建立一个小小的筷子博物馆。我记得当时简陋的厂房里的欢声笑语,也记得筷子也成就许多美好姻缘,那是非常美好的记忆。而且,这些传统技艺,也是文化创意作品的源泉,我在城市里主要从事文化创意产业的工作,在为家乡这些传统技艺的文化创意创作寻找资本的合作。一是用数字创意保存这项技艺,转化成VR就可以让游客体验这项传统技艺;二是这项文化创意可以衍生出许多赚钱的渠道,专业的人做专业的事"。阿红把筷子的传统制作技艺转化为数字化文化创意作品就是对乡愁的活化利用,传播乡愁,丰富乡村旅游内容,实现乡愁博物馆与旅游的实践融合。

村落女性精英的反哺行动多元化。"记得小时候,母亲为了让女儿们穿得漂亮,织出各种复杂花案的毛衣。因为钦佩不识字的老母亲能针织出款款创新毛衣花案,让我深度思考:这就是非遗啊,现代人已不穿手工针织毛衣,这种手工针织高难度的技艺快失传了。为了抢救这项民间技艺,我现在正在申报传统针织技艺的非遗传承人的工作,成功与否并不重要,重要的是把老母亲的技艺保存下来。这是源于对母亲的爱,对家乡的爱,让我一腔热情地为家里,为家乡主动服务。""我周围的朋友,被我发在朋友圈里的家乡美景所着迷,他们委托我定期采购一些家乡的原生态农产品。物流的发达,已能实现新鲜食物第二天送达朋友家中。虽然我知道这是帮助村民增收的一条好路子,但农家肥种植出来的蔬菜产量有限,所以我也只能小范围的供应。因为我也当心一旦供不应求,村民为追求经济利益会大批量地化肥种植,这是市场的规律。我为村里的有机农产品注册了品牌'广贤良品',意为'广聚贤德之地种植的农家良品',这是我依村名深挖出来的美好寓意。"村落女性精英的自觉反哺行动,是乡愁的外化行为。共同的乡愁唤起了她们把自身主体融入美丽乡村建设的热情。乡愁是村落女性从私域提升到公域的平台,是村落女性自我价值实现的驱动力,衍射到村落男性的场域,实现女性主体性的价值成长与话语权的提升。

四 结语

美丽乡村建设是时代的命题,但肇始于父辈们在这片土地辛勤耕耘的基础上。"教育始于母亲膝下",莆田移民女性的勤劳品质以"润物细无声"的方式促成子女的奋进与勤劳美德的养成。勤劳美德和城市打工的社会化经历,建构她们成为美丽乡村建设的主体力量。故乡地理、童年历史、家庭情感和社会活动强化了村落女性精英在美丽乡村建设中的责任担当。她们通过对村落生态资源与城市资源进行优化整合,将绿水青山变成农民致富增收的金山银山,实现村落与城市在精神与物质层面的双向对接,让村落真正成为时代的前线,灵魂的后方,成为让城市向往的地方。

(原载《平等和谐发展——福建妇女研究集萃》)

【社会体制与改革创新】

当代中国社会体制改革的研究脉络与实践路径

孙秀艳

"找寻稳定发展的社会模式"是社会转型和深化改革过程中最为严峻的挑战之一。由于时代"新疾"与历史"沉疴"相互交织而成的诸多矛盾集中淤积在社会发展领域,加快推进社会体制改革作为社会建设的重要组成部分,是当代中国经济社会持续稳定有序发展的一道必经门槛。而今,社会体制改革的步伐由缓渐急、由小而大,只有及时厘清其研究脉络,摸准其实践路径,方能推动中国的社会建设、社会治理走进新的历史阶段。

一 社会体制改革的研究脉络

改革开放以来,社会体制改革的实践探索和理论研究从未中断。国内学者立足国情,借鉴发达国家的理论和实践,从不同角度积淀了丰厚的理论储备,但在政策上把它作为一个独立的领域来提出和推进,又仅是近些年的事。

(一)政策层面:社会体制改革的提出发展

20世纪90年代后期以来,政府自身的改革建设未能适应发展需要,社会经济发展不平衡的"瘸腿效应"带来社会领域中的一系列问题。到底要通过什么样的治理方式才能实现经济社会的公平发展?这一当代政治学家、经济学家和社会学家共同关注、反复讨论的问题，不仅引起中国学术界的深思，也引发党中央、国务院对推进社会体制改革的高度重视。

2004年，党的十六届四中全会提出"加强社会建设和管理，推进社会管理体制创新"，社会体制改革开始成为国家政策的关注焦点。2006年，党的十六届六中全会要求"推进经济体制、政治体制、文化体制、社会体制改革和创新"，标志着改革开放20多年后，我国将进入全面推动社会体制改革、构建社会主义和谐社会的历史时期。2007年，党的十七大报告提出"推进社会体制改革，扩大公共服务，完善社会管理，促进社会公平正义"。而《关于2008年深化经济体制改革工作的意见》则单列"社会体制"问题，要求积极探索其改革的有效途径、破解难点，反映了我国宏观体制改革的重心开始从偏重经济体制改革，向体制综合配套改革转变，从非均衡发展向均衡发展转变。[①] 2010年，党的十七届五中全会从顶层设计的层面要求"必须以更大决心和勇气全面推进各领域改革"，加快推进社会体制改革再次得到强调，并在此后的"十二五规划"建议和纲要中摆上议事日程。2012年，党的十八大报告首次系统阐述了社会体制改革的基本框架，提出社会管理体制、基本公共服务体系、现代社会组织体制和社会管理机制等一系列既有区别又有联系的重要范畴。2013年，党的十八届三中全会立足国家治理体系和治理能力现代化，强调以"五位一体"的制度建设和体制改革来全面深化改革，在社会体制机制改革的顶层设计上视野更为开阔，提出"紧紧围绕更好保障和改善民生、促进社会公平正义深化社会体制改革""加快形成科学有效的社会治理体制"等包含着诸多新理念的新思路。

时至今日，社会体制改革不仅是我国现代化建设总体布局框架中的要素之一，而且将成为未来五到十年中国改革发展和创新驱动的关键点之一。这既是社会体制改革理论的重要发展，也是实践进入自觉构建阶段的重要标志。综观政策层面的发展历程，当代中国社会体制改革的规划、决策和部署，始终是在建设中国特色社会主义的历史视野和实践道路中，朝着中国特色社会主义现代化目标日渐前行。

---

① 姚华平：《我国社会管理体制改革30年》，《社会主义研究》2009年第6期。

（二）学术层面：社会体制改革的系统阐释

社会各界对社会体制及其改革的认识，尚在经历一个不断循环往复、深化提升的过程。学术界从历史渊源、逻辑轨迹、内涵外延、发展阶段、改革意义、重点领域等诸多视角，系统阐释了社会体制及其改革的方方面面，为研究和实践的进一步深入积累了丰富经验。笔者着重从两个方面进行梳理。

1. 社会体制改革的内涵外延

研究社会体制改革，首先要界定到底什么是社会体制。学者们的理论思考与学科分析异彩纷呈。在内涵方面，比较有代表性的观点有：（1）把社会体制看成一种规范，"是指在特定的社会中，人们之间社会关系的模式"，以利益格局和参与方式作为边界条件，通过志愿机制配置资源，从而充分激发个人和集体的参与热情。① （2）把社会体制看成一种制度安排，有从宏观层面强调"社会体制是国家为了维护社会秩序、促进社会发展而对社会建设和社会管理做出的一种制度安排"，② "是组织社会生活、建构公平正义社会的基本制度"，③ 以实现既定社会建设目标为指向；有从微观层面指出"社会体制受基本经济制度、一定历史时期社会结构模式的决定和制约，是基本社会制度的具体体现，是它的'操作层次'"。④ 也有以本质和形式的统一来界定社会体制，认为其本质上体现的是国家与社会之间的现实关系架构，形式上反映的则是一个国家、地区或城市的民众组织化与社会服务社会化的程度。⑤

从社会体制的外延上看，既然"社会机体是由各种制度性设置（institution，又可翻译成'公共机构'）组织起来的"，那么人口体制、家庭婚姻制度、基层社区体制、社会治安、社会组织以及社会福利和社会保障等均可视为社会制度的重要内容。⑥ 郭道晖基于马克思主义经典著作对

---

① 丁元竹：《当代中国社会体制的改革与创新》，《开放导报》2012年第3期。
② 何增科：《中国社会管理体制改革路线图》，国家行政学院出版社，2009，第14页。
③ 柳拯、刘东升、黄胜伟：《关于深化中国社会体制改革的几点思考》，《广东工业大学学报》（社会科学版）2012年第5期。
④ 秦德君：《中国社会体制问题研究》，《上海行政学院学报》2010年第4期。
⑤ 徐永祥：《社会体制改革与和谐社会建构》，《学习与探索》2005年第6期。
⑥ 卢汉龙等：《新中国社会管理体制研究》，上海人民出版社，2002，第2~3页。

社会权力的论述，从利益、权力等视角切入，认为社会体制应包括多元群体社会地位的结构、社会资源的占有与分配体制、社会主体的权利（right）和权力（power）结构、社会权力和国家权力的互动关系等四大因素。① 何增科则把社会管理体制作为社会体制的核心。综上所述，学者们纷纷强调社会体制改革是继经济体制改革之后又一项影响深远的社会变革，"是通过对社会各个子系统进行结构性和功能性调整，使之在结构上保持一种合理化状态、在运行过程中保持一种有序化状态"。②

2. 社会体制改革的整体脉络

社会体制的形成变迁是一个历史发展、系统建构的过程，人们对一些根本问题的认识也呈现出由浅到深的过程。除了内涵外延，学术界围绕社会体制改革的目标方向、发展阶段、重点部分、本质核心、改革动力等，构筑起较为明晰、纵横交错的整体脉络，对其实践路径的选择颇具启示意义。

从纵向的思考过程上看，学者们描绘了社会体制改革不同的前进图式。有从"自由人联合体"的人类社会理想出发，认为只有将人的发展和福祉置于优先位置，社会体制改革才不会迷失方向，其目标模式应确定为"自治社会体制"，要经历由低到高、依次发展的三个阶段。当前则正处于从"强国家—弱社会"向"强国家—强社会"转变的关键阶段。有基于对社会体制历史和逻辑的认识，认为中国在20世纪50年代开始建立以计划经济为特征的社会体制，20世纪80年代又开始借鉴发达国家的经验对传统社会体制进行改革，目前两种特征兼具。有别于经济体制改革的目标是实现效率，社会体制改革的目标则是实现公平。因而提出"建立在合理利益和公正决策边界下公众参与的当代中国社会体制改革和创新的目标模式"。总之，中国社会体制方面的变化一直在发生，经历了由自发阶段向自觉阶段、由零星突破到整体推进的重大转变。

从横向的演绎方面看，学者们普遍认为中国社会体制改革大大滞后于经济体制改革，但这种滞后只是社会发展过程中一定阶段上的特点，而非全部过程的特点。全国各地正在积极实践的民生事业改善、社区治理、社

---

① 郭道晖：《论社会权力——社会体制改革的核心》，《中国政法大学学报》2008年第3期。
② 陈成文：《加快推进以改善民生为重点的社会建设》，《光明日报》2009年6月16日。

会管理体制改革等,都是改革和完善适合国情的社会体制的重要组成部分,也是基础性工作;但是现在的社会体制改革涉及整个社会秩序的扩展与重建,核心在理顺各种社会利益关系,关键在构建社会治理机制和社会认同机制。就社会体制改革自身而言,其本质上就是一种博弈,是要求改革的力量与旧体制之间的博弈,推动改革的动力状况会随社会发展进程而相应变化,因此改革的目标应根据博弈双方力量的对比状况来确定和调整,亟待把握好目标动力相统一原则。

二 社会体制改革的实践路径

社会体制改革是重大深刻的制度变迁过程,其成功与否,不仅取决于改革者的主观愿望和最终目标,还取决于改革路径的选择是否恰当得力。正确的路径选择无疑会加速制度变迁沿着预定方向前进,反之,则有碍制度变迁的收益递增,甚至会加剧社会失范。党的十八大和十八届三中全会搭建了与社会主义市场经济相适应的、能够推进我国和谐社会建设的社会体制改革的基本架构。这既是当前中国社会体制改革的顶层设计,又指出了推进改革的重点目标和基本路径。各地理应在中央规定的目标和原则框架下,不断发掘符合本地特点的新方法和新思路。但不论是实践的具体路径,还是实施的具体手段,都不能偏离以下两个方向。

(一) 政社分开,多元治理

新中国成立后,在照搬前苏联经济管理模式的同时,也基本照搬其社会管理模式。在计划经济时期,行政化渗透可谓无孔不入,政府承担着几乎全部社会职能,以单位为基础对社会实行总体控制,形成的是行政吸纳社会或社会运行行政化的管理体制。20世纪90年代以来,一方面,国际社会反思民族国家在市场经济背景下的社会体制效能,达成的共识是国家不是全能的,必须赋权给市场和社会,划清各自界限,明确相应责任;另一方面,随着中国改革开放的深入,重塑政府、市场和社会的新关系成为当前社会体制改革的关键所在。围绕这一改革方向,当务之急要着力推进以下三方面的实践。

1. 形成多元的社会治理格局

社会治理是社会体制运行的基本方式,是关于政府与其他社会组织的互动以及他们如何连接市民的一系列活动、制度和机制,也被界定为限制和激励个人和组织的规则、制度和实践的框架。所以,治理不仅局限于政府,也包括多元角色的互动。从社会治理的主体看,深化社会体制改革的过程是党委、政府、企业、社会组织等各类主体彼此分离和重新合作的过程。政治组织、政权组织、经济组织、社会组织等朝着结构分化、组织形式多样化、功能分化与专门化方向,形成多元的社会治理格局。借鉴中国经济体制改革得益于政企分开的经验,如果社会体制改革坚持政社分开,在社会领域能形成一个相对独立的社会部门,民众的福利保障也会有一个令人意想不到的快速发展。社会治理还意味着社会成员的积极参与和共同创造。特别是面临诸多难以处理的问题,都要求地方政府在具有广泛的责任、权力和服务基础上提供一种横向的多重介入。因此,在社会矛盾增多、社会冲突时常发生的情况下,通过多元治理来发挥社会自身作用、培育自治空间,是解决社会问题、实现社会秩序的可能亦可行路径。

2. 建设人民满意的服务型政府

政府是社会发展的需求。但到20世纪后期,我国社会体制改革相对滞后,政府包办的社会管理格局尚未打破,部门分割、多头管理,规则体系建设不足,财权事权划分不合理等依然存在。由于社会空间被"挤占",各种社会问题、社会矛盾的解决缺乏相应的"缓冲地带"。因此,现阶段的中国不仅需要一个更加强大的社会来监督国家、制约国家,而且需要一个真正与市场经济改革总体目标一致、能够按照社会发展规律对社会各领域进行有效治理、有效协调的国家,来保障社会的良性发展。从大多数先进国家的经验看,政府在社会管理方面的作用主要体现在制度建设上,包括法制、社会制度(社会保障、医疗、教育、住房)等。发挥政府的主导作用和政府负责不等于政府全包,政府不该管、管不了、管不好的事情就应该交给社会,政府的职能要真正向创造良好发展环境、提供优质公共服务、维护社会公平正义转变,既要全心全意地提供公共服务,又要规制、创新各类服务的供给方式。

3. 培育健康有力的社会组织

社会组织作为与政府、企业并列的"第三部门",其发育程度不仅被联合国作为判断一个国家社会形态的主要标准,同时也是与现代市场经济相匹配的现代公民社会的重要标志。培育发展社会组织，发挥它们在社会建设和社会治理中的主体作用，是推进社会体制改革的重要内容和突出任务。这不仅涉及政府职能的转变和利益格局的调整，而且是建构现代社会组织体制、建成现代政府和现代社会的必要前提，还可以在社会转型中推进执政党自身的改革发展，重塑巩固执政党的执政基础。可是目前我国社会组织的整体发育不良，截至2012年底，全国依法登记的社会组织有49.2万个，在各级民政部门备案的城乡社区社会组织和农村专业经济协会有30万个。除了数量少、规模小，社会组织的服务功能不强，规范管理不够，自律诚信不足，还存在缺乏资金、人才、能力、制度等弊端。因此，大力培育社会组织，亟需理顺政府与社会组织的关系，建立政府购买服务和转移职能制度；要分类管理，加强监管体系建设，提高监管效力；要优化发展环境，鼓励社会组织以商业模式提供社会服务的同时实现自身的可持续发展；要鼓励和支持社会组织（特别是农村基层组织和城市社区组织）参与建立公众参与机制，引导公众关注社会生活，探索公众参与方式，在促进社会组织良性发展的同时激发社会活力。

（二）缩小差距，公平正义

以各种差距为表象的不平等是众多社会问题的深层根源，英国学者把平等问题放在健康社会关系的核心位置。而公平正义恰是社会领域独特的价值追求，社会学家涂尔干指出，社会也有引以为荣的地方，这并不是因为它们最伟大，最富庶，而是因为它们最公平，组织得最好，具有最合理的道德结构。在和谐社会建设的视阈下，公平正义是中国特色社会主义的内在要求，是社会建设的目标诉求，也是社会体制改革必须遵循的运行逻辑。但是在利益格局多元化的现时代，如何实现公平正义并非简单线性的问题，而是多重因果关系相互纠结和相互嵌入的复杂问题。因此，以公平正义为取向的社会体制改革，既应在实现路径上具有开放性和多样性，又要从解决关系人民群众切身利益的现实问题入手，缩小各种差距，提供公平向上的社会流动机会，建立合理开放的社会分层结构。

1. 建立协商机制，优化利益格局

梳理利益关系，优化利益格局，建立协调机制是社会体制改革首先需要关注的问题。因为体现公平正义的分配方式既是经济体制改革创新的核心问题，也是社会体制改革的基础性工作。在市场经济条件下，个体追逐利益最大化不可避免，政府不仅需要创造条件，完善规章制度，鼓励和支持各类市场主体积极参与财富的创造，更关键的是确保个体和地区逐利的合理性、合法性，建立公平合理的利益格局。在中国经济发展迅速、收入差距明显的现阶段，要引入利益相关者分析（Stakeholder Analysis）框架，通过多边动态的协商机制，探索更加公平的收入分配方式，理顺国家、企业和个人之间的利益关系，协调行业、地区和城乡之间的利益差距。尤其是要打破特殊利益集团资源和权力垄断，约束公权力的无限膨胀，铲除权贵资本产生和壮大的土壤，避免权力运行机制对公共产品配置的渗透。

2. 重建社会规范，形塑社会认同

社会规范（包括正式和非正式）是社会学的基本概念之一。作为一个社会最底线的基本秩序，人们首先通过这个秩序进行自我约束，其被遵守的程度，决定了社会关系的状况，也决定了人们的心态。基本的社会规范不仅体现在人们日常的社会生活中，也体现在公平的经济分配活动中。因此，重建社会规范堪称社会体制改革的底线工程。社会认同则是社会体制的价值基础，它通过共享的规范、相互的信任、纵横交错的网络促进人们之间的集体行动、相互协调和密切合作，是不可或缺的社会资本，也是社会凝聚力的强大来源。国外学者眼中的"社会建设"（Social Construction），更多强调的就是社会共同价值，特别是信仰体系、社会心态建设等。美国社会学家罗伯特·帕克指出："任何制度的形成都是有价值基础的……不管人们是否认识到这点，正是这个带有价值色彩的东西在维系着制度的运行"。因此，研究社会建设、社会治理背后的价值基础，在全社会建立以共同理想信念和良好道德规范为支撑的社会主义核心价值观的社会认同机制，促使人们形成社会共识，才能促进社会体制的不断完善、社会建设的长远发展，才能共圆中华民族伟大复兴的中国梦。

（原载于《科学社会主义》（双月刊）2014年第2期）

公共行政精神
与社会保障管理体制的完善

蓝剑平

世界各国的社会保障管理体制有其各自特点，在各自国家的社会保障史中都取得了不同成绩，但也同样存在一些亟待完善的制度。从最近几个月英国、日本等国相继发生社会保险资料丢失事件不难看出，这些国家社会保障管理体制同样存在一定的问题。因此，借鉴国外经验教训，我国在完善社会保障管理体制过程中，不仅要在社会保障费征管方式上进行改革，而且要立足于公共服务建立健全相应的管理制度，从多层次、多角度去完善社会保障管理体制。

我国社会保障管理体制是在传统的政府部门分工基础上形成的分管体制，除了具备管理多部门、管理多分散、管理成本高、管理因机构庞杂和相互独立而导致的工作重复外，还存在政事不分、政出多头、缺乏完善的法律制度等特点。这种管理体制容易使社会保障管理陷于混乱，社会保障体系被人为地割据，管理过程中相互扯皮，工作效率低下，运作和管理工作中的随意性加大。可以说，这种管理体制直接威胁着社会保障基金的安全。当前我国社会保障体系中比较突出的问题就是社会保障费的征缴体制亟待完善。[①] 国务院在1999年1月颁布的《社会保险费征缴暂行条例》中规定，基本养老保险费、基本医疗保险费、失业保险费等三项社会保险费，实行集中、统一征收。社会保险费的征收机构由省、自治区、直辖市

---

① 罗志先：《关于完善我国社会保障管理体制的法律思考》，《社会保障制度》2005年第2期。

人民政府规定,由税务机关征收和劳动保障行政部门按照国务院规定设立的社会保险经办机构征收。根据此规定,目前我国共有15个省份和3个计划单列市的社会保障费是全部由社会保险经办机构征收,1个省和2个计划单列市实行的是由税务部门征收,而其余15个省的社会保障费依险种或行政区域的不同,既有社会保险经办机构征收,也有税务征收。这种双向征缴方式在我国转轨时期取得了一定成效,但也存在着一系列突出问题,例如"社会保障资金筹集方式不统一,缺乏法律保障;征管工作流程缺乏统一规范和有效的监督;税务机关征收社会保险费缺乏上级机关的指导和协调;养老保险统筹层次过低,影响征缴工作"。[1] 而且,两个部门分别执法,不可避免地会存在掌握政策尺度不一、执法力度不一、征管制度不一的现象,不利于加强和规范社会保险费征收管理,也不利于公平企业负担、促进地区间经济和社会的协调发展,且职责界定不清,不利于提高征缴效率。社会化管理程度低、管理交叉重复、无效劳动多、征收成本高、效率低下,既浪费了人力又给财政增加了负担。[2] 显然,目前由税务部门和劳动保障部门共同征收社会保障费的"双轨"体制不符合未来社会保险法的要求,社会保障费征管体制作为一项社会保障核心制度,不仅要考虑如何更好更有效地征管社会保障基金,还要考虑如何进一步让社会保障基金使用更加安全有效。

美国学者弗雷德里克森在《公共行政的精神》一书中涉及了当代公共行政所面临的一些亟待解决的问题,他把对公共组织与机构的高效、经济及公平的管理作为公共行政的任务。这些管理公共组织,强化公共组织变革的能力和回应性以及公平服务于民等新的原理,对我们深化社会保障体制改革具有一定的借鉴意义。

一 和谐社会下的社会保障管理体制彰显效率与公平

在美国公共行政的传统中,效率和经济是公共行政的基本出发点。从

---

[1] 刘剑文:《我国应建立分权制衡的社会保障管理体制》,"社会保障费征管体制及其费改税"专家座谈会,2007年7月31日。
[2] 《论社会保险税的征收与深化社会保障制度改革的关系》,福建税务代理网,http://www.fjtax.org.cn/public_information/xwps_detail.asp?id=3199。

20世纪60年代后期开始,社会公平成为公共行政的目标或目的。人们开始强调政府要向公民(或者顾客)提供公正、平等的服务,这大大强化了公共行政的精神。无论在理论上还是实践上,公共行政对公平和平等的承诺,都应该与对效率、经济和效能的承诺同等重要。① 公平应当是和谐社会条件下政府追求的价值观所在,公平与效率应当在公共行政的精神中处于同等重要的地位。从某种程度上说,公平应当是公共行政精神的终极价值追求。公平与平等问题是民主政府,特别是分权制民主政府运作的中心。政府的责任不仅依照效率、经济与效能原则,还要坚持依据公平与平等的标准来管理公共事务。

首先,效率体现在社会保障管理体制改革中,就是要求政府各职能部门的设置依照科学、合理的原则,权责明确,各尽其责,进一步提高行政部门的有效性。例如社会保险费的征缴就应有法律保障,统一规定由社会保险经办机构统一、合并征缴,原因主要有三:一是有利于节约行政成本,防止机构膨胀,提高行政效率。二是不仅符合社会保险制度模式及其追求目标,而且也符合我国养老保险统账结合的模式。三是社会保障制度自成系统、自求平衡、自我发展的需要。总之,社会保险费由社会保险经办机构征收,这不仅符合社会保险制度模式的要求,同时也是中国国情及未来发展的需要。

其次,我国的国情决定了当前在社会保障基金的管理过程中要高度重视社会公平问题。社会保障属于国民收入再分配的范畴。这种分配形式既不同于国民收入的初次分配,也不同于国民收入再分配的其他形式,具有明显的特殊性。社保资金管理需要有两个集中:一是从地方逐步集中到中央,二是从部门集中到国家的财政预算。这就要求公共管理者在行使行政权时要以实现公共行政精神的终极价值为目标,那就是实现社会公平。如何在社会保障管理体制改革中实现这种价值和承诺?就是部门之间相互制衡,防止腐败的发生。社会保障费用的征收、预算、管理、发放、监督各个环节要横向分工,这样不仅节约体制成本,而且各环节之间还可以形成有效的制衡和监督。即社会保险经办机构征收征储,统筹部分上交国库管理;劳动和社会保障部门共同参与编制预算,财政部门形成社保事务的复式预算,纳入预算管理;人大对财政部门的社保预算进行审查和监督;劳

---

① 弗雷德里克森:《公共行政的精神》,中国人民大学出版社,2003,第204页。

动和社会保障部门制定政策和标准，提交部门预算，进行社保对象的信息跟踪和审查，对发放进行指导和监督，提供社保服务等；社保事关重大，远期又要由中央统一管理，需要再由审计部门对整个资金的征收、预算、管理、发放以及其中的管理费用进行审计监督。总之，强制征收并代收代储，预算管理，审计部门审计，人大审查监督，劳动社保部门职能管理，社会化发放，是可供选择的各环节有效分工制衡的社保管理模式。① 这样的部门分工，才能更有效地实现社会公平，从而发挥公共行政精神，逐步完善社会保障管理体制。

二 服务型政府中的社会保障管理体制依托民主与平等

服务作为公共行政的基本职能是国家社会的基本共识，与一般意义上的服务不同，公共行政服务职能具有鲜明的社会公共性。政府服务于人民是政府还权于人民的过程，是不断体现民主、实现主权在民的过程。20世纪90年代以来，重塑政府运动主张以企业精神来改革政府公共部门，认为政府应该树立服务意识，为社会公众提供公共服务是政府的重要职能。因此，服务意识被政府采纳，一定程度上是由于社会治理主体多元化带来的竞争所导致的，企业精神决不能代表公共行政的精神，政府为公民服务与企业为顾客服务有着显著的不同，政府服务意识应该深深植根于民主、平等的信念，在我国，建立服务型政府，是完善社会主义市场经济体制，实现政府转向的要求，同时也是政府代表最广大人民群众的利益，构建人民满意的政府的要求。② 我国政治体制改革解决的关键问题是权力过分集中的问题，如果权力过于集中，必然导致权力的滥用、公权私用，这样的政府根本不可能考虑人民群众的利益，根本不可能是服务型政府。

要进一步完善社会保障管理体制，就必须在简化行政审批手续的基础上来服务于民。对于低收入家庭的认定和保障基金的发放，要从街道社区入手，民政部门把工作做在基层，充分落实中央的政策精神。例如，福建

---

① 周天勇：《社保管理体制的选择和立法要三思而后定》，《中国经济新闻网-中国经济时报》，2007年8月6日。
② 曹淑芹：《公共性、社会公平、责任意识与服务理念——重塑公共行政的精神》，《内蒙古大学学报》2006年第7期。

厦门社会保障性住房政策的实施在全国走在前列,其在2009年制定了我国首部社会保障住房建设法规,而此项政策法规也得到较顺利的实施。之所以如此,就是因为对中低收入家庭的资格审查和认定,尤其是对未就业家庭人口收入的审查,都是依托街道和社区去完成。这种基础性工作在基层的模式不仅方便了群众,而且也实事求是地反映了市民所需。然后由区民政局、市公房管理中心、市国土房产局、市住宅办、市建设与管理局等按规定的审核程序予以认定。服务型政府是全心全意为人民服务的政府,是提供平等服务的政府,是一个提供有效服务的政府。在发扬民主与平等精神的基础上,建设服务型政府,实现管理型政府向服务型政府的转变,进一步深化社会保障管理体制改革。

三 "以人为本"的公共行政精神深化社会保障管理体制改革

以人为本作为科学发展观的重要内容,反映了当今时代发展的客观要求,赋予发展丰富的、科学的时代内涵,为实现社会全面进步和促进人的全面发展奠定了坚实的价值基础,成为我国公共行政精神追求的基本价值取向。

首先,以人为本对政府法治行政行为提出了新的更高的要求,其精神实质与价值追求,比依法行政有更高理念与更现代化的内容。法治行政的重点不在依法治民,而在依法治官,而现代法治的精髓是对权力的制约。[①] 社会保障管理体制运行应有相应的法律保证,应以法律形式对社会保障机构进行设置,应对各部门的权责、社会保障基金的筹集和管理以及对侵害公民社会保障权利等行为的处置等做出具体规定。

其次,公共管理学者尹华认为,以人为本强化了政府对社会、对公众的回应。如果政府不能回应公众的信任和期待,就会产生信任危机。以人为本从政府组织层面和公务员个人层面引入了伦理道德机制,为在法制化基础上克服公共权力异化提供了路径。在公共管理领域如果回避或忽视道德的审视,就无法把握公共领域的性质,无法确立公共行政的方向。改造

---

① 尹华、蒋泓:《以人为本——公共行政精神的基本价值目标》,《公共管理》2006年第9期。

官僚制的方向,就是在政治生活中和公共行政体系建设中超越工具理性的思维,引入政治和行政的道德价值,走以德治国和以德行政之路。要以人为本,在各部门行使其职权时更多的站在人民的利益基础之上。从上海社保基金案件中,我们不难看出,某些领导和利益相关人员想把社保资金的蛋糕做大,既可以减轻财政负担,也可以减轻职工负担,但在具体的操作层面上却失信于民,社保基金的管理反成腐败的滋生池。因此,道德建设在社会保障管理体制中同样重要。除此之外,我们还要用制度去培育社会保障管理体制,使其得到进一步的完善。

四 制度创新进一步完善社会保障管理体制

我国目前公共行政精神发展现状,要求相关制度作保障。在公共治理领域,社会保障管理体制的改革也亟需相关制度建设。第一,中国社保管理体制应采取政府主导型,建立"政府主导、统一管理"的模式。在中国只有选择"政府主导型"社保体制,才可能保证平稳地完成其低标准渐进覆盖过程,服务于建设全面小康社会与和谐社会的目标。第二,从社会保障基金的管理方面来看,需要一部专门的法律,对社保基金的法律地位和基本原则做出较高法律层级的规定;作为基金监督的实体法,明确法律责任,确定监管主体,规范基金的征缴、管理、支付、运营等行为,并对社保基金的投资运营做出制度性规定,让管理权和经营权有效分离。"制度反腐"首先有赖于无懈可击的制度。社保基金管理暴露出的危机,从根本上说,并不是因为保值增值的动机有什么问题,而是因为保值增值的制度过于粗疏。[①] 如何通过制度完善约束官员的权力,如何禁止官员凭权力支配社保资金的市场化流向,如何构建社保资金征缴、支付、管理和发放的科学运行机制,为社保资金寻找一种安全的增值模式,都应该成为"制度反腐"必须面对和解决的问题。另外社保基金应实行信息披露制度,接受公众监督。信息披露的具体内容应包括基金的年收入是多少、总支出是多少、收入来源中单位和个人缴费各占多少、财政补贴有多少等。以上海为

---

① 《朱述古从上海社保案看"制度反腐"的虚置》,http://news.xinhuanet.com/comments/2006-08/28/content_5014196.htm。

例，在上海社保基金案发后，上海各项社保基金已全部通过财政专户进行管理。社会保险费不再从收入账户直接支出，而必须全部转入财政专户，支出时须经依法申请才可转账。同时，上海社会保障监督委员会也已在社保基金的征缴、管理、运营、支出各个环节加强监督。第三，建立社会保障信息系统。为随时掌握社会保障对象的变动情况，准确地计算社会保障支出，确保社会保障政策的延续性和调整的及时性，避免各种"搭便车"行为的产生，建立全国性的社会保障信息系统是必不可少的。这个系统的职责是：(1) 保存和证明劳动者的所得记录；(2) 保存每个投保人的缴费、给付及有关记录；(3) 记录和保存社会救济、军人优抚等方面的资料；(4) 分析和计算投保人的给付数额与社会保障费用收支。社会保障信息的重要组成部分是资料数据库，它所储存的资料越全面、越详细，越有利于社会保障项目的顺利实施。尤其是要建立健全资料数据库的管理制度，以防止发生类似英、日等国资料信息丢失的重大事件。第四，重视社会保障管理方式的创新。市场竞争机制、工商管理方法以及信息技术的引入是21世纪公共行政发展的基本趋势。市场竞争机制的一个重要特征是，通过竞争可以降低成本，使资源得到更有效的利用。应当允许一些商业性的经营部门参与部分社会保障项目的运营。因此，在我国社会保障管理体制改革中引入现代化的政府工具是必然趋势，以期全面更新政府管理方式，降低行政成本，提高行政效率，优化行政质量，最终实现管理绩效的最大化。

参考文献

[1] 田家官：《论我国社会保障管理体制改革的若干问题》，www.cnss.cn/xyzx/zjxrk/tianjiaguan_zj/grw.

[2] 林瑜胜：《论我国社会保障管理体制的改革与创新》，《山东社会科学》2007年第9期。

[3] 郑秉文：《社会保障体制改革攻坚》，中国水利水电出版社，2005。

[4] 高书生：《社会保障改革何去何从》，中国人民大学出版社，2006。

[5] 隋杭：《对我国社会保障管理体制的几点思考》，《法制与社会》2008年第14期。

[6] 陈振明：《公共管理学》，中国人民大学出版社，2005。

［7］李海鸣：《当前我国社会保障制度的难点及其对策分析》，《求实》2004年第1期。

［8］王慧君、吴燕琴：《对我国社会保障管理体制的几点思考》，《时代金融》2006年第6期。

（原载《中共福建省委党校学报》2010年第1期）

图书在版编目(CIP)数据

福建区域社会发展研究：中共福建省委党校、福建行政学院社会学省级重点学科优秀论文集：2009—2019 / 中共福建省委党校，福建行政学院社会学省级重点学科编 . -- 北京：社会科学文献出版社，2021.11
 ISBN 978-7-5201-9010-7

Ⅰ.①福… Ⅱ.①中… ②福… Ⅲ.①社会发展-福建-文集 Ⅳ.①D675.7-53

中国版本图书馆 CIP 数据核字(2021)第 184213 号

福建区域社会发展研究
——中共福建省委党校、福建行政学院社会学省级重点学科优秀论文集（2009—2019）

编　　者 / 中共福建省委党校　福建行政学院社会学省级重点学科

出 版 人 / 王利民
责任编辑 / 黄金平　徐永清
责任印制 / 王京美

出　　版 / 社会科学文献出版社·政法传媒分社（010）59367156
　　　　　　地址：北京市北三环中路甲 29 号院华龙大厦　邮编：100029
　　　　　　网址：www.ssap.com.cn
发　　行 / 市场营销中心（010）59367081　59367083
印　　装 / 三河市龙林印务有限公司
规　　格 / 开　本：787mm × 1092mm　1/16
　　　　　　印　张：25.25　字　数：411 千字
版　　次 / 2021 年 11 月第 1 版　2021 年 11 月第 1 次印刷
书　　号 / ISBN 978-7-5201-9010-7
定　　价 / 148.00 元

本书如有印装质量问题，请与读者服务中心（010-59367028）联系

版权所有 翻印必究